中央编译局文库
Central Compilation and
Translation Bureau Literature

国家出版基金项目
NATIONAL PUBLICATION FOUNDATION

中央编译局文库
Central Compilation and
Translation Bureau Literature

马克思主义研究资料

第25卷

主　编　杨金海
副主编　冯　雷（常务）薛晓源

马克思主义综论 Ⅲ

本卷主编　薛晓源

中央编译出版社
CCTP　Central Compilation & Translation Press

总　序

　　呈献给读者的这套《马克思主义研究资料》丛书，旨在服务于我国正在实施的马克思主义理论研究和建设工程，积极吸收和借鉴国外马克思主义研究成果，对改革开放以来中央编译局编译的有关国外学者研究马克思主义的成果，以及少量相关的国内学者的研究成果整理出版，为我国马克思主义研究提供基础性的参考资料。本丛书计划出版37卷，三年内陆续完成编辑和出版工作。

　　编译国外学者关于马克思主义的研究成果，并对相关问题展开深入探讨，是马克思主义经典著作编译研究的基础性工作。中央编译局作为马克思主义经典著作编译研究的专门机构，历来十分重视这项工作。20世纪50年代以来，特别是改革开放以来，中央编译局的同志们编译了大量国外学者关于马克思主义的研究文献，也发表了不少自己的相关研究成果。这些成果曾经在中央编译局编辑的《马列著作编译资料》、《马列主义研究资料》、《马克思主义与现实》等刊物公开发表，或在内部刊物《马克思恩格斯研究》、《列宁研究》等刊载。这些成果对于推进马克思主义经典著作的编译和研究工作发挥了重要作用，时至今日，一些学者仍然把它们当做研究马克思主义的珍贵资料。

然而，随着近年来中央实施马克思主义理论研究和建设工程的深入推进以及马克思主义学科建设的快速发展，这些研究资料的留存情况已经远远不能适应形势发展的需要了。《马列著作编译资料》和《马列主义研究资料》早已停止出版，很多人难以找到原有资料；《马克思恩格斯研究》等内部刊物刊载的文章没有公开面世，也难以为人们广泛使用；而新编译的文献资料又很零散。因而，希望中央编译局提供马克思主义研究资料的呼声越来越高。

为了继承前辈的事业，适应学界的需要，尽可能全面系统地收集整理中央编译局近几十年来编译的国外学者关于马克思主义的研究成果以及相关的国内学者的研究成果，中央编译局专门成立了《马克思主义研究资料》丛书课题组，并对该项工作提供了基金资助。课题组不仅在局内组织力量进行工作，而且争取到社会力量的支持。经过课题组同仁两年多努力，已经形成一批编辑成果，还将继续补充、完善并陆续推出。这套《马克思主义研究资料》丛书就是这些成果的集中体现。

本丛书力求体现如下四个特点，这也是丛书编辑工作所力求遵循的四条原则：第一，保证文献性。本丛书主要收集改革开放以来中央编译局刊物发表的有关马克思主义理论编译和研究方面的成果，这些刊物包括公开出版的《马列著作编译资料》、《马列主义研究资料》、《马克思主义与现实》、《当代世界与社会主义》、《经济社会体制比较》、《国外理论动态》等，也包括内部刊物《马克思恩格斯研究》、《列宁研究》、《斯大林研究》、《马克思恩格斯列宁斯大林研究》等；少量收集其他杂志发表的中央编译局学者编译或撰写的有关文章；个别收集与中央编译局长期合作的其他学者的相关文章；对所收商榷性文章涉及的其他学者的成果，也作为附文收入，以示对相关学者的尊重，也便于读者在阅读正文时参考。收集整理这些学术成果的目的主要是为学界研究马克思主义提供参考资料，同时帮助人们了解马克思主义研究的历史进程和思想脉络。因此，本丛书所收文献力求保持其历史原貌，包括其中的人名、地名、术语、引文等，都不作改动，以便读者进行文献考证之用，只对个别错漏文字等进行校正，对于文中可能产生歧义的地方，以"本丛书编者注"的方式加以说明。其中读者特别应当留意的是译名、术语的不统一问题，例如关于《马克思恩格斯全集》历史考证版，就有多种表达方式：原文版、国际版和 MEGA 版，其中，往往又以"老"、"新"、"MEGA^1"、"MEGA^2"、"MEGA1"、"MEGA2"等来区分历史考证版第1 版和第 2 版。第二，突出编译性。本丛书所收文献中，以国外学者的成果为主，包括国外学者关于马克思主义经典作家的著作、思想、生平事业，乃至书信往来、工作生活等方面的研究文献，凡比较有资料价值的，均在收集之列。如上所述，国内学者的相关考证性成果，包括经典著作翻译、版本、传播、重要术语考据等文献，凡具有资料价值的，也一并收入，但这部分内容所占比例较小。第三，力求系统性。上述几十年来形成的这些编译研究资料繁茂芜杂，十分零散，使用起来很不方便，编辑整理就更为困难。为把这些宝贵文献整理面世，使之更好地发挥作用，编辑人员下了很大功夫。在收集整理中，我们力图分门别类，尽可能将同类资料按照一定逻辑顺序编排，使之呈现一定的系统性，以便读者全面掌握有关资料。第四，力争权威性。本丛书力争选编国内外在相关研究领域具有一定权威性的专家学者的具有代表性和影响力的文献。为保证文献的权威性和准确性，我们对文献的引文进行了校订，特别是对有关马克思主义经典著作的引文进行了原版原文核对，并对注释尽可能地作了规范化处理，以便读者更准确地了解引文及其出处。

　　基于上述考虑，本丛书的编排体系大体分四个部分。第一部分是经典著作研究，包括关于《共产党宣言》、《资本论》等手稿、创作、版本、传播诸方面的研究文献；第二部分是基本理论研究，包括哲学、政治经济学、科学社会主义以及政治学、法学等方面的研究文献；第三部分是版本和传播、编译以及生平事业研究；第四部分是国外马克思主义研究。每一部分包括若干卷。每一卷都有本卷编辑说明，对本卷编辑的思路、内容和有关技术问题作简要交代。各卷内容按照逻辑顺序进行编排，在此基础上再按照时间顺序编排。各卷内容一般要作分类，并加分类标题，以便读者阅读研究。

　　需要说明的是，由于本丛书是整理编辑已有的文献，而且主要限于整理编辑中央编译局学者编译和研究的部分成果，这就决定了本丛书不可避免地存在一些缺憾。一是这些文献中有的观点不一定正确。选编这些文献并不意味着编者赞同其中的观点，我们的目的仅仅在于为人们研究马克思主义提供参考资料，其中正确的思想成果可以作为我们研究借鉴的思想资源，而错误的观点可以作为我们研究批评的对象。例如，对有关马恩对立论的观点，我们是不赞成的，但为了让研究者了解、研究和批评这种观点，也收入了相关文章。所以，谨请读者在使用这些文献时注意辨别是非。二是这些文献存在质量参差不齐的情况。由于这些文章的作者、译者水平不同，写作时间、背景、针对的问题、产生的影响以及发表的刊物等不同，其质量也就有一定差别。例如，有的概念和译文在今天看来不一定科学、准确，有的文献曾经很有价值而在今天看来最多只有学术史的价值。在选编过程中，我们尽量收入那些分量较重、影响较大的文献，但为了比较全面地反映学术史的原貌并提供尽可能详细的研究参考资料，也收入了一些篇幅较短、影响不大但有一定资料或史料价值的文献。另外，有少量比较重要的文献，由于作者或译者不同意收入，也不得不忍痛割爱。三是这些文献的系统性、规范性不太强。尽管我们努力按照上述编辑原则工作，对这些文献进行了分类整理，力求全面系统地提供给读者相关方面的文献资料，但由于这些资料十分繁杂，彼此之间的关联性不强，有的方面资料较多，有的较少，且发表的刊物、时间等不同，体例也很不统一，整理起来难度极大，加之各位编者的研究角度不同，水平各异，所以，每一卷书的结构、篇章、内容、观点等都不尽相同，其规范程度也不尽一致。对本丛书存在的以上不足或缺憾，谨请读者鉴谅；对其中可能存在的疏漏和错误之处，谨请读者批评指正。

本丛书在编写和出版过程中，得到了各个方面的大力支持。中央编译局对此项工作高度重视，始终给予鼎力支持。国家出版基金将本丛书列入 2013 年度资助项目。中央编译出版社为本丛书申报国家出版基金项目并最终立项，以及为丛书出版做了大量工作。本丛书所收文献的译者、作者和出版者，凡已联系上的，均给予我们大力支持，同意使用这些文献；对尚未联系上的，我们将尽力联系，也请相关同仁主动联系我们。丛书顾问委员会的专家对丛书的编写工作给予热情指导，编委会成员和课题组同仁为丛书的编写付出了辛勤劳动。在此一并致以衷心的谢意！

《马克思主义研究资料》

编辑委员会

2013 年 12 月 10 日

编辑说明

　　本卷收录关于马克思主义具体理论问题方面的研究资料 27 篇，分为四个部分。

　　第一部分从意识形态理论的角度收录了 7 篇文献，用马克思主义的方法对意识形态的概念和理论进行了分析，阐述了马克思主义关于意识形态的基本观点，并探讨了作为意识形态的马克思主义与宗教的关系。第二部分从伦理学的角度收录了 7 篇文献，探讨了马克思主义关于正义问题的立场和观点，分析了马克思对道德哲学的贡献。第三部分从政治学角度收录的 7 篇文献，研究了阶级概念、阶级意识、阶级斗争、政治、民主和政党等问题，讨论了马克思主义在这些问题上的观点和看法。第四部分收录的 6 篇文章探讨了关于人类进步和历史发展的几个问题，研究了马克思关于全球化的思想、关于共同体的认识、关于幸福生活和文明的概念，以及关于人类解放问题的看法，显示了马克思在人类进步和历史发展问题上的长远眼光和宏大视野。

　　为保持文献性，本丛书的注释基本保持原貌，不作改动；但对原注释有错误或有遗漏的，我们尽可能查阅了有关文献，作了必要的规范和完善；对有些查找不到的，保留原来的内容和格式。

目　录

马克思的意识形态理论 [*]

〔美〕肯·莫里森

意识形态一词的来历
——黑格尔和马克思论意识形态

马克思与恩格斯一起在 1845—1846 年间创立了有关意识形态的一般理论。意识形态理论直接来源于唯物史观，《德意志意识形态》的第一章《费尔巴哈》对它进行了论述。从标题上看，这部著作最初是为了批判一群被马克思和恩格斯称为德国社会的主要"玄想家"（直译为"意识形态家"）的思想家，这些思想家从哲学的观点来看待历史，传播错误的现实概念。这个青年黑格尔派的圈子里包括了像大卫·施特劳斯、麦克斯·施蒂纳和布鲁诺·鲍威尔这样的人物，他们批判基督教、国家和最高当局，在 19 世纪 40 年代引起了德国不同团体的注意。他们从黑格尔派的立场出发，利用唯心主义哲学来对社会和宗教进行批判，唯心主义哲学宣扬的是，客观现实只不过是个人的内在意志的表现，在历史上就体现为黑格尔所谓的"精神"。青年黑格尔派对一切权威进行了无情的批判，认为历史变革只不过是"精神"在世界历史进程中的

---

* 本文选自《马克思恩格斯列宁斯大林研究》2001 年第 2 辑。

表现，他们最终认为，一切思想和观念都能够在精神的历史发展过程中找到其起源。

马克思和恩格斯就是在这种背景下撰写了《德意志意识形态》，并与青年黑格尔派的哲学观展开了论战。马克思和恩格斯主要批判的是黑格尔派把哲学当作分析历史和政治问题的方法。这种观点的基础是黑格尔的下述看法："观念"是"精神"的表现，社会问题和历史问题可以通过考察观念在社会生活和政治生活中所起的作用来分析。在黑格尔看来，观念与历史中的现实力量是一样的，这种观点在他对法国革命的论述中表现得最为明显，他认为法国革命就是"自由观念"在历史中的表现。

马克思批判了这种对历史力量的抽象看法，并进一步从几个方面对黑格尔和青年黑格尔派进行了批判。首先，他反对黑格尔赋予观念的作用。在黑格尔看来，观念不仅是第一性的，而且被视为真正的历史推动力。马克思认为这是一个根本的错误，因为它的结论是，抽象观念是现实的，因此也就具有物质存在。第二，马克思认为黑格尔的立场导致了哲学对现实的重大歪曲。这就明确指出了用哲学来理解现实时出现的失误，即这种做法势必通过"颠倒"经验现实来歪曲经验现实，也就是说，它从抽象方面，而不是从实践方面来反映现实。如果如黑格尔所说，只有观念是现实的，而个人是抽象的，那么，哲学本身就只能是对现实的一种歪曲，因为它通过"颠倒现实"来能动地歪曲现实。

马克思的观点是，哲学自身必定会从根本上歪曲现实，因为它倾向于把"观念"上升到存在的高度，好像观念自身具有"力量"和"特点"。马克思认为，如此强调观念的抽象方面只会使人们对社会生活的理解抽象化，这样做也会使有关人类生存的现实问题变得抽象。马克思进一步指出，当人类存在的现实仅仅被理解为"观念和思想"——被理解为如此之多的哲学范畴——时，个人生活中更加现实和实际的问题就会被忽视。

意识形态理论的四个方面的内容

马克思提出意识形态理论至少是出于两个动机。第一是要表明观念起源于物质并产生于实践活动，而不是相反。在这一点上，马克思想要说明观念实际上是物质关系的表现，并由此最终证明黑格尔对观念的起源和理解是错误的。第二，马克思想要说明，他能够勾画出观念与物质活动之间合乎逻辑的联系，从而能够与那种把意识形态看成是观念的抽象表现的哲学传统决裂。这一点的重要性不能夸大。黑格尔认为历史上首先产生的是观念，与此相反，马克思认为观念是经济活动的历史产物。从这点出发，我们可以更为详细地考察意识形态理论，但是为了理解马克思是怎样进行论证的，我们将讨论意识形态的四个方面的内容：（1）观念与社会物质活动的关系；（2）意识形态概念与感知论的关系；（3）意识形态与统治阶级的关系；（4）意识形态的作用。

意识形态理论第一个方面的内容就是观念与社会物质基础的关系。我们说过，马克思认为观念起源于社会的物质基础，"……观念……的生产……是直接与人们的物质活动……交织在一起的"①。为了弄清马克思的思路，我们先简要回顾一下唯物史观的基本前提。人类所做的第一件事情就是生产他们赖以生存的物质资料。这种生产对他们是如此的重要，以致随之产生的社会形态总是与他们进行生产的方式相一致。这种进行生产的方式决定了从生产中产生的社会关系体系，这样，社会就

① 《马克思恩格斯选集》中文第 2 版第 1 卷第 72 页。

划分为阶级，其中之一是统治阶级，因为它占有生产资料，另一个是被统治阶级，因为它服从统治阶级的意志。社会形态总是与个人进行生产的方式相一致，这一论断可以从下列事实中找到根据：个人的首要活动就是经济活动，因为人类为了生存必须从事生产。从这一简单的论点出发，我们可以看到社会关系体系总是反映了社会的生产关系。从这里我们可以得出两个重要的结论：（1）经济生产活动决定社会关系，从而决定社会结构；（2）经济生产导致观念和信念体系的形成，这种观念和信念体系是生产关系在精神生活和意识中的反映。因此马克思认为，个人的观念与他们从事生产的方式以及他们在生产中形成的阶级关系相联系。

意识形态理论第二个方面的内容涉及观念如何改变个人内心对外部世界的感知。这使我们必须进一步分析马克思的意识形态概念的定义。我们将要讨论的定义有两个。第一个定义是："如果在全部意识形态中，人们和他们的关系就像在照相机中一样是倒立呈像的，那么这种现象也是从人们生活的历史过程中产生的，正如物体在视网膜上的倒影是直接从人们生活的生理过程中产生的一样。"① 第二个定义是："如果他们在自己的观念中把自己的现实颠倒过来，那么这又是由他们狭隘的物质活动方式以及由此而来的他们狭隘的社会关系造成的。"从这两段引文中我们可以得出有关意识形态的两个重要结论。第一，意识形态是由各种看法、概念、观念和信念组成的体系，它能够：（1）使事物"倒立呈像"；（2）"颠倒"我们对现实的感知。意识形态的这两个基本特点非常重要，因为它们能够改变我们对外部世界或客观社会现实的感知。然而，马克思这么说到底是什么意思？从本质上说，马克思的意识形态理

---

① 《马克思恩格斯选集》中文第 2 版第 1 卷第 72 页。手稿中删去了这段话。

论就是在这一点上成为一种有关观念怎样影响我们对外部世界的把握与理解的感知论。为了说明这个问题，我们必须作进一步的考察。

首先，马克思认为人们并不直接感知现实，而是通过现行观念和概念来感知现实。从这个意义上说，现行观念和概念就充当了人们感知现实的哈哈镜或过滤器，这样就产生了两个重要问题：第一，社会是怎样通过颠倒社会关系而歪曲人们对现实的感知的？第二，社会是以什么方式使得个人错认为这些感知是可以接受的现实的替代品？要对这两点加以说明，就必须弄清马克思是怎样理解个人与社会的一般关系的。

马克思的意识形态理论的一个重要论点就是个人创造历史和社会关系，他认为，社会总是被视为人类活动的历史产物。从这个意义上说，社会作为个人自身的生产对象总是与个人相联系。这意味着，就个体通过生产活动创造自己的物质条件而言，社会和社会关系——还可以扩展到现实——都是人类的产物。在马克思看来，因为个人通过他们的物质活动而能动地与历史联系起来，所以意识一定是社会的产物。马克思一再提到意识，特别使用了"社会存在决定社会意识"这句话，他是试图表达这样的思想，即人们感知现实的方式最终都取决于占有生产资料的人的思想和观念。只要一个阶级在历史上占据统治地位，这就意味着他们的观念也占据统治地位，也就是说，他们作为一个阶级统治着那些隶属于他们的人。这里的主要假设是，个人对现实的感知不仅与物质条件有关，而且也与意识有关。

马克思的感知论取决于这一论断，即在意识形态中，一切都似乎是颠倒的并且能动地在想象中把事物颠倒。这种观点认为，意识形态具有超常的能力，能够（1）决定现实和（2）改变对现实的感知。这怎么可能呢？马克思认为，个人通过统治阶级现行的思想、观念和看法的过滤器间接地感知现实。在感知过程中能动地颠倒现实直接与这一事实有关，即占统治地位的思想常常是对统治地位的物质关系的反映，马克思认为，当观念与信念仅仅反映了统治阶级的意志、目的和利益时，颠倒就发生了。①

至此，我们已经说明：（1）就观念是统治阶级的意志和利益的反映而言，它具有物质基础；（2）观念起源于社会中占统治地位的物质关系，因为"支配着物质生产资料的阶级，同时也支配着精神生产资料，因此，那些没有精神生产资料的人的思想，一般地是隶属于这个阶级的"。②

理解观念歪曲现实的另一种方法就是去考察现象与现实之间的区别，马克思在他自己的著作中经常利用这种区别来说明问题。从历史上来看，现实与现象的区别可以追溯到早期的社会政治思想，柏拉图曾用它来强调事物的表面"现象"与内在本质或现实之间的不同。我们已经说过，意识形态理论的一个最为根本的论点就是，我们并不直接地感知世界，而是透过从物质关系中产生的概念、看法和观念的哈哈镜来观察世界。这已经够清楚了。然而，马克思认为这些观念能够把现实的经验条件转化为它们的"现象形式"。这样，现实就以一种歪曲的形式出现，而不是表现为它实际上的样子。

从更大的范围来看，现实与现象之间的区别强调的是，可感知的世界常常与某些基本模式、真理或现实相矛盾，这表明，在表现出来的东西与实际的东西之间存在着一道鸿沟。虽然马克思也认为现象与现实之间永远不会真正地一致，但他强调现实不是被它本身所歪曲，现实被歪

---

① 《马克思恩格斯选集》中文第 2 版第 1 卷第 98 页。
② 《马克思恩格斯选集》中文第 2 版第 1 卷第 98 页。

曲是由于观念和信念产生于社会关系，而社会关系又产生于经济关系。① 正是这些物质关系充当了我们感知现实的哈哈镜。

伊曼努尔·康德有关我们如何认识外部世界的论述对说明马克思的观点很有帮助。康德在 18 世纪写了一部重要的哲学著作《纯粹理性批判》，其中提出了有关人类理性如何能够了解外部现实的理论。康德认为，我们永远也不可能认识外部世界的本来面目，因为认识者总是把某种东西加在对现实的感知之上。在康德看来，认识者所加的东西就是时间和空间这两个主要的知觉范畴，它主观地改变了现实。康德认为我们总是被迫在理解现实的过程中去改变现实。康德的观点是，我们没有正确地感知现实，因为我们通过时间和空间、理性和意识这些范畴而改变了现实。然而，马克思又向前走了一步，他指出，我们的经济生产实际上决定了我们理解现实本身的方式。但是，怎么会是这样的呢？对这个问题的简单回答是：因为我们从自己在一个社会阶级内部的地位出发来看待世界。按这种说法，我们对外部世界的理解取决于我们所属的社会阶级以及我们如何——通过我们所属的社会阶级——使用生产资料。在马克思看来，对现实的感知被生产制度所改变，因为存在于其中的社会关系在我们的想象中把现实颠倒过来。这一点似乎令人费解，但所指的过程却很简单。马克思认为，我们对现实世界的理解总是受到我们的生产条件和我们在经济生产中所起的作用的制约。更具体地说，我们为了生存而工作的条件制约着我们对世界的感知，这就是说，我们对现实的

---

① 很多评论者都把意识形态说成是"虚假意识"，但是马克思本人从来没有用这样的词来阐述意识形态的作用。恩格斯在 1893 年写给弗兰茨·梅林的一封信中最早使用这个词。后来，这个词被乔治·卢卡奇用来在《历史与阶级意识》一书中阐述意识形态实践。

理解受到我们在一定社会阶级中所处的地位的制约。这种活的现实使得我们对生活的理解总是具体的和前后一致的。虽然这些关系应该反映人类的特性，但它们常常并不是这样，而是相反，表现为物的关系。然而，这到底是为什么呢？为了回答这个问题，我们必须研究一下马克思的意识形态理论的第三个方面的内容，即，它的阶级关系基础。

意识形态理论的第三个方面的内容是意识形态与统治阶级的利益的关系。马克思写道："统治阶级的思想在每一个时代都是占统治地位的思想。这就是说，一个阶级是社会上占统治地位的物质力量，同时也是社会上占统治地位的精神力量。支配着物质生产资料的阶级，同时也支配着精神生产资料，因此，那些没有精神生产资料的人的思想，一般地是隶属于这个阶级的。占统治地位的思想不过是占统治地位的物质关系在观念上的表现，不过是以思想的形式表现出来的占统治地位的物质关系；因而，这就是那些使某一个阶级成为统治阶级的关系在观念上的表现，因而这也就是这个阶级的统治的思想。"①

马克思认为，观念的这种颠倒现实的能力来源于这一事实，即它们代表着一个阶级的人的经济利益和他们对另一个阶级的人的统治。此外还有两个具体问题：（1）统治阶级与占统治地位的观念之间有什么特殊联系；（2）观念如何把现实颠倒过来并支配人们对世界的感知？在上面的引文中存在着很多线索：支配着物质生产资料的阶级也"支配着精神生产资料"。这意味着在每一历史时期，一个阶级的统治会使一批充当"意识形态家"的人出现，他们是散布代表统治阶级的占统治地位的经济利益的观念和信念的人或代理人。例如，在贵族占统治地位的时代，荣誉、效忠和忠诚的概念占统治地位，与此相应的服从和信念等

---

① 《马克思恩格斯选集》中文第 2 版第 1 卷第 98 页。

范畴也占统治地位。相反，在资本主义占统治地位的时代，"自由"和"平等"的概念盛极一时。马克思认为在这一统治时期，概念和观念具有"普遍形式"①，就是说，它们在社会上广泛传播并表现出自己的生命力。这样，统治阶级把自己的利益说成是共同利益，并且这一利益具有一种"观念形式"，"把它们描绘成唯一合乎理性的、有普遍意义的思想"。② 在马克思看来，当意识形态家把一切都颠倒过来时，最后一步就完成了。简单地说，这意味着现实的关系通过一些概念表现出来，这些概念"具有超越个人并与个人相对立的独立存在"，并且对个人来说表现为观念和社会关系的合法体系。当观念和信念（升华物）反映的仅仅是统治阶级的意志和利益——尤其是占统治地位的社会阶级的经济和法律观念时，这种情况就出现了。在仅仅是实现一个阶级的利益的情况下，这些社会关系与工人阶级处于对立状态。意识形态正是在这种意义上使一个阶级的现实状况合法化和合理化。因此意识形态理论论述的是，现实是如何在反对经济上不处于统治地位的个人的过程中建立起来的。

我们已经说过，意识形态理论的基础是它具有改变我们对现实的感知——把它在想象中颠倒过来——的能力，这种意识形态上的扭曲可以直接引用马克思自己举的例子加以说明。第一种扭曲发生在价值层面。马克思指出，在一个交换是占统治地位的社会关系的社会里，价值表现为商品的物质存在的一部分。这使得商品似乎具有内在价值和力量，而实际上它们只不过具有使用价值。这种扭曲导致了商品拜物教的产生，似乎商品具有它实际上所不具有的力量。马克思要说的是，客体实际上

①《马克思恩格斯选集》中文第 1 版第 2 卷第 100 页。

②《马克思恩格斯选集》中文第 1 版第 2 卷第 100 页。

并不具有力量，只有人才具有力量。第二种扭曲发生在社会关系层面。马克思认为，在商品经济中社会自身形式上好像是在反映一切都受买卖支配的经济交换。这就是说，在我们的社会关系中，我们作为商品所有者，作为买者与卖者而与别人发生关系，而社会实际上是人与人之间的一连串关系。在这种情况下，社会被降为具有经济价值的物与物之间的交换关系，而实际上它是本身就具有价值的人与人之间的关系。

意识形态的作用

意识形态理论的第四个方面的内容涉及社会中意识形态的作用。我们已经说过，意识形态可以定义为一整套信念、观念、概念和看法，其主要作用就是通过使现存的社会关系合法化而掩盖阶级差别。在这种情况下，意识形态有下述几种明确作用：第一，意识形态有利于掩盖从阶级差别中产生的社会矛盾。第二，意识形态有助于以维护统治阶级及其利益的方式解决矛盾。第三，意识形态使矛盾看起来是以自然差别而不是以社会差别为基础，从而有助于使统治制度合法化。第四，意识形态使经济交换看起来似乎是社会关系的唯一目标，从而使现象与现实关系直接对立起来。

对矛盾的解释

不把矛盾概念解释清楚，有关意识形态的论述就不完备。矛盾可以被视为是反映社会阶级之间的社会、经济和政治差别的一种方式。马克思说过，迄今为止的社会始终都是在自由人和奴隶之间的矛盾的框架内发展起来的；在中世纪是贵族和农奴的矛盾；在现代是资产阶级和无产阶级的矛盾。在马克思看来，矛盾首先从阶级差别中产生，因此，阶级是矛盾的发源地。从这个意义上来说，意识形态的首要作用就是使阶级差别，特别是阶级之间的物质差别合法化而不是使之相互矛盾。从这个意义上来说，矛盾是马克思用来解释社会差别怎样由于社会阶级的存在而产生以及它们怎样在社会中共存的一个概念。因此，矛盾的根源在于阶级的不平等，并始终反映着社会关系是以不平等的阶级划分为基础这一事实。意识形态的作用就是：（1）通过使矛盾合法化；（2）通过把矛盾的原因归结为社会不平等和阶级差别之外的其他因素而解决矛盾。

（原载《马克思、杜克海姆和韦伯》1998 年伦敦版）

（李朝晖 译）

马克思意识形态理论的九大问题[*]

〔英〕戴维·麦克莱伦　林进平[①]

林进平：麦克莱伦教授，早上好！感谢您接受访谈！按照我们原先的约定，我们的交谈将包括两个部分的内容：一是涉及对马克思意识形态理论本身的理解，其中包括关于马克思意识形态概念的源起、传统、内涵和特性的理解，这个部分相对较为具体。二是对社会主义国家的意识形态的现实发展的思考，内容较宽泛些。我们现在就开始吧！

麦克莱伦：好的。

问题一：马克思的意识形态概念的源起

林进平：有学者例如俄罗斯的特奥多尔·伊里奇·奥伊泽尔曼认为，马克思首次使用"意识形态"这个词是在他的博士论文中。当时，马克思提到："我们的生活需要的不是 Ideologie（意识形态）和空洞的假设，而是我们能够过没有迷乱的生活。"因此，这些学者认为，考察

＊　本文选自《马克思主义与现实》2011 年第 6 期。

①　David McLellan，英国肯特大学政治学教授，美国纽约州立大学客座教授；林进平，华南师范大学政治与行政学院教授，2010—2011 年肯特大学访问学者。

马克思的意识形态概念必须从马克思的博士论文开始，而不应该从马克思、恩格斯合著的《德意志意识形态》开始。但在我重新阅读马克思的博士论文时，却发现马克思的这句话是来自他对古希腊哲学家第欧根尼的征引。① 因此，我觉得，基于马克思在博士论文中使用过"意识形态"这个词，就认为针对马克思的意识形态思想的考察必须追溯到博士论文时期，并将其作为分析的重要依据，我觉得难以令人信服。对此，我很想听听您的观点。

麦克莱伦：我觉得你的质疑是对的。我认为，因为马克思在博士论文中用过"ideologie"这个词而将其用来诠释马克思的意识形态思想，这是一种误读。正如你注意到的，这段话的确来自第欧根尼，如果据此认为马克思已经使用了意识形态概念，那就隐含着第欧根尼也早已使用了这个概念，这样的理解显然是有问题的。

林进平：确实，认为第欧根尼已经在使用意识形态概念，这很难说得通。但假如有学者认为马克思所征引的这句话是来自马克思对第欧根尼的那句希腊文的德文翻译，并据此认为马克思把自己的意识形态观念赋予了第欧根尼，那么您又是如何看待的呢？

麦克莱伦：从表面来看，这似乎说得通，但是，我们不难注意到，马克思这里的"ideologie"是与没有困扰的生活（live without confusion or untroubledexistence）相对立的，而且是个人性的，这显然与马克思在政治批判或社会批判中所使用的意识形态概念不一致。假如非要说这就是马克思的意识形态观，那这样的意识形态观至多也只说明马克思承袭了当时德国人关于意识形态的看法。另外，仅仅依据马克思博士论文中唯一的一次移译第欧根尼的话，就断定马克思已经具有关于意识形态的

---

① 参见《马克思恩格斯全集》第 2 版第 1 卷第 57 页和第 95 页注释 11。

理解，还是缺乏说服力的。毕竟马克思的博士论文并不在于探讨意识形态问题。

林进平：我记得马克思在莱茵报时期，还有一次提到过"意识形态"，即"到现在为止，我们所听到的格言很像多多纳古代神托所的预言，因为两者的根据都是树木。但是，自由意志并没有等级的特性。我们究竟应如何来了解意识形态的这一突然的造反表现呢？要知道，我们在思想方面所遇到的只是些拿破仑的追随者"①。相比于他博士论文中所出现的"意识形态"，似乎这一次更能传达出马克思对于意识形态的理解。

麦克莱伦：我觉得这一次相比较于博士论文的那次"引用"来说，更有考察价值。它似乎隐含这样的一种信息：当时人们在思想和意识形态的理解上是"追随"拿破仑——认为思想和意识形态应该为统治阶级服务，但是，作为思想和意识形态的表达工具的报刊却像当年的"托拉西"一样，突然背离了统治阶级的要求，表现了自由意志。应该说，这里的意识形态富有阶级性和统治性，也有点接近马克思后来的意识形态观念。但我们同样不能仅仅依据此处对这一语词的使用来推想马克思的意识形态观念。因为在这里，我们除了能够感觉到马克思对意识形态的理解包含贬义的倾向外，我们无法确知马克思对意识形态究竟抱有什么具体的理解。我认为，马克思较为正式地讨论"意识形态"，仍始于《德意志意识形态》，尽管它是由马克思与恩格斯两人共同创作的。

---

① 参见《马克思恩格斯全集》第 2 版第 1 卷第 265 页。

问题二：意识形态概念与意识形态现象

林进平：在《意识形态》一书中，您曾写道："与其他许多类似有争议的术语（民主、表达或自由）不同，意识形态这个词的历史不足200年。它产生于与工业革命相伴随的社会、政治和思想大变革：民主思想的传播、群众的政治运动，以及那种我们创造了世界我们也就能改造它的观念。"① 但如果根据马克思的看法，特别是根据他在1859年的《〈政治经济学批判〉序言》中的观点，意识形态现象早已出现在人类文明的早期。因此，我的问题是：您如何看待这两者的关系？

麦克莱伦：这是一个比较简单的问题。正如你这里所引用的，"意识形态"这一语词大约出现在200年前，经马克思等人的发展后，对社会科学形成了巨大的影响。在这里，我说的"200年前"主要是指由马克思所发展的批判意义的意识形态概念。但正如我们所知道的，意识形态现象，诸如政治、法律思想、宗教和哲学等，却早在人类文明开始的时候就出现了，因此，"意识形态"这个语词的出现虽然是晚近的事情，但是，对意识形态现象的研究却可以追溯得更早。

林进平：也就是说，马克思正式讨论意识形态主要是在《德意志意识形态》，但我们对于马克思意识形态思想的探讨却有必要往前追溯。

麦克莱伦：是的，对马克思的意识形态思想的研究既不能仅仅着眼于"意识形态"这一语词，也不能忽视从马克思的意识形态概念所隐含和指涉的内容来考察其思想。正是基于这种考虑，我特别重视针对马克思虽未使用"意识形态"语词、但已隐含其意识形态思想的宗教批

① ［英］戴维·麦克莱伦：《意识形态》，吉林人民出版社2005年版，第3页。

判与黑格尔法哲学批判（这二者我认为是同源的）的考察。我认为，马克思对意识形态批判的基本思想寓含在二者之中，或者说，宗教批判与哲学批判是马克思意识形态理论形成的背景，我们有必要在这一背景中把握其意识形态思想。

林进平：依据您的见解，研究马克思的意识形态思想，不仅要研究马克思那些与"意识形态"直接关联的显明的文本，而且要研究那些与"意识形态"间接相关的隐性的文本。那么，在研究马克思《资本论》时期的意识形态思想时，就不仅要研究马克思关于商品拜物教的批判，而且要重视马克思关于道德、权利和正义等意识形态形式的研究。

麦克莱伦：确是如此。研究马克思《资本论》时期的意识形态思想，马克思关于商品拜物教的剖析与批判的确是一个重要文本。但是，仅仅着眼于这一文本去研究马克思在此时期的意识形态思想也是远远不够的，因为马克思关于意识形态的思想也具体地体现在他对宗教、道德、权利和正义等问题的剖析与批判之中。忽视马克思关于这些具体的意识形态形式的思想而去探讨马克思的意识形态观，就难以对马克思的意识形态形成一种具体的、准确的、全面的认识。

问题三：马克思意识形态概念的思想传承

林进平：您曾指出，马克思的意识形态思想综合了德国传统和英法传统。但我觉得，对于这两个传统，您较强调的是马克思的德国传统，而不是英法传统，因为您用了较多的篇幅和论证都是在论述前者。不过，您在书中也说过："他的乐观理性主义、他对科学技术的强调、他的欧洲中心主义都是高度的维多利亚式资本主义的产物。"① 这句话使我怀疑，德国传统在马克思意识形态概念中的地位和作用到底如何？而且，如果再联系马克思在《德意志意识形态》中对经验实证的强调，我们似乎也有理由得出马克思的意识形态思想受英法传统的影响多于德国传统的结论。对此，我很想听听您的解释。

麦克莱伦：这是一个非常好的问题。我认为，马克思的思想，包括意识形态方面的思想都深受德国传统的影响，从马克思早期的博士论文到后来的《资本论》都是这样。特别是马克思的意识形态思想，更是备受黑格尔的社会哲学的影响。他对意识形态的认识和批判方式本身都具有明显的黑格尔哲学和青年黑格尔派的印记，在这方面，诸如乐观主义、历史精神和批判精神都很明显。这也是我强调马克思的意识形态观念的德国传统的原因。但是，我也必须承认，马克思对意识形态的批判理解确实包含有经验的和实证的因素，这可以说是受到了英法唯物主义的经验传统的影响。由于你的这个问题涉及马克思思想传统的侧重的问题，所以我认为，考虑到马克思的意识形态概念包含的历史主义、乐观主义和高度批判性，因此他的意识形态思想的德国传统因素还是要多于英法传统的因素。

林进平：有学者认为，您的这种强调马克思思想中的德国传统的因素，反映了英国的马克思主义学者在研究马克思意识形态问题上的共性。但我觉得，与其说您的研究体现了英国学者的某些共性，还不如说您的研究体现了黑格尔研究者的某种共性。我在想，是否您的黑格尔研究以及青年黑格尔派的研究使您更多地看到马克思思想中的德国传统的

---

① ［英］戴维·麦克莱伦：《意识形态》，吉林人民出版社 2005 年版，第 27 页。

因素？

麦克莱伦：我想，不论是归因我是英国学者，还是归因我是一位德国哲学的研究者，都是在暗示，我的马克思研究存在一种学术研究的主观性。对此，我必须承认，我们在研究文本时，的确很难摆脱或超越这种学术研究的主观性，我们的理解、研究常常受制于我们已有的思维范式或研究对象。但是，我也必须指出，我在马克思的思想研究上一直持有一种学术的自觉性和警惕性，强调依据文本，依据事实，以免我的研究陷入过多的主观臆测。

问题四：对意识形态概念的贬义内涵的理解

林进平：在《意识形态》一书的第二章中，您曾指出："在马克思自己看来，意识形态的贬义主要包括两个方面：首先，意识形态与唯心主义相联系在一起，而唯心主义作为一种意识形态是和唯物主义相对立的：任何正确的世界观在某种意义上都必定是一种唯物主义观点；第二，意识形态与社会中的资源和权力的不公平分配联系在一起：如果社会和经济的安排受到怀疑，那么作为其一部分的意识形态也会如此。"[①] 简单说，就是唯心主义的先入之见，以及对现实不平等的遮蔽与辩护这两个方面。我觉得这一见解非常深刻，但我仍有两点困惑：

第一，虽然任何正确的世界观在某种意义上都必定是唯物主义的观点，但并不是所有的唯物主义观点都必定是正确的世界观。比如，马克思并不认为费尔巴哈的观点就是正确的，而是觉得他的观点也是一种意

---

① ［英］戴维·麦克莱伦：《意识形态》，吉林人民出版社 2005 年版，第 13 页。

识形态，认为他没有意识到他的那些关于人性的观点只是局限于市民社会的狭隘眼界。另外，马克思也常常从市民社会这一视角去批判意识形态，因此，是否可以说，马克思的意识形态概念所包含的贬义特征是与市民社会相关联的？第二，假如意识形态是社会资源和权力的不平等分配的产物、反映和补充，那么，是否就没必要批判意识形态，而只需要批判意识形态赖以存在的不平等基础就可以了？

麦克莱伦：对于你的第一个问题，我觉得你的理解是对的。不过，我要指出，费尔巴哈也不是一个彻底的唯物主义者。他立足于市民社会，从市民社会抽象出人的一般特性为人的自然本性，并以此作为观察、分析社会的基准。这恰恰是费尔巴哈唯心主义的体现。正因如此，马克思和恩格斯都认为费尔巴哈在历史观上是唯心主义的。对于你的第二个问题，我想指出，如果因为意识形态是社会资源和权力的不平等分配的产物、反映和补充，就认为没必要批判意识形态，这是还原论的观点。它否定了人的积极性，否定了人的主体性在推动历史进程中的作用。按照这样的观点，马克思对意识形态的批判也是没必要的。但如我们所知，马克思对意识形态的批判揭开了意识形态赖以存在的社会基础及其对社会现实的遮蔽与辩护，而这无疑促进了社会的进步。依据马克思的观点，对于推动社会进步来说，社会现实的变革固然是根本，但对意识形态的批判也仍然必要，因为它本身就是现实的组成部分，是现实的"副本"。

问题五：列宁意识形态概念的经验和教训

林进平：在阅读《意识形态》一书时，我注意到您对列宁的意识形态观念的介绍与点评，我特别欣赏您的这样一句话："布尔什维克

1917 年的成功意味着列宁对什么是意识形态的简单化的论述成为几代人的马克思主义的正统学说，特别是他的'中立的'意识形态概念使它失去了所有的批判的分析力量。"① 我很想知道：列宁为何要发展这一"中立"的简单的意识形态概念？

麦克莱伦：列宁发展"中立"的意识形态概念是基于当时的政治需要。阶级斗争和新兴的无产阶级政权建设的需要，使得列宁必须将意识形态概念赋予每一个阶级，包括无产阶级。一方面，列宁相信，在尖锐的阶级斗争中，工人阶级需要一个掌握科学理论的先锋党来指导工人阶级运动；另一方面，无产阶级政权的建设也需要社会主义的意识形态理论给无产阶级政权提供合法性支持。在列宁看来，并不是所有的意识形态都是非科学的，资本主义意识形态是虚假的，而马克思主义的意识形态是科学的，尽管二者都被认为是由社会存在所决定的，但他认为前者反映的是虚假事实，而后者反映的是客观实际。

林进平：列宁基于现实需要而发展出来的"中立"的意识形态概念不仅使马克思主义自身成为意识形态，也使意识形态具有浓厚的阶级性和政治性。他对意识形态的发展在今天看来也具有明显的双面性。那么，对于今天的社会主义国家来说，列宁对意识形态的发展有什么经验和教训是值得我们汲取的？

麦克莱伦：列宁从政治维度对意识形态的探索和发展，对于当时的苏维埃政权具有一种基于意识形态进行政权的合法性建构的作用，这对当今的社会主义国家来说也依然有启示作用。因为当今的社会主义国家也依然存在一个基于意识形态进行社会主义政权的合法性维护的问题。

---

① ［英］戴维·麦克莱伦：《意识形态》，吉林人民出版社 2005 年版，第 34页。

在这方面，我认为列宁与葛兰西、毛泽东等人一样，在意识形态的建构上成绩斐然。但是，尽管如此，他的中立的意识形态也削弱了意识形态的批判性与丰富性，使意识形态简化为一个政治辩护的工具。这样一来，就很难使其在深层上对资本主义产生一种彻底的批判，并在使社会主义成为意识形态的同时也令其落入马克思的意识形态的批判视野之中。

问题六：毛泽东思想对当代中国的意义和作用

林进平：我记得在您的《马克思之后的马克思主义》一书中曾对毛泽东的思想做过五点结论性的点评：

第一，中国的目标是工业部门与农业部门的协调发展。农民并不因此成为发展政策的牺牲品，而是为了实现此一目标而被调动起来。由于中国共产党无可争议的是一个农民的政党，且农民构成了第三世界国家人口的绝大多数，因此，中国能够成为绝大多数的第三世界国家的榜样。第二，毛泽东强调思想意识的重要性。由于马克思主义是无产阶级的学说，因此，有必要把无产阶级的或社会的意识灌输给农民。缩短资本主义（包括发展方面和意识形态方面）向社会主义的过渡进程，意味着要加强这一灌输进程。因此，就有了"文化大革命"。第三，形成于20世纪30年代的毛泽东的游击战争思想建立在与农民合作的基础上，它在第三世界国家有着广泛的影响。第四，中国发展出反对官僚主义的很多斗争形式，它们蕴含在《关于正确处理人民内部矛盾的问题》中，并在"文化大革命"中被付诸实施，尽管它们始终是在党的控制之下。第五，毛泽东的思想包含着一个对节俭和为公共利益奉献的道德的、清教徒式的强调。①

尽管您的这一点评距现在已有 30 多年，但现在读来，依然觉得它们对于当代中国具有启示意义。而且，据我所知，在这 30 年中，您也一直关注着中国的发展。因此，我很想听听您对毛泽东思想在当代中国的地位与作用的看法。

麦克莱伦：首先，我想说的是，如果没有毛泽东思想的指导，没有在公共基础设施、水利建设、教育、医疗等方面打下的坚实基础，中国现在的发展，特别是经济的发展，是不可想象的。

另外，我想说的是你在这里所引用的两点。第一点是毛泽东对党的官僚主义、政府的官僚化和资产阶级的复辟有着独特的警觉和关注，他一直都强调反官僚主义的必要性，这也是他强调要在无产阶级专政下继续革命的一个原因。这个方面的理论主要蕴含在《关于正确处理人民内部矛盾的问题》等文章中。当然，他的这个思想也体现在实践上，"文化大革命"可以被视为这种实践的极端表现。第二点就是毛泽东非常关注底层民众的利益，强调公共利益的地位，强调党和政府要有全心全意为人民服务的精神。这一点是中国在新时期亟需学习和强调的。

毛泽东对节俭、为人民服务的道德责任与公共利益的强调都有利于预防腐败和防范官僚主义，但是，腐败和官僚主义的有效遏制主要应依赖于制度的有效约束，在市场经济的背景下更是如此。

问题七：社会主义意识形态的可能缺陷

林进平：我注意到，您在《意识形态》中提到过这样一个观点：

---

① David McLellan, Marxism after Marx, Harper & Row, 1980, pp. 260 – 261.

依据马克思，似乎所有社会主义的实践观念都是意识形态的，特别是社会主义社会的法权观念。为此，我想向您请教两个问题：第一，既然社会主义国家也存在意识形态，那么，这种意识形态是否也存在着唯心主义的先入之见和遮蔽不平等的分配现实的可能性？第二，假如社会主义的意识形态也存在这两个缺陷，那么，社会主义国家怎样才能减少甚至免于这种缺陷？

麦克莱伦：我想，对于第一个问题，答案是肯定的。虽然马克思的意识形态批判主要针对的是资本主义社会的意识形态，认为它充满唯心主义色彩和对现实不平等的掩盖。但他对意识形态的批判并不局限于资本主义社会，而是包括所有阶级社会的意识形态，甚至是所有的意识形态。这一点从《共产党宣言》和1859年的《〈政治经济学批判〉序言》里就可以明显看得出来。

当然，我们也看到，马克思的意识形态批判似乎并没有指向社会主义的意识形态，因此，说社会主义的意识形态也包含马克思所说的两个缺陷特征，这似乎缺乏依据。不过，完全否认社会主义的意识形态具有上述缺陷也是困难的，因为马克思曾经指出，社会主义社会依然难以摆脱资产阶级法权的狭隘眼界。况且，现实的社会主义国家又是在社会生产力较为落后的基础上建立起来的，因此，要摆脱意识形态的局限就可能更为艰难。

林进平：我在很大程度上认同您的见解。不过，我也注意到，为了避免陷入唯心主义的泥坑，社会主义国家普遍强调实事求是，强调新思想，比如中国强调思想解放。而为了避免资源的不平等和权力的不平等，社会主义强调通过国家来干预和协调。但是，这些做法在事实上是否可以缓解和解决上述两个缺陷呢？

麦克莱伦：我认为，这也许是社会生产力较为落后的国家建立社会主义的一种现实的选择。但是，同样现实的是，解放思想仍然受制于现实的社会环境和思想状况。在社会发展相对滞后、思想交流相对有限的社会背景下，思想解放可能同样会陷入唯心主义。另外，在权力没有受到有效的思想洗礼和有效的制度约束的情况下，依赖国家权力来对资源和权力的不平等进行再分配，则有可能在现实层面导致更大的不平等。毕竟，反官僚主义要想有成效，不能仅靠道德的自觉性或思想改造，主要还是要靠制度，靠人民的监督。特别是在市场经济条件下，更需如此。

问题八：社会主义是否需要发展马克思
意识形态理论的批判维度

林进平：前面我们谈到列宁对于意识形态理论的贡献和局限。列宁的一个局限在于，他忽视了马克思意识形态思想的批判维度。那么，社会主义国家是否有必要恢复和发展马克思意识形态思想的批判维度？

麦克莱伦：是的，我认为有这个必要。这一方面是因为资本主义社会尚未被扬弃，而只是发展到了更高的、更复杂的阶段，因此，马克思的意识形态批判对于当代的资本主义社会仍有作用。据我所知，当代很多马克思主义者就秉持了马克思这方面的思想资源而继续批判资本主义社会。另一方面的原因是，社会主义国家，比如中国，已经发展了市场体系，因而也具有资本主义市场体系的一些因素，甚至是缺陷。因此，恢复和发展马克思意识形态思想的批判维度，对于克服社会主义国家因市场体系而带来的一些消极因素仍是有意义的。再者，我甚至认为，恢复和发展这种批判维度，对于克服社会主义国家的官僚化困境也会有效。

林进平：按照您的说法，社会主义国家既要发展马克思意识形态的批判维度，又要建构合乎社会主义国家自身需要、反映自身实际和价值诉求的意识形态。这二者之间是否存在冲突，或是否存在一个平衡的问题？

麦克莱伦：我认为二者之间不存在一个平衡的问题，因为二者在性质和指向上都是不同的。当然我也认为，二者之间也不存在冲突。我甚至认为，发展马克思意识形态思想的批判维度可能更有利于社会主义的意识形态建设，使得后者更合乎实际，更富有说服力。当然我们也必须承认，在理论上能够说得清楚的，在现实的实践上也许会相当困难。

林进平：那么，作为社会主义国家的中国，在建构社会主义的意识形态方面是否也要发展马克思意识形态思想的批判维度？

麦克莱伦：有这必要。马克思的意识形态思想凝聚了他对现代工商业文明及其价值观念——特别是现代法权观念——的批判性思考，而中国的意识形态建设又不可避免地包含有对现代工商业文明及其价值观念的借鉴和吸收，因此，在建设中国的意识形态时，持有批判性维度，能够使中国的意识形态建设更富有活力和开放性。

问题九：当代中国的意识形态建构所面对的困难

林进平：说到中国的意识形态建设问题，我很想听听您对当代中国在这方面所面临的困境的看法。我想，您是否可以先谈谈您是如何看待"意识形态的终结"这个观点，再谈谈当代中国的意识形态建构的困境。因为，假如意识形态业已终结，那么意识形态的建构似乎就会成为多余的事情。

麦克莱伦：我想，"意识形态的终结"主要是二战后美国学者看待世界的一种观点，认为极端国家主义（像法西斯主义）的那种强观点已经被稀释，世界正变得界限模糊，变得民主与宽容，世界正走向它的完成或终结。这种观点的主要代表就是《历史的终结与最后之人》的作者弗朗西斯·福山。但我认为，这种观点是简单的、错误的。"意识形态的终结"本身就是一种意识形态，它本身就是美国生活的投射，它反映了美国人看待世界的方式。在这种看待世界的方式下，世界正朝着一种议会民主的资本主义迈进。换句话说，世界正在美国化，全世界的人也正在变成美国人。而现在，我们已经能够看得很清楚，历史和意识形态其实都还远未终结：美国被卷入伊拉克和阿富汗战争中，其实力（不是军队实力，而是经济实力）正在衰退；而印度和中国这样的国家则变得越来越强大。依我看，只要有利益冲突，就会有意识形态！在当代，意识形态，特别是政治的意识形态是不可能终结的！美国也不可能是世界的终结！

林进平：所以，意识形态的建构对于中国来说仍是一种必然。中国必须面对和继续探讨在建构意识形态方面所要面对的困难。

麦克莱伦：的确如此。在当代，中国在建构意识形态的过程中会碰到很多困难，但我认为，当代中国在这方面的最主要困难是权力腐败和城乡差距的扩大，因为它们直接动摇了民众的信任基础。

每个国家，包括中国，都有一个权力腐败的问题。因为一个高度官僚体制的国家很容易与资本主义性质的企业勾结在一起。企业由于需要获得各种许可才可以从事经营，而在官僚主义严重的情况下，企业倾向于用金钱打开通路。记得在访问孟加拉国时，我曾经问当地的一个富商为什么能够那么富有。他说，很简单，只要向政府购买进口的垄断权就能致富。而你知道，这是绝对的腐败！很多事实都表明，一个国家越是腐败，民众的信任就会越低，社会也就越不稳定。

贫富差距的扩大也是相似的。尽管在美国等资本主义国家，贫富差距也很大，但中国是个社会主义国家，社会主义国家就必须让人有基本的生活保障，包括住房、教育和医疗等。如果差距大到超过了人的基本生存保障，政府就很难获得民众的认同，社会就难以维持稳定——因为人民是直接从自己的生存状况去感受政府的意识形态的。

中国是一个大国。大国首要考虑的是和平、稳定、统一。但也正因为中国是个大国，所以其内部的差异性和冲突性也就相对复杂，从而给整个国家和民族的意识形态建设提高了难度。同时，也因为中国是个大国，所以世界对中国就多了些防范。尽管中国爱好和平，但美国和日本还是未能释怀，这使得中国的意识形态建设也面临着来自这些国家的挑战。

此外，我认为苏联最后倒向资本主义，也给社会主义国家树立了一个坏的榜样。当然，苏联的倒向并不说明社会主义行不通，而是说明苏联模式的社会主义行不通。但它对社会主义国家的人民来说还是带来了许多坏的影响。

由于我对中国的了解还不够具体，我暂时想到的也就是这些，谢谢！

（责任编辑：李义天）

马克思的意识形态概念[*]

〔匈〕乔治·马尔库什

人们对马克思意识形态理论重要性的认识具有惊人的一致性，因为总体上说，它被视为马克思对一般社会理论和哲学两方面所做出的主要贡献之一。通过引入这个理论，人们认为，马克思在对待关于人类知识和认识的问题上，根本地促成了一种基本的全新定位——一种历史和社会导向的"转向"。但是伴随着这种对理论历史重要性的共识，对这些重要观点内容上的理解却产生了几乎完全不同的见解。对于马克思的意识形态概念，马克思主义和非马克思主义的解释，甚至在关于其意义的最基本的问题上，似乎都难以取得一致。意识形态概念是否带有一种消极贬义的强调，或者在这方面它是否是价值中立的并因此也可以应用于马克思自己的理论，进而（至少在其意向上）具有"科学的意识形态"特征？科学，包括自然科学，是否原则上与意识形态对立，抑或恰恰是它的表现形式之一？意识形态理论本质上是否是一种起源的理论，首先研究的是被视为其他原因产生之结果的那些观念的历史源头问题？或者它是否是一种功能的理论，基本上研究的是关于结果的问题，即那些观念和它们的体系——被当作相对独立的原因——在其他社会意义重大的

---

* 本文选自《马克思主义与现实》2012 年第 1 期。

行为领域里，可能和确实产生的结果问题？对于所有这些显然非常基本的问题，人们可以找到差异巨大的、甚至完全相反的答案。

如果从这些二手的解释性文献转向那些试图沿着马克思意识形态概念所开启的传统继续下去的或许更为重要的文献，你会发现这种状况将越发矛盾。一方面，似乎很难理解究竟这些理论是如何诉诸同一个源头的，因为它们处理着相当歧异的、几乎是不相关的主题。例如，在由阿尔都塞发展的结构主义马克思主义中，在所谓的"意识形态国家机器"里，意识形态这个词基本上指的是，像家庭、教育体系、教会以及大众媒介这些体制的职能。但是，在卢卡奇或戈德曼这样的马克思主义者的著作中，意识形态几乎专指高级文化典范式的产物——伟大的哲学体系、经典的艺术作品、历史上最重要的社会和经济学理论，等等。另一方面，他们尽管在共同的意识形态名义下处理着根本上歧异的问题，但是有一点是共同的，那就是，他们的观点很奇怪地与最著名的、可以称为"导言"的马克思对意识形态的陈述相冲突：创造或变革历史的不是观念，因为观念仅仅是物质生命活动在个人大脑里的升华。因此，阿尔都塞认为意识形态国家机器是组织机构，通过它的运行，经验个体第一次被建构为社会的所谓积极的主体；这些机器在主导性社会关系体系的再生产中被赋予一种决定性的作用。相类似，所谓人道主义或人道主义的马克思主义的代表们——尤其体会到法西斯主义的历史性创伤后——不是强调自律的高级文化产物（至少是某些）的解放性潜能，就是（像阿多诺和霍克海默那样）强调高级文化自律性在现代社会的丧失已经成为阻碍现实解放可能性的基本原因之一。

我在这里之所以引用这些标志着马克思主义意识形态概念接受史和解释史的奇思妙想，主要是为了修辞的目的，试图为解开一个古老而又相当令人困扰的问题所做的全新尝试寻找某些论证理由：马克思的"意识形态"意味着什么？而刚刚表述的这些问题或许也可以为我自己所强调的意识形态理论概念的复杂性和异质性提供一些基本的支持，正如它在马克思的文本中被实际运用的那样。因此接下来我想要证明，马克思是在明显不同的背景下，出于不同的目的来使用这一概念的，因此，在他的作品中这个概念具有清晰可辨的不同含义。虽然我想要区分的三种不同的意识形态含义很明显是相互联系的，但是任何试图把这些含义理解成一个统一宽泛方法的不同方面的尝试，都将不仅包含着某些重要的缺陷——这是马克思自己说明的一个事实——而且隐藏着一些很难克服的内在张力。

一

如果翻开那些马克思直接针对（或至少间接提及）意识形态问题的文本，相当明显的是这个词最频繁地用于一种批判的、直接论战的方式。例如，在《德意志意识形态》中，意识形态概念始终具有一种否定的含义，更重要的是，一种揭露的含义。它指向的是那些把观念及其体系当作历史进步的主要动机的哲学和社会学、政治学理论。意识形态理论把它们自己——也因此把它们的创造者，即知识分子——转化为隐蔽的历史造物主。诚然，在某些方面，甚至在这些论战的背景中，马克思似乎运用一种更宽泛的概念，这个概念从总体上包括所有那些参照某种元历史、永恒原则来理解历史的文化对象化（因此，费尔巴哈的宗教理论也被认为是意识形态，因为它用非历史的人类本质的观点来解释宗教）。但是，从根本上说，意识形态批判理论在此意义上意味着"揭露"历史上所有试图证明精神至高无上性的企图。① 意识形态概念是直接反对所有历史唯心主义变体的论战工具。与这种唯心主义相反，马克思提出了自己理论上的、并且首要的是实践上的唯物主义：它不是一种对如何解释世界的理论上的变革，而是对社会的物质生活条件和产物的物质生活活动进行实践上的变革，正是这些构成了人类进步命运得以获解的决定性的社会斗争地带。这正是著名的、经常被过度阐释的观点，即关于暗箱隐喻的观点：在意识形态中，正如在一个暗箱里，所有事物好像都是颠倒的，因为——根据定义——意识形态的信念体系把自身假定为人类物质活动的最终决定因素，但是在现实生活中，对于从文化上被详细阐述的社会信念体系来说，恰恰是生产者之间实践上被制定和制度化的关系，既构成了它的最终源泉，也构成了它的效力标准。

这一意识形态概念对应着一种特定的思想实践——通过说明它们的社会规定性和起源从而批判地揭露信念体系。在这些论战的背景下，马克思使用了一种起源的意识形态批判方法，其本质在于把思想体系还原为它们所表达的有意识或无意识的社会利益。由此发现在思想超凡力量或永恒统治傲慢的话语背后，隐藏的明确的——但是完全尚未主题化的——少数阶级或群体利益的支配，从而从根本上驳斥它们的有效性。正是在这种揭露的批判背景中，意识形态——也许乍看上去以矛盾的方式——既表现得相异于现实生活的思辨，又好像是从统治性的物质权力关系到思想领域的调换。如此一来，通过把特定的社会利益转变为人类理性的要求，这些思想体系促成了既定社会统治关系的稳定化：信念的固定变成一种合法化模式。

---

① 《马克思恩格斯全集》第 1 版第 3 卷第 53—54 页。

法国启蒙运动最后的代表德斯杜特·德·特拉西和他的小哲学团体那里借用了"意识形态"术语，马克思表明了对于他自己概念阐述的传统和根基的认识。不管怎样，清楚的是，他的论战的、揭露的意识形态概念与启蒙传统的某些基本要素，尤其与被视为社会诱导的理性变形的"偏见批判"具有一脉相承的关系。所以人们可以把这个概念的思想源头追溯到——正如汉斯·巴特所做的那样——培根对市场和戏剧假象的批判——甚至更远，笼统地说追溯到诡辩论和希腊的启蒙。但是人们还应该补充一点，马克思既是这种传统的继承者也是它的批判者。从他的意识形态理论观点来看，在一种公平理性或者永恒的、规范地构想的人性之名义下，这种偏见批判本身就深深地打上了意识形态的烙印。马克思针对构成和决定意识形态体系的隐蔽利益所展开的论战，并不是在一种所谓能够克服所有历史局限的非历史的合理性名义下进行的；而是在由同样的社会利益产生和诱导的、历史和社会限定的、具体的、"有限的"需要和遭遇的名义下进行的。在我们谈论的背景下，意识形态理论在很大程度上提供了一种批判，甚至是一种自我批判，批判了知识分子的"职业良知"，他们作为"思想的生产者"，下决心赋予自己的活动一种神话式的效力。通过这种方式，他们为自己的活动制造了一种伪造的合法化，因此他们自身无法理解其真正的社会规定性和功能：由于缺乏这种批判的自我意识，他们成为——通常相当不经意地——一种既定的、提前确定的社会统治和不公正体系的辩护者。

二

如果说这种论战性的、揭露的意识形态概念是马克思著作中使用最频繁、影响最大的一种类型的话，那么在他作品的很多章节中，同一个术语却具有另一种系统的—解释的含义。人们只需要看一下著名的《〈政治经济学批判〉序言》，就可以发现这种非论战性含义类型的例子。在这里，意识形态很明显指的不是一种特殊的、可批判的社会学—哲学理论类型，而是一个更宽泛的人类活动范围：一定的"文化生产"分支及其产物，以及相应层次的社会交往和冲突。这一解释的、本质上是功能性的（functional）意识形态概念的主要职能，是为马克思已经在《德意志意识形态》中提出的问题提供一部分答案：怎样，并且通过什么机制，统治阶级的思想能够成为这个社会的统治思想？这个问题很明显，相当于韦伯的那个问题，即社会统治体系是如何在不平等和剥削的条件下合法化的？

对于这一点，需要做一个"哲学上"的评注。正如柯尔施指出的，在自己的全部著作中，马克思从未把"意识形态"这个词应用于日常意识现象。对他来说（这与当今的马克思主义者相反），统治阶级思想对社会的统治，从根本上说不是作为统治阶级对思想传播手段进行垄断的结果；它不是灌输成为一种特定的、从日常实践生活之外产生并且只是从思想上附加于它的行为者之上的文化类型的问题。相反，正是马克思关于日常思维社会规定的理论，既为解答上述问题提供了基础，也为理解意识形态在社会中的功能作用提供了基础。因此有必要详细阐述这一可以称为"虚假意识"理论的观点——这一当然只能出现在恩格斯话语中的术语。

根据马克思的观点，像资本主义这样的社会体系，至少在某种否定的意义上，是自我合法化的。通过它的社会—经济机制的运行，它对于陷入其实践之中的个体，生产出一种思想基质，一种直接感知和解释社会现实的方式，这种方式系统地排除掉了想象和行为上克服它的可能。当然，我在这里指的是马克思晚期经济学著作中主要讨论的拜物教理论。在这些著作中，马克思认为，对于那些从事市场买卖活动的人——实际上是对资本主义社会的每一个人——来说，与其他人的社会关系，不可避免地表现为物与物之间的关系；重要的是，这些匿名的社会功能却把这些事实伪装成好像是由个人自由选择的结果。这种社会作用的拟人化构成了社会关系拜物教物化的反面。个体对于生活和置身其中的世界所形成的这种扭曲和被蒙蔽的理解方式，主要不是某些特殊的文化适应过程的结果，具体说来就是传递给被制度上固定了某些"教条"的个体并被其占有的这一过程。确切地说，它是相关个体经验的生命活动直接结果。马克思当然没有否认语言的作用，以及一般而言广义上承袭的文化在"虚假意识"形成过程中的作用。事实上，他对语言的社会功能非常感兴趣，尽管他在这方面的评论几乎没有超过天真的历史词源学的水平。但是他确实坚持认为，"思想的附魅"主要不是来自于"语言的闲聊"，而是来自于历史构成的生活条件。他一再强调的事实是，拜物教的思想形态"从生产关系本身中产生"，它们是个体基本的社会实践"直接和自发的结果"。这些思想形式只是直接固定和普遍化了孤独社会行为者实际的生活经验而已；拜物教的思维形式使个别的社会代表能够成功地在既定的社会关系体系中为自己定向，而这成为他们生活的一种固定的先在。毫无疑问，马克思的拜物教理论在很大程度上受到黑格尔"现象"这一术语的影响，这不仅仅指的是表象，还是一种"虚假的现实"，一种直接的形式，在这种形式中现实本身扭曲地"表达"和"证明自己"（如黑格尔所写的"表现自己"）。而这一点提出了一系列令人忧虑的问题，不只是关于一种本体论真理理论的可行性这种高度抽象的哲学问题，初看起来，马克思的术语似乎包含着这样的问题。马克思一贯坚持认为拜物教的理解力和概念不仅仅是一种混乱思维的"幻觉"和谬误，资产阶级经济学的范畴对整个历史时期来说还是

"社会有效的，并因此是思想的客观形式"，这些思想也完全包含着这样明确的观点，即这些思想的形式不仅是由社会产生和决定的，而且事实上是具有实际效用的，并且在这个意义上也是真实的、正当的和"正确的"。只有在这些条件下，陷入这些关系之中的个体在给定的框架内才能成功地为自己定向。例如，如果他们去购物并且不想浪费钱，他们必须把不同商品的价格当作好像是独立于这些商品实际效用之外的一种特性：只有通过把相对的价格与相对的实际效用相比较，个体才能做出一种"明智的"选择，一种"划算的交易"。这也意味着，一种商品的价格仅仅是其价值的现象形式，后者依赖于社会必要劳动时间等等相关知识与一笔"划算的交易"之间的相关性，就好像量子、电子动力学的详尽知识之于一个更换电阻丝的人一样。①

此外，确实在虚假意识的实际效用背后隐藏着它的社会有效性，它有能力排除合理的集体变革既定社会条件的可能性。正如拜物教思想成功地引导孤独个体在这些既定的社会关系之中努力维护其私人利益一样，这些思想也能使总体变得完全模糊不清，从而把它转变成一种难以理解的自然性或技术必需性问题。在这个意义上讲，对马克思来说，拜物教在日常思维的水平上证明了社会和个体可能性之间的鸿沟，它的日益扩大就是他称之为异化的整个"史前史"的基本趋势之一。用马克

① 我在这一点上想要表明的是拜物教——资本主义条件下历史特殊的日常意识形式——对马克思来说，这些个体对直接生活其中的世界扭曲的经验马克思主义研究马克思的意识形态概念唯一受到社会诱导而产生的类型。在研究前资本主义社会时，他至少短暂地参照过类似于拜物教这一历史现象的"对自然的盲目崇拜"。正如《资本论》第3卷明示的，这种盲目崇拜既涉及自然力的拟人化和一些人类活动仍然依赖的事物，也涉及社会作用相应的自然化，在其中个人的依赖和奴役关系得以自我证明。

思自己的例子来说：只要人们还是把价格或价值当作事物本身的一种神秘的、"自然"的特性，那么关于一个社会中的实用性客体可以不具有商品功能这样的观念便仍然是不可想象的；只要工资还是被理解为劳动所得的报酬，那么人们也许会要求公平、公正的工资，但是甚至无法想象一个社会里人类生产性的活动还可以是雇佣劳动以外的某种其他社会形式；等等。"颠倒"了现实关系并使它们变得"无形"的拜物教范畴不仅表达了非反思性接受既定社会世界的那些思想，而且这些自发性日常理解的荒谬的"范畴错误"，还系统地排除了一种总体化反思的可能性，排除了既反思这个世界历史—实践的构成，也反思这种思维方式的社会规定性的可能性。而且因为这些范畴在个体形成和表述他们的实践意图、希望和动机的框架内，构成了想象和思维的自然语言，因此它们便获得了一种真正的因果效用。虚假意识不是被动地反映那些独立于这种意识的、以某种方式被构成和再生产的社会"表面关系"；这种意识在创造、再生产和非意向性地、社会无意识地变革这个社会的过程中是一个必要因素。《大纲》中的一个引证就说明了这一点。谈到商业主义的早期形式，马克思强调虽然货币拜物教是荒谬的"关于货币性质的幻想"，"无视其中所包含的矛盾"，但它也一直是社会生产力的实际发展中的一种"强大的工具"，主要是因为它"在个人的背后赋予货币以这种确实神奇的意义"。① 这就是为什么马克思自己的拜物教理论首先是一种日常意识的批判——主要是对它自己的主体和接受者、工人阶级意识的一种批判。通过阐明自发的社会认知具有的社会规定性，马克思试图培养一种旨在获得真正的自我意识的理论驱动力。当然，这种自我意识最后只能在实践中获得，因为最终对拜物教思维的克服不是一个知识

---

① 参见《马克思恩格斯全集》第 2 版第 30 卷第 178 页。

问题，而是集体实践选择的创造问题，根据这种选择的创造，当今社会制度难以理解的自然性和神秘的不变性将被消除。

如果说关于统治阶级的思想是如何"理所当然地"统治整个社会这一问题，为马克思的答案提供基础的是这个"虚假意识"概念的话，那么很明显，拜物教理论并没有构成马克思答案的全部内容。可以肯定的是，在一种否定的意义上，资本主义作为社会统治体系，意欲合法化自身。但是即使一种自发的、拜物教的思维形态不可能产生一种激进的和理性的批判，但同时，它极度的混乱、零散及自我矛盾，也使它不能把自己从实践—思想的批判中隔离出来。更重要的是，当市场生产的自动机制不能保证基本社会关系稳定的再生产时，拜物教范畴也将失去它们实用的合法性和有效性。在那些经济危机的时期，"现象"的网将会消散而社会统治关系也将在相对透明的形式中显示自身。仅仅是日常生活实践的再生产，对于合法的资本主义社会来说是不够的——主要是因为这种再生产过程本身不时被客观的压力和干扰所打断。

正是在这一点上，解释—功能性的意识形态概念进入到马克思的社会理论体系之中。马克思注意到，制度上散播的统治思想体系系统化了日常思维混乱和无序的概念表述，把一定程度的逻辑粘附性赋予其零散的结构，为最常遇到的与拜物教范畴表面上的自明性相矛盾的经验而辩护（也因此为之辩证）。教会、教会统治的学校体系和各种政治与司法机构，是马克思最常与这项任务的实行联系起来的社会组织。因此，在自己的晚期著作中，马克思有时把意识形态这个词应用于分析这些机构的功能上，它们的人员被依此描述成"统治阶级的意识形态阶层"①。然而这些机构仅被他视为被到处详细阐述的思想的传播者和宣扬者——

① 参见《马克思恩格斯全集》第 1 版第 26 卷第 1 册第 298 页。

在文化生产领域里，在作为整个社会分工内部分化分支的高级文化领域里。总体而言，正是这些属于宗教、哲学、社会理论、政治经济和艺术领域的文化、"精神"的对象化——但应当注意，不包括自然科学——是马克思用意识形态这一共同名字来正式命名的事物。正如马克思在《〈政治经济学批判〉序言》中陈述的，这些便是人们开始借以意识到其社会冲突并力求克服它的形式。

尽管事实上马克思把意识形态概念普遍延伸到了所有这些活动和它们的社会功能之上，但是他对于文化创造的这一广阔范围的态度却是明显不同的。在马克思最详尽和最著名的意识形态批判的实例中，也就是对资产阶级经济学的批判中，这种区别得以鲜明表述并且对于马克思自己的经济学理论来说，具有极其重要的意义。尽管马克思反复强调，资产阶级经济学作为一个整体是一种意识形态，但同时，他把"科学的"古典经济学（首先是重农学派亚当·斯密和李嘉图）直接与"庸俗"经济学的辩护性的伪科学对立起来。（这个事实也清楚地表明，对于马克思来说，在一个特定背景中，成为科学的与成为意识形态的不是相互排斥的。）如果人们把马克思对青年黑格尔派的批判与他对黑格尔的反复批判相比照，就能发现同类的区别：这些批判不仅语气上具有惊人的差异，而且更重要的是，整个批判方法本身也是如此，马克思对于斯密和马尔萨斯的不同态度也如出一辙。甚至在马克思零散的对艺术的评注中——相较于他对欧仁·苏和巴尔扎克的处理方式——人们可以发现相似的实际区别。

冒着过度解释的风险，我想要说明的是马克思始终在那些所谓"历史片段的意识形态"与那些代表着划时代的文化价值的意识形态之间做出区分。① 关于第一种（即庸俗经济学），情形非常清楚。它们是文化的"产物"，为那些传播直接服务于辩护目的的思想的（上述）组织机构提供思想材料。这些意识形态声称的（科学的、哲学的或艺术的）真理只是一种虚饰，隐藏了它们对特殊的、狭隘的、与现在直接的、实际的现实性相关联的特别利益的保护和表述。② 正是在涉及这些意识形态时，马克思采取了之前描述为"揭露的"批判类型：把观点的内容还原为一种特殊的利益形态。但是如果人们从这种观点出发，仅仅瞥视马克思对黑格尔或李嘉图确实浩繁的批判就会发现，马克思极少把这种"通过利益的解释"方法应用于他们身上。当然，他把他们表述为资产阶级社会的理论家，是其观点的代表。不过马克思只有在想要表明和解释黑格尔国家理论的某些内在的不一致性，而不是黑格尔哲学的理论核心和重要性的情况下，才会提及 19 世纪早期德国资产阶级特殊的、具体的情境和利益。

对于这一点可以提出两个问题。一方面，马克思是怎样，并基于什么标准在这两种意识形态类型之间做出划分的？此外，另一方面，这里被描述为"划时代的文化价值的"这些文化创作的社会意义是什么？在某种意义上，这两个问题是紧密关联的。诚然，马克思在庸俗的和古典

---

① 这个简短的用辞当然明显不同于马克思。他唯一一次明确表述过类似于这一术语的一种相对用法（据我所知）是他对施托尔希（Storch）的批判，在那里他把"统治阶级的意识形态的组成部分"从它"自由的文化精神（geistige）的生产"中区分出来。从他整个理论的观点来看，后一种（当然偶然的）区分非常有问题，因此在这里没有使用。（参见《马克思恩格斯全集》第 1 版第 26 卷第 1 册第 296 页）

② 例如，参见马克思对庸俗经济学的一般特征描述。（参见《马克思恩格斯全集》第 1 版第 26 卷第 3 册第 499—600 页）

的经济学之间的区分，在很大程度上是基于公认和"通俗的"文化标准。在对马尔萨斯或斯密的批判中，马克思占用巨大（人们可能会说是不成比例的）篇幅来证明他们缺乏创新性，或者甚至是直接的剽窃，存在折中的混乱或逻辑矛盾，对经济生活的规律性的基本观察丧失解释的力量，等等——这一事实如果值得一提，那是因为它表明他把这些专属于一个特定文化活动领域，并在此领域中被接受和承袭的评价标准当作自明有效的。但是这样的考量当然不能详述马克思的批判。因为，实际上，正是马克思批判那些事实上满足了这些基本标准的作品的方式，最好地证明了对他来说到底是什么构成了它们的意义，是什么最终使它们成为一种"文化价值"。

一方面，马克思对黑格尔哲学的批判，与另一方面，对英国古典经济学的批判，两者之间存在一种明确的方法上的类似（对此，德拉·沃尔佩已经注意到了）。首先，在所有这些批判中，马克思实际上脱离了对一种思维方法的批判。无需证明，这一点在黑格尔的例子中尤其明显，而人们也应该记得，他对斯密体系的整个分析也根植于对他二元的、奥秘的与通俗的解释模式之间矛盾性的阐述，而对李嘉图经济的讨论却脱离了对后者分析方法的剖析。① 并且在所有这些情况中，他确实试图证明，一定的思维方式是怎样导致排除一定问题的，甚至无法陈述一定类型的问题。所以马克思认为，李嘉图似乎单纯的、平常意义的经验主义，使他无法提出关于价值形式本身的社会历史起源这样的理论问题；李嘉图逻辑上被迫接受实用客体（作为不证自明）的价值和商品特性，好像它们就是所有以劳动分工的发达体系为基础的经济学不可避免

---

① 参见《马克思恩格斯全集》第 1 版第 26 卷第 1 册第 46—84 页；第 2 册第112、163—168、211—214 页；第 3 册第 551—552、556 页。

的、"自然"的特性一样。① 类似的情况是，黑格尔自我意识唯心主义的实体化，在马克思看来，必然导向他把异化与人类活动物质上的客观特性视为同一，以至于在最终的分析中，把异化与人类有限性视为同一——并且因此不可避免地剔除了设想在实践上克服它的能力。

是什么使李嘉图或黑格尔的著作具有划时代的意义，是什么使这些思想家成为一种社会类型的理论代表，并且不仅是在一个既定国家中、在一个既定时刻下的一定社会群体的意识形态，答案可以归纳为以下三点：

（1）它们的尚未主题化的、理所当然的主张和前提，不是表现为专断的假设，而是表现为思维的必然，一种方法的结果，一定"逻辑约束"类型的结果。

（2）同时，它们体系"无意识"的先决条件，实际上表达了固定在思想中的某些资本主义社会的基本特征；这些先决条件联系的并不是这个社会里特殊利益的短暂星丛，而是其基本的生活条件。正是这些后

---

① 以下是马克思关于这一系列思想相当典型的表述："古典政治经济学力求通过分析，把各种固定的和彼此异化的财富形式还原为它们的内在的统一性，并从它们身上剥去那种使它们漠不相关地相互并存的形式；它想了解与表现形式的多样性不同的内在联系……在进行这种分析的时候，古典政治经济学有时也陷入矛盾；它往往试图不揭示中介环节就直接进行这种还原和证明不同形式的源泉的同一性。但这是它的分析方法的必然结果，批判和理解必须从这一方法开始。它感兴趣的不是从起源来说明各种不同的形式，而是通过分析来把它们还原为它们的统一性，因为它是从把它们作为已知的前提出发的。但是，分析是说明起源，理解实际形成过程的不同阶段的必要前提……最后古典政治经济学的缺点和错误是：它把资本的基本形式，即以占有别人劳动为目的的生产，不是解释为社会生产的历史形式，而是解释为社会生产的自然形式，不过它自己已通过它的分析开辟了一条消除这种解释的道路。"（参见《马克思恩格斯全集》第 1 版第 26 卷第 3 册第 555—556 页）

41

者，被他们提升为——通过其方法上展开的逻辑——普遍的约束标准，或者换句话说，不可超越的自然必然性。

（3）这些思想家不仅一贯地（"愤世嫉俗地"）始终固守自己的结论，而且还试图从思想上解决——从其固定的出发点开始——这个社会日常生活中显示出来的一系列问题和矛盾。这些文化作品的"创造力"不仅可以在其个别的独创性中发现，而且主要存在于他们竭力在思想里克服那些现实生活冲突的努力中，因为这些冲突挑战着并潜在地破坏着他们默默接受的原则的普遍有效性。在这个意义上，他们不是简单地把利益标榜为普遍的；确切地说他们试图普遍化那些统治着既定社会生活形式的利益。就他们在这种尝试上取得的成功而言，他们把一种思维明确的界限清晰化并显示出来，这种思维理所当然地把一种特定社会类型存在的基本条件设定为不可变更的。这些文化作品不仅是知识上，而且是历史—范式上的思想禁锢。如果可以自由地设想另一种未来，如果这种未来不仅是一种合乎需要的乌托邦，也是合理可能的话，那么这些类型的文化作品就必须被拆解或者被批判地克服。

在这些意义上，马克思的意识形态概念不仅是一种社会解释形式；它也代表了一种特定的解释学类型，一种"带着解放意向的解释学"（借用塞拉·本哈比的表达）。这种解放的解释学的本质，不能被还原为寻找文本中思想观点的某种"社会等价物"。意识形态批判作为一种过程的解释学，坚持不满足于仅仅对文本"内涵的阅读"，因为它要求对将文本置于自己的社会—历史背景中的、传承下来的文化传统做出理解和解释。但是它这么做的同时也带着一个目的，去发现"经典"文本中那些"无意识的先决条件"，那些既为它们中的合理对话建构可能性又为其设置限制的、非反思性的"偏见"。马克思提供了一种解释学，就是把概念的束缚当作一种环境束缚的结果，这种解释学由一种通过拆除第一种束缚来促成拆除第二种束缚的意向所引导。根据马克思的观点，只有这种阅读类型可以在同一次行动中，捕捉到一个文本最原本的意义和真实的历史重要性，并且因此也实现了启蒙最经典的解释学主张：比作者自己更好地理解一部作品。

三

我已经尝试着指出马克思意识形态概念发生的两种语境的类型，以及（与此相对应）意识形态这一术语在马克思著作中的两种含义。但是还有第三种含义——相对于论战—揭露的和解释—功能性的使用方法——我把它命名为批判—哲学的意识形态含义。当论述到体力劳动和脑力劳动的划分在整个历史文明过程中产生的所有结果和后果时，马克思有时使用或暗示一种意识形态概念，似乎指的不是可指定的作品（那些要么揭露和批判的，要么通过历史阐述而解释的作品)，更确切地说指的是一般意义上的特定的文化类型，以及理解文化对象化的一定方式，据马克思所说，这方式既是虚伪的，同时对这种文化类型来说又是"充分的"。"思想和观念成为独立力量是个人之间的私人关系和联系独立化的结果……无论思想或语言都不能独自组成特殊的王国，它们只是现实生活的表现。"① 这种意识形态概念暗含的批判锋芒，主要针对的是所有把文化创造当作"对应"于现实的表现的理解（或同样卓越的价值的具体体现），因此便获得了一种所谓永远的有效性。马克思把这种概念阐述与另一种关于文化对象化的理解对立起来，即认为文化对象化是一定（实际的和潜在的）社会主体积极实践的生活处境的表达，

---

① 参见《马克思恩格斯全集》第 1 版第 3 卷第 525 页。

通过这些生活形式这些社会主体将意识到他们历史定位的需要和可能性。在这个意义上，文化从未成为一种超越实践和社会生活的自律的价值领域。在最后的分析中，其最终的功能在于使这些冲突的解决得以可能的正是对这种社会生活冲突的表述。

在某种意义上说，来自于社会生活的高级文化外在的自律性，是那种意识形态的幻觉，一种在其总体上履行意识形态功能的文化的幻觉。因为任何文化作品最终及隐蔽的先见和基本的问题要义，始终仍由那些实践的可能性和意向所决定和限制，这些可能性和意向，在其存在的既定条件下，向典型的社会行为者——其潜在的接受者——敞开。所以当马克思致力于研究所有哲学家的古老实践时——用他自己的语言说明哲学传统的"真实意义"时——他总是坚持把甚至是最抽象的和永恒的问题及范畴，转换成实践—历史的问题。在他看来，关于物质和精神之间关系的思辨问题，最终指向的是关于体力劳动和脑力劳动之间关系的实际问题；关于"实体"的哲学词语应该被译解为尝试和谋划澄清人类活动与承袭的对象化体系之间的可能性关系，这个体系对每个时代来说构成了其生活已然建立的先在。

关于高级文化具有自律性这一意识形态幻觉，从另一个意义上讲又是完全真实的：一个社会中的高级艺术已经成为一个从大多数人的生活中分离出来的领域，真实的是其创作和享受都是少数人的特权。文化精英主义不仅是一个教育和知识的普及问题：克服它要求拆除其意识形态的转换，这相应地要求一种新的文化能够把它自身直接和敞开地指向现实的—历史生活的问题，这种文化不是从一种公平判定所授予的永恒真理的优势出发，而是从一个投身其中的参与者的观点出发来裁定世俗的冲突。哲学的实现只有通过哲学的克服才能成为可能。马克思的特点是——始终极力避免把自然科学称为意识形态——就相关的文化形式而言，似乎在某些方面涉及到它们，而且使用了同样的批判类型。"科学通过机器的构造驱使那些没有生命的机器肢体有目的地作为自动机来运转，这种科学并不存在于工人的意识中，而是作为异己的力量，作为机器本身的力量，通过机器对工人发生作用……知识和技能的积累，社会智慧的一般生产力的积累，就同劳动相对立而被吸收在资本当中，从而表现为资本的属性……"①

在这个最宽泛的、批判—哲学的意义上，意识形态是异化社会的文化，在异化社会里目标实现和目标设定——先前传承的意义的批判、社会规定的、有意义的任务的实行以及新的社会意义的创造——根本上变成彼此分离的。因此人类无法——不论是个体还是集体——控制自身活动的一般结果以及自身后来的发展方向。意识形态是社会自我意识的异化形式，因为它使历史冲突只有转换成好像只是想象和思想领域里的冲突时才能被意识到。因此，只有在实践的集体活动中才能解决和实现的社会任务及可能性，也采取了永恒问题的形式，人们在寻找着这些问题的宗教的、哲学的或艺术的答案。意识形态批判在这个意义上是一种对文化对象化的批判，使这些文化对象化正视它们的现实生活基础，这种批判反对它们自身主张的自律性，并且反对对它们来说仍然是隐蔽的和非反思的、外部强加给想象和思想的屏障。反过来，这种意识形态批判还——也许主要是——采用将生活基础与其典范的文化对象化对立起来而加以批判的方式。意识形态批判是对社会存在形式的批判，在这种社会中，只有在一个从生活分离出来并与之对立的领域里才能实现对社会需要和可能性的自觉认识，而这一领域仍必须只能是一种"文化"、价值和观念的领域，它对绝大多数人来说既是难以企及的也是不相关的。

---

① 《马克思恩格斯全集》第 1 版第 46 卷下册第 208、210 页。

四

这个简略的概述也许成功地指明，三种似乎同样出现在马克思毕生之作中的意识形态概念并不是完全独立和彼此孤立的，至少在实践意图上以及在它们三者最终设想的理论框架上具有模糊的统一性。然而，如果无法指出在马克思概念阐述中存在的一些在某种程度上和在某些场合中他本人已经注意到的"断裂"的话，那么即使在最低限度上也没有哪一种对马克思意识形态观的讨论能够算得上是充分的。对于这一点，有两个成问题的断裂似乎至关重要。

在《资本论》的一处脚注中，马克思做了以下评注："事实上，通过分析找出宗教幻象的世俗核心，比反过来从当时的现实生活关系中引出它的天国形式要容易得多。后面这种方法是唯一的唯物主义的方法，因而也是唯一科学的方法。"① 这一段再一次明确表明，马克思本人的意识形态批判思想绝不等同于对某些文化创作内容做出的还原论的、社会学的解释。但是这个评注也使一个要求必备的条件显得更加突出，而这个必要条件的满足在马克思本人的理论实践中似乎是相当成问题的：即需要对文化形式本身，对宗教、艺术、哲学、科学等类型及其各种变体做出历史的解释。文化内在地分化为多种实践类型是一个变化的历史现象，与此同时，这种现象在每一个历史时段，为创造性活动提供大量规范上确定的可能性和标准，毋庸置疑这个事实也是意识形态理论（尤其在它最宽泛的批判—哲学的意义上）不能旁绕的主要问题。人们可以列举马克思对于相关问题做出的大量论述。这些论述包括在《德意志意

---

① 参见《马克思恩格斯全集》第 2 版第 44 卷第 429 页。

识形态》中对思辨哲学的起源和一般特征的讨论；他在《大纲》中（人们公认很难超越黑格尔）关于资产阶级社会对像史诗这样的特定艺术形式的敌意所做的注释；他在各部经济学手稿中非常感兴趣地（尽管分散和不系统地）对作为科学的政治经济学兴起的社会先决条件所做的论述，等等。然而，所有这些论述不仅具有高度概括的特征，而且也表现出相当偶然的特征。它们当然无法表明一般而言马克思如此积极叙述的问题能够并且应该如何来对待。关于文化类型问题答案的缺失显得尤为重要，因为在他本人的批判实践中——正如我上面表明的——马克思似乎确实把那些（从 19 世纪）继承下来的和受到主导文化形式限制的评定标准当做不证自明和有效的。在某种意义上的确可以这样说——尤其在他的晚期著作中——马克思似乎把继承的文化类型当做理所当然的，这使他的作为一个异化社会的文化的"哲学的"意识形态概念变得相当（并至少）含糊不明。只有相当后期的——包括卢卡奇、戈德曼、本雅明和阿多诺——才直接正视了文化类型的问题，尽管大部分只单单涉及艺术。

第二个问题并不是与第一个问题完全无关，并且可以再一次从引用马克思的一段论述加以介绍。在《大纲》中，在他有些难以理解和突然终止的方法论讨论的最后，他做了如下陈述："困难不在于理解希腊艺术和史诗同一定社会发展形式结合在一起。困难的是，它们何以仍然能够给我们以艺术享受，而且就某方面说还是一种规范和高不可及的范本。"[①] 仍然十分清楚的是这种"困难"比给出的例子还要更宽更深。这是因为马克思"功能性"的意识形态概念，有时依赖于对文化创作的范式特征或划时代的重要性的解释。这些创作范式被认为表达了想象

---

① 《马克思恩格斯选集》第 2 版第 2 卷第 29 页。

和思想的限度，这些想象力和思想不是与瞬时的、短暂的群体利益相关联，而是与社会发展整个阶段的本质、结构上的特征相关联。但是这个被马克思发展了的概念也有它的限度——它仍然是绝对历史的。照实际情况来看，它没有直接说明一个事实，即至少在某些像艺术或哲学这样的文化类型中，一些过往时代的（我们很难重建的社会条件）文化遗产对于当下的文化创作和接受实践来说依然保留着它的重要意义。这个问题——文化将远远超过它起源的时代而产生一种活的相关性——毫无疑问无法仅仅通过参考现今基本的观察结果而加以解决，这一结果便是一系列"经典"作品本身在文化传播和接受的历史过程中经历了深刻的变化：无疑，这个事实表明，一种文化传统理论应该是历史的理论，但是它不会让这样一种理论成为多余的。

马克思本人对这一"困难"给出的简短答案，似乎与目前初步的观察结果相矛盾。然而，这不是他答复中唯一和最令人困惑的特征。概括地说，他通过指出希腊古代遗产在人类发展历史上所占有的特殊位置，回答了关于一些古希腊作品持久的艺术意义的问题。这一古典被视为代表了人类"正常的童年"、"它发展的最完美的地方"；它的表现——正如普遍的童年记忆——施展给我们一种"永久的魅力"。抛开马克思的（无疑）欧洲中心主义不谈，这种答复从字面上理解，暗示出一种最令人困扰的把生物学的"成熟和生长"的意象用于历史的应用。十分清楚，这将给马克思整个社会进步的概念阐述带来一种公然的目的论特征。也许人们应该更加开放地解释这种表述，尤其可以把它与一种黑格尔式的、解释学的作为"回忆"的记忆概念联系起来。这实际上正是卢卡奇的计划：他在晚年的《美学》中，正是通过借鉴马克思的这种表述发展了一个作为人类集体回忆的艺术概念。但是即使接受这个最自由和富有想象力的解释，马克思指出的困难，似乎比沿着他设定的线索所能解释的所有答案都更宽、更普遍。马克思完全没有说明在不同的文化类型中，传统所发挥的不同作用（和它采取的不同形式）；也就是说，他忽略了不同文化形式内在历史性的特殊形式和特征。因为继承传统的功能是意识形态"相对独立性"这一经常谈论问题的一个重要方面和组成部分，因此马克思所留下的这一个完全开放的问题便从根本上极具理论意义。

五

在这一点上，指出马克思从未打算也没主张要创造一种系统的意识形态理论，毫无疑问是正当合理的。通过回顾他所划定的特定研究领域以及他已经提示、描绘出对此领域根本上统一的理论方法，可以发现他对这个概念异质性的和最富批判性的使用。毫无疑问，谈到"马克思意识形态理论中的断裂"意味着依据某种标准——即全面性——而做出的一种批判性的判断，这一标准在这种情况下当然是不合适的。但是，可以很正当地询问，这种理论方法无法充分说明它所划定领域中某些最全面和醒目的特征，这是否意味着问题不仅仅是缺乏（或许从未想要）全面性。难道我所提到的"断裂"不是比缺失暗示更多吗？难道它们不是概念本身内在张力的表现吗？

一篇很短的论文当然无法回答这个问题。但是既然对于那些对马克思的兴趣不只是古物收藏的人而言，谁都无法忽视这个问题，那么我想在结论中提示一些也许和这个答案有关的思考。不做进一步的解释，我仅针对一个问题，即关于马克思意识形态概念的内在一致性经常遭到质疑的问题，也是之前的说明已经涉及的问题。这就是马克思的意识形态概念了一点，自然科学明确的经验基础没有使它们的历史处境变得明晰，这主要是因为，只有在一些选择性和竞争的解释方式被提供以后，它们的经验数据得以构建的基本和潜在的范式才能被如此清楚地认识。其次，对马克思的意识形态概念的再审视表明了它嵌入一种建立在一个关键的二律背反基础上的历史进步理论的程度，这一二律背反就是人类对自然征服的持续增长与广义理解的社会交往关系中不连续的变化二者之间的对立——这种进步理论在今天可能遭到诸多质疑。

但是此处讨论的问题不仅表明马克思观点中特殊细节与最抽象的一般的先决条件之间存在的困境。它也使马克思的一种相当奇怪的结合变得易于理解，即把对资产阶级社会异化—意识形态的总体文化所进行的激进的、哲学的批判，与对继承文化标准的有效性（首先是科学有效性）的不加怀疑的接受结合在一起。毫无疑问，至少在他晚年的全部作品中，马克思把自己的理论视为遵循了从资本统治中解放出来的自然科学的文化模式。由于直接与其社会接受者的日常生活经验发生关联，理论使这些经验在其历史特殊性和必然性上变得易于理解，因此，与此同时，理论转化为能够无限进步的"真正的科学"（因为它使自己的历史先决条件像"经验上可见的和可证实的事实陈述"一样明晰）和一种"通俗力量"。

马克思对自然科学的文化形式所采取的非批判态度，不仅使他对文化遗产认知内容一贯"科学化"的计划从理论上变得不再可信。这一弱点似乎还有它的另一面，也就是，马克思理论在本质上对日常意识的"否定论的"理解。马克思的日常意识理论，至少就它系统化的成就而言，总的说来把所有强调重点放在了资本主义社会中日常思维必然的拜物教特点上，这似乎绝非偶然。理论能够以不可表述的需要、挫折和焦虑，或者更通常的"客观利益"的形式来定位其主体和接受者，即工人阶级的解放冲动。因此它回避了这样一个问题，即甚至对资本主义社会"自发"的抵抗都能在一定的文化形式中找到它的表达（第一个正视这种现象所涉及的问题的是葛兰西）。因此，马克思的意识形态理论实际上把批判理论和它的接受者之间的关系比拟成"学习一种科学"的模式。而这似乎反过来取消了批判理论的激进概念本身。马克思对那些在今天可能被贴上"工人阶级文化"标签的一切近乎于藐视的态度——想到他与魏特林的争论——相当戏剧性地说明了这一点。

但是最重要的是，通过使一般理论和文化同时"科学化和通俗化"从而克服"意识形态幻觉"这一方案，其问题具有一种实践的本质。如果今天经常听到的口号——"马克思主义的危机"——具有任何意义的话，它应该指的是这样一个完整的历史过程，其最终结果正是我们现在所面对的。在这个过程中，在深刻地和普遍地认识到社会危机的处境中，马克思主义的理论享有一种空前"科学的"（即学术的）名望，但同时它理论上"可敬"的（思想上忠诚与严肃的）形式却没对任何形式的激进的社会运动产生影响或发生联系。在某种意义上，马克思主义的历史已经转回到原点。在这些时刻，马克思的理论已经再现了它如此坚定地想要改变的最初情形——理论和实践上的完全分离。然而，如果有人倾向于把这种失败追溯（至少部分地）到理论初始的自我解释——追溯到缺乏对作为一种特殊文化形式的自我批判性的反思——人们也应该记得，在社会解放的名义下直接挑战高级文化自律性的激进尝试的历史经验已经被证明同样是消极的，并且甚至往往是损失更加惨重的。这些对自律的高级文化的挑战显然已经被轻而易举地同化到文化生产和接受的主导性制度形式之中（正如许多艺术实验和运动的例子：布莱希特、超现实主义，等等）；或者（正如文化"政治化"的布尔什维克计划的例子所表明的）在最赤裸裸的意义上讲，它们已经造成了高级文化向意识形态的转化——转化成对统治和压迫的现存关系彻头彻尾的辩护，其后果就是文化上的荒芜。理解这个历史，把意识形态理论应用于意识形态理论本身，今天似乎已经势在必行。

（本文是马尔库什 1981 年提交给"New School for Social Research"的演讲稿的扩充修订稿，译自"Concepts of Ideology in Marx"，原文发表于 *Canadian Journal of Politics and Social Theory*, 1983, Vol. 7, Nos. 1 – 2, pp. 84 – 103。）

（孙建茵 译）

意识形态[*]

〔英〕乔·拉兰

马克思和恩格斯的意识形态概念直接受到先前的两条批判性哲学思想的影响：一条是由法国唯物主义和费尔巴哈所展开的对宗教的批判，另一条是由德国关于意识的哲学，并且尤其是由黑格尔所完成的对传统认识论的批判和对主体能动性的重新评价。然而这些批判未能将宗教的或形而上学的歪曲同特定的社会条件联系起来，而马克思和恩格斯的批判则试图揭示意识的"颠倒"形式同人的物质存在之间的必然关系。意识形态概念在涉及思想中的歪曲（它产生并且掩盖了社会矛盾）的场合所揭示的，正是这种关系。因此，意识形态自始就具有一种明确的否定性的与批判性的含义。

我们不能单纯孤立地阅读马克思的著作，相反地，应当在马克思思想发展各个阶段的联系中考察意识形态概念，而不承认这之间有任何戏剧性的"认识论上的断层"。马克思在阐述他的观点，说明新的争论点的同时，某种思想的基本核心也就获得新的发展。第一，阶段包括马克

---

* 本文选自《马克思恩格斯列宁斯大林研究》1996 年第 1 辑，总第 1 辑，第 261—270 页。

思的早期著作，它延伸至 1844 年。这一时期的标志是一篇哲学争论文章，评论的重点是黑格尔和费尔巴哈。在马克思当时的著作中，意识形态这一术语尚未出现，但在他对宗教和对黑格尔国家观念（它被描述为掩盖事物真实本性的"颠倒"）的批判中，已经包含了未来概念的实质性因素。黑格尔的"颠倒"在于，将主体颠倒为客体，或者将客体颠倒为主体，从而由观念必然在经验世界中展开自身这一假定出发，把普鲁士国家说成似乎是观念的自我实现，是"绝对的普遍性"，后者决定市民社会，而不是由市民社会所决定。

但是，黑格尔的颠倒并不是一种虚幻感受的产物。如果说黑格尔的观点是抽象的，那么这是因为"这种'抽象性'是对政治现实的抽象"。这就是说，意识形态的颠倒来源于现实自身的颠倒。这一思想贯穿在马克思对宗教的批判中。虽然他接受了费尔巴哈的基本观点，后者认为是人创造了宗教，而上帝造人的观念是一种颠倒。但是马克思超越了费尔巴哈，指明这种颠倒不仅仅是一种哲学的外化或单纯的幻觉，它表露了现实世界的矛盾与苦难。"这个国家、这个社会产生了宗教，一种颠倒的世界意识，因为它们就是颠倒的世界"（《黑格尔法哲学批判》导言）①。宗教的颠倒在思想中补偿了有缺陷的现实，它在想象中重新构思了一种合乎情理的解决办法，这种解决办法超乎现实世界之上，旨在补偿现实世界的矛盾。

第二阶段始于 1845 年与费尔巴哈的决裂，并持续至 1857 年。这一时期，马克思和恩格斯主要是创建了历史唯物主义，详细阐述了他们研究社会与历史的一般性前提，并断然放弃了第一阶段趋向于费尔巴哈的取向。在这种情况下，他们首次采用了意识形态概念。关于颠倒的观念

---

① 《马克思恩格斯选集》中文第 2 版第 1 卷第 1 页。

保留下来了，但是马克思此时扩充了这一讨论，把青年黑格尔派对宗教和黑格尔哲学所作的批判包括进来。马克思认识到，青年黑格尔派的批判所依据的是不折不扣的黑格尔的前提，因为他们以为他们的任务就是要把人们从错误的观念中解救出来。马克思指出："不过他们忘记了：他们只是用词句来反对这些词句，既然他们仅仅反对这个世界的词句，他们就绝对不是反对现实的现存世界。"（《德意志意识形态》第 1 卷第一章）① 这样，这种颠倒（马克思现在称之为意识形态）就既包括了老黑格尔派，也包括了新黑格尔派的观点，并且这种颠倒是从意识出发，而不是从物质现实出发的。相反，马克思认定，人类的现实问题不在于错误的观念，而在于现实的社会矛盾，错误的观念只是现实的社会矛盾的结果。

实际上，只要人们囿于自身有限的物质活动方式而不能在实践中解决这些矛盾，他们就试图以意识的诸种意识形态形式来表现它们，这就是说，以单纯内心的或推论的解决方式来表现它们，其结果就是掩盖或歪曲这些矛盾的存在与性质。由于掩盖了矛盾，意识形态上的曲解就促成了矛盾的再生，因而迎合了统治阶级的利益。因此，意识形态表现为一种否定性的、有局限性的观念。它是否定性的，因为它包含了一种颠倒，一种对矛盾的歪曲。它是有局限性的，因为它并不包括一切种类的谬误和颠倒。意识形态的观念和非意识形态的观念之间的关系不能被解释为谬误和真理之间的一般关系。意识形态的颠倒不可能通过批判加以克服，只有导致颠倒的各种矛盾实际上得到解决，颠倒才会消失。

第三阶段始于 1858 年《大纲》的写作，其特点是具体地分析了先进资本主义的社会关系，这在《资本论》中达到了顶点。意识形态这

---

① 《马克思恩格斯选集》中文第 2 版第 1 卷第 66 页。

一术语在这些著述中差不多消失了，马克思代替这一概念作了经济学的分析，其相应内容表现在不断地运用和改造"颠倒"这一概念之中。马克思已然得出结论：如果说某些观念扭曲了或颠倒了现实，那么这是因为现实本身是颠倒的。不过这种关系似乎是无中介的、直接的。对资本主义社会关系的具体分析，使他得出进一步的结论："颠倒的意识"与"颠倒的现实"之间的关系，是以现实本身所构成的表层为中介的。这一"现象形态"的领域是由市场的运作和资本主义社会中的竞争构成的，是生产领域即，"现实关系"的这一底层的颠倒表现。正如马克思所说："在竞争中一切都颠倒地表现出来。经济关系的完成形态，那种在表面上、在这种关系的现实存在中，从而在这种关系的承担者和代理人试图说明这种关系时所持有的观念中出现的完成形态，是和这种关系的内在的、本质的、但是隐蔽着的基本内容以及与之相适应的概念大不相同的，并且事实上是颠倒的和相反的。"①

可见，意识形态在涉及到经济关系借以表现出来的方式时，掩盖了隐蔽的本质内容的矛盾性质。这个由流通领域构成的外表世界不仅产生出意识形态的各种经济形式，而且成为"天赋人权的真正乐园。那里占统治地位的只是自由、平等、所有权和边沁"②。就此而言，市场也是资产阶级的政治的意识形态的来源："平等和自由不仅在以交换价值为基础的交换中受到尊重，而且交换价值的交换是一切平等和自由的生产的、现实的基础。"③ 自然，资产阶级关于自由和平等的意识形态掩盖了在交换过程的表面之下所发生的事情，即"在深处，进行的完全是不

---

① 《马克思恩格斯全集》中文第 1 版第 25 卷第 232—233 页。
② 《马克思恩格斯全集》中文第 1 版第 23 卷第 199 页。
③ 《马克思恩格斯全集》中文第 1 版第 46 卷（上）第 197 页。

同的另一些过程，在这些过程中个人之间这种表面上的平等和自由就消失了"。①

　　从最早对宗教的批判，直到对神秘化了的经济现象的揭露，以及对表面上自由的和平等的原则的揭露，这一切在马克思关于意识形态的理解中始终是前后一致的。这是值得注意的。意识和现实的双重颠倒这一观念全部保留下来了，尽管在区分关于资本主义生产方式下的现实存在的双重观点时，事情最终变得更为复杂。因此意识形态始终保持了它的批判性和否定性的含义，不过仅仅用于同掩盖矛盾和颠倒现实相联系的歪曲上。从这个意义上说，人们常常在引用时把意识形态当作错误意识来下定义；这是不恰当的，因为在这里没有指明受批判的歪曲的性质，以致把意识形态和各种谬误混为一谈。

　　马克思逝世后不久，意识形态概念开始获得新的意义。一开始，它未必丧失批判性的含义，但是一种倾向滋长起来，将问题的这个方面置于次要地位。新的释义包含两个主要的形式：作为社会意识诸形式的总体的意识形态概念，这表现在"意识形态的上层建筑"这一观点中，作为政治观念的意识形态概念，这同阶级利益相联系。尽管这些新的释义并不是在马克思主义的范围以内系统地改造这个概念的结果，但是它们最终取代了这个概念的原本的否定性含义。这一取代过程的起因是复杂的。首先，可以在马克思和恩格斯本人的某些论述中发现把意识形态当作中性概念的场合。尽管他们的著作基本上倾向于把它当作否定性的概念，但未能避免暧昧的和含糊的表述，有时使人觉得似乎是指不同的东西。例如，葛兰西就常常援引马克思关于法律、政治、哲学的如下一段话："一种是人们借以意识到这个冲突并力求把它克服的那些法律的、

---

　　① 《马克思恩格斯全集》中文第 2 版第 30 卷第 202 页。

政治的、宗教的、艺术的或哲学的，简言之，意识形态的形式。"① 他以此来论证他的解释，断言意识形态是无所不包的上层建筑领域，人们就是通过这个领域来认识自己的矛盾的社会关系的。② 恩格斯本人在个别场合也谈到"意识形态的上层建筑"、"意识形态领域"和"意识形态范围"，以致通常会使人认为，意识形态囊括了意识诸形式的总体。

在意识形态概念向肯定性概念的演化中，另一重要因素在于这一事实：马克思之后的最初的两代马克思主义思想家都未能见到《德意志意识形态》这一著作，它直到20世纪20年代中期才得以出版。因此，普列汉诺夫、拉布里奥拉、特别是列宁、葛兰西和卢卡奇的早期著作都没有提到马克思、恩格斯喜欢把意识形态概念当作否定性概念来使用的最有说服力的论点。由于没有看到这部著作，马克思的1859年的《〈政治经济学批判〉序言》和恩格斯的《反杜林论》就成了研讨这个概念的两篇最有影响的著作，它们常常为新一代马克思主义者所援引。不过这两篇著作包含有不少模棱两可的论述，自然并没有把基础和上层建筑关系同意识形态现象恰当地区分开来。由于考茨基、梅林、普列汉诺夫等著作家的著作，关于意识形态的上层建筑的观念越来越确定下来。但是直到1898年，在第一代著作家当中还没有一个人公开声称，马克思主义本身就是一种意识形态。

最早提出马克思主义是否是一种意识形态这个问题的思想家是伯恩施坦。他的回答是：尽管无产阶级依靠物质因素来解释社会变革，因而无产阶级的观念从倾向上说是现实的，但是，这些观念是思想的反映，因而是属于意识形态的。伯恩施坦使意识形态等同于观念和理想，这不

---

① 《马克思恩格斯选集》中文第 2 版第 2 卷第 33 页。
② 《葛兰西文集》，1971 年版第 138、164、377 页。

过是重复梅林和考茨基已经讲过的东西而已。只是他得出了他们所没有得出的明确结论：马克思主义必然是一种意识形态。尽管伯恩施坦已在着手"修正"马克思，但他对马克思主义者的任何一项批评都没有使他在这个争论问题上受到责难，这说明就意识形态这一否定性概念而言，人们缺乏任何清晰的思想。这表明第一代马克思主义者并未从马克思主义的实质出发对此加以考虑，以维护意识形态概念的否定性。

然而，意识形态概念发生演化的最重要的原因是实际性的，这发生在 19 世纪后几十年的政治斗争中，尤其是在东欧。马克思主义侧重于创造一种政治实践理论，因而它的发展越来越牵涉到阶级斗争和政党组织。在这种情况下，关于相互冲突的各阶级的政治观念就获得了新的重要意义，并需要从理论上加以说明。列宁是通过扩展意识形态概念的含义来给予解答的。在政治对抗的形势下，意识形态表现为与统治阶级的利益息息相关，对它的批判涉及被统治阶级的利益；换言之，对统治阶级的意识形态的批判是从不同的阶级立场出发的，或者扩展开来说，是从不同的意识形态观点出发的。因此，在列宁看来，意识形态成为牵涉各阶级利益的政治意识，而且他特别强调资产阶级的和社会主义的意识形态之间的对立。因此，在列宁那里，意识形态概念的含义的演变过程达到最高点。意识形态不再是旨在掩盖矛盾的必然的歪曲，而成为涉及各阶级的政治意识的，包括涉及无产阶级的政治意识的中性概念。

列宁的构想影响最大，他在为这个由来已久的课题作出新的推动方面起到了关键性的作用。例如，这在卢卡奇身上就看得很清楚。卢卡奇的早期著作使用意识形态或意识形态性这一术语时，既指资产阶级的，也指无产阶级的意识，而不含有必然的否定性的含义。在卢卡奇看来，马克思主义是"无产阶级的意识形态的表达方式"或"武装起来的无产阶级的意识形态"，甚至是"无产阶级的最有力的武器"，它促使资产阶级"在意识形态上缴械投降"。① 如果说资产阶级的意识形态是谬误的，那么这并不是因为它本身是意识形态，而是因为资产阶级的阶级地位从结构上说是有局限性的。然而，资产阶级的意识形态左右和污染着无产阶级的心理意识。卢卡奇对这一现象的阐述超出了列宁的思考。对于列宁来说，无产阶级在意识形态上所以处于从属地位，是由于资产阶级掌握着资历更老的意识形态，并拥有更有力的思想传播手段；而在卢卡奇看来，正是无产阶级在资本主义经济的具体的表面的现象中的地位与实践，导致了无产阶级意识形态的从属性。另一方面，正如卢卡奇本人在晚年所觉察到的，他在早期的著作中一直过高地估价了意识形态的作用和意识形态斗争的作用，以致似乎取代了现实的政治实践种现实的阶级斗争。

列宁对意识形态的论述同样影响了葛兰西。葛兰西明确地抛弃了否定性的含义。但是葛兰西关于否定性概念的思想同马克思的思想并不一致，他指的是"个别个体的武断的沉思冥想"。② 因而他区分出"武断的意识形态"和"有机的意识形态"，并专注于后者。在这一意义上，意识形态是一种关于世界的观念，它隐含地表现在艺术、法、经济活动以及一切个人的与集体的生活的现象中。③ 但是意识形态不仅仅是一种观念的体系，它同样能够激励人们的具体意念，指导行动的方向。意识形态渗透在社会中，以致人们不能不顾及行为规范而行动，不能不问方向而行动。因而，意识形态就成为"人们据以行动、获得关于自身地位

---

① 《卢卡奇文集》，1923 年版第 227、228、258—259 页。

② 《葛兰西文集》，1971 年版第 376 页。

③ 《葛兰西文集》，1971 年版第 328 页。

的意识、进行斗争等等的领域"。① 因此，在意识形态中并通过意识形态，一个阶级能够对其他阶级行使领导权，即能够得到广大群众的拥戴和认同。列宁和卢卡奇是在理论层次上论述意识形态的，而葛兰西则区分出四个等级或层次的意识形态，这就是哲学、宗教、常识和民俗，这四者形成严格的思想链条的由高到低的顺序。

葛兰西以一种极富启发作用的方式分析了知识分子和意识形态手段（教育、媒体等）在意识形态的生产中的作用，从而开拓了新的领域。列宁和卢卡奇未能沟通社会主义的意识形态和自发的意识，"有归属的"意识和阶级的心理意识，而葛兰西则在对这二者作出界定方面发现了某种双重的趋向。的确，社会主义意识形态是由知识分子阐发的，但是在知识分子和非知识分子之间并没有绝对的界线，况且阶级本身会造就出自身固有的知识分子。因此，并不存在来自工人阶级的科学却不能注入工人阶级的问题。要做的毋宁说是去革新和批判那种已经存在的思想活动。马克思主义的意识形态并不是要取代某种有缺陷的意识，而是表达一种集体的意志，一种存在于阶级中的历史取向。

马克思主义传统中关于意识形态的这两种主要概念的存在，是许许多多争论的来源。今天，有些著作家认为，在这些看法中，只有一种是真正马克思主义的，而另外一些人由于不承认马克思和列宁之间的差别，便试图调和这两种看法。阿尔都塞就是这样，他对意识形态的解释在近 20 年来是最具影响力的。他区分出一般的意识形态理论和特定的意识形态理论，前一理论认为，意识形态的功能在于保障社会的凝聚力，后一理论则认为，以往的一般的功能由于引伸出保障一个阶级的统治这一新的功能而显得过分了。意识形态可以发挥这些功能，只要它

---

① 《葛兰西文集》，1971 年版第 377 页。

"体现着个人对他们的现实生活条件的想象中的关系"，① 也就是说，只要它成为个人的质询者，并把个人塑造为在生产关系的系统中发挥其自身作用的主体。另一方面，阿尔都塞同样证实了处于受统治地位的意识形态的存在，它表达了被剥削阶级的抗议。阿尔都塞强调，科学是意识形态的绝对对立面，但是他同时把意识形态描述为社会的某种客观标准，它本身是相对独立的。这样处理问题的困难在于，不可能把革命意识形态的存在同一切意识形态都使个人从属于起支配作用的系统这一观点调和起来。再者，困难还在于，不可能把作为同科学相对立的、不称职的代表者的意识形态同作为社会的客观上层建筑的意识形态调和起来。当然，如果这个上层建筑只不过是意识形态的颠倒，而科学又站错了地方，那又当别论。不过，这又是很难遇到的事情。

（原载英国《马克思主义辞典》）

（鲁路 译）

---

① 《阿尔都塞文集》，1971 年版第 153 页。

意识形态[*]

〔德〕U.迪尔泽

一

虽然长久以来大家都知道，意识形态这个词是法国革命时期创造出来的，它标志着一套特定的哲学理论，但人们总是反复构想着意识形态概念的前史，并以弗·培根的偶像论和启蒙运动对集体性成见的批判加以说明（霍尔巴赫、爱尔维修）。只是这些问题的历史与"意识形态学家"学派、拿破仑、19世纪上半叶以及马克思和恩格斯通常使用的这一概念的意义并不相干。

正如威·特·克鲁格所了解到的那样，在少数典籍中流传下来的相关希腊词与意识形态并无瓜葛。但由于青年马克思掌握的也是伊壁鸠鲁的错误版本，他就在自己1840—1841年的博士论文中将它翻译为或许是当时他从三月革命前的辩论中所获悉的意识形态概念了。

当安·路·克·德斯杜特·德·特拉西在1796年的一篇文献中首次使用意识形态时，他意识到自己创造出了一个新的词汇，为由他（与其国家研究院及《哲学、文学与政治的十年》〔1794—1804〕杂志的战

---

* 本文选自《马克思恩格斯列宁斯大林研究》1996年第2辑，总第2辑。

友们）所开创的、并在《意识形态概论》中奠定了基础的新的观念科学创立了一个称谓。他称孔狄亚克为意识形态的奠基人，称洛克为意识形态的先驱，还有就是 J. D. 加拉（Garat）早在一年前为其根据完全相似的原则所拟定的新科学寻求一个标题时选择了有洛克意味的《理智的分析》。德斯杜特·德·特拉西在感觉论的意义上将"观念"理解为感官感觉；人们关于自身与外界的一切认识都以感觉为中介；任何更高级的知识也都建立在如此理解的观念上。意识形态就是"研究观念或感知，以及思维与感觉的能力"的科学，"它来自于对感觉的分析"。因为观念是一切认识及由认识转向行动的绝对确定与可靠的出发点，所以意识形态是一门相当严密的科学，像其它自然科学，甚至像"动物学的一部分"一样精确；它为一切其他科学奠定了基础，是"一切科学中的科学"，"唯一的科学"。就真正的意识形态而言，新科学的主要部分是语法学，即表述与传达观念的艺术；是逻辑学，即组合观念的艺术；是教育与课程，它使所获得的真理得以传授；是道德，它借助在意识形态中所获得的认识来表述我们的意愿与社会行为的规则。

由德斯杜特·德·特拉西确立的意识形态诸原则，其主要部分，即关于生理学与道德的关系的学说，关于人的思维、感觉与意愿依赖于自身的物理性存在的学说，是意识形态学家这一学派的共同精神财富。对有的意识形态学家而言，意识形态只是所谓的形而上学的一部分，而有的意识形态学家在对德斯杜特·德·特拉西的《意识形态概论》的评论中，把意识形态称为"全部哲学学科的基础"，较之"形而上学"这个模糊不清的单词，他们更偏爱意识形态这个称谓。青年斯汤达尔也是意识形态的追随者，他一再强调德斯杜特·德·特拉西的著作，并将自己的文章《论情爱》称为《意识形态论》，在美国，意识形态概念首先是通过托·杰弗逊而为人所知的，他与德斯杜特·德·特拉西保持书信联系，并致力于普及后者的著作，虽然他对意识形态学家们的抽象理论不抱兴趣，而更热衷于他们关于政治经济学与国家理论的见解。德斯杜特·德·特拉西及其追随者的意识形态概念被录入 19 世纪初的百科全书，在法国以外的哲学界也广为流传。

意识形态学家们对革命时期法国的课程与教育的巨大影响（在全国范围内设立师范学校与中央高等学校；将意识形态纳入教程），及其无神论、经验论学说——这种学说还带有启蒙运动的特征，并将启蒙运动当作实证主义的先驱——乃至对以规范的实用性与教育性为目的的理论的阐述，都导致了与拿破仑的冲突。拿破仑在雾月十八日之后反而愈加认可了宗教与教会的影响，以便能够更轻松地达到自己的政治目的。拿破仑最初是意识形态学家的拥护者：他曾是国家研究院的成员，像意识形态学家们一样，出入爱尔维修夫人在奥特尔的沙龙。他在埃及的战役中，试图在当地传播意识形态（如《埃及十年》，在开罗设立了一所"研究院"等等）。在他当上第一执政后，最初还欢迎意识形态学家（卡巴尼斯），后来却加以谴责。拿破仑背叛了意识形态学家，压制他们的理论（中止《十年》，解散研究院的"政治科学与伦理科学"小组，在法兰西学院中将文法与意识形态分隔开来）。此时，他将意识形态学家称为"形而上学家和狂热的信徒"，将他们的学说贬低为"形而上学的和意识形态的幻觉"。同时，拿破仑看到，"无论 12 名还是 15 名意识形态学家的非理性假设"及其关于国家与社会的构想，都是与他自己的强权政治相抵触的。因此，他要用"最高权力"，即法兰西人民的力量，来反对他们"背弃信仰的可笑空谈"。意识形态学家们以为能从纯粹的理性根据出发——这对于拿破仑来说就是：从隔离现实的思辨出发——，建立一套更为完善的社会制度，但没有看到，这些善意的、但在政治现实中却是抽象的理论必然毫无结果："应当把一切灾难都归咎于意识形态，归咎于这种深奥的形而上学，它繁琐地研究第一原因，并在此基础上建立起人民立法，而不是将法律归属于对人心和历史教训的认识"。拿破仑要借意识形态的称谓"使那样一种人丢丑……这种人认为，人类具有一种不明确的完善化的可能性"。他把他们当作"梦想家"，"因为他们对人的特点未加认识，就想为人们创造幸福。按照他的看法，意识形态学家们视制度为力量。而他把这称为形而上学，他只把强权视为力量"。他称西哀士为"体系的锻造工"，并批评罗伯斯庇尔与法国五人执政内阁领导下的意识形态学家们的机会主义说："今天，他们又有了各式各样的新设想"。他们最终也会把意识形态用于对斯泰尔夫的"高贵精神的赞美"，用于对"孔狄亚克的菲薄遗产"的"平庸与谬误式分析"。

拿破仑不再把"观念理解为由感官把握的表象内容，而是将其理解为脱离现实的、单纯的理论与关于观念的言论，并因而理解为缺乏本质、远离实际的推论与空谈，从而赋予了意识形态概念一种新的意谓。他把意识形态学家们原本的自我标榜当作了反对一切哲学理论要求具有实践意义的政治斗争的概念，从而批评了哲学理论认为自己具有政治力量的想法。意识形态此刻立即就带上了贬意特征。

其他作家也学会了拿破仑对意识形态学家的轻蔑，即批评他们无神论的、敌视本来意义上的形而上学的哲学，或嘲笑他们完善社会的单纯理论构想。关于路·丰塔纳这位遭受革命迫害的政治家与帝国元老，有人报道说："他憎恶这些报纸、这种哲学说教，他把这种憎恶告知了波拿巴。"

在德国，凡是意识形态被用于诋毁政治对手的地方，大都未注意到意识形态学家的法国学派。在这里，"意识形态学家"指那些人，他们从人权和法国革命原则（如民主、民权、犹太人的解放、制定宪法等）

的精神出发，致力于自由化与改革。在一些人眼中——这些人要么维护传统的（神的）权力与建立在此之上的社会秩序（诸侯的主权、等级社会），要么至少用脱离理论的、更为强大的政治实践的贯彻力来反抗意识形态——，"意识形态学家"的同义词是"理论家"、"空想家"、"本本主义者"、"理论教授"，是"编织幻觉"、"瞎编杜撰"、"患妄想狂"、"吹大话"、"做美梦"的人。弗·奥·路·马尔维茨就反对取代了古老等级权力的"普鲁士国家公共法典"（1793），因为它充斥着"一个世纪以来讨人喜欢的观念"，并且是由"律师和理论家们"撰写的，而他们"就天性而言全都是意识形态学家"，一味期望着人民的幸福、自由和财富。尤其是在 1848 年前后及与此相关的时期，意识形态概念起到了重要的作用：赫·瓦格纳为弗里德里希·威廉四世对德国统一行动的迟疑态度作辩解，好像应当把他在联合政策上的失败归咎于"力所不及与意识形态"。普鲁士首相奥·泰·曼托伊费尔把各式各样的联合努力、关于基本法与宪法的诸多争论称为不能也不愿考虑实际政治情况的"德意志意识形态学家"所作的尝试："他们从未取得什么，因为他们事先就构想出自己的观念，紧抓着它不放，不撞南墙不回头"。斐·拉萨尔也运用了这种意识形态概念，他——虽然他是带着不同的政治倾向的——在 1863 年批评了那些一味要求政治自由、而在这背后却并"没有物质利益……没有阶级利益，因而没有阶级"的意识形态学家。"此时我把意识形态学家理解为这样一种人，他们在书籍中度过了他们的有生之日，习惯于在观念与思想中生存。"——很快，意识形态就可用来标志任何（不仅是政治的）远离现实的思想了。

受到这种意识形态指责的人针对他们只是僵化在观念与原则之中的指责进行了自我辩护：他们强调理论与实践相互联系，政治依赖于像"自由"、"理性"或"启蒙"一类原则与观念，并指出它们有能力最终贯彻下去。"理智与心灵的唯心主义"必定与"任何出现在世上的事物"相联系，它不能被用来称作意识形态。

在有些情况下，意识形态也可包含积极意义："任何一种观念的出现，都像一名陌生的客人，无论它是如何开始自我实现的，都几乎与想象和梦幻无法分开。——这就是人们善意地或恶意地称作意识形态的东西，是青天白日下活灵活现的人为何如此厌恶意识形态学家的原因"（歌德语）。"意识形态学家"自认是在继承一个伟大的"思想的历史"（康德、黑格尔语），并指出，拿破仑所嘲笑的意识形态，在它不再是抽象的形而上学，而作为"精神自我规定与精神自由的哲学范畴成为一种民众的力量"时，将向他"报复"，即将他从德国驱逐出去，摧毁他自己的意识形态，即一种无所不包的君主制的"狂妄"。"我们听凭自己被法国人与效仿法国人的德国人骂作为庸人、嗜睡者、意识形态学家。意识形态学家：一位法国大人物就是这样称呼我们的，他没有想到，使我们成为意识形态学家之处，正是他所缺乏而不能够成为伟人的地方：即思想的力量。这种力量并不像帝国的力量一样短暂与耀眼，但对于未来却是汹涌猛烈、威力无比的。"亨·海涅是联系着世界历史的辩证过程来看待拿破仑与意识形态学家们的对立的：拿破仑虽然压制了法国的意识形态，即"特拉西、卡巴尼斯及其同伙们所属的哲学团体"，但由于他把革命引进了德国，铲除了旧的政权，他同时不自觉地成了"德意志意识形态的救星"："没有他，我们的哲学家与他们的观念就被绞架与刑车彻底灭绝了。"拿破仑没有注意到，"在德国大学的黄发青年中"出现了一种对他（在解放战争中）构成威胁的意识形态。"德国爱好自由的人士"了解拿破仑并不情愿地为他们所作的贡献：当他失败时，"他们在微笑，但却是沉痛的、沉默的"。

在这种意识形态概念之外，在整个 19 世纪，意识形态还标志着

"观念论",即关于观念的产生、发展及各种演变的科学,并大多与逻辑学、本体论、认识论或心理学相联系。这种意识形态概念虽然是出自法国意识形态学家的概念,一般而言并不带有其感觉论的出发点:观念不再是感觉或知觉的产物,而是像柏拉图的理念一样,以至于人们可以说到"柏拉图的意识形态"。在 20 世纪,意识形态的这种意义很少得到应用,或许只是在联系到"对上帝存在的意识形态式(=认识论式)证明"时才会用到。

与此相反,马克思与恩格斯在形成自己的意识形态概念时,是从拿破仑的意识形态概念与他们从 1848 年前后的政治性时事评论中所熟知的对这一流行用语的使用出发的。

二

1. 只有从马克思出发,才能够充分地阐述意识形态概念在现代的应用。马克思对意识形态的——并不完全固定的——表述自然也使这一术语在以后更加不明确化了。在马克思对意识形态的处理与运用中,有一些标志与标准以后在不同的程度上构成了这一用语的概念核心。

(1)意识形态作为"虚假的意识",一方面是由生产力尚未发展的状况决定的,另一方面是由生产力与生产关系间的不协调性决定的。如果说这种"虚假的意识"一方面是"自然地形成的",那么它另一方面则是在社会中再生的,是对社会矛盾及其表面性调和的表露。

(2)迄今必需的对社会存在的哲学性意识假定了一种构成认识的普遍性。它作为社会意识的最高形式具有历史必然的合理性,即这种普遍性在其社会功能中有合法性,其结构表现为潜在地形成的经验普遍性转换成的理想结构。由此,对世界所作的观念、理想式解释就被当作意识形态，并遭到实际性的批判。

（3）此外，根本性的还在于普遍利益与特殊利益之间的对立：贯彻特殊利益时都要作出代表着普遍利益这一姿态。这种改头换面，a）仅在社会发展起来这一情况下才是可能的和必要的，b）并仅在诸利益间的相互依存变得清清楚楚这一条件下才可得以揭示。这种意义上的意识形态是统治阶级或集团的意识形态。

（4）对于唯心主义的抽象性而言，否定自身的实际起源与实际意义恰恰是至关重要的。抽象性是以其间接的实际影响来实现其作用的。意识形态批判则要揭示这种抽象性的实际意义，并从实践出发，对其加以纠正，重新奠定基础。因此，意识形态是非实践性、非创造性的意识，是掩盖了实际动机的间接性行动根据。——只有通过意识形态，在普遍的基本观点的意义上确立一种理论上简约的、实际上有效的动机，一种意识形态的肯定性概念（在列宁看来）才是可能的。

（5）除了马克思如此强调的解除责任、掩盖动机的作用外，意识形态还具有中介作用。意识形态的历史必然性说明了，它就是起源于其中介作用的。马克思已经具有这种反作用于实践的思想。意识形态没有历史，但它是历史的，并在上层建筑中，因而也在经济基础中起着历史作用。

马克思的评价意味着，意识形态可被一种普遍性、批判性机制所证伪。他自己所采取的措施变动于极端的意识形态批判方式与对明确的普遍性的不松懈要求之间，这种要求又将他与其他遭到批判的"意识形态学家"联系起来。对于这一概念的进一步发展来说，要求以一种普遍性作为批判的基础是至关重要的（乔·卢卡奇、恩·布洛赫、奥地利马克思主义者），尽管这遇到愈来愈多的问题，后来被放弃掉了（K.曼海姆），或只是消极地保持下来（马·霍克海默、特·威·阿多尔诺）。

马克思所作的规定也表达出以后的意识形态概念的本质因素，尽管这些因素几乎不再得以同义的应用。此后，意识形态批判意味着科学社会学式还原，即还原到一种局部性或马克思主义对这种局部性的扬弃上去。

2. 按照卡·马克思的观点，只要意识形态诸意识形式与人的物质生活间的联系不可客观地洞察，它就会保持着"独立性的假象"。意识形态作为"虚假的意识"是由于跨越了当时的发展水平所确立的认识的界线，直至马克思的时代所达到的发展水平才使这样一种转变成为可能，即"从现实活动的人出发，也是从他们现实的生活过程出发，揭示这种生活过程的意识形态性反思与反响的发展"。但可能扬弃意识形态还不是说在事实上铲除了意识形态：在此意义上，意识形态是由客观上可能的意识与在阶级社会中受到遏止的意识状况之间的不协调性所决定的。

现今，这种差别是由阶级地位所决定的。马克思从这样一种"现象"出发，即"自18世纪以来，占统治地位的是愈来愈抽象的思想，就是说，思想愈来愈采用了普遍性的形式。任何居一定领导地位的新阶级，为了贯彻自身的目的，都不得不把自己的利益描述为一切社会成员的共同利益，这从观念上来表达就是：赋予其思想以普遍性形式，将其描绘为唯一合乎理性、普遍有效的"。马克思关于意识形态的概念意味着发挥出了一种公共性，它有必要将自身的利益掩饰为公共利益，但另一方面又有可能对此加以意识形态批判性的揭露。

尽管如此，不可单单从偏私的与普遍的利益间的区别出发来理解马克思的意识形态概念。统治阶级因利益的缘故而加以利用的普遍性观念，促成了一种理性与合理的假象，马克思并未将其完全揭露为颠倒的意识。从客观条件出发来解释意识形态的表象，就可以在广泛与普遍性理论的意义上将它加以扬弃。对于普遍性理论而言，表面上合理的、因而也是恰当的、自身产生的矛盾是可洞察的，"精神生产"是可描述的。这种矛盾在意识形态内部或外部反映出来，并可加以解释。这种矛盾的发展包含了扬弃这种矛盾自身的因素；这样就既可以设想可察觉出的普遍性与推导出的整体性——马克思在此忠实于批判哲学的概念，通过亲身的应用来印证了这一提出的论点——又可以设想意识形态过程的反作用。诸意识形态"没有历史"，但它们出自于历史，在历史中发展起来，并——或许也作为意识形态的抽象性——在历史中具有一种中介作用，而且同样可得以历史性扬弃。只有这样，也才可理解对唯心主义哲学的继承，正如马克思所强调指出的，不实现哲学，就不能扬弃哲学。

在马克思对意识形态概念的另外一处理解中，则缺乏《德意志意识形态》所勾画的一些意识形态特征。这样，意识形态不是被阐述为阶级的意识形态和充作普遍性的局部利益。同样也不再采用这样的表述，即意识形态是"必要的升华"（另一种说法为"替代"），这种表述同时包括了客观地由已取得的发展水平和认识水平所决定的虚假意识。马克思把"社会的经济结构"称为"有法律的和政治的上层建筑竖立于其上，并有一定的社会意识形式与之相适应的现实基础"。他把上层建筑与意识诸形式概括为"社会、政治和精神的一般生活过程"。这些形式或许不被理解为意识形态性的——它们"适应着""现实基础"，构成"一般生活过程"——，而是通过——由经济决定的——经济基础与上层建筑的矛盾才成为意识形态性的。"在考察这些变革时，必须时刻把下面两者分别开来：一种是生产的经济条件方面所发生的物质的、可以用自然科学的精确性指明的变革，一种是人们借以意识到这个冲突并力求把它克服的那些法律的、政治的、宗教或哲学的，简言之，意识形态的形式"。因此，意识形态的形式是由矛盾所决定的上层建筑形式，这些形式被迫虚假地表现着社会矛盾。

此后，弗·恩格斯的一封致弗·梅林的信（梅林在答复保·恩斯特时未加注明地引用了它）重新采用了这一在梅林那里几乎被忘却了的意识形态概念。在意识形态学家看来，自己的思想"既然是通过思维进行的，最终似乎都是以思维为基础的了"。意识形态学家必定不了解自己的想象的物质动机："意识形态是由所谓的思想家有意识地、但是以虚假的意识完成的过程。推动他行动的真正动力始终是他所不知道的，否则这就不是意识形态的过程了"。主观利益以及处于人们不了解其发展水平的客观经济状况都可算作这种动力。恩格斯同样强调"意识形态的历史作用"："否认其独立的历史发展"并不意味着，它不会"一旦被其他的、归根到底是经济的原因造成的时候，它也能够对周围环境甚至对产生它的原因发生反作用"。

3. 在马克思主义的讨论中，直至列宁，意识形态概念几乎都未得以利用，并加以改变。列宁在一种肯定性意义上采纳了这一概念，而这是与马克思的用语不一致的。马克思指出："考察这一事业的历史条件以及这一事业的性质本身，从而使负有使命完成这一事业的今天受压迫的阶级认识到自己行动的条件和性质，这就是无产阶级运动的表现即科学社会主义的任务"。但按照列宁的改造，科学社会主义并不直接产生出无产阶级的意识，而是需要一种中介：意识形态作为中介就是政党，就是先锋队。因此，意识形态是无产阶级利益的表述，是对科学社会主义成果的战略性、意识性转变与校正，它与资产阶级意识形态针锋相对。

在马克思主义方面，再没有针对这种用语的反对意见了。只要这种战略性观点是在肯定可以原则上克服掉意识形态的需要的情况下占支配地位，意识形态就是可行的，并且它强调着自身"作为进步阶级的意识形态是行动的指南，其根本利益是与一切劳动者的利益相一致的"。

意识形态概念的发展是更晚一些时候才开始的，虽然这是在马克思早期作品的发表所带来的推动之前。乔·卢卡奇的意识形态批判观点不满足于揭露"虚假的意识"，而是试图揭示决定它的现实，并将其揭示为"它所属的那种历史整体的因素"。这种整体决定着对整体的意识。反过来，对整体的虚假意识有着客观的原因。只有改变具体的整体，才可能有具体的理解。但只要资本主义的历史发展尚未达到对自身的扬弃，反映它的意识就必然是意识形态性的，无产阶级甚至处于"意识形态危机"之中，而这种危机必定要由政党组织来克服。卢卡奇在此并未使用意识形态这个词，他的思考却全都包括了列宁对这一概念的使用。尤其明显的是，意识形态批判所提出的普遍性被推广为"客观的可能性"：作为执行批判职能的、客观现实的可能性概念，与既定的、受制于立场的各种评价相对立。客观现实的凝固化则不承认主观性、意识形态性意识具有可能的影响力：意识形态是历史地抽象的，是"旁观的角色"。只有当现实合理地建构起来或被建构起来，在客观中不可能通过自觉行动来干预历史这一"虚假的意识"，才会消失；由此，意识本身直接就是实践性的。

卢卡奇的"客观的可能性"概念是针对着恩·布洛赫的可能性概念的。如果把人与自然的统一看作是把资产阶级的意识形态当作批判性写照、马克思主义的意识形态所意味的可能的整体，那么既定的现实就没有任务了。意识形态批判甚至还包含了一种乌托邦的因素。因此，在评价当今诸现象时，始终存在一种特定的矛盾心理，"因为这些现象使得热情成为可能，也使得革命与反革命的欺诈"成为可能。从原则上以整体为目标，还需要通过更为广泛的辩证法对这种目标予以具体化：

"更为广阔的辩证法首先表现在对尚'非理性的'内容的辩证化上；这些内容就其批判性地保持着实证性来说，是非同时性矛盾的'星云'。"在与卢卡奇的比较中，同样值得注意的是对过去的、未终结的意识形态所采取的开放的态度，这种开放态度的肯定性特征会保持乌托邦式意识与良知。而"这里，一种'文化上超越'同时代人的意识形态的东西清晰地起着作用，只有它才超出崩溃着的经济基础与意识形态之上而贯穿在诸时代中，构成了以后进一步成熟与有所继承的根基"。

在奥地利马克思主义者那里，马克思主义的独立制定（作为科学来理解，它遵循着康德所创立的方法论概念）与教条、图解式的论证——这既植根于马克思与恩格斯的著作，另一方面也由列宁的意识形态概念作了补充——相互抵触。这里，意识形态批判所需要的基础，是对于历史及其因果性所可能的认识；意识形态的错综复杂性与现实性可在对历史因果性的认识中得到扬弃。尽管如此，在个别情况下，在过渡性、前革命性实践中，所需要的恰恰是在意识形态中向道德理想的复归；如果说历史的人文主义倾向尚未呈现为明显的经济法则，就要求助于伦理的形式主义。这里，向伦理的复归可理解为意识形态性的。与此相反，卡·科尔施——以后收回了这一与卢卡奇在主观上一致的观点——一种更进一步的意识形态观念，按照这种观念，马克思主义的意识形态与不能简单地归结为经济与政治根源的资产阶级意识针锋相对。"一切社会意识形式"都是"'非常实际的、非常具体的'社会现实"，这一宣言为意识形态的斗争及"意识形态性专制"的必要性奠定了基础。

在正统的马克思主义范围中，在马克思主义著作家那里，意识形态概念此后并无本质性的、超出马克思——1932 年重新发表了他的早期作品——与列宁的转变。资产阶级的与马克思主义的意识形态是按照基本立场相互区别开的：资产阶级意识形态立足于自身并不明确的、同决定自身的经济基础即生产力和生产关系的关系中。这就存在着一片相当广阔的解释余地，而这片余地对于这里要加以表述的意识形态概念的发展并不重要。但另外一种发展却显示出来了，它将意识形态所要求的普遍性与整体性概念不仅联系到社会范围中去，就像卢卡奇的激进做法一样，而且包含了人类学的与自然性的常量。他描述出一种设定的整体性，相形之下，人类的历史的意识肯定要表现为暂时性的即作为意识形态性的。只是在有些场合还可以提到这样一种意识形态批判的观念，这种观念自身已经出问题了，它牢牢地抱着仅是规范式的整体性不放。就马克思主义运用意识形态而言，历史上生成的或正在生成的社会整体或人的整体的定位，或有科学根据的、普遍有效的方法的定位，是至关重要的；这样，才能认清局部利益和方法上不够充分的论证，并将其具体化。马克思主义的生存主义、人类学、结构主义变种都属此列。意识形态这一用语几乎是公式化与规范性的，即使诸出发点彼此不同；这一概念的构成始终在马克思主义内部来回摇摆。

4. 出自对概念史的兴趣，意识形态概念才重新受到讨论，这种讨论热衷于马克思主义，并赋予了这一概念以马克思主义以外的内容。最早可以在 A. 塞德尔那里寻找到脱离马克思主义的方法。他主要是从生命哲学与心理分析出发来理解这一概念（此外，这一概念也非重要地出现在路·克拉格斯、Th. 莱辛那里）。马克思联系着生产力和生产关系而为意识形态奠定了"历史必然性"的基础，而塞德尔把意识形态建立在人的病态的性生活之中。他从弗洛伊德的升华概念出发，不是赋予意识形态以历史的必然性，而是赋予了生命的必然性。与弗·尼采、H. 克拉格斯、Th. 莱辛、乔·齐美尔不同，塞德尔认为意识形态对人的（生物性）病态的性生活是有作用的。尼采的透视主义与齐美尔对超越生活的观念的肯定态度产生了心理和谐的模式，意识形态批判与历史的发展合二为一：马克思、尼采、弗洛伊德对意识形态的发生学解释同施本格勒的文化悲观论消解了意识形态的功用。认识清楚了的意识形态却丧失了其质朴性，回复到决定意识形态的、并被——（仅是）无意识地——理想化了的生命状态中去了。"人以超越性的宗教形式给予自己一种虚假的意识，生活就再次拯救了人"，但"虚假的意识愈来愈遭到侵蚀，因而一切克服病态的性生活的手段，即理想化的基础就都消失殆尽了"；这样，衰竭的生命的超验平衡——可以想到齐美尔——就不复存在了。塞德尔的作品以独特与无与伦比的方式反映出了后来影响了意识形态概念的思想潮流；他——仅指众所周知的作品——的影响几乎无法考证。

塞德尔的影响还扩展到了知识社会学上——这是赫·普莱斯纳所假定的联系，而且由于私人关系，这也是很有可能的。马·舍勒借一本《阶级的知识社会学》暂且回避了原本的问题：向超验性基础回复本身并不经受意识形态批判的质询。理所当然的阶级偏见是出现在经济结构的基础之上的，但在哲学中，偏见在原则上是可克服的。顺应阶级性而建立的偏见不能扩展成为认识现实与现实的可认识性的前提。意识形态被消除了哲学准则，这就引导 K. 曼海姆得出"全面性意识形态"的整体性概念。意识形态的观点可以从"知识与存在的联系"中得以功能上的规定，而不能在内容上作为实践的理论性指南。"一种思想的角度受到其背景的制约"可理解为它掩盖与凝固了自身的社会背景，而不能当作行动的指南。（这里，曼海姆采纳了塞德尔对功能性意识形态与构成性意识形态的区分。）在内容上，意识形态与乌托邦都超越出既定的现实，去把握非现成的东西。乌托邦的准则是有可能的现实化，自然，这种现实化只有在事后才可察觉。现今，不可能令人信服地区分开乌托邦与意识形态了，前者的概念布洛赫指责为"乌托邦精神"的概念，后者在历史上毫无成果。因此，意识形态概念不再适用于特定的集团、阶层或阶级了。随着它被统统归属进存在及一种非理性历史中去，这一概念就丧失了其意识形态批判的尖锐性，成为与有意识的现实取向相对立的一般性怀疑了："由此看来，一种意识在取向方式上未达到新的现实性，因此实际上是用过时的范畴掩盖了新的现实性，它就是虚假的、意识形态性的"。

保·蒂利希在一篇评论中答复了曼海姆的《意识形态与乌托邦》。他认为，似乎"贯彻全面的、普遍的意识形态概念"并未成功。"如果'联系存在的思想'仅在与存在的联系被切断了的一处才是可能的"，如果赋予才智的是"绝对的社会学处所"，那么基本论点就被否定了。蒂利希强调，意识形态概念必须为进行斗争的集团保留其政治特征，另一方面，意识形态批判也要保持集团的自我批判。与揭示意识形态的抽象问题相比，更为重要的是向社会学的、特定阶层的认识可能性提出质询，"只有从这种可能性出发才有可能为现今的意识揭示存在的形态"。

在曼海姆那里尚且潜伏的尼采—齐美尔—塞德尔这条线索，在赫·普莱斯纳的批判中变得清晰了："因为生活渴望更多的生活，渴望不仅是生活，所以人作为生物已然就是意识形态性的了，即是一种意识形态性动物。"普莱斯纳重复了"在特殊的认识理论与人类学条件下存在的理论的特征（相对于特定历史状况而言）"。但这仅是在"社会学及哲学人类学"所提供的理论框架内部。

马·霍克海默尔与特·威·阿多尔诺的批判较之普莱斯纳更为清晰地指向在曼海姆那里不可洞察的哲学意蕴与资产阶级意识形态的评价。"无可置疑，一种特殊的价值感最终奠定了同历史、同社会的关系"，它就是未经表述出的一种哲学假设。与怀疑全面性意识形态相反，霍克海默尔描述了理论的合法框架："实践始终需要以进步理论为取向。理论……在于尽可能地深入性与批判性地分析历史现实……对现实的表现与批判性分析——实践总是由此受到激励——本身更是由实践的推动与努力所决定的。"因此,霍克海默尔作为语言规则提出:"应当为未意识到自身的依附性,但在历史上已可洞察的知识,为在最为进步的认识面前已堕落为假象的意见而保留意识形态的称谓,以与真理相对。"历史性意识与历史之间的矛盾是历史本身的矛盾:"在社会与社会对自身本质的认识之间必然存在的隔膜,依据这种必然性而同时表明了这种本质本身。"精神针对社会过程所必然做的抽象虽是意识形态性的,但其中也存在着对自身进行意识形态批判性扬弃的条件。只有屏弃现实,才能重新表述现实的要求;这也是一种缺陷,即精神就是抽象性,是内在内容的丧失:"只有在精神的东西独立地、实质地并带有自身的要求而从社会过程中脱颖而出的时候,谈论意识形态才是有意义的。意识形态的虚假性正是这种分离的代价。""人们几乎可以说,当今的意识……所以能够持存下来,只是因为它将意识形态批判吸收进自身了。"

同样,特·威·阿多尔诺还更加强调这种双重特征。"意识形态批判的要求处于关于作为整体的社会的知识"与"关于精神卷入这一整体的知识"之间的张力中。"意识形态,即社会必然的假象,在今天就是真实社会本身,因为意识形态的完整力量与不可避免性,即其吸引人的具体存在取代了具体存在所消灭了的意义。"这种普遍的意识形态设想产生出了内在批判的困境,以至于这种意识形态概念显得几乎是不实用的;尤其是这种概念区别于马克思关于"必然性假象"的规定,因为它不能再反映到特定的现实上,而是表现为一种虚假现实的组成部分。"在社会中,意识形态取得了这样的进展,即它不再成为社会必然的假象,并因而通常成为破碎的独立性,而只是作为粘合,即主体与客体的虚假一致性。"

埃·弗洛姆早在《社会研究杂志》第 1 期上就试图综合历史唯物主义与心理分析。意识形态概念得到了社会心理学式扩展："社会心理学必须从经济条件对力比多冲动的影响出发来说明共同的（在社会中至关重要的）内心态度，意识形态及其无意识根源。"这里把心理的与社会的工作过程解释为相类似的："心理分析使得我们可以把意识形态的形成看作一种'工作过程'，看作在人与自然间进行物质代谢的一种状况，其特殊性在于，在这种情况下，'自然'存在于人的内部而非外部。"此后，性冲动的变态就依照其数量与内容而打上了个体及其阶级的社会经济状况的烙印。

赫·马尔库塞把意识形态与社会现实的交叠现象描述为技术发展的片面现实："社会使技术与科学从属于自身，愈来愈有效地统治着人与自然。"最终，合理的控制自然的尺度成为控制本身的尺度。控制只有通过技术功能才是合法的。"不仅一定的国家形式或政党统治意味着极权主义，而且一定的生产与分配的体系也意味着极权主义。"实践这一方面的丧失必然会导致——技术上合理的——虚假意识。因此，借意识形态批判来消解这种麻痹了的意识，这本身就呈现为意识形态性的："因此，批判性理论寻找不到自身能够据以克服现状的经验性基础"。因而在马尔库塞，如在《本能的结构与社会》与《单向度的人》中，突破着体系的思想萌芽就回复到（生存）哲学与心理分析的假设上，以及回复到对另一种技术的思辨上。

约·哈贝马斯并不认可新科学与新技术的论点。他把现代生产与技术的压制性质理解为监督现代生产与技术的政治公开性的丧失。这样，哈贝马斯就试图重构或开创间际性行为的领域。对于古典的意识形态概念而言，意识形态必定要在政治上将局部利益合法化为普遍利益。意识形态是伴随着 18 世纪这样一种舆论的诞生才做到这一点的，这种舆论就是："通过公开的推理判断作为中介，阶级利益会采取普遍性的假象，……也就是把统治与统治化为纯理性看作是一回事"，在此意义上，意识形态才具有真理的因素。"假如意识形态不仅揭示社会必然的意识的虚假性，假如意识形态具有一种因素，这种因素通过乌托邦式地将现状看作超出自身之上的——尽管单单这一点也需要论证——而成为真理，那么一般来说也只是从这个时候起才有意识形态。"意识形态的起源似乎是"所有者"与"人之一般"的同一性。

现代意识形态概念不会再仅仅应用这些范畴。这个概念不能再以对生产力与生产关系的矛盾、特殊利益与普遍利益的矛盾来说明了。"如果正当交换的意识形态瓦解了，也就不能再就生产关系来直接地批判统治体系了。"而是"一种替代性纲领将占据自由交换的意识形态的位置，它不是以市场机制的社会效果为准，而是以消除自由交换活动的不良功能的国家行为的社会效果为准"。区别于马尔库塞之处在于：就可以对政治是依赖经济基础这一点提出批评而言，他的分析是正当的；但如果经济基础"反过来也要被理解为国家行为与从政治上平息了的矛盾的一种功能"，就不再能把它直接地当作意识形态批判的参照。

现代意识形态概念是非政治化的公开性概念。"这种意识的意识形态性核心就是消除实践与技术的区分"，在扭曲了的交往这一条件下通过政治被还原为技术合理性。但这不仅是对特定技术合理性的表述，而且表明了政治上公开性的衰亡。意识形态批判则突出了政治上合法性的因素。

三

在 1914 年至 1945 年这一时期，意识形态概念获得了广泛的传播；它在本质上可区分为如下的概念范围：

a）出自 19 世纪而广为人知的、并完全独立于马克思和马克思主义思想的贬义性意识形态概念，更多地见于日常用语，而不是在学术文章中。它将"意识形态"、"远离世界的理论构想"、"主观虚构"同"现实政治"、"政治现实"和"客观必然性"对立起来。这种意识形态概念作为"最初由观念确立的同现实的关系——而从另一种现实的概念出发，这种关系则是非现实的——"，至今大多流行在口头政治式讨论中。如果要避免对意识形态的谴责，却不放弃政治的精神鼓舞，就要借助于对意识形态与（"真正的"）观念的区分："任何意识形态都是一种堕落的观念"。意识形态很少被当作是与"理想"、"远大目标"、"理想范本"相一致的，很少有人强调它对"现实政治"来说所具有的合理性。

b）此外，自列宁以来，意识形态作为上层建筑，作为对经济基础的反映的概念是众所周知的。这种概念也含有一种对意识形态的肯定性理解（"社会主义意识形态"），它不是在语义学意义上，而是在功能上（对经济基础的依赖性或非依赖性、阶级斗争的意义等等）成为马克思主义内部和外部的讨论对象。在马·韦伯看来，问题首先在于，是否可以在意识形态和基础之间确定一种相互关系，或者甚至是一种与马克思主义中所假定的相反的依附关系。相反，E. 罗塔克阐述下层基础概念的尝试则是独一无二的，他扩大了这一概念，包括了一切生活方式、生活形式、生活态度，还有观念因素，而后，形而上学式意识形态作为"后生现象、对存在的反思"则毫无疑义地依附于此。

c）这样一种普遍的意识形态概念恰恰打上了马克思主义的烙印，像列宁一样典型地先对特定意识形态，即资产阶级意识形态，加以否定性评判，或者像 P. 斯采恩德那样，"可以将任何概念、任何理论、任何科学体系都描述为意识形态"，可以由此来批判性地看待意识形态，即首先区分开保守性的、粉饰性的、权威性的、蒙蔽性的意识形态与革命性的、揭发性的、暴露性的意识形态（《意识形态的斗争》），但又使二者相互适应，因为后者很快也就凝固化了，并建立起新的统治。G. 撒罗门在援引马克思时—他对马克思的意识形态概念作了关注于利益的心理学解释—把意识形态理解为对利益的掩饰与维护。同样，马克思主义"本身就是一种意识形态，既然革命不是个人行动，而是无产阶级的整体行动……是对阶级状况与阶级利益的表述"。H. O. 齐格勒通过援引帕累托而认识到，意识形态批判近似于对受制于历史条件的东西的非正当性假设与绝对化所作的批判。一些人把意识形态对利益的维护理解为"生活过程必不可少的行动"，另一些人则将其理解为需要加以揭露的"虚假荣耀"。

d）相反，知识社会学借"思维与存在的联系"这一形式——这将当时的马克思主义意识形态概念中立化、普遍化了（《全面的意识形态概念》）——而把握了一种完全摆脱了价值的意识形态概念。这一概念受到热烈的讨论，很快也就被美国的社会学所采纳了，并在各种专门的社会学中得到了应用。但在 W. 施塔克的知识社会学中，却可以寻找到声识形态概念的明确界定，他重又将意识形态否定性地定义为需要加以克服的思想扭曲与变形了。

e）国家社会主义大多轻蔑地谈论"不中用的意识形态学家"和"不扎实的知识分子"，并觉得自己是不会受到意识形态谴责的，因为它相信自己不是扎根于一种"非现实地超种族的阶级意识"，而是扎根于人民及民族"原本的生活利益"，认定这种生活利益，因为是生活必需的，就避免了意识形态的嫌疑。

对于第二次世界大战之后的时期，无法建立一种比较适合于各种不同用语的意识形态概念类型学，尤其是现在，人们在使用意识形态时常常不说明所指的意义。这样，意识形态常常成为类似世界观的构成物的不明确的标志，与邻近概念的界限游移不定，并且与此相关，其构成要素在特性、数量、意义和作用上无法精确地确定。因此，人们有时尝试着仅仅分清各种意识形态概念或其应用层次彼此之间的界限，而不是提出一种新的、但无法要求普遍有效性的定义。

在一如既往地将意识形态理解为对未公开阐明的目的（如统治）所做的（较高层次的）维护，理解为对利益的掩盖时，则有着一种还算是清楚一些的意识形态概念。因此，意识形态只能就它所服务的目的来评估，它"为集体趋向权力的意志作了精神上的辩解"。意识形态只是被看作工具化的真理："意识形态是作为赤裸裸的政治权力之功能的精神"。意识形态并不已然就是习俗、道德、宗教、科学等等本身，而只有当它用于政治利益、用于维护社会秩序时，才是这些。因此，没有什么纯粹的意识形态，而只有作为理论与精神产物的"寄生物"的意识形态，理论与精神产物就是从中得以"肉身化"的。在此意义上使用意识形态，同时就意味着对意识形态的怀疑与批判：试图通过指出一种观点的隐蔽的动机来把它揭示为意识形态，结果就导致了在相互间作意识形态的谴责，导致了去揭示"真正的"动机："在对方那里所发现的（存在与假象间的）不一致性，同样以不同的形式构成了自身的基础"。关于意识形态的真理内容，这里却还没有涉及；不能仅仅追问一种理论有益于什么人。虽然可以一再宣称意识形态与科学的对立，或确信可以通过客观的检验而在科学过程中消除前科学与非科学性假设及意识形态，但是，针对知识社会学的"普遍化了的意识形态嫌疑"，看起来并不存在理论的客观性——这种客观性仿佛会使理论不受社会或历史的制约——的"天然保障"与"绝对尺度"。尤其是知识社会学把意识形态当作不可能有明证与最终界定的超越性抉择和内在性观点。

H. 吕贝尔区分了意识形态与欺诈，由此使被定义为掩饰了未表述出的观点的意识形态概念得到了更精确的说明，二者都服务于隐蔽的利益，但："欺诈性理论是针对他人的，如果他人相信的话，它就达到了自身的实际目的。相反，意识形态却是那样一种欺诈理论，只有当人自己相信它时，它才起到了作用。"

实证主义持一种近似的、但非常狭义和在理由上常遭反驳的意识形态概念。H. 克尔森早在 1934 年就把意识形态定义为"一种非客观性的、受主观评价影响的、掩盖了认识对象的、对认识对象加以美化或歪曲的表述"。此后（除 G. 贝格曼外），特·盖格尔还就此作了早已众所周知的表述：似乎是在说明事物但却包含了非理论性的、不属于客观的认识现实的组成部分"的见解是意识形态性的。它用客观性观点的形式来表述价值判断、情感关系判断，即非客观的、非理论的东西，因而并不是错误的，而是不合法的。它是"反理论"。在 E. 陀匹池（Topitsch）那里，把价值判断伪装为科学性的即描述性的原理，只是意识形态观点一系列不同对策（如利用对世界的双义解释、敌对性公式、空洞形式、要求"绝对真理"）中的一个因素，哪怕是一个本质性的因素，人们通过这些对策"可为随意性评价制造绝对有效的假象，为随意性理论制造无可辩驳性假象"。H. 阿尔伯特最初赞同盖格尔与贝格曼的意识形态概念，此刻则看出了界定价值表述与事实表述的困难之处，把意识形态更普遍地理解为对立于理性的和批判性思维的教条化与本体论化，意识形态批判则意味着澄清和更正社会生活的偏见与非理性主义。

有一种理论把意识形态理解为真理的工具化，或者理解为将价值判断装扮为事实陈述，由此区分开意识形态与非意识形态。这样，这种理论就把意识形态确定为一种见解的特殊形式或看待这种见解的专门角度。相反，在另一些作者那里，意识形态是一种世界观，它始终是观念、价值、认识、信仰内容的独立体系，这些不仅是意识形态的载体，而且本身就是意识形态，不能同时成为非意识形态性的。

作为第二次世界大战后在欧洲对极权思想或有利于极权主义的思想的广泛批判的结晶的意识形态概念，就是这种情况。试图（也是纯粹经验性地）研究意识形态对政治、社会和个别团体的功能与意义（此时不一定要以否定的面貌出现了）的美国社会学的意识形态概念，也是这种情况。只是这两个派别并不能严格地彼此区分开来。

对极权主义的批判通常是以马克思主义与法西斯主义，而不是以民主的或多元的、自由的社会为研究对象，它批判意识形态要求对历史过程作全面与可靠的解释，为着这一过程，个体就扮演着执行者与牺牲者的角色。意识形态把自身表面的可靠性建立在"它从被假定为可靠的前提出发"合乎逻辑地推导出来的解释上；它被认作是独立于经验，或者甚至是与经验相悖的，因为它近似于宗教地"许诺着完全不可能的事"。人们异口同声地批评意识形态要求绝对知识与绝对有效性，要求"完整的真理"，而意识形态必定达不到这些要求，因为它们从根本上说超越出可为人类知识与科学所理喻的范围。因此，意识形态对于理性批判来说是不可理喻的，或者说它将局部真理提升为唯一有效的真理了，将具有局部意义的观点不恰当地普遍化了，而没有看到其片面性、相对性和主观对现实的歪曲。意识形态是各种偏见、预设、感受等等的综合形式，带有至高性与完美性倾向。意识形态试图从抽象原则出发，不考虑自身界限地（全面）改造社会，这样，就是与真正的政治思想及行动相对立的。它是专注于最终目标，非批判性地进行论战的集体性观念，其目的不在于认识，而在于引导趋向乌托邦终点的行动。因此，意识形态关注的不是自己所表达的真理，而是自身的政治效果。意识形态是一种对具有象征性的理论设想所作的系统化、教益深远的综合，它通过专门的历史社会集团……促成了具有乌托邦意向的、封闭的、因而是歪曲了的关于人、社会和世界的形象，为特定政治、社会活动按照纲领和自愿的原则组织起了这一形象，为社会集团在社会统一——瓦解的连续过程中指定了一个位置。

意识形态的功能在于从心理上稳定个人与社会集团并使其达到认同。意识形态作为"无所不包的学说"提供了一个替代人的各种生存层次的整体，并在其中展示出它"对极权主义的追求"。意识形态是集体性"生活谎言"，"一个变得虚弱了的集团的变得虚假了的观点"，这一集团维护自身所必需的"过时的真理"。意识形态不是本原性的，而是推导出的世界观；这种世界观的构成是理性的、但仅是从一种观念中推导出来的、因而是简单化了的、易于教益、便于记忆的，这种构成表现为"对中世纪封闭的基督教世界观的替代"。意识形态是替代性宗教。意识形态试图借"不充分的或隐蔽的手段"重建那由于新时代科学而丧失了的"世界整体秩序"。意识形态在回答一切未解决的问题的同时填满了在人身上出现的"经验空白"，而"只要人被看作是一种次要性体系的因素"，就是说，被体系归结为特定的功能，"那么在人身上就会出现经验"。

按照通常的修饰语，意识形态是不宽容的、传教式的、教条式的、不妥协的、封闭性的、完整无缺的、说教式的、论战性的、简单化的、非人道的；从符号学上定义，意识形态是"僵硬化的福音"，因为从众多可能的意蕴中，总是只能选出特定的一种来，与福音融合为"意识形态法典的统一体"。

为了修正意识形态，就需要洞察意识形态的诸局部性真理"在真理整体中的组成因素及相互关系"，发掘哲学批判中的个别真理因素，针对"对真理的封闭化与凝固化"而维护意识形态中"思想的开放性"，或确立一种与他人的新型亲身关系。

面对这些对意识形态的广泛批判，埃·施普朗格早就确信，可以区分开"真正的"与"虚假的"意识形态，并指明它在未来的构想中是不可缺的。

随着意识形态概念愈来愈宽广，并能够标示出任何封闭性、教条性（不仅是政治性）思想产物，宗教与教会也陷入了意识形态批判的旋涡。对此，它们自我辩护地指出，这种谴责只能触及信仰表面的现象，而不能切中其本质性核心，宗教由于关联着超越性而在原则上区别于（总是内在性的）意识形态，真正的神学思想是开放的、宽容的，教会从来不是必定要服务于政治利益的。

自从埃·弗洛姆时而将意识形态概念纳入自己概念库以来，心理分析就依据着由哲学和社会学所拟定的意识形态概念（意识形态作为观念与价值判断的封闭体系，将局部真理绝对化了，简单化地提出了对世界的全面解释，起到了为行为作辩护的作用），并进而将意识形态确定为构成人格及人自身同一性的手段（个人"自我力量"的建构），确立为"价值与准则系统"的集体性僵死化，因而确立为防御性机制、"非人格的'客体'"、"宗教裁判所式的超我"、个体为之献身的"受到危害的自我理想"、或者确立为"对辩证过程的物化理解"的特殊形式，即作为"恶果"而被排除出这一过程的东西在理论上的结晶。

美国的社会学与政治理论在知识社会学的传统中——在德国，最初仅可找到少数追随者（例如 O. 施塔默："意识形态在精神上代表了社会性"）——很大程度上是从一种中性意识形态概念出发的，这种概念将"公开表述出的每一种信念的体系"，"任何信念、意见或建议的系统形式"，任何"见解、态度、价值的构成"都当作政治、社会对象，例如民主。意识形态是任何一种观念、观点和评价的体系，它论证着自身（政治的）行为的合法性，勇于将陌生的行动评价为正确的或错误的，为当今社会现状作辩护，或为改善现状提出手段与目标，致力于社会政治集团的一致与团结。"任何意识形态都是一种信念的体系，它由集体也即社会或其下层团体诸成员共同掌握……是一种观念的体系，它以团体在评价上相一致为目标"，它解释着自身的特性、现今的状况、发展和目标，约束自己的成员忠实于这一"信念"。意识形态服务于"价值取向"在认证上、经验上的合法性，这就是说，它尽可能地为作出的选择准备出客观根据，从而将"价值取向"合理化了。

虽然许多人并没有把意识形态概念限定在政治、社会的"信念"上（个体的信念也可以是意识形态），另一些人恰恰指出，正是意识形态使得个人能够与集团及其对世界观问题的解答保持一致。意识形态给予集体行为以坚固性，并驾驭着集体行为，它满足了人生在世的一贯性、方向感、安全感的基本需要。从社会心理学与人类学来看，意识形态是不可缺的"人类社会驱动系统与操纵系统"，它减轻与稳定了人的行为，但也赋予其以"灵活性与变化的广度"，对于个人来说，是"社

会化的媒介与工具"。对于解释和利用根本不能被当作单纯事实来加以
体会的现实来说，意识形态是必要的。只有借助意识形态，才能领略现
实及其各种各样的信息并在行动中作出回答。只有当传统生活规则与价
值丧失了其直接的、毋庸置疑的有效性时，意识形态才会出现。在这种
情况下，意识形态创造出新型取向模式，"社会政治意义及态度"。它
是"有问题的社会现实的图像与创造集体意识的基质"。这就触及到这
样一种观察，即意识形态作为"社会经验的秩序模式"仅仅产生于社
会矛盾，它就是在社会矛盾中确立"竞争中的集团的目标的"，并要通
过"随机应变"、"自欺欺人"等等来扬弃参与冲突的人的不安全感。
居垄断地位的世界观尚不算是意识形态。

为了能够达到自身的目的，意识形态必须是——这一概念由此重新
包含了一种否定性含意——简单、清楚、选择性的、以情感性语言撰写
的、配以相应口号与象征的。它会因过于简单化而变形。因此，意识形
态常常建立在一种或者若干少数原则上（自由、平等、种族纯洁等
等），从这些原则中推出政治行动的目标。因而，一些作家在乔·索绪
尔的引导下，把意识形态与政治神话相提并论。

在缺乏单义的区分标志的情况下，有时就出现了一系列意识形态标
志（例如，相当数量的相互联系的政治观念带有论据与规定性特征、纲
领性面目、持久性、逻辑上的严密性、赋予活力的潜能，这些都扎根于
集团或社会中，服务于集团利益的合理化、行动的合法化等等），另一
些人则看到，唯独一个范畴是本质性的：意识形态为改变现存社会而提
供了行动纲领，因而是"高度活跃的存在物"和"关联着行动的观念
体系"。与并不直接感兴趣于实践的科学相反，它要求贯彻自身的知识，
作为手段来服务于社会变革。或者说，意识形态的特点是（肯定或否定

的）认知性假设与对这些假设的（肯定或否定的）情感性认同，价值的等级序列就是由此制定的。意识形态联结起了"对人的社会条件的认知与评价性理解"；或更确切地说：它是由带有固定因素和强烈情感成分的封闭性认知构成所组成的（其反面是：实用主义作为带有灵活因素与微弱情感成分的开放性认知构成）。

在美国，否定性意识形态概念在时事评论中较之在社会科学中更加为人们所熟悉，它构成了第二次世界大战后不久就出现的关于意识形态之终结这一论点的出发点。一些人只是察觉到这种终结，另一些人则要求和欢迎这种终结。不久，这种论点就成为激烈争论的对象，在争论的过程中，它一再被作为问题而提出来，并得以各种方式的详尽阐述或限定。最终，人们将这论点本身称为意识形态，并已然谈到了意识形态之终结的终结。

改革派共产主义与独立的西欧马克思主义谋求将意识形态概念从僵化的经济基础——上层建筑格式中解放出来，至少部分地恢复意识形态的批判意义。这大多涉及一种对马克思意识形态概念的新解释。它不再仅仅谈意识形态性上层建筑的"相对独立性"，而且重又把意识形态看作是自身扭曲了的认识，以至于不再可能有"社会主义的"或甚而是"科学的意识形态"概念了："那些构成了意识形态本质的东西……即自我认识、获取知识的人或自我思维的科学的异化，这些从意识形态的立场来理解正是自然的、平常的、理所当然的，即真实的人的存在。"意识形态假定抽象意识与既定（异化的、表面的）存在相适合这一生存谎言并以此为自身的真理。对于马克思而言，意识形态意味着思想的虚假性，即"意识与人的存在的社会历史条件相分离"，意味着固执于事物表面现象，脱离现实整体来考虑个别观点（局部性），与"将一个历史时期的认识绝对化"为"永恒"的真理。意识形态是脱离了其基础与实践的思想，它以局部的即抽象的、虚假的、虚构的"现实"来取代现实的整体性。如果说意识形态在这里被革命性实践与马克思主义所克服，那么在另一些人那里则是为科学所克服："应以意识与科学论证的观点来取代意识形态，即从属于任何一个社会的自我欺骗。"路·阿尔都塞虽然把意识形态看作"社会历史生活的本质结构"，但这种结构不是人的生存条件的表露，而是人与生存条件的虚幻关系的表露，它以人与其生活条件的事实性关系为前提："意识形态是人与其'世界'的关系的表露，这就是说……是其现实关系与其自身现实生存条件的虚幻关系的统一"，这种关系"与其说描述了一种现实，毋宁说表达出一种意愿，甚而是一种愿望或一种渴望"。L.科拉科夫斯基认为，意识形态在本质上不由一种（真实的或虚假的）内容所决定，而是由其"社会功能"即"为使集团能够有效地行动而必需保持的价值信念"所决定的。因为一切社会行为都需要意识形态，所以从来都不能彻底废除意识形态，或许能够也应当遏制它对于科学的要求，因为对于其采纳或抛弃来说，标准不在于精神中的根据，而在于纯实践的观点。

威·凡·奎因独一无二地保持了意识形态与本体论的区分，即一种理论的意识形态迫问："理论的语言表达出怎样的观念？""这些符号意味着什么？"而一种理论的本体论则询问："这里的主张表达或隐含了什么？"

N.卢曼从对行为的功能性分析出发，重新界定了意识形态概念：鉴于手段与目的间高度的易变性，以及由此产生的大量的行为结果与次生结果，需要一种价值体系来规定"哪些结果具有价值特征，并因而是目的所在（要加以谋求或避免）"，哪些未曾预料的（次生）结果是可容忍的，哪些则不可以容忍。意识形态就起到这些作用。由于意识形态，"效应的可能性受到了限定是一目了然、可供抉择的。这样，合乎价值地确定需要选择的结果和需要避免的结果，就同时意味着对其他一切结果持中立态度"。不仅行为是可替代的，可互换的，而且意识形态作为对行为的合法化本身也是这样："如果思想引导与维护行为的功能是可替换的，它就是意识形态性的。"感到意识形态是可疑的，意识形态批判是破坏性的，这在于人们"至今始终是伦理式地、认知式地就传统的真理观念"来衡量它，而没有看到其功能上的价值。

（原载德国《哲学史辞典》）

（鲁路 译）

马克思主义与宗教[*]

〔英〕罗兰·博尔

英刊《国际社会主义》2009年夏季号刊登了罗兰·博尔题为《马克思主义与宗教》的文章，认为马克思和恩格斯的历史唯物主义的形成与他们对宗教的长期深入研究和批判性分析高度关联，并论述了马克思、恩格斯关于宗教的基本观点。文章内容如下。

从马克思《〈黑格尔法哲学批判〉导言》的几个著名段落中①，我们看到马克思关于德国的宗教批判得出了十分彻底的论断，具体表现为：对神学的批判将变成对政治的批判，对天国的批判将变为对世俗世界的批判，以及宗教是现世理论，是"人民的鸦片"。当然在《马克思恩格斯全集》中还有很多地方对此进行了深入的分析，影响也相当大。实际上我非常愿意将恩格斯也加入讨论之列，因为他的重要性已是众所周知。

马克思关于宗教的大多数论述都出现在他的早期著作中，尤其是《科隆日报》第179期的社论、《关于新闻出版自由和公布省等级会议

---

* 本文选自《国外理论动态》2009年第12期。

① 马克思：《〈黑格尔法哲学批判〉导言》，《马克思恩格斯全集》（以下简称为《全集》）（第二版）第3卷，人民出版社。

辩论情况的辩论》、《黑格尔法哲学批判》（以及单篇流传的该书导论）和《关于费尔巴哈的提纲》①。这些早年从事新闻工作和调查研究时完成的文章，最大的特点就是内容非常充实。而他的其他大量著述则包含了很多评论和个人意见。这些论著无法在此一一列举，否则本文的其余部分将被塞满。比如说《资本论》一书中就充斥了难以计数的评论、暗喻和参考文献。相比之下，恩格斯关于宗教的重要论著的写作持续终生，这些作品包括《伍珀河谷来信》、在不来梅生活时的宗教调查报告、在柏林发表的关于谢林讲演的三篇评论、一首使人读后会心一笑的《圣经》讽刺诗、与好友格雷伯兄弟关于神学和圣经学的长期通信以及其他的重要系列著作：《德国农民战争》、《布鲁诺·鲍威尔和早期基督教》、《启示录》，以及他去世前一直笔耕不辍的《论早期基督教的历史》②。通过对《圣经》中的短句或暗喻或明引的方式来加强论证的力量，这个习惯恩格斯始终未曾丢弃。这种情况在他的著作中十分普遍，

---

① 马克思：《〈科伦日报〉179 的社论》，《全集》（第二版），第 1 卷；《第六届莱茵省议会的辩论》，《全集》（第二版），第 1 卷；《〈黑格尔法哲学批判〉导言》，《全集》（第二版），第 3 卷；《黑格尔法哲学批判》，《全集》（第二版），第 3 卷；《关于费尔巴哈的提纲》，《全集》（第一版），第 3 卷。

② 恩格斯：《伍珀河谷来信》、《弗里德里希·威廉·克鲁马赫尔关于约书亚的讲道》、《不来梅通讯：剧院，出版节》、《弗里德里希·威廉·克鲁马赫尔关于约书亚的讲道》、《不来梅通讯：理性主义与虔诚主义》、《不来梅通讯：教会论争》、《谢林论黑格尔》、《谢林和启示》、《谢林——基督哲学家，或世俗智慧变为上帝智慧》、《横遭威逼但又奇迹般地得救的圣经，或信仰的胜利》，以上均见于《全集》（第二版），第 2 卷。《致弗里德里希·格雷培》、《致威廉·格雷培》，均见于《全集》（第二版），第 47 卷。《德国农民战争》，《全集》（第二版），第 10 卷。《布鲁诺·鲍威尔和早期基督教》，《全集》（第一版），第 19 卷。《启示录》，《全集》（第一版），第 21 卷。《论早期基督教的历史》，《全集》（第一版），第 22 卷。

可说是成百上千。而在他与马克思合著的《神圣家族》和《德意志意识形态》中，也同样充满对宗教内容的引证①。随着时间的推移，这些论著中的部分作品被收入各种文集，但收入文集的并非全部②。

除早年在家乡时对宗教颇为理性的接触，以及早期创作的并不算成功的诗歌中运用宗教内容作为暗喻之外，马克思几乎跟宗教毫无联系，这是因为他在少年时期就看到教会与权势之间隐藏的肮脏关系，这引起他的极大反感。上大学后，他深受布鲁诺·鲍威尔对宗教的严厉批判的影响。鲍威尔是圣经学者，马克思在柏林和他一道研究《以赛亚书》，他的博士论文体现了鲍威尔的影响。相比之下，恩格斯则成长于伍珀塔尔一个虔诚的加尔文教家庭。他通过自学大卫·施特劳斯和路德维希·费尔巴哈等人批判《圣经》的文章，费尽艰辛，才从他的成长背景中挣脱出来。但是这样的成长经历却留给他渊博丰富的《圣经》知识和对《圣经》与宗教的终生兴趣。

19 世纪德国的宗教和政治

马克思和恩格斯最广为人知也是最有影响的观点是，宗教必须依照它所处的社会和经济条件来解释。当马克思倾向于认为宗教是一种异化的表达时，恩格斯则更多地肯定它的解放性。然而对于宗教，他们的认识尚不止于此。在马恩著作中，宗教一般以三种方式出现：作为他们发展历史唯物论的创作背景，用来支持他们的个人观点以及关于宗教的明

---

① 马克思、恩格斯：《神圣家族》，《全集》（第一版），第 2 卷；《德意志意识形态》，《全集》（第一版），第 3 卷。

② 马克思：《马克思论宗教》，天普大学出版社 2002 年版。

确论断。

　　首先作为创作背景，当时的德意志各邦因为种种历史因素，使其借助以基督教和《圣经》为主要内容的宗教，推导出一系列的现代命题①。当法国出现伏尔泰及其同道者激进的无神论批判时，英国则以自然神论为特征，而在德意志，争论却被局限于对《圣经》本质的讨论。按照普鲁士国王弗里德里希·威廉四世的说法，"基督教国家"具有宗教和政治不可分离的特性，因此批判《圣经》或者基督教，就意味着批判政治现状。由此可以看出，作为 19 世纪早期争议最大的著作，大卫·施特劳斯的《耶稣传》的主要论点就是认为《福音书》中关于耶稣的记载纯粹就是个神话②；而对于圣经评论家布鲁诺·鲍威尔而言，他的无神论观点既体现在对具有压迫性的特殊神宠论的反对上，也表现为对民主自觉的寻求③；路德维希·费尔巴哈则认为宗教不过是人类美好愿望的投影，这个投影引导人们创造了被称为"上帝"的最高存在。④ 通过这些神学、《圣经》学论著，人类社会的所有核心问题都得到辩论，如民主、人权、出版自由、理性、共和主义和议会代表制等。

---

　　① Warren Breckm an Marx, the Young Hegelians, and the Origins of Radical Social Theory, Cambridge University, 1999.

　　② David Friedrich Strauss: Das Leben Jesu, kritisch bearbeitet(CFOsiander), 1835.

　　③ Bruno Bauer: Kritik der Geschichte der Offenbarung: Die Religion des alten Testaments in der geschichtlichen Entwicklung ihrer Prinzipien darg estellt (Ferdinand Dümmler), 1838; Kritik der evang elischen Geschichte des Johannes(Karl Schünemann), 1840; Kritik der evangelischen Geschichte der Synoptiker, 2 vol-umes(Otto Wigand), 1841; Kritik der evangelisch en Geschichte der Synoptiker und des Johannes, Dritter und letzter Band(Frot-to), 1842.

　　④ Ludwig Feuerbach: Das Wesen des Christen tums (Reclam, Ditzingen), 1986 [1841]; The Essence of Christian ity(Prometheus), 1989.

我虽然不能断言这些辩论都发生在《圣经》学和神学领域中，但是马克思和恩格斯开始他们的哲学和政治学研究，却正是从这里开始的。

发展与超越

为了发展自己的思想体系，马克思和恩格斯必须把他们自己从当时占主导地位的神学框架中分离出来，而在 19 世纪的 30、40 年代，德国的思想都酝酿其中。有一段时间，马克思把自己看作是布鲁诺·鲍威尔的朋友，希望在他的帮助下获得大学教职。与此同时，在柏林的恩格斯则与青年黑格尔派交往甚密，尤其在他服兵役期间（1842 年）。他批判谢林的几部作品和那首讽刺诗《横遭威逼但又奇迹般地得救的圣经，或信仰的胜利》，就产生于这一时期。[①] 但是，当他们的合作展开之后，他们必须清算与青年黑格尔派主要成员的关系，尤其是在合著《神圣家族》和《德意志意识形态》之时。

与施特劳斯的《耶稣传》一样，费尔巴哈的《基督教的本质》也是当时最重要的著作之一。[②] 马克思将其中宗教与诸神乃是人类自身的投射的观点视作巨大的突破，并在自己著作的很多方面对这种他称为"费尔巴哈颠覆"的思想加以引用与延伸。费尔巴哈的思想之所以具有颠覆性就在于他提出以前的宗教思想的起点就是错误的。上帝并非决定人类存在的预先存在，相反，是人类决定了上帝的存在。

---

① 恩格斯：《谢林论黑格尔》、《谢林和启示》、《谢林——基督哲学家，或世俗智慧变为上帝智慧》、《横遭威逼但又奇迹般地得救的圣经，或信仰的胜利》，均见于全集！（第二版），第 2 卷。

② Ludwig Feuerbach：Das Wesen des Christentums（Reclam, Ditz ingen），1986 [1841]；The Essnec of Christian ity（Prometheus），1989.

马克思采纳了这种观点，并主张这一看法标志着宗教批判的终结："就德国来说，对宗教的批判实际上已经结束；而对宗教的批判是其他一切批判的前提。"① 他进一步指出，批判的第一个伟大阶段，即对宗教的批判，始于路德，而终结于费尔巴哈。下一个革命阶段已经由费尔巴哈发端，而马克思将自己也列入其中。

对马克思而言，费尔巴哈关于宗教的观点是最为先进的。譬如下面这段论述就是典型的费尔巴哈式论断：

> 宗教是这个世界的总的理论，是它的包罗万象的纲领，它的具有通俗形式的逻辑，它的唯灵论的荣誉问题，它的狂热，它的道德上的约束，它的庄严补充，它借以求得慰藉和辩护的总根据。宗教是人的本质在了幻想约束中的实现，因为人的本质没有真正的现实性。②

马克思也想在两个方面超越费尔巴哈。首先，既然宗教产生于人类生活本身，那么分析的起点就不应该是高高在上的天国，而应是眼前世界上这些有血有肉的人民。其次，人们之所以一定会产生这样的想法，表明现实世界在某些方面不能尽如人意。如果他们把希望和梦想寄托在其他地方，就意味着在此地、在当下他们根本就是无足轻重的，不会引起任何关注。因此宗教的存在就变成了经济和社会压力的异化象征。这种观点在《关于费尔巴哈的提纲》（原稿）中有明显的体现，特别是其中的第四和第十一条：

---

① 马克思：《〈黑格尔法哲学批判〉导言》，《全集》（第二版），第3卷，第199页。

② 马克思：《〈黑格尔法哲学批判〉导言》，《全集》（第二版），第3卷，第199页。

费尔巴哈是从宗教上的自我异化，从世界被二重化为宗教的世界和世俗的世界这一事实出发的。他致力于把宗教世界归结于它的世俗基础。但是，世俗的基础使自己和自己本身分离，并在云霄中为自己建立一个独立的王国，这只能用这个世俗基础的自我分裂和自我矛盾来说明。因此，对于世俗基础本身应当在自身中、从他的矛盾中去理解，并在实践中使之革命化。因此，例如，自从在世俗家庭中发现了神圣家族的秘密之后，世俗家庭本身就应当在理论上和实践中被消灭。

哲学家们仅仅用不同的方式解释世界，问题在于改变世界。①

马克思对"费尔巴哈颠覆"的延伸应用在很多方面，尤其是他提出黑格尔关于国家的看法与神学毫无二致，都是从抽象的理念入手，如国家、主权、宪法，而且试图让人类去适应。② 许多年后，在 1886 年，恩格斯在他流畅易懂的文章中还会再加以充实，并充分说明费尔巴哈何以对历史唯物主义的发展如此重要。

布鲁诺·鲍威尔的无神论

考虑到费尔巴哈的重要影响，《德意志意识形态》的第一节可以毫不夸张地说是献给他的，另外还有一节则是出自布鲁诺·鲍威尔的影响。马克思在很多著作中都会提到布鲁诺·鲍威尔，起初是为他辩护，

---

① 马克思：《关于费尔巴哈的提纲》（马克思原稿），《全集》（第一版），第 3 卷，第 7—8 页。

② 马克思：《黑格尔法哲学批判》，《全集》（第二版），第 3 卷。

但后来则转变为毫不留情的批判。① 即使这样，多年之后，他们之间的联系仍未中断。鲍威尔在伦敦时，两人还常常会面。既然如此，马克思为何还要批判鲍威尔呢？根本原因就在于鲍威尔是通过《圣经》批判和神学建立起一套激进的共和主义和民主主义理论的。尤其遭到马克思激烈反对的是由此导出的一种可能性：神学只与天国有关，而与世俗无涉，世俗之事只是新历史唯物主义的任务。对马克思而言，鲍威尔在黑格尔唯心主义的影响下走得太远了，而马克思在许多方面都与鲍威尔保持距离，正是力图终结与黑格尔的关系。因此在马克思的著作中，我们会看到反复提到的带有严重嘲讽意味的"圣布鲁诺"之称，就是因为鲍威尔过于沉浸于神学领域之中，从而阻碍了他批判性的正常发展。

马克思尽力将鲍威尔对他的影响彻底摒除，虽然鲍威尔曾是他的密友，起初他们都在 1837 年之后成为青年黑格尔俱乐部的成员，后来 1839 年在柏林大学鲍威尔又是为他讲解《以赛亚书》的神学教师，而且还差点为他谋到职位。之所以如此，与 1839 年鲍威尔被免职，马克思从柏林移居波恩，并最终因为他激进的神学和政治立场，在波恩又失去工作有关。鲍威尔认为教会已经变得僵化教条，因为它主张一些特殊的个人与群体拥有所有的权力。同样的，在《圣经》中我们也发现了不受约束的自觉与宗教教条之间的冲突。也正是因为这个原因，在鲍威尔的时代，教堂中提出的宗教教条一定得被推翻，而能够取而代之的，在鲍威尔看来，就是无神论、民主与共和主义。

----

① 马克思：《再谈谈奥·弗·格鲁佩博士的小册子〈布鲁诺·鲍威尔和大学的教学自由〉》，《全集》（第二版），第 1 卷；《论犹太人问题》，《全集》（第二版），第 3 卷。

麦克斯·施蒂纳的世界历史观

这样，我们就发现马克思和恩格斯借助"费尔巴哈颠覆"超越了对宗教的批判，而将批判的焦点放在人类斗争的现实条件之上，为此，鲍威尔激进的神学观必须被否定，因为仅仅依靠激烈的批判并不能提供必要的答案。与麦克斯·施蒂纳之间的论战则略有不同，马克思与恩格斯并未将《德意志意识形态》的过多篇幅用在对施蒂纳《自我和自身》一书的详细驳斥上，[①] 相反，他们在这部采用了最新的唯物主义方法写作而成的早期手稿中，仅仅在开篇部分略为涉及该书后就不再继续讨论。

但是，涉及施蒂纳的这部分论述却至关重要，因为在回应施蒂纳的世界历史观时，马克思和恩格斯首次提出自己的思路清晰的历史唯物主义论述。换句话说，在对施蒂纳的思想批判之时，在世界历史观方面，他们找到了足可替代的理论。他们所写的那些手稿，尽管生前未曾出版，但其中采用的方法却十分重要。在写作有关施蒂纳的内容时，他们发现在他们的思想中，一种足以取代原先思想而且思路也更为连贯清晰的理论日渐丰满。部分观点保存在关于施蒂纳的章节中，另一部分则被放入手稿的开篇，即关于费尔巴哈的那一章中（尤其是第二节和第三节）。从中可以看出，与施蒂纳过于关注个体不同，马克思和恩格斯则以群体为关注中心。施蒂纳将耶稣视作人类第一个伟大个体的自我，马克思和恩格斯找到的却是与此截然不同的方法。最重要的是，施蒂纳试

---

① Max Stirner：The Ego and His Own：The Case of the Ind ividual Aga instAuthority, Dover Publicat ions, 2005 ［1845］.

图提供一个可以对黑格尔形成攻击的世界历史概要，马克思和恩格斯对他极为关注的原因也是因为他们想要建立一种可以推翻黑格尔思想体系的历史概要。两者的不同之处在于，施蒂纳把推动历史发展的杠杆放在耶稣之类的特定个人之上，而马克思和恩格斯则把内在的阶级矛盾、经济和生产方式作为推动历史发展的杠杆。与施蒂纳之间的长期斗争，正是为了努力肃清宗教的残余影响。只有关注马克思和恩格斯批判体系的构成：阅读、引用《圣经》以及大量相关书籍，批判施蒂纳的预言家角色和浅尝辄止的神学研究，才能明白他们体系中至关重要的正是宗教。而正是经过与施蒂纳的激烈论争，最早也是最清晰的历史唯物主义论述得以形成。

偶像和拜物教

行文至此，我已经对马克思、恩格斯与宗教相关的很多观点做了分析。可以看到，马克思充分吸收了这些观点，并转化为自己的方法，特别是重新解释了"费尔巴哈颠覆"和施蒂纳修订的世界历史观。此外，关于拜物教的研究对马克思也充满吸引力。《资本论》最具可读性的章节就是"商品的拜物教性质及其秘密"。[①] 其中，马克思探讨了商品获得自身生命的方式，以及俨然作为社会存在与其他事物之间的相互作用。与此同时，人与人之间的关系因为逐渐物化而变得痛苦难忍。商品和人类似乎交换了角色。这绝非马克思第一次提出这种观点。它源于马克思对宗教的研究。在《资本论》的开篇部分，马克思就作出这样的

---

① 马克思：《资本论》第一卷，《全集》（第二版），第 44 卷，第 87—101 页，第 87 页。

暗示：

> 最初一看，商品好像是一种很简单很平凡的东西。对商品的分析表明，它却是一种很古怪的东西，充满形而上学的微妙和神学的怪诞。①

顺藤摸瓜，可以弄清这种思路的发展趋势。第一个节点就是日渐高涨的世界宗教研究使文献资料和相关研究都变得容易获得。在19世纪40年代早期，马克思就读到查尔斯·德·布鲁斯的一部在民族人类学和宗教史方面极具开创性的著作，② 在这部书中，德·布鲁斯创造了"物神"一词，意即具有超人类的神奇力量并受到崇拜的一类事物（换句话说，就是偶像）。经过后来的逐步完善，这个词汇在宗教史研究中占有不可替代的重要地位。就马克思而言，在他后来中止的基督教艺术研究的准备阶段，他阅读了好几部比较宗教学方面的书籍，其中就有一部德·布鲁斯著作的德文版。

这也绝不是马克思最后一次论述拜物教的宗教起源。在他逝世前不久，他留下了一些现在被称为《人类学笔记》的读书笔记。③ 这是一部笔记与评论的总汇，其中涉及人类学家L. H. 摩尔根（恩格斯的《家庭、私有制和国家的起源》就是依据他的著作写出的）、约翰·B. 菲尔、亨利·梅因和约翰·卢伯克。阅读这些笔记需要超乎寻常的语言能力，笔记中的句子不停地在德语、英语和法语之间转换，此外，还大量使用希腊语和拉丁语，还有偶然使用的俄语、梵语、奥杰布华人语以及

---

① 马克思：《资本论》第一卷，《全集》（第二版），第44卷，第87—101页，第87页。

② Charles de Brosses, Du cul te des d ieux f. tiches ou Para ll le de l2 ancienne religion de l2Egypte(Paris) ,1760.

③ 马克思：《人类学笔记》，《全集》（第一版），第45卷。

其他语言中的特殊词汇；更有频繁出现的缩略语、未完成的句子、俚语、俗语，以及对当下发生事件的解释与引用。笔记最吸引人的是它最后部分对约翰·卢伯克的论述。马克思清晰地阐明了拜物主义的宗教性质，虽然不能接受绰号为"文雅的蠢驴"的卢伯克的观点，但是这些笔记却充分表明马克思从未忽视"物神"中的宗教因素。

在阅读德·布鲁斯和卢伯克的著作时，马克思对拜物教的用途又加以调整。不仅在政治论战中使用，更重要的用途是为他的经济观点服务，其范畴包括货币、劳动、商品和资本主义本身。以政治论战为例，他在1839年写作的一篇早期评论，批判莱茵省议会制定的种种政策，谴责这些莱茵贵族，认为他们都有林木和野兔崇拜倾向。因为，他们希望惩罚那些伐木打猎的农民。[①] 但是在稍后的1844年，马克思却能进一步提出货币乃是交换中介，与基督的中介地位正相类似。基督被人类想象为理想的中介，接受人们的崇拜，赋予人们生命与存在的意义，最重要的是它介于神人之间，使人类终得拯救。与此类似，货币也具有这样的类似神圣的性质。在它面前，人类必须跪拜臣服，通过它，生命的价值才能得到实现，追求它成为人类生活的目标。而处于人类与万事万物之间的，正是货币。[②]

在阅读有关劳动与商品的分析文章时可以看到，马克思将自己的思想加以延伸，提出崇拜物转移的思想。他认为拜物教是人类社会特性向客观事物的转移，反之亦然。就劳动而言，工人在正在生产的产品中投入的劳动越多，他们的收获就越少。最后，在损害工人利益之后，产品

---

① 马克思：《关于新闻出版自由和公布省等级会议辩论情况的辩论》，《全集》（第二版），第1卷。

② 马克思：《1844年经济学哲学手稿》，《全集》（第二版），第3卷。

与工人的关系变得敌对、令人憎恨和漠不关心。① 或者，依据商品的形态，当人们之间的关系似乎表现为事物之间的关系时，商品之间的关系就表现为人与人之间的关系："可见，商品形式的奥秘不过在于：商品形式在人们面前把人们本身劳动的社会性质反映成劳动产品本身的物的性质，反映成这些物的天然的社会属性，从而把生产者同总劳动的社会关系反映成存在于生产者之外的物与物之间的社会关系。"② 在此需要强调说明的是，马克思并未肯定这是实际发生过的。如同宗教和拜物教，它不过是一个幻觉（他反复以宗教为例加以论证）。而且，它尤其是他持续批判的政治经济学家们的幻觉。

这对资本自身而言尤其如此。在 1861—1863 年间完成的《经济学手稿》，见识卓越，卷帙浩繁，在其令人读来愉悦的结尾部分，马克思对资本的神秘性质再次作出探讨。从中可以发现几乎相同的逻辑：建立在工人之上的生产力与权力，事实上，正是自由劳动的产物。不过，他做了大量符合拜物特征的补充，如作为资本化身的资本家，资本的生产力，使用价值和交换价值，自然力量和科学的应用，通过机械而产生的劳动产品，不一而足。所有这些都因其支配工人的性质，表现为外在于工人的预设性客观存在。一句话，资本自身变成权力的同时，就意味着工人丧失权力，所有上述因素"和工人面对面的对立，并使工人和资本对立"。③ 而在以拜物教的态度崇拜它们的经济学家眼中，这个与货币、商品以及资本自身相关的问题不过是一个虚幻的命题，从人的劳动与社

---

① 马克思：《1844 年经济学哲学手稿》，《全集》（第二版），第 3 卷。

② 马克思：《资本论》，《全集》（第二版）第 44 卷，第 88—89 页。

③ 马克思：《经济学手稿（1861—1863）》的结论部分，《全集》（第二版），第 33 卷。

会合作的进程中来看，它显得费解而抽象。

鸦片的双重性与宗教的两面性

我们已经看到历史唯物主义的一些重要的基本原则是在回应宗教问题时得以发展的，现在就将重点转向我们所称的宗教的政治矛盾性。这实际上是从马克思和恩格斯的核心工作中产生的。我们可以做一个游戏：先开始讨论宗教，随后讨论马克思，然后询问人们最先想到的第一个词。毫无疑问，答案将会是"鸦片"。马克思对此花费了大量笔墨加以论述：

> 宗教里的苦难既是现实的苦难的表现，又是对这种现实的苦难的抗议。宗教是被压迫生灵的叹息，是无情世界的感情，正像是没有精神的制度的精神一样，宗教是人民的鸦片。①

我们总是有太多假设，认为马克思自知是他（更可能是费尔巴哈）给予宗教致命一击，认为他对宗教的回应之声充耳不闻。但是，马克思的表现要机敏得多。他对宗教充满矛盾的两面性已经有所暗示。在马克思看来，宗教中的苦难可能是现实苦难的表现，宗教可能是一声长叹，是没有心灵和灵魂的世界中的心灵与灵魂。但是，宗教又是对苦难的抗拒。这一点已经得到多次强调，不过在马克思的那句著名短句——宗教是人民的鸦片——中，所包含的宗教的矛盾性仍然值得关注。麦金农在

---

① 马克思：《〈黑格尔法哲学批判〉导言》，第 199—200 页。

一篇著名的文章中指出，在 19 世纪的欧洲，鸦片的作用具有不确定性。① 与我们现在总是把鸦片与毒品、变态、瘾君子、有组织犯罪、狡猾的塔利班叛军以及农民因无以为生以致铤而走险相联系不同，在马克思的时代，对鸦片的看法更具有矛盾的双重性。19 世纪初，人们普遍认为鸦片是有益、有用而且廉价的药品，但是由于医药界和宗教界的联合反对，它遭到越来越多的诋毁。辩论越深入，辩论者的火气也随之升级。麦金农的追索异常细致，他探讨了鸦片如何成为争论、辩护和议员质询的焦点；如何被用于各式各样的疾病治疗与减缓儿童的痛楚；鸦片贸易如何牟取暴利；虽然时常有掺假行为，但鸦片是如何成为穷苦劳动者唯一能得到的药品，又是如何成为艺术家和诗人虚幻想象的源泉。

对马克思而言，鸦片就是一种语义暧昧、多侧面的隐喻，而这正是他用鸦片来隐喻宗教的原因所在。

恩格斯的《圣经》情结

当马克思隐喻宗教在政治上的正反两面性之际，恩格斯对宗教的阐述却极富鲜明个性。恩格斯成长于一个虔诚的加尔文教家庭，直到将近二十岁时，他信教之心仍然十分虔诚。在这个阶段，他对《圣经》非常精通，能够阅读希腊文的《新约》，而且几乎能随心所欲地引用其中的任何词句。而恩格斯最终从毫无偏见的基督徒转变为无神论者，这本身就说明了《圣经》中蕴含的内在矛盾。如果《圣经》当真出自上帝

---

① Andrew M. M cK innon, Op ium as Dia lec tics of Relig ion: Me taph or, Expression and Protest, in Warren S Gold stein(ed) , 2006 Marx, Critical Theory and Religion: A Critique of Rational Choice(B rill) .

之口，那么我们该如何处理其中难以计数的矛盾？在他写给格雷培兄弟的信件以及他的诗歌《横遭威逼但又奇迹般地得救的圣经，或信仰的胜利》中，他一直纠缠于这个问题之中，不断地在自由主义者、泛神论者、黑格尔主义信徒、不可知论者之间变来变去，直到最终他认定基督教将不会产生任何变化，而且已无挽回之势。①

此后的恩格斯尽管仍然是一个坚定的无神论者，但是他的思想与《圣经》的联系从未切断。《启示录》就是一本他经常翻阅的《圣经》著作。在早期创作的讽刺作品中，或者只是为了表达对时代的独特感受，恩格斯常常开玩笑一般地使用"末日审判"中出现的情景。他生动地形容他的好友弗里德里希·格雷培，身为一名牧师，一旦玩起纸牌来，便将蔓延于身畔的善恶决战忘得一干二净。②他又以戏仿式的描述来取笑传统神学家和以"自由派"自居的柏林青年黑格尔派之间的论战。③此后，在他的小册子《谢林与启示》结尾部分，他对《启示录》的使用另辟蹊径。此时他刚刚读完费尔巴哈的《基督教的本质》，意识到以往陈旧而狭隘的思想信仰带来的束缚瞬间被打破，而新的发现令他欣喜若狂，激动不已。对自由思想与蒙昧主义的最后论战，他以振奋人心的语言表示热烈祝贺，因为所有这一切，随着圣城新耶路撒冷的到来

---

① 恩格斯：《谢林——基督哲学家，或世俗智慧变为上帝智慧》、《横遭威逼但又奇迹般地得救的圣经，或信仰的胜利》，《全集》（第二版），第 2 卷；《致弗里德里希·格雷培》、《致威廉·格雷培》，均见于《全集》（第二版），第 47 卷。

② 《谢林——基督哲学家，或世俗智慧变为上帝智慧》，《全集》（第二版），第 2 卷。

③ 恩格斯：《1841 年 2 月 22 日致弗里德里希·格雷培》；《横遭威逼但又奇迹般地得救的圣经，或信仰的胜利》。

都将结束。①

晚年的恩格斯又回到对《启示录》的研究上，但采用的方法却是新建立的对《圣经》的历史主义批判。② 在恩格斯看来，它的写作目的就是为了对《圣经》类书籍随着时间产生的那些狂野的猜想与兴奋情绪加以消解，方法就是指出与那些光芒四射的想象相对应的不过是一个罗马帝国时期发生的平淡无奇的历史故事，一个尼禄皇帝要归来并且最终被神的力量击败的故事。但是，在恩格斯这篇有关《启示录》的文章中，有一点至为重要：他指出，在各个历史阶段，基督教都是引发革命运动的意识形态。可以说，这一观点又成为他晚年两部著作《论早期基督教的历史》和《德国农民战争》的核心论点。

恩格斯为写作《德国农民战争》一书付出大量心血，他不仅要考证战争计划、军事行动并对战术作出评价，而且书中对托马斯·闵采尔的看法也十分奇特。托马斯·闵采尔是 1525 年的叛乱与战争中负有领导责任的神学家，也是深受马丁·路德影响的宗教改革家。他将路德的观点融入自己的思想，通过梦想与幻觉进入与上帝永恒联系的状态之中，并预言世界末日善与恶的决战即将来临。不用说，在贵族的重装部队进攻之下，起义很快失败，闵采尔阵亡。人们大多以成败论英雄，视闵采尔为宗教狂人，恩格斯却主张要公平评价。他指出，闵采尔借助神学和《圣经》中的语言来表达他对阶级压迫和冲突的强烈不满。宗教语言是他唯一掌握的表达不满的方式。如果他生活在恩格斯的时代，那么，他所用的语言必定会有所不同。事实上，恩格斯对自己的论点做了

---

① 恩格斯：《谢林和启示》。

② 恩格斯：《布鲁诺·鲍威尔和早期基督教》，《全集》（第一版），第 19 卷；《启示录》，《全集》（第一版），第 21 卷。

一个奇异的改变，他越是用经济和阶级分析的方法解释闵采尔，就越是
证明他是一个无神论者。尽管如此，这部书还是赢得了它的学术地位，
而书中的精彩部分在卡尔·考茨基和恩斯特·布洛赫手中又有所
发展。①

恩格斯在《德国农民战争》中想努力证明的就是基督教具有革命
性的一面。43 年后，也就是他去世的前两年，他又完成了《论早期基
督教的历史》这一著作，主张基督教最初就是以革命运动的形态出现
的。这本书影响深远，直至今天，仍对《圣经》研究有着持久的影响。
恩格斯在书中对《圣经》展开批判，而且方法相当新颖。他对宗教教
义的神圣性嗤之以鼻，只遵循可以被证实的历史事实，由此形成的对
《圣经》的批判性解读，向诸多关于《圣经》文献的出处、形成以及性
质等方面的假设发起挑战。依据这样的学术研究，恩格斯得出他对《新
约》四福音书的结论，认为人们无法对耶稣了解更多（在这一点上，
他受益于自己一向敬重的布鲁诺·鲍威尔甚多），并且重申了他早年关
于《启示录》的论断。

恩格斯的基本观点是早期基督教在古代世界中与社会主义运动最为
接近。针对希腊化的世界中社会、文化和经济的全面崩溃，基督教提出
一套重建秩序的解决方案。但是非常不幸的是，这套方案与其说属于人
世，不如说隶属于天国。在这一点上，恩格斯的态度也十分矛盾：尽管
基督教提供的是一套超脱世俗的解决方案，但是他却又提出它在实际上
是革命的，是他所谓的当时的社会主义。在这一方面，它与恩格斯所处

---

① KarlKautsky:Communism in Central Europe in the Time of the Reformation < F
isher and Unwin > ,2002[1897]；恩斯特·布洛赫:Thomas Münzer als Theologe der Revo-
lution,in Werkausgabe,volume 2 <Suhrkamp> ,1969.

时代的社会主义确实有许多相似性，如普遍存在的被压迫民众、宗派的分裂、荒谬的预言、急剧扩张的共产主义。

结论：政治联盟

对于马克思尤其是恩格斯来说，类似于基督教的宗教在政治上都是矛盾的集合体。它总是与富人权贵同流合污，对被压迫者与受苦受难者视而不见。但是，它又时不时地对造反与革命表示同情。马克思提到的宗教双重性被恩格斯进一步发展，恩格斯最终提出早期基督教是社会主义运动原型的观点。

再做两点说明，以结束全文。首先需要指出的是，事实上，那些具有坚定宗教信仰的人并不必然就是反动分子或者原教旨主义者。世俗社会和宗教左派拥有的共同之处，远比他们可能想到的要多。

其次，政治联盟认可左派的多样性和多元性。相对于长期以来一些左翼小团体自诩正统，以圣杯看护人自居，将大量精力花费在对其他团体的谴责上，说他们是修正主义者、政治上的离经叛道者或异教徒，承认左派丰富的多样性绝对是一项巨大的成就。在这种多样性框架之内，宗教左派不仅拥有合法的地位，而且扮演着至关重要的角色。譬如说，2000 年的墨尔本世界经济论坛和 2006 年的 20 国集团会议举行之际，在抗议者的队伍中，我们可以看到无政府主义者、环保主义者、社会主义者、女权主义者、有各种奇异想法的左派团体，以及一些认为抗议活动与他们的宗教立场完全一致的宗教团体。

（徐跃勤、张焕君 译）

马克思主义和宗教[*]

〔法〕米歇尔·罗伊

美刊《新社会主义者》第 51 期（2009 年）刊登了法国学者米歇尔·罗伊题为《马克思主义和宗教——人民的鸦片?》的文章。米歇尔·罗伊是法国革命共产主义同盟（LCR）成员，著有《诸神的战争：拉丁美洲的宗教和政治》等书。一直以来，一些马克思主义者关于宗教的观点比较简单化，典型的做法是将马克思主义关于宗教的观点与"宗教是人民的鸦片"的评价相等同。米歇尔·罗伊在这篇文章中置疑了这种简单化的看法，并系统地阐述了马克思主义关于宗教的丰富观点。文章主要内容如下。

宗教是否仍然如马克思和恩格斯在 19 世纪所认为的那样，是反动、蒙昧主义和保守主义的一个堡垒？在很大程度上来说，答案是肯定的。他们的观点仍然适用于许多天主教组织、适用于主要宗教信仰（基督教、犹太教、伊斯兰教）的原教旨主义派别、适用于绝大多数福音团体、适用于大多数新宗教派别——它们中的一些，如臭名昭著的"月亮教会"，除了经济操纵、蒙昧主义的洗脑和狂热地反对共产主义外，什么也不是。

---

* 本文选自《国外理论动态》2011 年第 3 期。

尽管如此，革命的基督教和解放神学在拉美（以及其他地方）的出现，掀开了历史的新篇章，提出了激动人心的新问题，这些新问题，如果没有一种对马克思主义宗教分析的重新理解，是不可能得到回答的，而这正是本文的主题。

"宗教是人民的鸦片"这一众所周知的警句，被绝大多数它的支持者和反对者认定为是马克思主义宗教观的本质精华。但它在何种程度上是一个准确的观点呢？首先，我们必须强调指出，这一表述根本就不是马克思主义者的专利。我们可以在各种不同的文本中，在德国哲学家康德、赫尔德、费尔巴哈、鲍威尔、赫斯和海涅的著作中找到同样的句子。例如，在关于路德维希·波墨的一篇文章中，海涅已经以肯定的方式（尽管是讽刺）使用过这种表述："祝福这种宗教，它朝受苦的人类苦涩的咽喉里点下几滴甜蜜的精神鸦片的催眠水，几滴爱、希望和信仰！"摩西·赫斯在其1843年于瑞士出版的著作中，采用了一种较为批判性的立场（但仍然是模棱两可的）："宗教能够使奴隶的苦恼意识成为可以忍受的——以一种与鸦片是疾病痛苦的有益帮助相同的方式。"

这种宗教是人民的鸦片的表述，很快出现在马克思的《〈黑格尔法哲学批判〉导言》（1844年）中。仔细阅读出现这一表述的段落就会明白，这是一个比人们通常相信的有更多限定和更少片面性的表述。尽管显然是持批判态度，但马克思考虑的是宗教现象的双重特性："宗教里的苦难既是现实的苦难的表现，又是对这种现实的苦难的抗议。宗教是被压迫生灵的叹息，是无情世界的感情，正像它是没有精神的制度的精神一样。宗教是人民的鸦片。"①

---

① 《马克思恩格斯文集》第一卷第4页。

如果我们阅读马克思的整篇文章，很显然，马克思的观点更多地来自青年黑格尔派——黑格尔主义的左派将宗教看作是人的本质的异化，而不是来自启蒙哲学——它将宗教简单地斥为教会神职人员的阴谋诡计。实际上，马克思写下上述段落时，他还是费尔巴哈的学生，一个青年黑格尔派。他对宗教的分析是"前马克思主义的"，没有任何阶级指向，而毋宁是一种历史的指向。但它具有一种辩证的性质，它抓住了宗教"苦难"的矛盾性质："既是现实的苦难的表现，又是对现实苦难的抗议"。

严格意义上的马克思主义宗教研究是后来的事情，尤其是在《德意志意识形态》中（1846 年），马克思开始把宗教作为一种社会的和历史的现实来研究。这种宗教分析的新方法的关键，是把宗教作为意识形态的诸多形式之一来研究，换言之，作为一个民族的精神产品，作为观念、表现和意识的产品来研究，它必然要受到物质生产和相应的社会关系的制约。尽管马克思时常使用"反映"这一概念——它将几代马克思主义者引向偏离轨道的不毛之地——《德意志意识形态》的核心观念是必须用各种社会关系来解释各种意识形式（宗教、伦理、哲学等等）的产生和发展，"这样做当然就能够完整地描述全部过程（因而也就能够描述这个过程的各个不同方面之间的相互作用了）"①。

在与恩格斯共同写作《德意志意识形态》之后，马克思就很少注意作为一种特定的文化/意识形态体系的宗教了。尽管如此，在《资本论》第一卷中，人们仍然可以发现一些有趣的方法论性质的评论；例如，在一个人所熟知的注释中，他对一个论证——根据这一论证，政治在古代社会的重要性和宗教在中世纪的重要性，揭示了唯物主义对历史

① 《马克思恩格斯文集》第一卷第 544 页。

解释的缺陷——做出了回答："中世纪不靠天主教生活，古代世界也不靠政治生活，事实上，古代社会和中世纪的经济条件说明了为什么政治和天主教各自扮演了支配角色。"① 马克思不厌其烦地为中世纪宗教的重要性提供经济上的原因，但是，这一段文章非常重要，因为它承认，在某种历史环境下，宗教确实可以在社会生活中起决定性作用。

尽管马克思一般对宗教缺乏兴趣，但他对新教和资本主义的关系给予了注意。《资本论》中有几段文章提到了新教对早期资本主义兴起的贡献——例如促进对教会财产和公共牧场的征收。在《1857—1858年经济学手稿》中，先于德国著名社会学家马克斯·韦伯的名著《新教伦理和资本主义精神》半个世纪，马克思对新教和资本主义的内在联系就做出了如下启发性的评论：金钱崇拜有它自己的苦行主义，有它自己的自我否定，自己的自我牺牲经济学和勤俭简朴，对平凡单调和短暂易逝的欢乐的轻蔑；有对财富的永恒追求。因此，英国清教主义或荷兰新教与挣钱之间存在联系。这段话与韦伯的主题如此相似（但不相同），令人吃惊，因为韦伯不可能读到这段文章而显得尤其如此（《1857—1858年经济学手稿》第一次出版是在1940年）。

另一方面，马克思经常提到作为一种建立在商品拜物教基础之上的"日常生活的宗教"的资本主义。马克思把资本描述为一个"需要整个世界作为牺牲的闪族的神"，把资本主义进程描述为一个"巨大的异教徒的神灵，它只以死者的脑浆为食"。他的政治经济学批判经常提到偶像崇拜：巴力神崇拜，闪族神崇拜，财神崇拜，金牛犊崇拜，当然还有"拜物教"的概念。不过，就宗教社会学而言，这种语言的象征意义大于实质意义。

---

① 《资本论》第一卷，人民出版社2004年版，第98—100页注释31。

恩格斯对宗教现象和它们的历史角色显示出比马克思更大的兴趣。恩格斯对马克思主义宗教研究的主要贡献，是他对各种宗教表现与阶级斗争的相互关系的分析。恩格斯对理解和解释宗教的具体社会历史形式感兴趣，这种理解和解释超越于"唯物主义和唯心主义"的哲学论证之上。基督教不再（如在费尔巴哈那里）作为一种无时间性的"本质"而出现，而是作为一种在不同历史时期经历变形的文化系统而出现：首先是作为一种奴隶的宗教，后来是作为罗马的国家意识形态，然后经过调整适应封建等级制度，最后是适应资本主义社会。宗教在恩格斯那里就这样显示为各种敌对力量——例如，在 16 世纪，是封建神学、资产阶级的新教和平民百姓的异端邪说——相互斗争的一个象征性场所。

偶尔，恩格斯对宗教运动的解释会滑向一种狭隘的功利主义的实用分析：每个不同的阶级都会利用适合于它们自己的宗教——至于那些绅士们是否相信他们各自的宗教无关紧要。

除了在不同形式的信仰中发现阶级利益的"宗教伪装"之外，恩格斯似乎没有发现别的任何东西。尽管如此，因为他的阶级斗争分析方法，他认识到了——不像启蒙哲学家们那样——神职人员不是一个由同类事物组成的社会形体：在某种历史场合，它根据自身的阶级构成将自身划分为几个部分。因此，在宗教改革期间，一方面，我们有高级的神职人员，封建等级的最高层，另一方面，有低级的神职人员，它们为宗教改革和农民革命运动提供了意识形态的追随者。

作为一个唯物主义者，一个无神论者，一个与宗教决不妥协的敌人，恩格斯与青年马克思一样，还是抓住了宗教现象的双重性：宗教既扮演承认现成秩序之合法性的角色，又根据社会现实情况，扮演批判、抗议甚至是革命的角色。不仅如此，他所做的绝大多数具体研究都关注宗教的反叛形式。

　　首先，恩格斯对原始基督教很感兴趣，他把原始基督教界定为奴隶和被释放的奴隶、穷人和无权者、被罗马征服或驱逐的人们的宗教。最早的基督徒来自社会的最底层：奴隶、被剥夺了权利的自由民、被债务压垮的小农。他甚至在这种原始基督教和现代社会运动之间做了令人惊讶的对比：1）这两种运动都不是领导者和先知创造的，而是一种群众运动，尽管在这两种运动中从来都不缺乏先知；2）二者都是受压迫者、受迫害者的运动，它们的成员都被统治阶级排斥和追捕；3）二者都宣扬一种即将到来的脱离奴役和苦难的解放。为了修饰这种比较，恩格斯多少有点煽动性地引用了法国历史学家勒南的一句话："如果你想知道最初的基督教共同体是怎样的面貌，只要去看一看国际工人协会的当地支部就可以了"（国际工人协会是一个多民族的工人阶级组织，成立于 1864 年，即人所熟知的第一国际）。

　　根据恩格斯的说法，社会主义和早期基督教的相似之处出现在数百年来所有那些梦想恢复原始基督教的运动中：从约翰·杰士卡的塔博尔派和托马斯·穆勒的再洗礼派到（1830 年之后）法国革命的共产主义者和德国乌托邦共产主义的铁杆拥护者魏特林。

　　即便如此，在恩格斯眼中，社会主义运动和原始基督教之间还是存在着一种本质的区别：原始基督徒将拯救寄托于彼岸，而社会主义者却希望在此世实现解放。

　　不过，此种区别是否像我们一眼所见的那样一清二楚呢？在对伟大的德国农民战争的研究中，恩格斯的这一观点似乎变得模糊不清了：托马斯·穆勒这个神学家，16 世纪的农民和异教徒（再洗礼派）的平民革命领导者，想要在尘世直接建立上帝之国，即先知们的千年王国。根据恩格斯的说法，对穆勒来说，上帝之国是一个没有阶级差别、没有私有财产和独立于或外在于社会成员的国家政权的社会。尽管如此，恩格斯仍然试图将宗教简单化为一种阴谋诡计：他谈到穆勒的基督教套话和他的圣经"伪装"。穆勒千年王国的独特宗教向度，其精神和道德力量，其神秘体验的真正深度，好像都不在恩格斯的视野之内。

恩格斯没有掩饰他对德国千禧年先知的赞赏，他将他们的观念描述为"准共产主义"和"宗教的革命者"：他们更多的是对未来无产阶级解放目标的"一种光辉展望"，而不是他们那个时代的平民需求的一种综合。对于宗教的这种展望和乌托邦维度——它没有根据"反映理论"得到解释——恩格斯没有进一步解释，恩斯特·布洛赫在这方面进行了集中而富有成效的工作（正如我们后面将会看到的那样）。

根据恩格斯的说法，在宗教的旗帜下进行的最后一场革命运动，是17世纪英国的清教运动。如果说是宗教，而不是唯物主义提供了这次革命的意识形态支撑，那是因为当时英国的这种哲学在政治上的反动本质，它是由霍布斯和其他支持者来代表的。与唯物主义和自然神论相反，新教为这一反对斯图亚特王朝的战争提供了宗教旗帜和战士。

这种分析非常有意思：恩格斯打破了来自启蒙运动的线性历史观，承认唯物主义和宗教之间的斗争并不必然地与革命和反革命、进步和倒退、自由和专制、被压迫阶级和统治阶级之间的斗争相对应。在这个案例中，情况恰恰相反：革命的宗教和专制主义的唯物主义相对立。

恩格斯深信，从法国革命之后，宗教就不再能够作为一种革命的意识形态起作用了，当法国和德国的共产主义者如卡贝和魏特林声称"基督教是共产主义"时，他感到很吃惊。他不能预见到解放神学，不过，由于他从阶级斗争的角度来分析宗教现象，他说出了宗教的潜在抗议，打开了一条与启蒙哲学（认为宗教是神职人员的阴谋诡计）和德国青年黑格尔派（认为宗教是人的本质的异化）都不相同的通向宗教和社会之关系的道路。

在欧洲的工人运动中，许多马克思主义者对宗教持激进的敌对态度，但却相信无神论反对宗教意识形态的斗争必须从属于阶级斗争的具体情况，这种阶级斗争需要工人中的信仰者和不信仰者之间的联合。列宁自己隔三差五地宣称宗教是一种"神秘的迷雾"，但却在他的文章《社会主义和宗教》（1905）中坚持认为，无神论不应该成为党章的组成部分，因为"在我们看来，被压迫阶级为创立人间天堂而进行的这种革命斗争的一致，要比无产者对虚幻的天堂的看法的一致更为重要"①。

罗莎·卢森堡对这种策略抱同样的想法，但她发展了一种不同的原创方法。尽管她自己是一个忠诚的无神论者，但她在她的著作中很少像教会极端保守的政策以它自身传统的名义攻击无神论那样攻击宗教。在写于1905年的一篇文章（《教会和社会主义》）中，她宣称，现代的社会主义者对基督教原初原则的忠诚远过于现在保守的神职人员。既然社会主义者为了平等、自由、友爱的社会秩序而斗争，牧师们如果真心想要在人类生活中实现"爱人如己"的基督教原则，就应该欢迎社会主义运动。当神职人员支持富人和那些剥削和压迫穷人的人时，他们就与基督教教义发生了明显的冲突：他们确实不是服务于基督而是服务于金牛犊。基督教的传道先驱们都是热情的共产主义者，而教父们（如大巴西流和约翰·克利索斯顿）则谴责社会的不正义。而现在，这一事业为社会主义运动所继续，社会主义运动给穷人带来了友爱和平等的福音，并且号召人们在尘世建立一个自由和爱人如己的王国。罗莎·卢森堡力图为工人运动挽救基督教传统中的社会维度，而不是以唯物主义的名义去进行一种哲学的战斗。

---

① 《列宁全集》中文第2版第12卷第134页。

恩斯特·布洛赫是第一个在没有放弃马克思主义和革命观点的前提下，从根本上改变宗教分析理论框架的马克思主义理论家。他以与恩格斯类似的方式区分了两种相互对立的社会潮流：一方面是官方教会的神权宗教，是人民的鸦片，是一种服务于权力的神秘化工具；另一方面，是阿比尔派、胡斯派、弗洛尔（Joachim de Flore）、穆勒、巴德尔（Franz von Baader）、魏特林和托尔斯泰这样一些地下的、颠覆性的和异端的宗教。尽管如此，和恩格斯不同，布洛赫拒绝将宗教仅仅看作阶级利益的"伪装"：他明白无误地批判了这种观念。在其抗议和反叛形式中，宗教是乌托邦思想最重要的形式之一，是"希望原则"（the Principle of Hope）最丰富的表达之一。

布洛赫在他自己的哲学假设之上，发展出了一种非正统的、打破旧习的《圣经》解释，从而引申出了一种穷人的《圣经》，这种穷人的《圣经》公开谴责暴君，并号召每个人要么选择凯撒要么选择基督。

作为一个宗教的无神论者和一个革命的神学家——按照他的说法，只有作为一个无神论者才能成为一个好的基督徒，反之亦然——布洛赫不仅提供了对基督教千年王国理想的马克思主义解读方式（这是随恩格斯而来的），而且发明了对马克思主义的基督教千年王国式的解读，这是全新的。通过此种解读，社会主义者争取自由王国的斗争，被看作是过去的末世论和集体主义异端的直接继承。

当然，布洛赫和写下 1844 年那段著名引文的青年马克思一样，承认宗教现象的双重特性：它的压迫性和它的潜在反叛性。第一个方面需要他称之为"马克思主义的寒流"的运用：对意识形态、各种偶像和偶像崇拜的冷酷无情的、唯物主义的批判，第二个方面则需要"马克思主义的暖流"，寻求挽救宗教中乌托邦理想的文化剩余，挽救其中的批判和预示力量。毫无疑问，布洛赫梦想一种基督教和革命之间的真正联合，像16世纪德国农民战争期间形成的那种联合。

布洛赫的观点很大程度上为德国法兰克福学派的一些激进学者所继承，霍克海默认为，"宗教是无数世代的希望、怀乡和控告的记录"。弗洛姆在其《基督的教义》（1930年）一书中，运用马克思主义和心理分析的方法，阐明了原始基督教弥赛亚的、平民的、平等的和反集权专制的本质。而理论家本雅明则试图用一种独特的创造性综合，将神学和马克思主义、犹太教的弥赛亚理想和历史唯物主义、阶级斗争和上帝救赎结合起来。

在马克思主义宗教研究创新方面，吕西安·戈德曼的著作《隐匿的上帝》（1955年）是另一种开拓性的尝试。尽管是一种与布洛赫非常不同的灵感，戈德曼同样对挽救宗教传统中的道德和人性价值兴致勃勃。戈德曼著作中最出人意料和最有原创性的部分，是在不用一个同化另一个的前提下，尝试对宗教信仰和马克思主义信仰作比较：二者都拒绝纯粹的个人主义（无论是理性主义的还是经验主义的），都信仰超越个体的价值：对于宗教是上帝，对于社会主义是人类共同体。无论是宗教信仰还是马克思主义信仰都建立在一种赌博之上——宗教赌上帝存在，马克思主义赌人的解放——这意味着冒险：失败的危险或成功的希望。二者都暗含着一些在事实判断的唯一性层次上不可能得到证明的基本信念。将二者区分开来的当然是宗教超越性的超历史特征："马克思主义信仰是一种对未来历史的信仰，即人自身赌我们的行动的成功，或者说我们必须用我们的行动去赌；这种信仰的目标的超越性，既不是超自然的也不是超历史的，而是超个人的，不多也不少。"戈德曼没有想要以任何方式"基督教化马克思主义"，只是根据信仰的概念，引进了一种看待宗教信仰和马克思主义信仰之争议关系的新方法。

马克思和恩格斯认为宗教的颠覆性角色已经成了过去，在现代阶级斗争中已经没有任何意义。这一预测一个世纪以来多少得到了历史的证明——除了一些重要的例外（尤其是在法国）：19 世纪 30 年代的基督徒社会主义，40 年代的工人牧师，50 年代的基督徒左翼联盟。

但是，为了理解拉丁美洲（较少程度上，还有其他大陆）最近三十年围绕着解放神学问题到底发生了什么，我们需要将布洛赫和戈德曼对犹太—基督教传统的乌托邦潜力的洞察整合进我们的分析。另外，在这些"经典的"马克思主义者关于宗教的讨论中，严重缺乏宗教教义和实践对妇女的影响的讨论。

（陈文庆 译）

马克思对正义的批判*

〔美〕艾伦·伍德

当我们阅读马克思在《资本论》和其他著作中关于资本主义生产方式的描述时，我们本能地意识到，他所描述的是一个不正义的社会制度。马克思告诉我们，在这种社会里，一小群人生活舒适而又无所事事，另一些人则处于匮乏和悲惨的境地，并且，后者的数量还在不断扩大，他们创造的财富被前者享有。马克思常常谈到资本家对工人的剥削，认为剩余价值的生产就是资本对"无偿劳动"的占有。不仅是马克思所描述的那个资本主义社会给我们留下了不正义的感觉，而且，他对资本主义的这种描述本身，似乎也蕴涵着对不正义的谴责。

然而，一旦深入马克思恩格斯著作中有关资本主义之不正义的详细描述时，我们便会立刻发现，在他们的著作里，不仅根本没有打算论证资本主义的不正义，甚至没有明确声称资本主义是不正义或不平等的，或资本主义侵犯了任何人的权利。实际上，我们发现，明确的反对和持续的批评来自社会思想家——如皮埃尔·蒲鲁东（Pierre Proundhon）和斐迪南·拉萨尔（Ferdinand Lassalle）——他们确实因为资本主义的不正义性而谴责它，或者提倡某种形式的社会主义以捍卫正义、平等和权

---

* 本文选自《马克思主义与现实》2010 年第 6 期。

利。也许令人惊讶的是，我们甚至会发现某些相当明确的判断，其大意是——资本主义虽有种种明显的缺点，但它在正义问题上却并未犯错。对马克思而言，无论资本主义可能是什么，它似乎都不是不正义的。

一

传统上，正义概念在理性评价社会制度的理论中一直占有重要地位。一般认为，正义是所有社会制度都能拥有的美德，而不正义则是用来反对某个社会制度的最严重的指控。毫不夸张地说，对哲学家和普通人而言，如恩格斯曾经所说的那样，正义一直是"各社会中基本的、有机的、统治的、最高主权的原则……用来衡量一切人类行为的标准……在任何冲突下人们所诉诸的最高裁判官"①。为什么正义概念被赋予如此的重要性？根据马克思和恩格斯的观点，从根本上讲，"正义"（Gerechtigkeit）乃是一个法权（juridical）概念或法定（legal/rechtlich）概念，是一个与法律（law/Recht）和依法享有的权利（rights/Rechte）相联系的概念。对他们来说，权利概念和正义概念是从法权的角度判断法律、社会制度和人类行为的最高理性标准。② 长期以来，该观点被认为对于理解和评价社会现实具有特别重要的意义。这并不是说，西方传统的社会概念在根本上是一个法权概念。而是说根据该传统，社会整体是一个"国家"或"政治实体"的框架，人类行为在其中受到法律和政治过程的调节。在这一传统中，对社会的研究首先是对上述过程的研究；理想的社会，自柏拉图时代以来，就一直被构想为理想的"国

① 《马克思恩格斯全集》第 1 版第 18 卷第 307 页。
② 《马克思恩格斯全集》第 1 版第 18 卷第 309 页。

家"；而社会实践活动，在其最高形式上，则一直被认为是国家通过颁布公正的法律，或是通过明智的政府调控公民行为而进行的娴熟运作。根据西方传统，人类的社会生活是与政治国家相联系的生活；作为社会存在者的个人，乃是与制定法律、保障权利、发布法律命令等权力相联系的个人。基于这种社会概念，我们便很容易理解，为什么权利与正义应该被当作根本的社会原则和所有社会行为的最高标准。

马克思对正义进行批判的根源，及其社会思想的根本原创性，就在于他拒绝接受这种政治的或法权的社会概念。马克思在《政治经济学批判序言》中告诉我们，他的社会思想来源于他作为法律和法哲学（尤其是黑格尔的法哲学）的研习者对上述概念的不满。我们可以在马克思1843 年的文章和手稿中看到，后来他告诉我们，他的批判性分析"得出这样一个结果：法的关系正像国家的形式一样，既不能从它们本身来理解，也不能从所谓人类精神的一般发展来理解，相反它们根源于物质的生活关系，这种物质的生活关系的总和，黑格尔……概括为'市民社会'"①。这个社会总体，即社会生活的完整具体的统一，在黑格尔看来，要到政治国家中寻找，人类的物质活动发生在这个政治整体中并取决于它。而马克思则把这种关系颠倒过来。他认为，人类社会是一个关于集体生产活动的不断发展的体系，其目的是为了满足历史条件下的人类需要；人类社会的制度，包括法律制度和政治制度在内，都是这种生产活动的反映。早在 1844 年，马克思就告诉我们，"宗教、家庭、国家、法、道德、科学、艺术等等，都不过是生产的一些特殊的方式，并受生产的普遍规律的支配"②。而在《德意志意识形态》中，他批驳了

---

① 《马克思恩格斯选集》第 2 版第 2 卷第 32 页。
② 《马克思恩格斯全集》第 1 版 42 卷第 121 页。

"那种轻视现实关系而只看到元首和国家的丰功伟绩的历史观"①。

马克思的人类实践概念，是他改造黑格尔的社会概念的关键。根据马克思的观点，人类社会是一个自然事实。然而，它始终贯穿着人的类本质的自然现象，这一类本质就是生产活动或劳动，它使人类与自然界的其他部分区分开来。② 对马克思和恩格斯来说，劳动的本质特征在于它的目的性，在于它是意志的表达。恩格斯说，人类通过劳动"在自然界上打下他们的意志的印记"③。马克思则指出，"他自己的生活对他来说是对象"④。但是，根据马克思的说法，人类的生产活动总是在特定的历史环境下发生的。在人类历史的某一点，人们拥有一定的方法和能力让自然臣服于他们通过特殊的具体历史发展过程而从前人那里继承传留下来的意志方法（will–methods）和能力。这种生产力量，马克思称之为"生产力"，与人们之间的决定性关系相呼应并在这些关系中得以表达，以其特定的历史形态而被运用于自然界。马克思将这种关系称为"生产关系"。因为在一定的历史条件下，人类不能自由地选择他们主宰自然的程度，也不能自由地选择他们所处的生产关系，因此，用马克思的话来说：生产关系是"必然的，不以他们意志为转移的关系"⑤。

人类的生产活动，是一个由诸多相互依赖、相互影响、相互促进的因素组成的复杂的历史过程，尽管人类的需要、生产力和生产关系在此过程中是决定性的，但它们彼此之间绝非孤立。在既定的历史阶段，这些相互依存的因素形成一个整体，一个具有相对稳定性的人类活动的复

---

① 《马克思恩格斯全集》第 1 版第 3 卷第 410 页
② 《马克思恩格斯全集》第 1 版第 20 卷第 518 页。
③ 《马克思恩格斯全集》第 1 版第 20 卷第 518 页。
④ 《马克思恩格斯全集》第 1 版第 42 卷第 96 页。
⑤ 《马克思恩格斯全集》第 1 版第 13 卷第 8 页。

杂体系。这个受到历史条件约束的生产活动体系具备特有的社会与文化生活形式，人们在这种生活中也获得特有的人类本质；该体系区别于先前在历史中出现的活动体系，也区别于它今后最终会成为的活动体系。这种受历史条件制约的社会整体，即被马克思称为"生产方式"。

马克思确实说过："生产方式制约着整个社会生活、政治生活和精神生活的过程。"① 他也说过："不是人们的意识决定人们的存在，相反，是人们的社会存在决定人们的意识。"② 但他的意思不是要把社会过程、政治过程和精神过程都归结为生产过程，如同某些哲学家试图把心灵现象归结为物理现象。他也不是说，作为社会过程诸因素之一的"生产"总是维系社会制度的原因。如果我们注意马克思的社会概念是对黑格尔的社会概念的改造，那么，马克思在这里的意思就可以很好地得到理解，而且，通过考察黑格尔在《法哲学原理》中使用的社会概念，我们能很好地彰显马克思的想法。黑格尔所说的是立法在国家中的功能，并且说："整个立法和它的各种特别规定不应孤立地、抽象地来看，而应把它们看作在一个整体中依赖的环节，这个环节是与构成一个民族和一个时代特性的其他一切特点相联系的。"③ 在黑格尔看来，立法是建立一个国家或开创新时代的被决定因素之一，是整体中相互关联的因素或环节之一。为此，如要恰当理解，立法就不能被看作独立于整体的东西，或内在于自身的精神之物，而必须把它视为整个过程中的部分阶段。在此意义上，用黑格尔的话来说，某个特定时代的国家生活整体能够决定和制约该国的法律。然而，认为黑格尔是把立法归结为国家

---

① 《马克思恩格斯全集》第 1 版第 13 卷第 8 页。
② 《马克思恩格斯全集》第 1 版第 13 卷第 8 页。
③ 〔德〕黑格尔：《法哲学原理》，商务印书馆 1982 年版第 5 页。

生活整体，这种看法却是不正确的，或是难以理喻的。黑格尔不是试图把立法归结于其他东西，他更多的是试图通过强调立法与国家生活的其他因素的关联，而突显立法的丰富性。那种认为黑格尔把立法仅视作国家生活"附带现象"的看法也同样不合理。在黑格尔看来，立法可以说是由国家生活整体中的某些具体因素促成的，但这却是如下事实的一个结果，即，立法自身是社会有机整体中的被决定因素或依附性因素。

特定历史时期的社会生活有机整体，对马克思来说，当然不是国家或政治社会，而是生产方式。由于人类生活在根本上是生产活动，因此，这个整体就被称为一种生产方式。马克思明确区分了综合意义上的"生产"与作为整体过程的要素或决定因素的单方面的"生产"。① 不仅人类的需要、商业、交易方式和财产关系，还有人类的政治命运、宗教、伦理道德和哲学思想，都是生产活动的环节、阶段和决定因素。正如交易和消费中较狭义的"经济"范畴一样，它们是"一个总体的各个环节，一个统一体内部的差别……不同要素之间存在着相互作用。每一个有机整体都是这样"②。为此，法律和政治结构被马克思称之为"上层建筑"，它们是相互依赖的结构，建立在生产方式之上，并且作为常规制度而在其中运作。③ 这些制度之所以存在并具有一定形式，其原因在于它们所处的生产方式，以及它们调节现存生产关系、满足特定个体需要的具体方式。法律和政治确实影响和制约社会过程的其他细节，但它们同时也受到其他环节的影响和制约。它们"反射"或"反

---

① 《马克思恩格斯全集》第 1 版第 46 卷（上）第 36 页。

② 《马克思恩格斯全集》第 1 版第 46 卷（上）第 36—37 页。

③ 《马克思恩格斯全集》第 1 版第 13 卷第 9 页。

映"它们所调节的生产性的社会生活。① 我们要想理解它们，不是要把政治或法权事实还原为经济事实，而"应当根据经验来揭示社会结构和政治结构同生产的联系"②。

二

正如我们看到的，在马克思的著作中，正义观念乃是从法权观点出发，对社会事实的合理性采取的最高表述。然而，这种观点所表达的常常是某种特定的生产方式或宪法政治权威领域的依赖性因素。如前所述，马克思拒斥了黑格尔的看法，即社会有机体在任何情况下都与政治国家的调节功能相一致。正如国家几乎无力从外部对生产方式起作用一样，它也无力决定生产方式的形式和掌控它的历史命运。政治国家更多的是一种在占支配地位的生产方式内部起作用的力量，是一种受过去的历史塑造并在当前被特定个体使用从而满足他们在此历史条件下各种需要的生产资料。国家是占支配地位的生产方式的表现，并受其决定。对于这种法权观点及其相应的权利和正义概念，只有在社会生活其他因素与它们的恰当联系中看待它们，并在现行的生产方式中把握它们的作用时，才能得到合理地理解。

就马克思对社会现实的所有细致研究而言，就马克思对有关社会现实的理性评价的深刻关注而言，我们在其作品里没有发现他真的试图提供一种清楚而积极的权利或正义概念。对法权概念和原则的相对忽视，并不是因为（如某些人所说）马克思本人厌恶"道德说教"，也不是因

---

① 《马克思恩格斯全集》第 1 版第 23 卷第 102 页。
② 《马克思恩格斯全集》第 1 版第 3 卷第 29 页。

为他对社会现实持一种"非道德的"态度（an "amoral" attitude）。毋宁说，这要归因于他对法权概念在社会生活中作用的评价。因为马克思认为，法权制度在社会生活中仅仅扮演次要的角色；与以往大多数社会思想家的倾向不同，他觉得作为社会合理性尺度的法权概念并不那么重要。在马克思看来，法权观念在本质上是片面的，因此，采用它作为根本立足点而来判断社会现实，这是采用了一种歪曲的现实观。但是，也不能认为，马克思从来没有把正义作为合理的社会标准。在《资本论》中，他写道："生产当事人之间进行的交易的正义性在于：这些交易是从生产关系中作为自然结果产生出来的。这种经济交易作为当事人的意志行为，作为他们的共同意志的表示，作为可以由国家强加给立约双方的契约，表现在法律的形式上，这些法律的形式作为单纯的形式，是不能决定这个内容本身的。这些形式只是表示这个内容。这个内容，只要与生产方式相适应，相一致，就是正义的。只要与生产方式相矛盾，就是非正义的。在资本主义生产方式的基础上，奴隶制是非正义的；在商品质量上弄虚作假也是非正义的。"①

这段文字虽然不能算作是马克思"正义理论"的清楚论述，但它具有相当的启发性。马克思在这段文字中仅提及"交易"的正义性，然而，他的论述却足以应用于行为、社会制度甚至法律和政治结构。他的这番关于交易正义性的论述，确实蕴涵着与正义概念及其在社会理论和实践中的适当功能有关的若干重要主题。

首先，正如我们所料，马克思是根据正义在特定生产方式中的功能来看待正义概念的。人们在头脑中采用这个概念并把它应用于社会实践时，常常是作为生产过程的依附性因素。对马克思来说，任何诸如此类

---

① 《马克思恩格斯全集》第 1 版第 25 卷第 379 页。

的运用，其合理有效性必须根据占支配地位的生产方式来衡量。以马克思之见，政治国家以及法律和权利概念（它们与社会的公共调节机制相联系）都取决于这种占支配地位的生产方式，并且是后者的异化性投射（alienated projections）。它们虽然反射或反映生产，但却是以扭曲而神秘化的方式进行。国家将自己突显为社会的真正代表，而法权概念则通过诉诸国家的自主理性或关于"权利"和"正义"的无条件的最终理性原则，而把自己伪装成社会实践理性的基础。但在马克思看来，法权制度及其概念的真正的存在合理性，只能从一个更综合的高度——即，两者都参与其中并构成其部分特征的历史性的生产方式——来理解。因此，作为一个法权概念的"正义"，常常要求获得超越"法权形态"的解释。而要判断交易或制度是否正义，这更多是需要理解它们在生产中的功能。当马克思说正义的交易就是与占支配地位的生产方式相适应的交易时，我认为，他的意思是指，这个交易在该生产方式中发挥了具体的作用，它是该生产过程的一个现实的因素。正义的交易"适合于"占支配地位的生产方式，它们为后者服务；在具体的历史境域中，它们具体地造就了人类的集体生产活动并使之现实化。所以，判断一个社会制度是正义的还是不正义的，这取决于对生产方式整体的具体理解，取决于对这个整体及其相关制度之间的关系的正确评价。也许，这就是恩格斯何以会说："社会的公平或不公平，只能用一门科学来断定，那就是研究生产和交换的物质事实的科学——政治经济学。"①

其次，正义不是人类理性抽象地衡量人类的行为、制度或其他社会事实的标准。毋宁说，它是每种生产方式衡量自身的标准。它只是在特定的生产方式背景下呈现于人类思维中的标准。因此，并没有适用于任

---

① 《马克思恩格斯全集》第 1 版第 19 卷第 273 页。

何或所有社会形式的"自然正义"概念或通则。例如，一人对另一人拥有所有权，或放贷可以取息，这些东西本身谈不上正义或不正义。在古代的生产方式下，如亚里士多德所言，拥有奴隶既正当又有利。而高利贷行为则在本质上与该生产方式不相吻合；因为它是通过别人时刻遭受的痛苦而获取利润，当然是不正义的。然而，在资本主义生产条件下，直接的奴役行为却是不正义的，而放贷取息则是完全正义的。

第三，我们很清楚，马克思紧随黑格尔反对形式上的正义概念。对马克思来说，行为或制度正义与否，不在于它是否体现了一种法权形式，或者是否与普遍原则相一致。正义不取决于人类行为与利益的普遍一致性，而取决于受历史条件制约的生产方式所提出的具体要求。针对特定行为或制度之正义性的合理评价，是以它们在特定生产方式中的具体作用为基础的。但是，这些评价并非建立在抽象的或形式的正义原则（它们适用于任何时间、任何地点）基础上，也不是建立在绝对的或假设的契约或协议（它们被用来抽象地或形式地断定制度或行为的正义性）基础上。所有从具体的历史境域中抽象出来的、形式的正义思辨原则都是空洞和无用的；由于它们会把具体的行为或制度语境看作偶然的，非本质的，仅仅是纯粹理性形式表现自身的偶然情况，因此，当它们被运用于这些具体语境时，它们就会造成歪曲和误导。然而，行为或制度的正义性就在于，它在这个生产方式中对这个情境的具体适应。马克思说，交易的正义不是形式问题，而是实质问题。一个制度的正义，取决于这个特定的制度以及它所构成的那个特定的生产方式。因此，正义的一切法权形式和原则，如果没有被应用于特定生产方式，便是毫无意义的；只有当它们的内容及其所应用的特定行为是自然地出自这种生产方式，并与这种生产方式具体地相适应，它们才能保持其合理有效性。

　　最后，对于马克思来说，行为或制度的正义不依赖于结果或效果。例如，我们也许认为，与不正义的行为和制度相比，正义的行为和制度更能使人幸福。但这绝不一定。因为，如果一种生产方式是建立在阶级剥削的基础上，那么，这种生产方式中的正义制度，就可能会以被压迫者为代价而满足压迫者的需要。但假如这是马克思的观点，那我们至少认为，他会同意色拉西马库（Thrasymachus）的看法：正义就是强者（即，统治阶级）的利益。我们还可能认为，他会同意休谟的看法：行为和制度之所以正义，是因为它们有助于维护社会（即，占支配地位的生产方式）的秩序，保持其稳定，促进其平顺运行。因为我们可以论证说，如果一种交易是从现存的生产关系中自然地发展出来，它适应占支配地位的生产方式并在其中发挥具体的作用，那么，它必然会服务或倾向于服务该条件下统治阶级的利益，它必然会促进或倾向于促进现存秩序的安全和稳定。从短期来看，也许就是这样；甚至在许多情况中，正义的交易就是有意要深化某个特定阶级的利益，或是保证现存秩序的稳定。但是，就像马克思所认为的那样，如果每种生产方式本身都有一种走向根本的不稳定、越来越多的社会矛盾和冲突，并最终令自己彻底颠覆和废除的内在趋势，那么从长远来看，这些最正义的交易，这些某一特定生产方式中最密切的部分，也必定会在根本上促使该生产方式走向不稳定和最终瓦解。对马克思来说，交易之所以正义，是因为它在整个生产方式中所起的作用，而不是因为它给整个生产方式所带来的结果。

　　在我看来，似乎没有理由认为马克思的正义概念是相对主义的。正确的看法是，对马克思来说，交易或制度的正义与否，将依赖于它们与它们所隶属的那个生产方式之间的关系；某个生产方式中的正义制度，可能在另一生产方式中是不正义的。然而，人们并不一定要成为相对主义者，才能认为一个行为的正义性在很大程度上取决于该行为的发生环境，或是认为一种制度的正义性取决于它的文化环境。据我理解，相对主义者是这样一种人，即，他相信不同民族、文化和时代之间，在关于某些特定行为是（或可能是）对还是错、是正义还是不正义的问题上，存在（或可能存在）某种根本的冲突或不一致，并且他还相信，在解决这些冲突与不一致方面，没有合理的方式或可能的"正确答案"。然而，马克思的正义概念并不涉及这种观点。举例来说，如果关于奴隶制在古代社会的作用的历史分析能够表明，该制度适应当时占支配地位的生产方式，并在其中发挥必要作用，那么以马克思的观点来看，古代人拥有奴隶便是正义的；而断言古代奴隶制度不正义——无论是现代的社会制度这样认为，还是在历史书中读到这一点的现代人这样认为——则是不正确的。当马克思恩格斯指出，不同时期不同地方的人们对"永恒正义"的本质有不同见解时，他们体现的并不是相对主义立场，即认为不同的观点在不同时期和地点都"正确"。毋宁说，他们是要证明，所有神圣化和意识形态化的正义概念在某些方面都是虚假的、充满误解的，因为正义概念的应用受制于时间和地点，不仅如此，它们即便是对自己所应用的那些制度，也常常表达的是一种片面的观点。

三

现在，我转到"依靠资本攫取剩余价值对马克思来说是否是不正义的"这个问题上来。与马克思同时代的许多社会主义者认为，资本主义涉及到工人和资本家之间商品交换的不平等（因而是不正义的）。他们的观点以李嘉图的原理为基础，而后又采用了经马克思精致改良的理论，即，劳动是交换价值的唯一源泉，"商品的价值是由商品所包含的、为生产该商品所必需的劳动来决定的"①。这些社会主义者指出，工人为了一份相对固定的薪水而受雇于资本家，由资本家提供工具和原材料——亦即马克思所说的生产资料——并在劳动过程中通过使用它们而消耗其价值。但是，在这个过程结束时，工人所生产的商品价值却要比支付给他的工资价值以及生产资料所消耗的价值的总和多得多。这一部分价值（即马克思所说的剩余价值），按照这些社会主义者的观点，被资本家占有就是不正义的。因为，根据李嘉图的原理，劳动者的劳动所创造的价值不仅包括支付给他的工资的价值，也包括剩余价值。由于资本家支付给劳动者的工资远少于劳动本身的价值，因此，剩余价值就产生了。如果资本家支付给劳动者是全部劳动的价值，那么剩余价值将不会出现，严格意义的正义要求便会得到满足。

尽管如此，马克思还是拒斥了这种有关剩余价值来源的表述，他也不同意剩余价值涉及工人和资本家之间不平等交换的断言。他认为，对剩余价值的这种解释，在根本上和重农主义者之前的詹姆士·斯图亚特（James Steuart）等人的观点没有什么两样，都是认为剩余价值来源于出售商品的价值差额。这些社会主义者只不过原地打转，仍然通过"出卖的劳动低于自身价值"这一假定来解释剩余价值。这两种解释都使剩余价值仿佛是纯粹偶然性的结果，因此完全不能令人满意。

在马克思看来，认为剩余价值涉及不平等交换，这种论证的不足之处与它所使用的"劳动的价值"这一短语相关。在资本主义社会，人类的劳动本身，即人的脑力和体力的创造性运用，严格来说，根本就不是什么商品。马克思说道："劳动是价值的实体和内在尺度，但是它本

---

① 《马克思恩格斯全集》第 1 版第 22 卷第 236 页。

身没有价值。"① 在那些社会主义者的论证中,"劳动的价值"这一短语实际上被用来指称两件差别很大的东西。一方面,它被用来指称劳动所创造的价值,即包含在工人所创造的商品的价值中,而又高于或超过在生产它的过程中所消耗的生产资料价值的那部分价值。正是在这个意义上,资本家支付给工人的工资要少于"工人劳动的价值"。但是,马克思指出,资本家所支付的并不是劳动所创造的价值。资本家并不是要从工人那里购买现成的商品,毋宁说,他是要通过商品的形式而购买到能为他生产商品的工人的劳动能力。他从工人那里购买的不是工人的产品,而是马克思所说的"劳动力"(labor power)。工资所购买到的就是这种作为商品的能力。在资本主义生产过程中,资本家只不过是在使用他在生产过程之前所购买的东西。马克思说,"当工人的劳动实际上开始了的时候,它就不再属于工人了,因而也就不再能被工人出卖了。"②

马克思指出,像其他商品的价值一样,劳动力的价值取决于生产劳动力的必要劳动量(或者说,根据马克思的"价值规律",取决于生产这类商品的平均社会必要劳动时间)。换言之,劳动力的价值取决于维持劳动者的生存和工作(或是当他死亡或辞退时可以取代他)的必要劳动量。然而,马克思并不认为,无论"劳动力的价值"通常被认为是什么,它都必然等于工人的"最低生活费用"。劳动力的价值取决于哪些东西为社会所需要,因此,它"包含着一个历史的和道德的因素"③。在中国,它也许只是一天一碗饭;而在富裕的美国,它可能意味着要给工人一辆新款汽车、一部彩电以及诸如此类让人腐化堕落的生活必需

① 《马克思恩格斯全集》第 1 版第 23 卷第 587 页。
② 《马克思恩格斯全集》第 1 版第 23 卷第 587 页。
③ 《马克思恩格斯全集》第 1 版第 23 卷第 194 页。

品。劳动力的价值，就像其他商品的价值一样，依赖于生产力的发展水平以及相应的具体生产关系。它可能上升或下降，但不能说是正义的还是不正义的。

现在，根据马克思的观点，支付给工薪工人的一般是其劳动力的全部价值。换言之，支付给工人的，乃是用于他作为工人而进行生命活动再生产的社会必需品。依据李嘉图的公式和商品交换的最严格规则，这是一种正义的交换，即"用等价物交换等价物"①。剩余价值确实被资本家以不平等的方式占有。② 但是，在要求他以等价物交换等价物的交易中，却并不存在剩余价值。用工资来交换劳动力，这是发生在资本家和工人之间的唯一交换。这是正义的交换，它早在出售生产商品并实现其剩余价值的问题产生之前就已完成。资本家购买了一个商品（劳动力）并支付了它的全部价值；通过使用和剥削这一商品，他现在创造出一种比原先支付的价值还要大的价值。这个剩余价值就是属于他的，而从来不属于任何人的，他不欠任何人一分钱。马克思说："这种情况对买者是一种特别的幸运，对卖者也绝不是不公平。"③ 因此，资本占有剩余价值就没有包含不平等或不正义的交换。

然而，似乎仍然可以用李嘉图的原则来证明，资本占有剩余价值对工人而言是不正义的。李嘉图的原则说，劳动是唯一的创造源泉和价值的真正基础，生产资料除了在劳动生产中被消耗而融入其产品之外，并没有增值。这样似乎可以得出如下结论，即，所有增加的价值都应属于工人，因为这完全是通过他的劳动而产生出来的。正如洛克所言："人

---

① 《马克思恩格斯全集》第 1 版第 23 卷第 199 页。
② 《马克思恩格斯全集》第 1 版第 23 卷第 640 页。
③ 《马克思恩格斯全集》第 1 版第 23 卷第 219 页。

的身体的劳动和手的劳动都正当地属于他的。"① 商品的全部价值，除
了在生产它时耗掉的生产资料的价值，似乎在权利上就是属于工人的。
由于占有了一部分价值而没有提供等价物，因此，尽管在严格意义上资
本家并未与工人进行"不平等交易"，但是，他仍然掠夺了工人的无偿
劳动的成果；他剥削他，取走了本应属于他的东西。因此资本主义是不
正义的。我认为，这种论辩恰恰是我们归给马克思的，因为我们把马克
思针对资本主义是一种建立在"剥削"和"无偿劳动"基础上的体系
的谴责，看作是针对资本主义的不正义的谴责。

　　这种论证建立在两个预设上。第一个预设是，剩余价值产生于资本
对部分劳动价值的占有，对这部分价值而言，工人没有获得任何等价
物。第二个预设是，每个人的所有权都以自己的劳动为基础，因此，每
个人都有权占有自己劳动创造的全部价值，因此，对这种价值的任何部
分的剥夺，都是施加在他身上的不正义行为。现在，马克思容易接受这
两个预设中的第一个，但他是否接受第二个呢？当然，他承认，以自我
劳动为基础的所有权观念，在资产阶级理论家那里是常见的。他甚至也
懂得，这种观念为什么看上去如此合理。他说，"最初……所有权似乎
是以自己的劳动为基础的。至少我们应当承认这样的假定，因为互相对
立的仅仅是权利平等的商品所有者，占有别人商品的手段只能是让渡自
己的商品，而自己的商品又只能是由劳动创造的。"② 在这种生产方式
下，每个生产者都拥有自己的生产资料，并与其他商品生产者交换自己
生产的商品，因而所有权是完全建立在一个人自己的劳动基础上的。对

---

① 〔英〕洛克：《政府论》（下），商务印书馆 1964 年版第 19 页。

② 《马克思恩格斯全集》第 1 版第 23 卷第 640 页。

于这种简单而高尚的小资产阶级的生产理念，马克思有时称之为"个人的私有制"。① 在该制度下，劳动者占有自己产品的全部价值，对该价值任何部分的剥夺（通过欺诈或是抢劫）都是对他的不正义行径。但是，在马克思看来，资本主义生产在很多重要方面都不是这种田园诗般的关系。② 在资本主义生产中，人们从事集体劳动，联合使用同样的生产资料（例如，在一个工厂里就是这样）。更重要的是，资本主义被描述为一个劳动和生产资料相互分离的社会，它日益分裂为两大阶级：一个拥有生产资料，另一个仅仅拥有劳动力。在《资本论》中，马克思就阐述了这种分裂是如何逐步出现的，并且指出阶级分裂一方面促进了资本主义的发展，但另一方面也越来越成为这种发展的明显结果。

如果社会完全建立在个人所有权的基础上，那么剩余价值就不会存在。原因很简单，因为每一个体都拥有自己的生产资料，所以劳动力在该社会中就不会成为被交易的商品。然而，在资本主义社会中，由于其生产力形式以及劳动和生产资料相分离的历史趋势，劳动力越来越广泛地成为商品。不过就跟其他商品一样，劳动力只是买来使用的；如果对购买者没有用，它就不能作为商品而存在。如果雇佣劳动者所生产的商品的全部价值都消耗在工资和生产资料中，那么，资本家就不会从他所购买的劳动力中得到好处，于是，他会更情愿简单地把自己的生产资料的价值转换成他能够消费的商品的价值。假如他无法实现剩余价值，那么资本家便会缺乏发展生产力的动力，也没法践行那些可以让他获得上帝和别人赞赏的审慎节制的美德。因此，在马克思看来，劳动力作为商

---

① 《马克思恩格斯全集》第 1 版第 23 卷第 832 页。

② 《马克思恩格斯全集》第 1 版第 4 卷第 468 页。

品而出现，这给以前所设想的所有权基础带来一种"辩证式的翻转"：在资本主义的所有权制度下，"所有权对于资本家来说，表现为占有别人无酬劳动或产品的权利，而对于工人来说，则表现为不能占有自己的产品。所有权和劳动的分离，成了似乎是一个以它们的同一性为出发点的规律的必然结果"①。

在资本主义生产中，交易的正义性依赖于如下事实，即，这些交易来自资本主义的生产关系，并且对资本主义生产关系整体而言，它们是充分的、适合的。在个人所有权制度中，以劳动为基础的所有权之所以正义，是因为这些权利适应了拥有各自生产资料的个体生产者之间的生产关系。那么，出于同样的原因，在资本主义条件下，这些财产权的翻转也同样是正义的。因为，资本主义之所以成为可能，就是由于劳动力能够作为商品而存在，就是因为通过把劳动力当作商品来使用而创造了剩余价值和扩张资本。如果劳动力没有为资本创造剩余价值，那么劳动力根本不会作为商品出现。因此，假如没有剩余价值，假如工人没有进行无偿劳动，没有受到剥削，那么资本主义的生产方式也就没有可能。在资本主义条件下，对剩余价值的占有不仅是正义的，而且，任何阻止资本占有剩余价值的尝试都是绝对不正义的。马克思拒绝接受诸如"公平（正义）的工资"和"做一天公平的工作，得一天公平的工资"②等口号，因为在他看来，工人已在接受这些口号所号召的内容。一份"公平的工资"，仅仅因为是份工资，便意味着资本购买了劳动力。工人无论是被支付公平的工资还是不公平的工资，都在遭受同样的剥削。

---

① 《马克思恩格斯全集》第 1 版第 23 卷第 640 页。
② 《马克思恩格斯选集》第 2 版第 2 卷第 97 页。

因此，在回应拉萨尔"对劳动所得进行公平（正义的）分配"的要求时，马克思诘问道："什么是'公平（正义的）'分配呢？难道资产者不是断定今天的分配是'公平（正义的）'吗？难道它事实上不是在现今的生产方式基础上唯一'公平（正义的）'分配吗？难道经济关系是由法权概念来调节，而不是相反地由经济关系产生出法权关系吗？"①

新古典经济学家拒斥劳动价值理论的一个原因是，有些社会不满者利用该理论（尤其是李嘉图的表述）去证明，通过资本而获得的利润对工人来说是不正义的。在这一点上，至少，新古典主义的立场并不完全是个弊脚的辩护方案。这些经济学家看到，通过资本投资而获利是现行经济过程的一个基础部分，缺少了利润，该过程就无法发挥效用。因此，他们不接受这样的观点，即，利润似乎仅仅出自不正义的交换或任意的分配；他们认为，这种看法只是对经济制度的本质以及利润在其中的功能的误解。出于这样或那样的原因，他们不仅倾向于拒斥与古典经济学相关的大部分理论，而且为了摆脱劳动价值理论，他们甚至放弃了政治经济学的许多传统责任。然而，马克思对资本主义的分析则表明，"利润是不正义的"这种观念并不是单独从劳动价值理论中推导出来的，只有当劳动价值理论与劳动所有权理论——自然权利学说常常错误地联系或界定它——相结合时，才能得出上述观念。马克思还认为，劳动价值理论可以推进针对资本主义的批判；这种批判之所以有力，并不是因为它们在对付资本主义时运用了完全不同于资本主义的法权原则，而仅是因为它们正确理解了资本主义的有机功能，以及资本主义作为一

---

① 《马克思恩格斯全集》第 1 版第 19 卷第 18—19 页。英文原文是"just"而不是"fair"，中译本在此处均译作"公平（的）"。——译者注

种生产方式而具有的连续的发展阶段。因此，那些坚持要在马克思批判资本主义的话语中寻找类似于劳动所有权理论等"正义原则"的人们，无非是把马克思的批判倒退至当时社会主义学者的水平上，而这样的水平却是马克思要尽力摆脱的。

在这一点上，我们不妨认为，资本主义是否应被称为"不正义的"，这仅仅是语词之争。毕竟，马克思确实谴责资本主义，而且，他的谴责至少部分是因为资本主义是一种剥削制度，它会依靠资本而占有工人的无偿劳动。如果马克思在称呼资本主义的这种罪恶时用的不是"不正义"而是其他词语，对我们大多数人来说，它们听起来仍然像是"不正义"；而且只要我们喜欢，就尽可以用"不正义"这个词来替换它们。我们可以认为，在这一点上，我们与马克思的差异仅仅在于，他对"正义"这个词的使用要比我们狭窄一些。

搞清楚这种态度会引起误解的原因是非常重要的。当马克思以他的方式对正义概念进行限定时，他根本不是在做术语上的限定。他是在把他的看法建立在正义概念在社会生活中实际扮演的角色的基础上，建立在使该术语拥有其恰当功能的制度语境中。与那些认为资本主义不正义的人相比，马克思与他们之间的分歧是实质性的，这种分歧建立在马克思社会观的基础上，具有重要的实践后果。

正如我们所看到的，"正义"是一个法权概念，是一个与"法律"和"权利"相关的概念。虽然马克思从未试图明确地告诉我们，法权范畴的范围有多大，但很明显，所有这方面的概念的核心作用都与政治或司法制度相关，这些制度的功能就在于通过施加某种社会强制性指令——无论这种指令在性质上是民事的，刑事的，还是道德的——来规范个体或群体的行为。它们包括那些颁布、应用或执行法律的制度，能在其中制订或执行集体政治决定的制度，以及通过普遍接受的行为规则而规范个体的行为和实践的制度。当某事被称作"不正义的"，或是宣称某个行为侵犯了某人的"权利"时，人们就会向司法制度提出某种诉求，希望这些制度能够规范运作，或是按照实现其恰当社会功能的应然方式去运作。

当资本家的剥削被描述为"不正义"时，这是在说，资本主义的分配方式有问题。当资本占有工人的无偿劳动被认为是"不正义"时，这是在说，根据那些管理（或至少是应该管理）分配活动的司法和道德规则或实践，工人所得到的社会集体产品要少于（而资本家则多于）他所应得的份额。因此有人建议，消除资本家剥削的方法在于，通过颁布法律、强制执法、实施政治决策、让个体更严格地坚守正确合适的道德观而对分配活动进行恰当的调整。

然而，根据马克思的观点，如果认为资本家剥削行为的错误在此，那是完全不对的。马克思指出，分配不是与生产平行的东西，不是与其无关的东西，也不是人们凭其道德和政治智慧就能进行修改的东西。所有的分配方式都由生产方式决定，属于生产方式的一个功能性部分。对剩余价值的占有和对劳动的剥削并不是资本主义生产的滥用，也不是（像欺骗、走私、收保护费那样）偶尔发生在这个过程中的专横的不公平活动。剥削工人是资本主义的本质。在马克思看来，随着资本主义生产方式的发展阶段越来越往后，剥削行为必定越来越严重，这是其发展本身规律的结果。它不可能通过制定或执行一些调节分配的法律，或是通过资本主义政治制度的道德或政治改革而解决。更重要的是，任何提议把剩余价值从资本中抽离出来并且停止剥削工人的资本主义生产的"改革"，本身就是一种最直接、最明确的不正义。这些改革将以最明显的方式侵犯那些源于资本主义生产方式的基本财产权，并将一种与之完全不相适应的分配制度强加给它。很难想象，一旦这种"正义的"分配框架建立起来，那些好心肠的改革者会怎样使它有效运转。

但这还不是全部。即使革命活动终结了资本家的剥削，给分配方面的法律规则带来了变化，也依然不能认为剥削的终结就是在纠正"不正义"。对马克思而言，革命的政治不在于把革命家眼中最值得称道的道德规则、法律规则或"正义原则"强加给社会，而在于调整社会的政治制度或法律制度，以适应一种早已在社会中成形的新的生产方式，一种新的决定形式和特征。除非人类的生产活动的根本变化已经在社会中按其自身要求而发生，否则，任何试图推行完全革命化的政治的努力都将是非理性的、徒劳的，用马克思的话来说，只能是"堂吉诃德式的"。这就是马克思和恩格斯在《德意志意识形态》中所指出的，"共产主义对我们说来不是应当确立的状况，不是现实应当与之相适应的理想。我们所称为共产主义的是那种消灭现存状况的现实的运动。这个运动的条件是由现有的前提产生的。"①

因而，对马克思来说，政治行为只是革命活动的一个附属因素。政治制度不创造、也不可能创造新的生产方式，它们只能与人们已经造就的生产方式相一致。也就是说，政治制度只能给历史个体所创造、所生活的生产活动形式贴上合法的标签。如果革命的制度意味着新的法律、新的司法标准、新的财产权和分配形式，那么，这并不代表"正义"终于在它未曾实现的地方得以实现，而是代表着新的生产方式，随同它的有特色的法权形式一道，已从旧形式中脱胎而出。新的生产方式并不

---

① 《马克思恩格斯全集》第 1 版第 3 卷第 40 页。

比旧的生产方式"更加正义"，它仅仅只是以自己的方式表现正义。如果新的方式比旧的方式更高级、更自由、更人道，那么对马克思来说，将前者的优越性归结为一些法权术语并称赞它"更加正义"，这是非常不确切的，也是极其不充分的。试图这样做的人仍然受到错误而颠倒的政治化、法权化的社会概念的迷惑，因为，这种人坚持将社会中的每个关键改变都解释为一种就其性质而言在根本上属于政治或法权的变革。他把旧的生产方式仅仅看作社会神秘的法权结构的一个被决定性因素，但事实上，社会实际的法权结构却依赖于现存的生产方式。在其宏大的理性中，这种人能根据某些完全外在的权利或正义理念来衡量社会整体，从而站在某个"阿基米德点"上调节社会现实，使之合乎理念。他把社会现实从他的理论中剥离出来，也把他的社会实践从现实中剥离了出去。在马克思看来，如果有人以"不正义"为由要求终止资本家的剥削行为，他就是在用一种缺乏理性说服力的论证，竭力要求人们从事某种既缺乏实践基础，其目标也缺乏历史内容的行动。

有人可能认为，通过运用一些与后资本主义（postcapitalist）生产方式相适应的正义或权利标准，资本主义是可以被斥责为不正义的。毫无疑问，资本主义可以受到这种方式的谴责，然而，由于任何这样的标准都根本无法合理地适用于资本主义，因此，任何这样的谴责都是错误的、糊涂的、缺乏根据的。再说，试图把后资本主义的法权标准（无论你怎样理解它们）应用于资本主义的生产活动，这只能从某种作为永恒法权结构——凭借这种永恒结构，人们可以衡量当前的事务并发现其诉求——的后资本主义社会的视角才能推导出来。但我们已经看到，马克思的社会观和社会变化观拒绝这样的视角。在《哥达纲领批判》中，马克思指出，后资本主义社会将有两个不同的发展阶段，它们对应着不同的权利标准。而从长远来看，马克思当然相信，随着阶级社会的终结，社会也不再需要那些容纳"权利"、"正义"等概念的国家机器和司法制度。因此，如果有人坚持认为，马克思的"真正的"正义概念是一个适应于全面发展的共产主义社会的概念，那他也许会得出这样的结论，即，马克思的"真正的"正义概念根本就不是一个概念。

对马克思来说，正义不是也不可能是一个真正的革命观念。在他来看，充满正义激情的革命者不仅误解了现行的生产关系，也误解了自己的革命热情。通过借用法权方面的各种概念，革命者试图表明，他对现行生产方式的抗议是一种针对罪恶的抗议，而这些罪恶是可以也应该通过道德、法律或政治过程来加以弥补的；但事实上，这些过程只不过是生产方式本身的依附因素。他将自己的革命热情视为一种支撑现行社会的理想的法权结构，一种理想或假定的契约，一系列的自然权利或一套关于权利的理性原则；它们正在遭到当前社会中猖獗的"不正义"和"滥用"行为的侵犯、欺骗和损害。于是，他把现实的生产关系的本质视为任意的和非本质的，视为一系列纯粹的"滥用"；此外，他还把由这些关系所引发的冲突和对抗，看作是社会不正常状态的可怜的副产品，而不是他自己的革命意识背后的驱动力。因此，他的"革命"目标也就不是真的推翻现存的社会，而只是想纠正当下流行的滥用行为，剔除其中悲惨而非理性的不正义，使之满足那些作为（或者应该作为）社会真正基础的权利和正义理念，换句话说，为正义激情所鼓舞的坚定革命者，已经为下一次民主大会的主题演讲做好了准备。

因此，马克思所发出的革命推翻资本主义生产关系的号召，不是也不可能是建立在"资本主义是不正义的"这种断言的基础上。事实上，马克思认为，所有想把革命实践建立在法权观念基础上的企图都是意识形态的胡言乱语，他反对在工人运动中使用诸如"平等权利"和"公平分配"等"陈词滥调"①。马克思对资本主义的谴责根本没有依靠某种正义概念（不管是明确的还是含蓄的）；那些试图从马克思对资本主义的诸多谴责中重构"马克思正义理念"的人，顶多只是把马克思对资本主义（或资本主义某些方面）的批判，转换成被马克思本人一贯视为虚假的、意识形态的或"神秘的"形式。②

（本文译自论文"The Marxian Critique of Justice"）

（林进平　译）

---

① 《马克思恩格斯全集》第 1 版第 19 卷第 23 页。

② 坚持从马克思针对资本主义的批判中寻找"正义"理念，这种做法有一个典型的例子，我们可以在拉尔夫·达伦多夫（Ralf Dahrendorf）的 *Die Idee des Gerechten im Denken von Karl Marx*（Hanover，1971）一书中找到。

马克思论分配正义[*]

〔美〕齐雅德·胡萨米

马克思认为资本主义社会是正义的吗？马克思谴责资本主义社会，这至少在多大程度上是基于资本主义社会的不正义？他在这个论题上直接的明确的观点不仅极少而且游离于两者之外，但是，纵观他的作品的大量章节，马克思典型地使用了关于正义的哲学论述的语言方式，并且似乎在谴责资本主义的非正义。

以下是一些例证：《共产党宣言》在指出西斯蒙第的典型的小资产阶级的社会主义的缺陷时，赞扬了这个理论，因为它很会揭示"现代生产关系中的矛盾。它揭穿了……资本和地产的积聚……无产阶级的贫困……财富分配的极不平均"。①

《神圣家族》指出，无产者被剥夺了人性。它的"生活状况"是对他的"人性"的否认。无产阶级被卷入"替别人生产财富、替自己生产困难"② 的境况中，在《哲学的贫困》中，我们被告知，资产阶级对

---

* 本文选自《马克思主义与现实》2008 年第 5 期。

① 《马克思恩格斯选集》第 2 版第 1 卷第 297 页。

② 《马克思恩格斯全集》第 1 版第 2 卷第 44 页。

"他们赖以取得财富的无产者的疾苦漠不关心"①。在《德意志意识形态》中，马克思指出了无产者"不得不承受社会的所有重负，却没有享受到任何好处"。在《资本论》第1卷中，马克思又说道："此外，资本家财富的增长，不像货币贮藏者那样同自己的个人劳动和个人消费的节约成比例，而是同他榨取别人的劳动力的程度和强使工人放弃一切生活享受的程度成比例的。"②《资本论》第3卷则讲到："社会上的一部分人靠牺牲另一部分人来强制和垄断社会发展（包括这种发展的物质方面和精神方面的利益）。"③

上述几段相似的语段勾勒出财富极端不平等的社会画面。这些财富由生产者创造，但享用却属于一个对生产者的贫困、苦难和不幸冷漠的阶级。一个阶级通过迫使另一阶级去承受社会的所有重负来垄断物质方面和精神方面的好处，诸如，教育和文化。资产者并不是通过自己的劳动，而是通过剥削工人的劳动力来聚集财富和文化享受。

试图从这些段落中推出一种马克思主义观念，这可能会同如下这种基础性看法相反，即，马克思不一定会把合乎上述描述的社会视作不正义的。为避免先入之见，首先不应该断章取义。而一些马克思的阐述者，诸如罗伯特·塔克和艾伦·伍德，断言马克思认为资本主义是正义的。他们的这一观点主要是建立在一个单一的段落上，在这个段落中，马克思似乎说到，剩余劳动的占有，即对劳动力的剥削"对买者（劳动力的购买者，资本家——译者注）是一种特别的幸运，对卖者（劳

---

① 《马克思恩格斯选集》第2版第1卷第153页。
② 《马克思恩格斯全集》第2版第44卷第685页。
③ 《马克思恩格斯全集》第2版第46卷第928页。

动者— 译者注）也决不是不公平"。①

为了使人信服，塔克和伍德承认马克思思考了资本主义剥削，但他们归给马克思的观点是，资本主义剥削并未否认资本主义是正义的。但实际上，他们所依凭的基础却是虚假的— 它出现在马克思清晰地讽刺资本主义的语境中。马克思在这一有争议的段落之后，紧接着把剩余劳动的占有刻画为一种"戏法"。他写道：

> 我们的资本家早就预见到了这种情形，这正是他发笑的原因。……戏法终于变成了。货币转化为资本了。②

塔克和伍德把这一没有真凭实据的语段从上下文语境中裁剪出来，其结果就是，难以弄清马克思把对劳动力的剥削说成是"诡计"的涵义。马克思在其他地方也使用了同样的且更为明确的语言，如在描述资本主义的剥削时，他使用了"抢夺"、"篡夺"、"盗用"、"抢夺"、"战利品"、"窃盗"、"夺取"和"诈取"等词汇。假如资本家掠夺了工人，那他占有的就不是直接属于他自己的，或他占有的是属于工人的。因此，说资本家在掠夺工人的同时又正义地对待工人是完全讲不通的。但塔克和伍德却在没有弄清楚对"戏法"的内涵和它的意义的情形下，难以自圆其说地认为，工人虽然遭到了剥削，但并没有被欺诈、被掠夺或受到不公正地对待。

对于从马克思全集中相互关联或接近相互关联的段落推导出一个正义的概念是否适宜，我暂不作判断。我现在要着手的是，在马克思的理论结构中，对资本主义不正义的问题做进一步的阐述。在这篇短文里，

---

① 《马克思恩格斯全集》第 2 版第 44 卷第 226 页。
② 《马克思恩格斯全集》第 2 版第 44 卷第 226 页。

我的要务是弄清马克思在这个问题上的立场，而不是去评价它的正确性。

一、问题

马克思在他的成熟期的著作中，最大限度地发展出了有关资本主义社会条件下财富和收入分配的经验理论。[①] 他说，每一种生产方式都包含着与其相对应的分配模式。实际上，每一种生产模式都包含两种基本的分配类型：（1）生产工具（或生产资料）的分配；（2）年度社会产品（或年度收入）在社会成员的分配。

马克思关于分配正义问题的处理，最著名的篇章就是《哥达纲领批判》。在论述劳动者收入的内容中，马克思就提出公平分配应包括两个原则：按劳分配和按需分配。这两个标准适用于无产阶级或无产阶级政党。马克思还指出，这两个标准将在资本主义以后的社会得到实现。

决定马克思是否认为资本主义是正义的问题，似乎首先是以这两个分配标准去衡量资本主义的财产和收入的分配问题。但马克思的道德社会学提出，道德是存在于某一特定的社会环境的。我们想知道的是，以资本主义之后的标准或无产阶级标准来衡量资本主义实践，对于马克思学说来说是否合理。在这一问题内，有两个问题需要辨明：第一，假如与其道德社会学保持一致，那么马克思能否在评判资本主义的分配时使用无产阶级的标准或资本主义社会之后的标准？第二，

---

① 特别是《1857—1858年经济学手稿》中的"导言"和《资本论》第3卷第51章中的"分配关系和生产关系"。

马克思尽管强调一致性，但在评价资本主义分配时，他是否或明或暗地使用了这两个标准？

二、马克思的道德社会学和马克思的道德理论

道德社会学是马克思历史唯物主义的一部分，也是他试图以历史观对道德观的社会起源进行解释的目的所在。

按照马克思的观点，上层建筑的要素——无论是政治观、法律观或道德观上的意识形式，还是诸如国家一样的机构——都是由两个层次来决定的。一是生产方式（或社会的类型），另一是他们所代表的阶级利益。道德观随着生产方式的变化而变化。在任何一种生产方式条件下，道德观的类型总是由社会阶级结构决定，并由其阐释。因此，要解释规范社会学理论，就首先必须确切地说明社会中存在的生产方式，然后说明社会里的社会阶级，以及被关联着的规范。

一个社会的分配制度可以通过一个不同于主流（或占统治地位）的正义标准来衡量。被剥削阶级，如，无产阶级，就形成了一种不同于资产阶级标准的正义观，并得出了对现存生产资料分配和收入分配的否定性评价。相似地，资产阶级有反映他们自身利益和阶级地位的自由、平等观念。而无产阶级和他们的知识分子代言人却形成了另一种自由、平等观念。尽管统治阶级趋向于建立他们理念的和理想的霸权，但以不同的价值理念和理想评判社会，这依然是可能的。

在马克思的说明中，无产阶级和他的代言人运用无产阶级的正义标准来批判资本主义的分配，这是有效的。伍德和塔克由于未能注意到上层建筑的要素，如，正义观念，受两个层次的决定，因而曲解了马克思的道德社会学。由于只注意到规范的社会决定，而忽略了规范的阶级决

定，他们便由此认为，对马克思来说，规范与生产方式相适应时，它是正义的；而当它与生产方式不相适应时，它就是非正义的。

这样一来，塔克和伍德就把马克思的道德理论降格为马克思的道德社会学，并归之于马克思。究其实，这是一种改头换面的道德实证主义。他们深信，对马克思来说，在评价生产方式的制度的正义方面，唯一可以有效运用的就是与该生产方式相适应的规范。

塔克和伍德依据他们的论述得出，马克思认为奴隶制、农奴制和工资劳动制各自在奴隶社会、封建社会以及资本主义社会都必然是正义的。而且，说奴隶制对奴隶来说是无效的和非理性的，就如同说现代的生产条件对一个现代的无产者来说是不正义的；既然这些条件在总体上是由奴隶制和工资劳动制度决定的，那么，这些制度就与他们各自的生产方式是相适应的。

塔克和伍德的阐释使被压迫者不能批评他们所处的生存状况的不正义，但马克思的道德社会学对此的批判却是可能和深广的。而且，塔克和伍德说，马克思对资本主义的批判，至少有一部分，是基于资本主义社会的不平等和不自由。但是，如果正义适用的唯一规范是与这种资本主义生产方式的一致，那么相应地，平等和自由的唯一适用的规范也一定是与这种生产方式相一致。因而，塔克和伍德的立场意味着，马克思不能有效地批评资本主义的自由为不自由，以及资本主义的平等为不平等。因为一旦这样做的话，就预设了马克思所使用的自由标准与平等标准是与资本主义生产方式不一致的。但是，无论是塔克还是伍德都不能在这个问题上发现马克思的不一致之处。而且事实上，也不可能有。他们观点所存在的问题是，他们认为马克思论述规范时仅联系生产方式，但事实上，马克思还联系了生产方式内的各社会阶级。

是资本家看到剥削中的正义，而不是马克思或有阶级意识的无产者。在被压迫阶级的一般意识中，不管是古代的奴隶，还是资本主义的无产者，都是因为主观条件（除了客观条件）被破坏而走向推翻这些社会制度的。这就是说，奴隶以一种规范，以一种与奴隶所有制社会的生产方式不一致的人的观念或与奴隶主利益不一致的人的观念，审视了他们生活中的情形。这使他明白，作为一个人，他是与奴隶主平等的，没有什么正当理由要使他成为另一个人的财产。无产阶级，随着其阶级意识的发展，也以与资本主义生产方式不一致的标准来评价资本主义。他判断，以私有财产制加在他身上，从而导致劳动能力与劳动工具或劳动的实现条件（生产工具）的分离，这是"不合适的"；他劳动的产品是他自己的产品。

关于马克思的道德社会学还可以说很多，但我限定自己只说两点。第一，上层建筑的要素，包括道德观，并不是附带现象。第二，虽然马克思没有明确处理理念和价值的社会起源与它们的真实性、有效性或道德可性之间的关系，但他的理论实践却没有使这两个问题陷入混乱，而是格外清晰。我们可以做出这样的概括，对马克思来说，正义原则的可性必须通过证明来解决。与他的道德社会学相一致，马克思可以有效地运用无产阶级标准或者资本主义之后的标准，包括正义的标准，去评价资本主义。我现在转向检视他的正义原则。

三、马克思的分配正义原则

在共产主义的早期阶段（即马克思主义著作中的"社会主义社会"），分配正义能被概括为这样的原则——按劳分配。

第一阶段的公平分配包括两个原则：（1）平等权或者待遇平等的形式原则和（2）依据劳动贡献的比例获取报酬的实质原则。所有的个体都同等地被看为工人。但是他们的身体和智力的不同使他们做出不同的生产贡献并且接受不同的报酬。然而，任何人都不应该从这一不平等的报酬理论得出这样的结论，即马克思正在提升不平等理论，甚至已将其提升到道德原则的水平上。他说道："随着阶级差别的消灭，一切由这些差别产生的社会的和政治的不平等也自行消失。"① 社会主义社会意味着要消除社会的和政治权力的不平等。甚至即使生产者的报酬在算术上是不平等的，收入的差别也不可能巨大，因为社会将会满足诸如在教育和身体保健等方面的社会需要，并从社会产品中扣除一部分去满足"并随着新社会的发展而日益增长"的需要。② 更进一步讲，这种用于社会需求的扣除额超过了消费（或收入）的分配。马克思明确地不赞同广泛的收入差别，因为他认为这种差别会导致社会阶层的形成；他主张，应从社会的结构层面将这种社会阶层废除。如果一个社会主义社会在一定的程度上允许广泛的收入差别来支持社会的统治者而牺牲社会的需要，那么它就偏离了马克思关于社会主义社会的正义准则。

社会主义的分配正义标志着比资本主义在财富和收入上的分配的进步，但是马克思补充说，这种进步是建立在废除"缺陷"的基础之上。进步至少是两方面的。第一，通过废除生产私有制，社会主义建立起了以废除不对称的权力关系以及和社会地位、特权相联系的不平等的平等权原则。社会主义"不承认任何阶级差别，因为每个人都像其他人一样只是劳动者"。③ 生产者依据他们的生产贡献获取收入，没有人像在资本主义社会下那样凭借生产资料所有者的身份获取收入。"除了自己的

---

① 《马克思恩格斯选集》第 2 版第 3 卷第 311 页。

② 《马克思恩格斯选集》第 2 版第 3 卷第 303 页。

③ 《马克思恩格斯选集》第 2 版第 3 卷第 305 页。

劳动，谁都不能提供其他任何东西……除了个人的消费资料，没有任何东西可以转为个人的财产。"① 第二，社会主义结束了阶级剥削。来源于社会生产的净余额是联合的劳动者为了满足他们共同的需要而生产出来的。这些剩余以一种变更了的形式回报给它的生产者。在资本主义制度下，社会产品中的净余额归属于私人生产资料所有者，并被他们用来投资在那些被认为能够获利的地方和用于支付生产者。联合起来的劳动者则对生产资料和社会产品建立起了一种理性的、集体的控制，并且是为了社会福利的目的而使用它们。

依据马克思，社会主义正义是值得人们去渴望的。为了给每一位生产者建立平等权，社会主义的正义要求对所有的生产者适用同一标准——劳动贡献。但是，社会主义的正义只看到了人作为劳动者的一面，而忽视了人的个性。他们"每个人都像其他人一样只是劳动者②。"为了认识这种评判，就必须注意到马克思伦理思考的方法基本上由对社会制度的道德评价组成，诸如，私人财产、社会地位和劳动分工。它审视人类个体在这些境遇下生活的结果，并评价这些与马克思的人的理念相对抗的结果。由某种社会制度或社会体系所预设的人的观念（例如，现代市民社会中自私自利的人）被描述、评价为与马克思自己的观念相悖。无论是含蓄的还是明确的，这种方法都与某种社会制度产生的特定类型的人和特定类型的人与人之间的关系相关，而不论这些类型在道德上是否可欲。社会的分配正义原则以及与之相配套的社会制度，把人仅仅看为劳动者，就是未能考虑到马克思所说的"整体的人"（totaler Mensch）。人远远不只是一个劳动者，他同时是一个有丰

---

① 《马克思恩格斯选集》第 2 版第 3 卷第 304 页。
② 《马克思恩格斯选集》第 2 版第 3 卷第 305 页。

富的物质需要和精神需要的人。他的最主要的需要是自我实现（Selbstverwirklichung）。简单地认为一个人是一个劳动者即是认为他是一个"抽象的人"。这个"抽象的"术语是马克思引自黑格尔哲学的术语，意思是偏袒的、单边的或内容贫乏的。发达的共产主义社会的分配正义使得需要得到满足——因此，个性完全发展——成为它的引导原则。为了克服这些缺陷，共产主义社会的分配正义原则表述为："各尽所能，按需分配。"①

这个分配正义原则的实现要以物质的丰富为先决条件，它一方面是生产力高度发展的结果，另一方面是自然、工作的条件以及人们对待工作的态度的转变结果。

在道德哲学中，为了阐明一个正义观念就必须连接到另一个道德概念是常见的。对于马克思，社会主义正义与平等紧密相连，而共产主义正义则与自我实现相连。这两个正义原则通过废除私有财产，以及对社会的现实条件实现理性的联合与控制的重要性的肯定而排除了剥削的存在。这种控制是自由的一个方面。

四、资本主义和按劳分配

我认为马克思可以有效地运用社会主义正义原则评价资本主义制度。资本家和工人之间的交易成为资本主义制度侵犯按劳分配原则的一个例证。根据马克思的观点，劳动者即使得到他们劳动力的全部价值，他们也是受到了不公正的对待。因为劳动力所创造的价值要比劳动力自身的价值多得多。劳动力商品的价值总是体现了一定数量的劳动，而这

---

① 《马克思恩格斯选集》第 2 版第 3 卷第 306 页。

一劳动量常常少于他被强迫的劳动量。劳动者被掠夺了这部分差额的劳动，也被掠夺了由他的剩余劳动所创造的价值。资本家的不正义就在于贡献与报酬之间的不等价，在于对劳动力的掠夺或剥削。然而，工人甚至没有获得劳动力的价值，而这包含更深的不平等和不正义。

根据马克思的经济学理论，劳动者以他的一部分工作日就创造了与他工资对等的价值，在剩下的那一部分工作日里，劳动者付出的劳动是"剩余的"、"没有报酬的"或"让渡的劳动"，也就是说，归资本家所有的剩余价值："工资只是代表已经得到报酬的劳动，而不是全部的劳动。"资本家从劳动者身上获得剩余劳动或剩余价值，并无偿侵吞的行为就是"剥削"。即使当劳动者得到劳动力商品的全部价值，他还是受剥削或被迫付出无偿的劳动。"这种剩余劳动是资本未付等价物而得到的，并且按它的本质来说，总是强制劳动，尽管它看起来非常像是自由协商议定的结果。"①

那么显然，资本主义违背了按劳分配原则。虽然劳动者得到了他劳动力商品的价值，但是劳动合同却是不正义的，因为劳动者没有得到与他所创造的剩余劳动力相对应的等价物。相反，在社会主义社会，自由联合的生产者决定社会生产中的扣除量，这种扣除量是社会需要的（是唯一有关平等分配的扣除量），它以一种改变了的形式返回到劳动者手里。马克思在道德上对资本家财产权的明显拒斥意味着，他把社会主义的正义原则应用在资本主义制度上面。以合法的形式对剩余价值的占有，这在马克思看来却是盗取和侵占。②

伍德推想的资本主义的正义的依据是马克思关于内在权利的那一语

---

① 《马克思恩格斯全集》第 2 版第 46 卷第 927 页。
② 《马克思恩格斯全集》第 2 版第 44 卷第 706 页。

段，但他忽视了马克思的讽刺口吻。他把马克思对交易的形式平等的论述变成了马克思对交易的正义的论述。伍德宣称："依据马克思，支付给工人的工薪一般是他劳动力的所有价值……这是一种正义交易，一种等价物与等价物之间的交易。"①

"正义"和"正义的交易"的表述在伍德所提及的文段中根本没出现过。但是，即使我们承认伍德对有疑问的那一段的解释，马克思对这一语段中的正义的"形式"特征的讽刺语调也应该引起伍德的留意。就像形式的平等和自由一样，这种正义将不断地产生出它的对立面。然而，伍德继续有根有据地说，根据马克思的意思，工人得到了他的商品的价值，或者说等价物在市场上得到了交换，所以可以得出结论说资本主义是"彻底正义"或"完全正义"的。伍德没有注意到，这里的"完全"，只是马克思在《资本论》第一卷的主要章节中，即解释剩余价值的产生那一部分中，所提到的一个作为简单化假设的"完全"。马克思假设所有的商品，包括劳动力，是按照他们的价值进行交换的，并接着指出剩余价值不是产生于流通领域或市场（通过低价买进和高价售出），而是产生于生产领域，在那里，劳动力被驱使生产剩余劳动。对工人的劳动力的全部价值的支付，并不能确保正义，因为工资仅是从工人那里偷窃来的部分剩余价值。伍德和塔克的相反说法是难以在马克思文本中获得支持的。在马克思的文本中多次重复的是，如果工人被剥削是由于工人被欺骗，那么剥削就不可能是正义的。伍德错误地宣称：

---

① Allen Wood, "The Marxian Critique of Justice", *Philosophy and Public Affairs* Vol. 1, No. 3 (Spring 1972), p. 262.

"资本家的剥削不是欺诈交换或经济上不正义的形式。"① 马克思说工资是"资本家阶级每年从工人阶级那里夺取的贡品的不可缺少的组成部分。如果资本家阶级用贡品的一部分从工人阶级那里购买追加劳动力，甚至以十足的价格来购买，就是说，用等价物交换等价物，那还是征服者的老把戏，用从被征服者那里掠夺来的货币去购买被征服者的商品"②。

事实上，马克思告诉我们的是，市场的平等、自由和私有财产权是平庸的政治经济学用以评价资本主义社会的标准。依据马克思，与科学的政治经济学相冲突的平庸的政治经济学，比如李嘉图，是分析了资本主义制度的一些表面现象，并以肤浅的理论和观念为资本主义制度进行辩护的。马克思总是拒斥或鄙视这种平庸的政治经济学。具有讽刺意味的是，伍德，马克思的敏感的阐释者，竟把市场的交易平等变成了马克思评价资本主义的标准，而马克思自身却是把它看作平庸的政治经济学评价资本主义的标准。

到现在为止，马克思假定工人得到了劳动力的全部价值，并且表示，在这种条件下，资本和劳动之间的交易仍是不正义的，因为这种交易是工人受到欺骗的不平等交易。现在，马克思放宽了这一假定，他告诉我们，工资在总体上低于劳动力的价值，它包含了劳动贡献和报酬之间的巨大差距和更深刻的不正义。

---

① Allen Wood, "The Marxian Critique of Justice", *Philosophy and Public Affairs* Vol. 1, No. 3 (Spring 1972), p. 278.

② 《马克思恩格斯全集》第 2 版第 44 卷第 672 页。

五、资本主义与按需分配

我先前曾论述过马克思能有效地运用按需分配的正义原则来评价资本主义社会。在马克思的描述中，资本主义社会是不正义的，因为它在制度上违背了这一原则。马克思并不认为资本主义不正义的原因在于它的生产制度的技术基础不能生产出满足人们需要的大量的物质需要，相反，他认为，资本主义不正义的原因是它不能在它本身的生产的可能范围内满足人们的需要，因而，违背了按需分配原则。他反对的不是技术基础，不是生产力，而是他们就业的社会方式，即生产的社会关系，特别是占有和分配年度产品的方式。

一个社会为了满足自身的需要，必须在普遍的生产效率水平下将可提供的劳动时间分配到需要的物品和服务的生产上。但资本主义"没有自觉地调节生产"，资本主义的特点体现为个体生产方面的理想规划和在社会生产方面的无序之间的冲突。它不是一个设计好的使供给与需求相符合的制度，而充其量是一个滞后的有缺陷的制度。当供过于求时，人的劳动和物质财富会被浪费掉；而当供小于求时，人们的需要则得不到满足。更为一般地说，在由无计划的社会生产导致的经济危机期间，资本主义浪费着人类资源和生产能力。这样的浪费影响了需求的满足。缺乏自觉的计划，不仅是一种不正义的状态，还是一种自从被解放后人类丧失自由的状态；人类必须理性地和共同地来把握共同生活条件，包括物质生产的条件。

资本主义直接指向的目的，不是人类需求的满足，而是剩余价值的生产。是利润，而不是需求的满足，决定着生产什么商品和商品的数量，并且决定着提供什么样的服务和以什么形式提供服务。

以上的论述清楚表明，资本主义的剥削和与之伴随的收入分配，侵犯的不仅是社会主义的正义原则，而且因其不给予工人足够的收入以满足他们的需要而违背了共产主义的正义原则。塔克和伍德宣称，对于马克思来说，剥削和非正义是可以分离的，这种说法难以立足。剥削和正义是不相符的、不一致的。共产主义的正义有助于人的自我实现，而资本主义的不正义却使这成为不可能。

六、再分配手段

马克思认为工人工资的提高——和资本主义的剥削程度的降低——只会在一个有限的范围内，并最终由维持资本主义制度的需要，特别是由保持资本积累的需要来决定。"在一种不是物质财富为工人的发展需要而存在，相反是工人为现有价值的增殖需要而存在的生产方式下，事情也不可能是别的样子。"[1]

尽管工人工资的增加被有意限制，马克思还是支持在资本主义社会下的收入再分配措施。他拒斥把全盘肯定或全盘否定的原则作为工人阶级的政治运动的策略。这样的原则与无政府主义相连，它的目的在于"政治冷漠"或"远离政治"。[2] 它的实践含义是要维持对工人阶级的剥削；而没有削弱剥削，就谈不上革命。与此相反，马克思却认为革命以及为改革而进行的斗争是必要的。意识到自身在生活中的地位，意识到自身所赖以生存的社会制度的本质以及所扮演的历史角色，凭借独立的贸易工会和政党组织，工人阶级可以不致成为改良主义者而是为改革而

---

[1] 《马克思恩格斯全集》第 2 版第 44 卷第 716—717 页。
[2] 《马克思恩格斯选集》第 2 版第 3 卷第 229—234 页。

斗争。也就是说，在"取消工资制"的运动中不会失去他们的最终目标。在福利国家产生将近 100 年前写下的《共产党宣言》中，马克思和恩格斯就开列出了 10 点过渡性计划，其中包括诸如重累进税的渐进措施、废除继承权和普及教育等。① 在《工资、价格和利润》一书中，马克思极力提倡组织起来的工人们和雇主之间的谈判，以确保工人至少能获取他们劳动量的价值。② 在《共产主义者同盟中央委员会告同盟书》中，马克思提倡不断扩大的公共费用应由个人负责；为了使财富的分配发生变革，尽量把生产力、交通工具、工厂、铁路等等由国家集中掌握。③

马克思提到的再分配财富和收入的所有措施，都几乎是在瞄向资本主义的基础的同时，要求减轻对工人阶级的剥削或减轻对工人剩余价值的榨取。伍德把马克思描述成为这样一位学者：认为把资本和剩余价值分离、结束资本主义剥削的任何资本主义改革都将使工人在最为正直和明确的改良形式中成为非正义的。他们会以最明显的方式侵犯那源于资本主义生产方式的私有财产权，并建构出与资本主义生产方式根本不相容的分配制度。④

但是，马克思从没有把他的精力花在这些权利上。正是资本主义的私有财产权制度才使工人遭受剥削或非正义对待。马克思不是资本家所有权的代言人，而是工人阶级的代言人。

---

① 《马克思恩格斯选集》第 2 版第 1 卷第 293—294 页。

② 《马克思恩格斯选集》第 2 版第 2 卷第 91 页。

③ 《马克思恩格斯选集》第 2 版第 1 卷第 374 页。

④ Allen Wood, "The Marxian Critique of Justice", *Philosophy and Public Affairs* Vol. 1, No. 3 (Spring 1972), pp. 268 – 269.

七、对资本主义的道德评价

伍德和塔克在处理资本主义的正义主题方面，把重心集中在马克思理论的解释性方面，并误解了马克思的评价性方面。当马克思解释为什么依据资本主义法权关系，剩余价值是合理时，他们把这种合理误以为是马克思自己的评价。这就是他们为什么相当错误地坚持说：对马克思来说，资本主义不是欺诈。马克思承认，出于简单化的目的，资本主义的占有不是对交换的经济规律或是资本主义的法权关系的侵犯，且又接着指出，这是不等价交易的结果。以社会主义的正义原则来审视，这是一个非正义的交易。部分原因是鉴于这个原则，马克思对资本主义社会表示悲哀，因为它欺骗了工人。的确，马克思不可能站在资本主义法权的立场来评价资本主义，因为，依据他的简单化设定，资本家经营不会违反资本主义的经济规律或法权准则。这一点再次表明了，对资本主义功能的解释是建立在资本主义制度的基础之上的，但马克思对其的评价却是站在自己的伦理立场之上。伍德的重要论断是，对马克思来说，"正义是从法权的视角对社会行为和社会制度的理性权衡"[1] 以及其要点是 " 政治权威或国家法律的领域是某一既定的生产方式的附属性要素之一"的观点是他的阐释的基本缺陷。[2] 它使伍德进一步把马克思归为统治阶层的立场和它的代言人，因为伍德未能意识到上层建筑的要

---

[1] Allen Wood, "The Marxian Critique of Justice", *Philosophy and Public Affairs* Vol. 1, No. 3 (Spring 1972), p. 273.

[2] Allen Wood, " The Marxian Critique of Jus-tice", Philosophy and Public Affairs Vol. 1, No. 3 (Spring 1972), p. 254.

素——诸如法权准则—— 有两层决定性标准，而依据马克思的观点，立基于生产方式之上的法律制度表达的是统治阶级的利益。

首先，马克思将会告诉伍德，所谓的法权观点是有害的抽象：是谁的法权观点？当然，资产阶级的代言人将会从资本主义的法权关系的立场评价资本主义实践，因为这些关系是针对代表资产阶级利益的私有财产权制度的表述。当他们这样做的时候，他们就像在劳动合同中把工资看成是劳动的价格；也就是说，他们认为整个工作日就是工人们的报酬。马克思都说资本主义的法权关系掩饰了对工人的剥削。因此，在任何基本观念上，马克思没有把他对资本主义的评价建立在这些法权观念上。如果马克思把他对资本主义的评价建立在这些关系上面，他就会从统治阶级的立场审视资本主义，并说资本主义是正义的；或者，他最多是通过展示资本主义实践与其法权观念不一致而对资本主义进行内在批判。马克思是做了后面的这种批判，但马克思对资本主义的批判比这还要根本：他拒斥资本主义的私有制及其法权表述。确实，伍德宣称马克思认为资本主义是正义的，这不会让人意外，他把马克思批判的标准硬塞给马克思，但依据马克思，这一标准是平庸的政治经济学家评价资本主义的标准，是对资本主义进行辩护的标准。这一正义交易的标准并不是一个法律标准。因而伍德多次强调，对马克思来说，正义是"一个法权或法律观念"，这是没有根据的。[①] 它是交易的经济规律，它阐明了商品在理想化的条件下，能以它们的全部价值交换，并且，作为其必然结果，劳动力是以其全部价值交换的。但是，那里没有资本主义的合法标准和要求。例如，桌子的所有者要求在交换时得到它的所有价值。

---

① Allen Wood, "The Marxian Critique of Jus-tice", Philosophy and Public Affairs Vol. 1, No. 3 (Spring 1972), p. 246.

没有一个资本主义法律标准，或劳动合同，要求工人必须得到他劳动力的全部价值。假如工人因为饥饿之故而签约并履行契约，那么从资本主义的法权观点来看，即使工人的工资明显地低于劳动力的价值也是正义的。资本主义的法律制度不可能成为马克思评价资本主义的观点。统治阶级确立了国家法律的领域并表达和保护着他们的阶级利益。马克思说，这样做将使法律减少正义和误导自己。马克思对资本主义分配制度的评价主要是在道德上，而不是法律上。他把资本主义看成是在根本上不正义的，因为，作为一个剥削制度，它不仅不是按劳分配，而且没有在生产的可能范围内满足人类的需要，更不用说生产者的所有需要。资本主义的分配安排处于分属社会不同阶级的个体在道德上的异议中，或存在于利益和负担有异议的分配之中。无产阶级，这个一无所有、占绝大多数的阶级，承担了社会最大的重负却享受着极少的好处。资产阶级，少数人的阶级，承担最小的社会负担却享受着最大的社会好处。资产阶级利用或使用着无产阶级。资产阶级的财产和收入分配的不正义是与其不平等联系在一起的：阶级力量和生存机会的不平等。资本主义不正义也是与不自由联系在一起的：工人被迫去出卖他的劳动力和付出剩余劳动；社会成员没有共同地、理性地控制公共生活的事务，特别是生产制度。

（本文编译自 Ziyad I. Husami 的论文"Marx on Distributive Justice"）

（林进平 编译）

马克思主义的正义理论[*]

〔加〕阿兰·桑德洛①

序　言

当恩格斯在他的论文《论住宅问题》中把正义的概念描述为"社会燃素"（Social phlogiston）时，他非常明确地表达了马克思主义传统中的一个难题，即贬低关于正义问题之讨论的重要性，而且最终消除这种思想。② 这种倾向依赖于把共产主义视为物质极大丰富的社会：在共产主义社会，人与人之间的关系是坦诚的、和谐的——所谓坦诚就是社会需要和个人需要如同满足他们的方式一样是可知的，而和谐就是这些需要得到了满足或者至少是人与人之间彼此不相冲突。在这种社会，正义已显得多余了，而且这种社会的辩护并不依赖于自我实现和共同体的司法价值。这种观点在马克思主义思想传统中源远流长。这种观点在恩格斯的著名格言——在共产主义社会中"对人的政治统治应当变成对物

＊　本文选自《马克思主义与现实》2009 年第 6 期。

①　Alan M. Shandro 系加拿大劳伦森大学政府学系教授。

②　《马克思恩格斯选集》第 2 版第 3 卷第 212 页。

的管理"① ——得到了充分体现。这好像成了卢卡奇把"真正民主"的特征描述为"消除权利和义务之间的鸿沟"② 的理论根据,而且它让苏联法理学家爱娃格尼·帕苏卡尼斯(Evgeny Pasukanis)认为,"正义概念自身来自于交换关系,离开这一点,正义概念没有任何意义"③。最近,马克思主义伦理理论中涉及利益概念的论述已经萌芽,而且很多评论者把上述的内容看作是马克思主义关于正义概念的最终态度。艾伦·伍德注意到,阶级社会的出现将突出"国家机器和司法制度是社会的需求这一目的,在这种社会条件下,像'权利'和'正义'这样的概念自有其位置",因此他认为,在马克思主义的术语中,"正义不是而且也不可能是真正的革命性的概念"。④ 乔治·波林克特,同样宣称:"当马克思……说,只有在共产主义社会资产阶级关于权利的狭隘看法才能够被全面超越时,他的真实含义是正义原则应该被置之不理";它们将会变得毫无意义。⑤ 而理查德·米勒则把马克思描绘成为这样一个人,他把正义观念视为意识形态的幻想,这种幻想没有"任何基本制度所要求的真正的财产"基础,因此把它"作为一种对这些制度合理的、可

---

① 《马克思恩格斯选集》第 2 版第 3 卷第 609 页。

② Georg Lukacs, *History and Class Consciousness* (London:Merlin Press, 1971), p. 337.

③ Evgeny Pasukanis,La Théorie générale du droit et le marxisme (Paris:tudes et Documentation Interntionales,1970),p. 148.

④ Allen W. Wood, "The Marxian Critique of Justice," in Marshall Cohen, Thomas Nagel and Thomas Scanlon(eds.) ,*Marx ,Justice and History*, (Princeton:Princeton University Press,1980) ,pp. 3 – 41 ,p. 30.

⑤ George Brenkert, "Freedom and Private Property in Marx," in Cohen, Nagel and Scanlon(eds.) ,*Marx ,Justice and History*, pp. 80 – 105 ,pp. 90 – 91.

靠的批判工具"是不充分的。①

在艾伦·布坎南的《马克思与正义》（*Marx and Justice*）一书中，我们能够看到他对马克思主义的反司法解释是最令人信服、最透彻的说明。② 在这篇论文中，我想对就这种解释予以反驳，并考虑把布坎南的解释作为最重要的参考观点。通过对马克思所使用的正义及其他相关术语的简要讨论，我想表明，反司法解释的文本根据不具有决定性意义。因此，马克思主义如何对待正义概念的问题，应该通过对马克思的核心概念的逻辑考察进行更精确的表述。在这些思想中，人的需要和能力随着生产力的发展而历史地发展，这一点是非常合乎逻辑的。如果人的需要不是一成不变，而是随着生产活动的发展而不断形成和转变，那么我们对需要的理解必然受到限制；因此，我们不可能知道，我们的需要是否会与别人的需要发生冲突以及它将以什么方式发生冲突。为了解决这种潜在的争论，一种正义概念就是必然的。我将论证，即使是在马克思的共产主义高级阶段，那种认为作为人的消费方式的基本需要大体上得到了满足、生产活动本身也变成了一种基本需要的观点也仅仅是一种个案。不管是被理解为一种促进共同体的需要，还是被理解为一种创造性的自我实现的需要，生产活动的需要都要求通过物质工具得以满足，并因此产生关于分配的争论。在既定的需要的历史发展条件下，这些潜在性是否会成为现实并不能被事先认识到。历史唯物主义的逻辑排除了共产主义社会实现的可能性，因为非常明显的事实是，在共产主义社会要

---

① Richard W. Miller, *Analyzing Marx: Morality, Power and History*, (Princeton: Princeton University Press, 1984), p. 79.

② Allen E. Buchanan, *Marx and Justice: The Radical Critique of Liberalism* (Totowa, New Jersey: Rowman and Littlefield, 1982).

求一种正义概念就是多余的——这种社会条件下需要和满足需要的方式都是可知的。

虽然这一论断揭示了马克思主义正义理论的需要，但是它对这种理论的本质并没有说出实质性内容。不管是马克思偶尔流露的对正义话语的轻视，还是频繁地求助于与剥削相关的话语，都不等于它包含一种充分的正义理论。我并不能通过处理马克思在反司法论述方面存在的困难来填补这一理论空白，而是希望阐明正义概念在什么地方能够适合马克思主义价值话语的语境。这种解释并不能让我们充分理解马克思思想中关于自我实现的首要价值与共同体之间的联系。我认为，青年马克思关于类存在的概念提供了一种关于需要的解释，在这种解释中，自我实现和共同体并不是关于人类的善的两种毫不相干的标准，而是构成了关于善的单一的复合型概念。但是这种善并没有对诸多价值之间的紧张关系提供保障性的解决途径。相反，它与大量的制度设计相一致，而且要求用一种正义的概念来详细解释这种设计。这意味着，一种马克思主义的正义概念并不是去为"一系列最好的"制度安排进行辩护；毋宁说，这样一种概念的精确意义将会随着历史环境的改变而变化，在这种历史条件下，类存在已经得到实现。由于共产主义社会的制度结构将在阶级斗争历史中的呈现出来，所以马克思主义者有充足的理由去关注工人阶级的运动经验，以期把正义理论解释清楚。

马克思主义和正义：问题之所在

在开始对马克思的反司法解释进行进一步考察之前，我们需要暂时停下来先考虑考虑，在这种解释中，我们是否可能对讨论的问题产生了误解。毫无疑问，它可以被反对，但反驳这种似是而非的观点是白费气力：马克思《资本论》的每一页难道没有让人们对资本主义剥削极为愤怒吗？难道没有让人们对资本主义社会中工人阶级的处境极为愤慨吗？如果马克思不拥护正义概念，那么我们怎么解释上述问题呢？我们将在下文讨论马克思对剥削的批判，但不可否认的是，他对资本主义的强烈谴责是具有道德力量的。但是，这种反对观点的最初力量来自于对正义和权利话语的普遍使用，而不是由于细致的概念分析。当我们表达我们的愤怒时，我们一般都把我们谴责的对象解释为它侵犯了权利或违背了正义原则。但是这种做法并没有建立在一种必然联系上。我们之所以愤怒可能是基于美学的考虑，因为资本主义经常性的野蛮行径严重破坏了我们的自然环境和社会环境，而这种反应是 19 世纪对资本主义进行保守批评的一种特征。愤怒也可能是由于人们自我实现能力受到严重影响造成的，因为不管是作为家庭成员、朋友、同胞，还是无产阶级，只有通过这种能力，人们才能够实现认同感。更笼统地说，没有权利基础的善概念的崩坏可能导致愤怒的情绪的产生。因此，在愤怒（甚至是道德愤怒）与不正义之间没有必然联系。马克思关于资本主义社会革命转型的强烈承诺可能是基于其他考虑而不是正义等概念。

马克思一贯拒绝根据正义来表达自己对资本主义的批判，而且不止一次对采取这种做法的其他社会主义思潮进行冷嘲热讽。他在《国际工人协会成立宣言》中用自信的措辞结束他的演讲——工人阶级应该"努力做到使私人关系间应该遵循的那种简单的道德和正义的准则，成为各民族之间的关系中的至高无上的准则"①；但他向恩格斯抱怨说，他被迫在他的手稿中加入这样的措辞，而且只能用这些字眼来处理，

---

① 《马克思恩格斯选集》第 2 版第 2 卷第 607 页。

"但是，这些字眼已经妥为安排，使它们不可能为害"①。马克思把他的批判火力转向了"资产阶级法权"和"永恒正义"等概念，这是确凿无疑的。这种攻击不仅把资产阶级的不充分的理念形式作为靶子，而且以拒斥正义理念作为前提，这在《哥达纲领批判》中通过将之谴责为"凭空想象的关于权利等等的废话"②就暗示了这点。

在他的早期论文《论犹太人问题》中，马克思用类似的风格写道，"所谓的人权……无非是市民社会的成员的权利，无非是利己的人的权利、同其他人并同共同体分离开来的人的权利"③。这似乎说明了一种观点，即权利只对资本主义社会中的那些人而言才是必然的和有价值的，权利无论在形式上还是本质上都是资产阶级的，一旦资本主义的对抗性质被超越之后，它就可能随着对它们的需求的减少而逐渐消失。因此，正义话语本性上就是一种关于虚伪意识的习惯用语，马克思努力把它从工人阶级运动中剔除出去。基于这一解读，马克思在《国际工人协会成立宣言》和《关于普法战争的第一篇宣言》的开头两次提到的"那种简单的道德和正义的准则"④以及马克思为了替巴黎公社辩护而在《法兰西内战》中引用的关于无产阶级权利和义务的观点，必须被理解为一种策略上的权宜之计。但是这听起来并不完全正确：没有证据表明，马克思前面的那部作品让他在后面两部作品的写作中由于这些抱怨而感受到同样的约束；实际上，随着我们对上述观点的概要解读，甚至这些抱怨也并不是一以贯之的——因为这种抱怨已经通过把"那种简

① 《马克思恩格斯全集》第 1 版第 31 卷第 17 页。
② 《马克思恩格斯选集》第 2 版第 3 卷第 306 页。
③ 《马克思恩格斯全集》第 2 版第 3 卷第 182—183 页。
④ 《马克思恩格斯选集》第 2 版第 3 卷第 15 页。

单的道德和正义的准则"替换为"不可能为害"的方式而得到了缓和。更基本的是，解读这些权宜之计所使用的素材与马克思所关注的工人阶级意识的升华并不完全一致。

另外一种解读是可能的：马克思对正义概念的嘲讽性评论可能被解释为，他对资产阶级正义的批判表现出的一种好辩式的夸张；正如他反对任何轻易地或不加批判性地把工人阶级运动依附在资产阶级的正义概念之上的做法一样，他也拒绝把正义理念刻画在无产阶级革命的旗帜上。这些解读看似有道理，但没有很强的说服力。而且如果单独对马克思有关正义的陈述作深入思考，也未必能够解决这一问题。马克思主义关于正义的态度只有在马克思核心概念的逻辑语境中才能得到更好的考察。

问题的界定：一种反司法的选择？

布坎南把马克思视为这样一位批判者，他不仅对资产阶级法权和正义的不充分性进行批判，而且还对这种法权和正义的概念进行了批判。布坎南是根据马克思的异化理论来看待这种批判的。根据布坎南的观点，异化概念是马克思批判资本主义关键所在：资本主义生产的目的是剩余价值的毫无节制的积累；生产者与他们的生产活动发生了疏离，劳动产品也是如此，这使得生产者的活动被别人控制了；由于资本主义竞争关系所导致的对价值的追求，使得所有人（不管是无产者还是资产阶级）在一切人反对一切人的战争中相互敌对。异化关系错综复杂的格局产生了一系列被扭曲的信仰，例如：商品和货币与各种社会关系分离而拥有了独立的价值，或者，资本主义各种关系呈现出贪婪的特征。

这种信仰与我们的欲望密切相关，而且用各种或隐或显的方式曲解了它们。因此，马克思批判资本主义社会不仅是因为它没有能力满足它所产生的那些欲望，而且因为资本主义社会扭曲了欲望的本质。由于他把人权仅仅看作一种保护在资本主义社会"所有人反对所有人的战争"中获得的战利品的方法，并将其视为对资本主义对抗性质的必然支持，因此对权利的否定就成了他的批判中不可或缺的部分。① 当西蒙娜·薇伊（Simone Weil）谈到权利概念时，她再次提到了这种否定性的看法，她认为权利概念"有一种市侩习气，它本质上导致了法律方面的要求和论证。人们总是以争辩的口气来主张权利；但是，当我们使用了这种语气，那么在这种背景下它必须依靠强力，否则它就会被嘲笑"②。

马克思认为异化是资本主义社会固有的现象。阶级对抗导致了相互竞争的权利主张，并因此产生了以正义诉求和权利宣称为特征的社会形势，在这种共产主义社会中，这种对抗将会消失，虚假意识的面纱也将被揭去。个人需要和社会需要将被清晰识别，二者将会得到圆满协调，社会成员不再需要站出来主张他们的权利。实际上，人们将不再需要自己看作是权利主体，而且在一定程度上，我们尊重人的概念与把人视为权利主体的观念是紧密相关的，如此一来，人们再要求尊重自己就显得多余了。③

以上所述的就是布坎南眼中的马克思。这种陈述依赖于一种唯物主义的意识概念，因为生产关系的革命转型是认识这种未被扭曲的需求的

---

① Buchanan, *Marx and Justice*, Chap. 2.

② 转引自 Robert Young, "Dispensing with Moral Right," *Political theory*, 6 (1978), p. 68.

③ Buchanan, *Marx and Justice*, Chap. 4.

关键，这种未被扭曲的需求又是各种需求和谐共处的前提。通过区分扭曲的和未被扭曲的需求，布坎南开辟了一条与马克思主义关于需求之历史特征的理念相适应的理路。但是，他不可能走得更远。马克思认为，不但在不同的历史阶段有不同的需求，而且这些需求会随着人类活动而不断发展，并且从历史角度来看，它会随着生产力的发展而不断膨胀，需求的满足反过来又为发展提供进一步的动力："已经得到满足的第一个需要本身、满足需要的活动和已经获得的为满足需要而用的工具又引起新的需要，而这种新的需要的产生是第一个历史活动。"① 因此，辩证地看，这并没有固定的终点。人类需求和能力扩张的过程是马克思主义历史观的指导思想；实际上，对于人类的好生活而言，无论从内在看，还是从工具角度看，需求都是基本的。注意这个术语，马克思利用它反驳李嘉图（Ricardo）的生产经济学：

> 如果像李嘉图的感伤主义的反对者们那样，断言生产本身不是目的本身，那就是忘记了，为生产而生产无非就是发展人类的生产力，也就是发展人类天性的财富这种目的本身……"人"类的才能的这种发展，虽然在开始时要靠牺牲多数的个人，甚至靠牺牲整个阶级，但最终会克服这种对抗，而同每个个人的发展相一致；因此，个性的比较高度的发展，只有以牺牲个人的历史过程为代价。②

马克思当然希望人的需要和能力的膨胀过程能够在共产主义社会继续高速发展，毕竟他把共产主义社会看作是人类历史的真正开始而不是结束。

----

① 《马克思恩格斯选集》第 2 版第 1 卷第 79 页。
② 《马克思恩格斯全集》第 1 版第 26 卷（中）第 124—125 页。

这是我与布坎南分歧的关键所在。但在对这一点进行深入分析之前，需要澄清在我们之间的分歧中哪些确实是值得考虑的问题。首先，布坎南注意到，在马克思的共产主义社会中，权利的缺席并不意味着自由的缺失——我们习惯上把它与权利联系起来；但是如果对权利的论证不够充分，那么就不会有人记住这些自由本身就是权利，而且这些权利必须防止被侵犯。其次，布坎南视野中的马克思不认可这种观点，即在共产主义社会，特殊权利——这些权利可能来自于特殊的自愿性的活动，比如许诺，也可能来自于特殊的关系，比如亲子类的关系等——会被排斥在外。他所关注的主体是普遍权利——比如人权或民主政治权利——的消失，而与特殊行动或关系毫不相关。最后，布坎南并不关心概念——比如，在柏拉图的《理想国》中提出的（正义）概念就是证明，它把正义描述为一种和谐的秩序，能够从社会的基本制度安排中自发产生。正义的原则符合（法院）的判决或（法庭上的当事人双方的）抗辩等特征——他认为马克思对正义原则的取代是做得最好的。正义原则的功能是为相互竞争的个体和群体之间的权利主张构建基础。[①] 因此这里的问题是，这种原则在共产主义社会是否重要。

这一问题最好的解决路径是考察一下针对布坎南可能存在的反对意见。当马克思避开正义话语时，他系统地描述了资产阶级与无产阶级之间的关系，把剥削描述为"偷窃"、"掠夺"、"夺取贡品"。确实，这些字眼似乎暗示它涉及正义的标准。毫无疑问，以剥削为基础的劳动价值理论一定提供了一种马克思主义的正义概念。在我看来，布坎南对这些反对意见的回应构成了对他的论点的强化。他顺着下面的思路曲解了马克思：资本主义产生了自身的正义标准，据这一标准，市场上的商品交

---

① Buchanan, *Marx and Justice*, pp. 81 – 85.

换是公正的，因为具有自己自由意志的买卖双方进入市场，用等价物交换等价物。而且从市场角度来看，"这个领域确实是天赋人权的真正乐园"①，劳动力的买卖是无可指责的。如果工人创造的价值大于他的劳动力价值，那么商品的价值就能维持他的生计，"这种情况对买者是一种特别的幸运，对卖者也绝不是不公平"②。

但是如果超越商品交换的狭隘观点，而把资本的生产和再生产过程视为一个整体来考虑，同样的交换过程就既不自由也不平等了。毋宁说，资产阶级系统地、强制性地从工人阶级创造的剩余价值中提取利润，成为阶级关系的必然表现形式。这种视角的改变并不包含着正义标准的改变，而仅仅是在评价既定标准的使用时，我们的考虑范围有所扩大。劳动价值理论并没有说明马克思主义正义概念的独特性，但它能让马克思用资本主义的正义标准来反对资本主义。③ 这导致了对资本主义的内在批判，批评资本家并不能实现自己的承诺，批评了资产阶级的伪善。在布坎南看来，这种批判可能会浇灭人们对资本主义进行改革的热情，但是它不会、也不可能为社会的革命转型所需要的政治谋划提供理论方案。因此，它不能为共产主义社会构建法律基础。

共产主义社会：超越正义？

这种分析通过马克思流传最广的著作《哥达纲领批判》对共产主义社会含义稍微有些隐晦的描述而得到确认。这份文献产生的时机是

---

① 《马克思恩格斯选集》第 2 版第 2 卷第 176 页。

② 《马克思恩格斯选集》第 2 版第 2 卷第 185 页。

③ Buchanan, *Marx and Justice*, pp. 51 – 60.

1875 年德国社会民主党派中的拉萨尔派和爱森纳赫派搞了令人担心的合并活动。马克思对爱森纳赫派领导人——他们在政治上与马克思恩格斯是同盟——所做的这种妥协让步以及费迪南德·拉萨尔的影响表示强烈抗议,拉萨尔这位激进的作者和鼓动家对德国最近的工会运动的形成和指导提供了意见。马克思尤其反对哥达纲领对分配而不是生产的强调;列举了哥达纲领对拉萨尔的附和,拉萨尔呼吁生产者的劳动所得应不折不扣地根据平等的权利而属于社会一切成员。各种各样的劳动价值理论都鼓吹劳动产品应该完全属于生产它的工人,这种论点在当时激进的工人队伍中是非常普通的。①

马克思这种分析观点构成了他对共产主义社会特征的描述。他反对拉萨尔派对分配的重视,并就声称,在消费得到满足以前,共产主义社会的总产品必须补偿消耗掉的生产资料、用来扩大生产的追加部分,以及用于应付不幸事故和自然灾害等的后备基金或保险基金。为了反对拉萨尔提到的个人主义,他声称还需要从社会产品中进一步扣除一般管理的费用和用来满足共同需要的费用——如教育、公共医疗等等,并为丧失劳动能力的人设立基金。马克思不无讥讽地说,在转移到私人消费领域之前,这种"不折不扣的劳动所得"已经变成大打折扣了。他实际上是在论证,在共产主义社会,产品并不服从于交换,"个人的劳动不再经过迂回曲折的道路,而是直接地作为总劳动的构成部分存在着",因此"劳动所得"这个短语便会失去意义。②

---

① 例如,我们可以参考汤普森所著的《英国工人阶级的形成》一书第 16 章,尤其是第 778—779 页和第 829 页。(E. P. Thompson, *The Making of the English Working Class*, New York: Vintage Books, 1966)

② 《马克思恩格斯选集》第 2 版第 3 卷第 303 页。

只在这一点上，马克思说明了共产主义社会中个体生产者的消费方式的分配问题。在解决这一问题之前，"它在各方面，在经济、道德和精神各方面都还带着它脱胎出来的那个旧社会的痕迹"。为了与过渡时期的局限性相适应，他建议"每一个生产者，在作了各项扣除之后，从社会领回的，正好是他给予社会的。他所给予社会的，就是他个人的劳动量"。他注意到，"就它是等价交换而言"，这里通行的是调节商品交换的同一原则，因此"在这里平等的权利按照原则仍然是资产阶级权利，虽然原则和实践在这里已不再互相矛盾……但这个平等的权利总还是被限制在一个资产阶级的框框里"。① 换言之，在共产主义社会早期阶段，劳动价值理论的真正实现虽然并没有充分体现马克思关于共产主义观点的观点，但真正体现了马克思主义的正义概念。马克思对资产阶级平等权利局限性的分析需要详细引用：

> 生产者的权利是同他们提供的劳动成比例的；平等就在于以同一尺度——劳动——来计量。但是……这种平等的权利，对不同等的劳动来说是不平等的权利。它不承认任何阶级差别，因为每个人都像其他人一样只是劳动者；但是它默认，劳动者的不同等的个人天赋，从而不同等的工作能力，是天然特权。所以就它的内容来讲，它像一切权利一样是一种不平等的权利。权利，就它的本性来讲，只在于使用同一尺度；但是不同等的个人（而如果他们不是不同等的，他们就不成其为不同的个人）要用同一的尺度去计量，就只有从同一个角度去看待他们，从一个特定的方面去对待他们，例如现在所讲的这个场合，把他们只当作劳动者，再不把他们看作别的什么，把其他一切都撇开了。其次，一个劳动者已经结婚，另一个则没有；一个劳动者的子女较多，另一个的子女较少，如此等等。因此，在提供的劳动相同、从而由社会消费基金中分得的份额相同的

---

① 《马克思恩格斯选集》第 2 版第 3 卷第 304 页。

条件下，某一个人事实上所得到的比另一个人多些，也就比另一个人富些，如此等等。要避免所有这些弊病，权利就不应当是平等的，而应当是不平等的。①

这一段具有高度的启发性。它意味着，正义"以同一尺度来计量"，"就它的本性来讲"不足以克服共产主义社会第一阶段的资产阶级的局限性——"权利就不应当是平等的，而应当是不平等的"。把它作为一种尺度标准，平等权利的缺点在于它被认为就应是如此，这似乎意味着一种在任何条件下都要实现的实质平等——真正的平等应该被看作是形式平等的前提和尺度。

但与此同时，马克思坚持个体之间是不平等的，因为他们是有差异的个体；根据个体已有的平等和能力，从任何既定标准以及程序来考量，他们都是不平等的。这就意味着，作为共产主义者所渴望的理论表述，真正的平等既不可能，也不可欲。这种矛盾来自于马克思对平等权利的分析形式，来自于他的批判的内在特征。我认为，这个矛盾是根本性的，而这意味着，社会具有明显的缺陷，因为当根据个人天赋对人类进行区分时，个体的这种天赋就会作为一种标准而有效地发挥作用。天赋所造成的人类的平等或不平等问题实为阶级社会的产物，是人类真正历史开始前的时代产物。在马克思构想的社会，平等权利的束缚应该被抛弃，全面发展的个体阐明的是优秀标准的多样性（这是一种潜在的无限可能性）。他把这样一种社会看作是个人天赋不再会制造根本差异的社会。

马克思认为，这种社会在共产主义初级阶段将从原来社会发展的基础上继续发展。这种发展让我们看到个体的解放：与"迫使个人奴隶般

---

① 《马克思恩格斯选集》第 2 版第 3 卷第 304—305 页。

地服从分工"相伴生的"脑力劳动和体力劳动的对立"随之消失了；劳动从"仅仅是谋生的手段"转变为"本身成了生活的第一需要"；"随着个人的全面发展，他们的生产力也增长起来"，"集体财富的一切源泉都充分涌流"。只有当社会发展到共产主义的高级阶段，"才能完全超出资产阶级权利的狭隘眼界，社会才能在自己的旗帜上写上：各尽所能，按需分配！"①

布坎南注意到，马克思通过长篇大论反对"凭空想象的关于权利等等的废话"，因此，共产主义社会旗帜上所写的并不能被理解为共产主义的正义原则——在马克思的思想里，并没有把它描述为一种人们应该如何行为的灵丹妙药，而仅仅把它作为共产主义社会中人们实际行动的指南。② 在马克思一定的前提条件下，布坎南的解读猛然一看好像非常合理。人们的消费需求将会增长，但生产力也会随之增长。共产主义社会的成员将不再是从其他人的权利所施加的义务感出发而劳动，而是因为劳动成了他们的内在需要。但一旦对这种术语问题进行细致考察，布坎南的解释就不那么合理了。我将论证，即使在这些前提条件下，马克思共产主义社会的高级阶段也需要正义。

正义与历史唯物主义的逻辑

首先必须提出的问题涉及基础性原则，即共产主义社会中不同个体之间的劳动分配如何因为这一基本原则而受到影响。如果一个人能够根据社会需求的生产要求而诉诸能力分配，那么这一问题就非常容易解

---

① 《马克思恩格斯选集》第 2 版第 3 卷第 305—306 页。

② Buchanan, *Marx and Justice*, p. 24, p. 58.

决。但是这种解决对于历史唯物主义来说是不可能的：不管是需要还是能力都是变化和发展的；我们通过活动来培养新的能力；潜在的能力随着新的发明而得到开发；当我们发现新的享受时，需求就会更加丰富。当需求和能力都与生产产生联系时，这种联系本质上并不会提供一种基础，以使二者关系得到和谐、适宜的发展。马克思主义者对劳动分配问题的潜在反应可能依赖于这样一种思想，即共产主义社会的成员将是一个得到全面发展的个体，他能够而且愿意从各种生产活动中发展自己，并因此能够非常容易地从一个生产部门调整到另一个生产部门。虽然这听上去是前途光明的，但这种反应并不恰当。为什么呢？这可以通过对关于共产主义社会中个体需要的基础的深入考察得到明确。根据马克思主义早先认可的两种基本价值观——共同体和自我实现，马克思主义者对这一问题可能会有两种反应。

共产主义社会的个体把对共同体的爱作为根本动机的原因在于，我们假定他们拥有一种根深蒂固的、几乎是源自本性的利他主义——共产主义社会个体成员的需要与共同体的需要是紧密契合的。这就假定共产主义社会中的个人愿意——实际上是他们渴望——承担任何由于社会需要而委派给他的工作。这就是说，它假定每个个体对工作的具体性质完全漠不关心。在这一方面，它再次产生马克思所描述的那种资本主义机器大工业中的关系：机器的使用如何减少了对工人技能的要求，允许根据资本的需要把他们从一个工业部门抛到另一个工业部门；生产特殊使用价值的具体劳动屈服于抽象劳动，它创造出来的是普遍价值。当马克思认为这一过程为共产主义社会中多面手的出现准备了条件时，他也在尖锐地批判资本主义形式——它缺少对生产者雇佣劳动时间和条件进行控制，而资本的本性则导致生产者对随后的结果漠不关心。[①] 如果共同体的需要对于劳动分配具有至关重要的决定作用，那么共产主义社会的运行就与资本主义社会相似。共产主义就变成了一种集体的资本主义。这对于马克思的构想而言几乎是不可能的。

通过迎合社会的需要而得到工作上的满足，这来自于"为人民服务"这种认识，而不是来自他所实践的那些活动的内在本质，这种观念与马克思所描述的作为共产主义社会成员的个体很难取得一致，因为后者拥有一种为实现独特人格而进行自我活动的自主需要。这不一定非要含有这种隐含意义，即，要不是他们在充分发展自身能力的实践中有一种潜在的最高利益，共产主义社会中的个体对共同体的需要也会是漠不关心的。即使如此，一旦某人注意到人类创造性能力的锻炼需要物质工具，抑或是生产方式，这也可能会显示出，即使是在物质极大丰富的共产主义社会，生产劳动需要的完全满足也可能会导致资源紧张。

生产力摆脱桎梏束缚后的发展可能会提供一种解决满足生产性的自我实现的潜在冲突的方法。但似乎更可能的情况是，同样的生产的发展必然要求关注生产工具，而且在生产活动中消耗掉的资源也会相应增加，因此潜在的问题会更加复杂。而且在一定范围内，需要的主张依赖于他们已经认识到的需要能得以满足，通过追求利润而致力于人的需要和能力的发展所导致的社会结构的转型可能会导致向同一方向发展。这些相互矛盾的发展趋向如何在实践上得以解决并不清楚，马克思共产主义社会的固有概念中也没有什么特殊的发展形式。但是掌握这一过程所表现出来的困难表明，不管多么奢侈浪费，生产力的发展本质上并不保证解决自我实现方式的分配。

[①] 《马克思恩格斯全集》第 2 版第 44 卷第 560—561 页。

这一争论的结果并不是说，共产主义社会中的需要不会自然生成一种和谐关系。我的观点毋宁是说，既然在人的活动发展过程中，需要随着个体和历史的转变而转变，那么自我实现的方式的特征和前提条件就不会被精确的认识。而且如果我们不能完全掌握需要的形成和转换过程，我们就不能了解我们发生变化的需要是否得到协调。即使假定能够取得需要之间的协调，我们仍不能知道这种协调是否会保持下去。实际上，在需要的形成与满足需要所必需的资料生产之间，假定了这样一个预设，即，它认为不需要对这一情境有所认识，共产主义社会成员之间在需要方面就能够达成相互协调的关系。

这种假定"昂贵的"需要将会导致令人难以置信的影响的观点可能会被反驳。我试图通过区分基于经验的需要和仅仅是臆想的需要，来预先考虑这种反驳意见。我承认，这种区分是不严密的。但是在没有秘密引入正义概念之前，我找不到其他更严格的区分。问题的部分原因在于，我们倾向于把昂贵需要看作是特权阶层或行为怪异的人的自我放纵。但这绝不是必然的。无论如何，我的观点并不直接对共产主义社会中的需要是并行不悖的这一基本条件构成挑战——即只有在这种社会理想中，需要的形成才是个透明的过程。

因此，如果把马克思主义关于人类需要的历史发展的思想贯彻到底，那么就会得出这样的结论，即如果社会中个人和社会需要以及满足他们的手段都是众所周知的和透明的，那么这种社会就是不可能的。这意味着，关于资源分配的潜在的分歧绝对不可能被取消。如果这是事实，那么即使是在共产主义社会，为了解决可能发生的争执，正义原则也将是必需的。这种论点并不意味着，真正共产主义社会中的社会关系会立刻变得更加和谐，也不意味着与资本主义社会相比，共产主义社会求助于正义原则的可能性更小。但布坎南认为，在共产主义社会中出现的分歧不会严重到非要求助于回避了问题实质的正义原则。① 因为它对于如何解决这些分歧并没有提供实质性内容。它好像假设，要么争论中的一方并不真正需要存在反对意见，要么一方完全顺从另一方。第一种选择简单地把问题搁置了起来，而后者则把未解决的问题留给了那些尊重别人的人。

正义的语境：类存在

历史唯物主义关于人的需要转换概念，正如能够应用于任何人一样能够应用于共产主义社会，而且它意味着即使是这样的社会也会需要正义原则。虽然这并没有告诉我们这些原则将是什么，而且我也未能完善这种缺陷，然而，通过进一步考察布坎南对马克思所作的反司法解释所产生的问题，并通过考察由于详细解释自我实现与共同体这两种马克思主义的基本价值观之间的关系所导致的困难，我想表明，正义理论可能既与解释它的理论取向相符合，也与马克思主义的评价性话语的总体结构相适应。

在讨论共产主义社会过程中，出现了马克思主义关于通过生产活动而达致的自我实现的内在价值的判断与马克思主义对共产主义社会和谐生活所作的平等定位之间的紧张关系。正如我已经提到的，布坎南的解释仅仅在于通过超越阶级对立解决这种紧张关系。但在缺少社会需要等积极概念的情况下，这种解释仍保留了高度的个人主义特征。他并没有把握马克思关于共同体的重要性，因为他并没有解释他凭什么判断共产主义社会的个体需要是相互补充的，而不是简单认为它们之间并不冲

---

① Buchanan, *Marx and Justice*, pp. 60 – 64.

突。它与下述社会完全协调一致，即在社会中，成员之间保持冷漠和孤单，这是一种对卢梭式的自然状态进行"高科技"转换后的变体。这并不是说，布坎南暗示了这样一种值得怀疑的社会，而仅仅是说他并没有把这种社会排除出去。布坎南的马克思没有解释共产主义社会在整体上意味着什么。从柏拉图到迪尔凯姆（Durkheim），社会理论家在劳动分工方面已经形成了对社会整合的理解，但是这种解释并不能充分描述出共产主义社会的特殊特征（它是这样一个社会，在这个社会中"迫使个人奴隶般地服从分工的情形已经消失"①）。

一种关于共产主义之社会整合的马克思主义解释必定包含着共同体与自我实现之间的这种关系，也必定依赖于一种关于社会需要之本质的概念。这一概念的核心是青年马克思所持有的非常难以理解的类存在概念。马克思主义的异化理论所包含的不仅是布坎南解释中的三个特征（人与他或她的劳动产品的异化，与个人生产活动的异化以及与其他人的异化），而且还包括第四个特征，即人与他或她的类存在的异化。人的类存在概念把人的能力赋给了生产本质，在人的想象中进行塑造。与人的生产方式各不相同一样，作为自我意识的存在，我们促使人性的整体发展的能力能够让标准各异的全人类保持一致。② 马克思把类存在的异化建立在人的生产活动的异化基础上，并把它的理论优先性置于人与人的异化之前。这是很难理解的思想，因为当它把生产活动当作人性和人与人之间社会关系的根本时，马克思是想把它与其他几个方面区别开来的。

那么，我们如何弄清楚这些思想之间的关系，如何理解类存在的独

① 《马克思恩格斯选集》第 2 版第 3 卷第 305 页。

② 《马克思恩格斯选集》第 2 版第 1 卷第 44—47 页。

特特征呢？我认为，关键在于马克思对人的类存在的普遍本质的自我意识的强调。这表明它已经超越了共产主义社会个体的全面发展。对个体而言，即使他已经克服了与之敌对的劳动分工，也不能产生普遍性："死似乎是类对特定的个体的冷酷的胜利，并且似乎是同它们的统一相矛盾的；但是，特定的个体不过是一个特定的类存在物，而作为这样的存在物是迟早要死的。"① 那么，类存在的概念所声称的那种特定的但绝非唯一的人的统一性，必须与预示着对人与人之间异化关系予以扬弃的合作关系区分开。当然，这里潜在的含义是把人类的统一性解读为一种浪漫的或神秘的共同本质，但我认为，我们能用更理性的术语表达马克思的意思。马克思认为，我们每个人作为一个人而存在，不仅需要生产和创造性活动，而且需要普遍地进行生产和创造性活动，换言之，在绝大多数生产方式下都要进行生产和创造性活动。但是，仅仅把他人的创造性活动认定为人类自身能力发展，也就是说，把它仅仅视为我们可能会经历的另外一种生活方式、视为我们生命可能会采取的生活选择，这种需要就不会单独得到满足。

依这种方式理解，类存在的实现可以被视为亚里士多德有关友谊之论述的历史现实："公道的人……怎么对待自身便怎么对待朋友（因为朋友是另一个自身）。"② 这种理解方式由于阶级社会的结构性关系所导致的占有、地位意识和嫉妒而被系统的误解和扭曲了。但我认为，即使是在资本主义社会条件下，当我们看到劳伦斯·奥利弗把查理三世演得

---

① 《马克思恩格斯全集》第 2 版第 3 卷第 302 页。

② Aristotle, *Nicomachean Ethics*,（Harmondsworth, England：Penguin Books, 1976），p. 294.（本文译者参考了亚里士多德的《尼各马可伦理学》，商务印书馆 2003 年版第 268 页。）

惟妙惟肖时，或者当我们看到韦恩·格雷茨基让冰球队的对手痴迷并横向击球，使之穿过队员们密密麻麻的双腿而把球送到队友的手中时，抑或是当我们耳边响起悠扬的莫扎特的《安魂曲》时，像这种满足我们类存在之需要的东西也会成为我们感受过的爱好的基础。马克思所描述的类存在的异化已经得到克服的社会就是这样一个社会，其中我们的身份证明和对他人的创造性活动所表现出来的兴趣并不是表现在艺术和体育方面的成就，而是扩展到日常美德，比如修理汽车、组织工厂的稳定运转以及充满爱、鼓励和理解的对孩子们的关照。

这种类存在概念提供了一种马克思主义关于好社会的大概框架。在这种社会，人的创造活动的多元性将成为目的本身，而且与这种动态的多元性相一致的最宽泛的自由也将成为这一目的的最重要部分。这种解释的优点在于，它把类存在概念定位于一种智识性道路，它引导马克思提出了《关于费尔巴哈的提纲》的第 6 条："人的本质不是单个人所固有的抽象物，在其现实性上，它是一切社会关系的总和。"① 而且，共产主义社会的个体会随着他的同伴的差异性发展而觉得丰富了自我。这种类存在的解释并没有让我们对共产主义社会的特征产生重复性理解，《共产党宣言》第二部分的结论部分指出，共产主义社会"将是这样一个联合体，在那里，每个人的自由发展是一切人的自由发展的条件"②。因此，类存在概念调和了人的自我实现与共同体需要之间的矛盾。

在人性的概念上达到自我实现与共同体的联合的方式有很多，这允许人们对未来社会描绘蓝图。在马克思主义话语内对这类描述还有

---

① 《马克思恩格斯选集》第 2 版第 1 卷第 56 页。

② 《马克思恩格斯选集》第 2 版第 1 卷第 294 页。

一个术语：乌托邦社会主义。然而，马克思声称人类需要生产并普遍达到自我实现——换言之，他宣称人的自我实现过程经常超越它在特定时代的局限，这就意味着：首先，共产主义社会相适应的制度都会一直服从于变化；第二，共产主义社会不被理解为历史的终结；以及，第三，共产主义社会的制度形式和实践不能被简单地从人性概念中推导出来。

那么，我们所掌握的仅仅是共产主义社会的大致轮廓和一些记录在备忘录上的谨慎的和（尽可能是）经验直观的前提。但是对于上文所引证的、用以表明需要一种共产主义社会的正义概念来说，这些是于事无补的。实际上，这里所暗含的是这样一些考虑，即与目前的论据所可能揭示的内容相比，它显得更加全面和真实。由于每个人的创造性活动，他们的发展更富有意义，共产主义社会的成员意识到并逐渐获得了一种令他们的活动得到认可的社会需要。这表明，人们为了考虑他人的需要将会随意地调整他们的活动。尽管这可能大大减少出现正义等问题的情形，然而不能保证正义问题就会完全消失。而且，对自然和所需要的形式的认识不能总认为它即将实现——如果在这一点上我是正确的话，那么马克思关于人类（共产主义）社会中爱的评论也适用于其他类型的关系：

> 我们现在假定人就是人，而人对世界的关系是一种人的关系，那么你就只能用爱来交换爱，只能用信任来交换信任，等等。如果你想得到艺术的享受，那你就必须是一个有艺术修养的人。如果你想感化别人，那你就必须是一个实际上能鼓舞和推动别人前进的人。你对人和对自然界的一切关系，都必须是你的现实的个人生活的、与你的意志的对象相符合的特定表现。如果你在恋爱，但没有引起对方的爱，也就是说，如果你的爱作为爱没有使对方产生相应的爱，如果你作为恋爱者通过你的生命表现没有使你成为被爱的人，那么你的爱就是

无力的，就是不幸。①

因此，马克思的类存在概念支持了人是内在统一的观点，但它并不必然意味着各种需要之间是内在和谐的。实际上，他人自我实现的需要并不仅仅意味着对正义情境的超越，而实际上是在揭示，正义问题会进一步分化。此外，正如我们看到的那样，如果他人自我实现的需要导致了承认的需要，那么恰当的承认问题就几乎不可避免了。因为对他人来说承认是一种直接的需要，所以与那些由于消费资料和自我实现而导致的问题相比，这些问题可能更加棘手和不易解决。

结论：通过阶级斗争实现正义

在明确描述人类生产力的实现和社会需要的满足之间的内在关系时，类存在的概念提供了一种马克思主义所认可的共产主义社会的纲要。然而这个纲要并不包含正义概念，它仅仅是一种纲要而已；它需要被完善。它在很多制度安排中都能被体现出来，故而也需要一种正义理论来详细解释这种安排。马克思正义理论的功能是解决在共产主义实现后人的创造潜力与社会和谐之间的潜在矛盾。因此，在马克思主义理论框架内，当正义不可能再是社会制度的首要美德时，它一定在局部上能够构建良好社会。

这种类存在的改变在制度上的不明确性暗示着共产主义社会的多样性，我们是通过各种正义概念熟悉这种制度结构的。这种可能性由于类存在概念固有的多元评价而得到强化。它能够从马克思主义思想的历史

---

① 马克思：《1844 年经济学哲学手稿》，人民出版社 2000 年版，第 146 页。

本质中得到更多支持：共产主义制度和正义诸理念让他们明白，这里所需要的不是一成不变，而可能是随着不同的共产主义社会或共产主义社会的不同阶段的生产条件和文化条件而变化发展。

显而易见的是，除非这种理论能够适应历史变化，否则它将不是马克思主义理论。为了确立共产主义的思想和正义实践的本质及其变化的局限，必须用辩证法解决马克思主义思想和无产阶级运动经验中得以证明的历史发展趋势之间的关系。马克思没有对正义理论的需要进行更加清晰的描述，这被认为是他没有将其历史逻辑贯彻到底。但是，他未能推动这种理论的发展，可能也反映了人们拒绝他在其他情况下详细描述的社会特征，因为他在理论上预先替工人阶级做出了抉择。工人运动在过去一个世纪积累的经验已经让任何类似情形的论述失去了说服力。继续这样做的代价可能不仅导致理论上的僵化，而且在理论和实际上会导致对无产阶级选择权的排斥。当代马克思主义者应该让他们自己关注的正义概念；只有这样做，他们才能够考虑到工人阶级斗争的经验。

（本文译自论文"A Marxist Theory of Justice?"，Canadian Journal of Political Science，Vol. 22，No. 1）

（王贵贤 译）

马克思、恩格斯与其他人论正义[*]

〔美〕威廉·麦克布莱德①

一

正义概念一直是政治理论家最为关注的重要概念之一。最初柏拉图就是如此，他在理想国中用了十个章节的工作来界定国家正义和个人正义。当西方文明——至少在这个术语的狭义的地理意义上——步入没落的时候也是如此，因为罗尔斯的《正义论》以及大量从这一白璧微瑕但意义重大的论著出发予以展开的论文完全吸引了美国政治理论家的注意力。

我们发现，柏拉图的正义概念是令人关注的，但基本上是错误的，罗尔斯的正义概念让人着迷并令人钦佩，但它不合时宜而且抽象深奥，只有卡尔·马克思才是最易于理解的理论家，他追求概念的清晰明了。毫无疑问，一个人若有所省察，在马克思遗留给 20 世纪——包括已出版和未出版的——卷帙浩繁的著作中，一定存在着很多关于正义概念的真知灼见。马克思对经典政治学著作非常精通，因此他非常了解这些著

---

* 本文选自《马克思主义与现实》2008 年第 5 期。

① William Leon McBride 系美国普渡大学哲学系教授。

作中论述正义概念的相关章节；他——至少在一定程度上——了解霍布斯，因此他非常清楚我们今天所谓的极端法律实证主义针对这一主题的立场。至少通过二手资料可以看出，他对伊曼纽尔·康德的法哲学也比较熟悉，而正义在康德的法哲学中也是一个关键术语。

对我们来说，不幸的是，对马克思著作的熟稔实际上并没有获得那些可能满足这些期望的东西。也许会有这么一天，我们用一部精密的扫描装置来搜寻他的著作中出现的所有涉及正义（Gerechtigheit）一词的例证。我确信搜寻的结果将会非常少——实际上几乎比任何一个流行的新闻专栏作家能想到的类似的分析结果都要少。即使马克思把整个政治领域看作是以某种方式依赖于经济基础以及历史的、物质的条件的——这是事实，但对政治理论家来说，马克思还是创作了大量的内容广泛的以权益为主题的文章。因此，做如下的推论就似乎合情合理了，即，一定要付出很多努力才能占有马克思如此稀少的论及正义的参考资料。

这种推论的证明有充分的根据。当《资本论》第一卷刚刚受到一位名叫希尔德布兰德（Hildebrand）的经济学家的批评之后，马克思在写给恩格斯的一封短信中谈及此事说，他不得不嘲笑这种思想，即："现在，连政治经济学也蜕化为关于法权概念的无稽之谈！"[1] 在这封短信和他的著作的其他几个地方，马克思与恩格斯的相似之处在于，总体上把关于正义的讨论仅仅作为一种意识形态加以谴责，并因而对这个概念进行完全相对主义的分析。对他们两个人来说，"正义"似乎不过是"特殊社会经济制度内的正义"。有封建制度的正义，也有资产阶级的正义。在后者的框架中，尽管拒绝按照合同约定支付给工人工资可能非常不公平，但不能因此就说榨取了工人的剩余价值也是不公平的。因

---

[1] 《马克思恩格斯全集》第 1 版第 33 卷第 6 页。

此，对整个资本主义制度和政治经济学的意识形态进行彻底的马克思主义批判（这些批判支持上述论点）在很大程度上依赖于这个制度本身是不公平的这一主张。在《论住宅问题》一文的补充材料中，恩格斯表达了他对蒲鲁东的道德主义的批评观点，他说：

> 这个公平［即公平理念，永恒公平——引者注］则始终只是现存经济关系的或者反映其保守方面、或者反映其革命方面的观念化的神圣化的表现。希腊人和罗马人的公平认为奴隶制度是公平的；1789 年资产者的公平要求废除封建制度，因为据说它不公平。……关于永恒公平的观念不仅因时因地而变，而且也因人而异，这种东西正如米尔柏格正确说过的那样，"一个人有一个人的理解。"①

我认为恰恰就是这篇文章（而不是其他的文章），激发了两位美国人最近论证马克思关于正义主题的灵感：一篇是艾伦·伍德发表在《哲学与公共事务》杂志上的论文，另一篇是罗伯特·塔克的专著《马克思主义者的革命理念》（*The Marxian Revolutionary Idea*）中的一章。两个人在实质上都同意，马克思并没有把资产阶级的秩序或资本主义制度看作是不公正的，尽管伍德——在这两篇文章中他的文章出现的比较晚——发现，塔克对马克思采取这些立场的动机方面有很多误读。与塔克尤为不同的是，伍德认为马克思并不特别害怕工人因为被正义的标语、口号诱骗而接受在现存制度内仅仅采取改良的方法（尽管伍德承认，或许马克思应该非常害怕这一点）；而且伍德认为，在塔克的文章里，他所宣称的正义概念和马克思思想中的平等概念之间的一些关联是通过彻头彻尾的篡改而得出来的结论。但无论如何，两位作者随后都摒

---

① 《马克思恩格斯选集》第 2 版第 3 卷第 212 页。

弃了这一思想，重要的是，在这点上他们是一致的。比如拉夫·达仑多夫（Ralf Dahrendorf）就围绕这一思想而创作了一本完整的专著《卡尔·马克思思想中的正义理念》（*Die Idee des Gerechten im Denken von Karl Marx*）。伍德和塔克的思想的共同点已经流行开了：例如，我在最近出版的《哲学和公共事务》杂志中发现，一位作者试图把理想型的社会主义正义概念与理想型的资本主义正义概念进行对照比较时——社会主义是按劳分配，资本主义是根据成功进行分配——他把二人共同的观点视为权威理由，并据此把马克思主义排除在醒目的"社会主义"考虑之外。① 而且，当约翰·罗尔斯点名对马克思主义进行为数不多的评论时，他自己也提到了《马克思主义者的革命理念》；根据塔克的权威观点，罗尔斯尝试性地把马克思主义看作这样一种思想体系，即把超越正义的社会秩序这种形式视为它的理想状态。②

另一方面，不可否认的是，马克思的《哥达纲领批判》包含着在通往完全的社会主义社会的路上可能经历的未来阶段的纲要，其中最后一个阶段的特征可以用下面的口号刻画出来，即："从按劳分配到按需分配！"塔克立刻指出，这是马克思唯一一次使用借来的口号，而且这件事情的发生背景是对起草《哥达纲领》的拉萨尔派成员——因为他们过分强调分配这一主题，与此同时却反对生产——进行严厉的批评。③ 马克思从没有动摇过这样的信念，即生产领域的安排决定了经济的其他领域的安排，并且同样也决定了其他社会制度的安排；因此，在生产领域

---

① Michael Slote, "Desert, Consent, and Justice", *Philosophy and Public Affairs*, Vol. 2, No. 4 (Summer 1973), p. 324.

② John Rawls, *A Theory of Justice*, Cambridge, Harvard University Press, 1972, p. 281.

③ Robert Tucker, *The Marxian Revolutionary Idea*, p. 48.

的根本改变将会自动促使分配中的类似改变。此外，非常明显的是，这个口号的提出并不意味着马克思想要给未来社会制定一个总的规划蓝图；蓝图只不过是马克思所鄙视的一种乌托邦的消遣。所以，也许这个著名的口号不应该受到这样重视。毫无疑问，就是马克思著作中的这句话，最容易被打上"马克思的正义概念"的印记，然后和许多世纪以来提出的其他公式一起放在橱窗里展示。我倾向于认为，恩格斯在他对正义概念的思考中有非常严重的极端相对主义倾向。我也确信，"按需分配"不是马克思想要作为分配公式的指令。例如，他不要求根据100刻度的比例尺来量化我们的相对需求，并以此作为序曲来理解社会如何被理想地组织或诸如此类的问题。然而，我被继续存在于马克思（虽然在马克思那里并没有很多关于正义概念的内容）和恩格斯那里很多未被提出的关于正义概念的问题所困扰。我希望，在别的地方提出的这些问题将会有助于在略显新颖的视角下继续根据马克思的批判审视正义概念。

二

首先，我对我提到的两位注释者去探讨这个仅有的可能性的失败感到有点儿不安，至少，马克思和他的同事恩格斯在这个主题上可能存在着内在差异。在马克思主义的学术思想中，这只是一个众所周知的普通问题，而且，大量论著从另外一些特定主题出发描述了这个问题，例如恩格斯的"自然辩证法"思想。处理这个问题是一件难事，因为两人的合作和相互认可太多、太频繁了；而且以我所掌握的知识来看，马克思在任何重要的理论观点上从没有明确地反对过恩格斯，这也是困难之一。此外，每个人都承认二者在风格和侧重点上存在着相当大的差异，但是，如果这种差异是基于他们各自的思想模式在任何方面都完全没有差别，那么按照字面意思来理解差异的话，我认为这就有点令人吃惊了。因此，为了说明资本主义不能被认为是"非正义"的，伍德随后立即引用了恩格斯个人特征非常明显的一段引文，但当他把这种观点视为"马克思和恩格斯"的共同观点时，伍德便落入了传统的窠臼之中。① 或许承认二人之间一致性，这有点太仓促了。至少，正如我所说的，（马克思恩格斯之间存在差异的）这种可能性也许是值得考察的。

让我们思考一下马克思自己（并且不像他的书信，这是打算出版的）写的两段文章。在这两段文章中，正义概念好像被呈现出来了。第一段文字被伍德和塔克二人同时引用了，它出现在《资本论》的第一卷。在被用到的这个例子里，资本家通过付给工人工资——这些工资仅仅相当于工人半天劳动的生产力——来获取工人一整天的劳动，并因此来榨取工人的剩余价值，马克思说：

> 劳动力维持一天只费半个工作日，而劳动力却能发挥作用或劳动一整天，因此，劳动力使用一天所创造的价值比劳动力自身一天的价值大一倍。这种情况对买者是一种特别的幸运，对卖者也绝不是不公平。②

在我使用的旧的、标准的翻译版本中，正如将会被注意到的一样，关键术语是"不公平"（injury）。在德语中，这个词是"Unrecht"。塔克意识到了好的学术有什么样的要求，他把它翻译成"非正义"（injustice），但同时把"Unrecht"放在括号里紧随其后。伍德仅仅是把它翻译成"非正义"。德语文化专家受过的训练比我好，他们能决定这两种

---

① Allen Wood, "The Marxian Critique of Justice", p. 246.
② 《马克思恩格斯选集》第 2 版第 2 卷第 185 页。

译法哪种更好。但无论如何有一点是非常清楚的，这篇文章让我们再次面对最基本的语言学事实，但对政治学的学生而言，它包含着很多的理论意义；换句话说，这个众所周知的事实是，从"recht"这个词干可以推出"Unrecht"，它包含着错误（wrong）、伤害（harm）、损害和不公平（injury）之意；而推出的"Gerechtigkeit"，则是正义（justice）之意；这个词干又能够自己单独作为一个词汇，传递着英语中"权利"（right）和"法律"（law）这两个词的意义。非常明显，在我先前作为主要论题从《论住宅问题》中引出的那段话中，当他写到连续的主要法律制度与连续的、相互矛盾的关于正义的意识形态之间的历史联系以支持他们的观点时，这种情况在恩格斯的思想里面很多。但对我来说，这一系列的思考让这个问题显得有些模棱两可，即在《资本论》中的这段文字里，马克思是否真的打算对"正义"概念作出一个决定性的结论。实际上，通过这段文字所处的较大范围的上下文（尤其是随后的一段），非常清楚的表明，马克思详细描述了工人和资本家之间的关系本身就具有内在的模糊性。当然，在资本主义制度内，根据法律上界定的"对"和"错"来看，工人并没有得到非正义的对待。但这一段文字所在的章节是这样一章，即马克思把他对流通领域的腐化堕落的描述引入到了生产领域。在流通领域表现出来的所有特征是自由、平等、财产和功利（Bentham），而在生产领域，工人带着仅仅盼望成为"一个隐匿者"的样子走到了资本主义制度的后面。而且，在随后工人和资本家之间不适当、非正义的交易中缺少关于"非正义"（Unrecht）的内容这个句子里面，马克思说："我们的资本家早就预见到了这种情况，这正是他发笑的原因。"随后他在一些新的句子里得出了如下结论："戏法终于变成了。货币转化为资本了。"① "戏法"这个词的使用非常重要；它不应被忘掉。

现在让我转向引自马克思文章的第二段文字。它出现在《资本论》第三卷关于利息问题的讨论中。马克思在脚注中提到了威廉·詹姆斯·吉尔巴特的（William James Gilbart）《银行业的历史和原理》（*The History and Principles of Banking*）这本书。这本书认为，一个用借款来牟取利润的人，应该把一部分利润付给放贷人，这被认为是一条"不言而喻的天然正义的原则"。关于这一点，马克思说：

> 在这里，同吉尔巴特一起，说什么天然正义，这是毫无意义的。生产当事人之间进行的交易的正义性在于：这种交易是从生产关系中作为自然结果产生出来的。这种经济交易作为当事人的意志行为，作为他们的共同意志的表示，作为可以由国家强加给立约双方的契约，表现在法律形式上，这些法律形式作为单纯的形式，是不能决定这个内容本身的。这些形式只是表示这个内容。这个内容，只要与生产方式相适应，相一致，就是正义的；只要与生产方式相矛盾，就是非正义的。在资本主义生产方式的基础上，奴隶制是非正义的；在商品质量上弄虚作假也是非正义的。②

在这段文章中可以看出，与最初极端的恩格斯式的相对主义正义概念相比，马克思更加明确地坚持了正义的概念。我仅仅想指出，在这篇文章中，马克思把"欺骗"视为资本主义社会下不公正的行动之例证这一视角，与先前引文中他把"戏法"（欺骗的同义词）当作资本主义社会中工人雇主契约关系的一个基本特征这一视角似乎是完全不同的。

---

① 《马克思恩格斯选集》第 2 版第 2 卷第 185 页。
② 《马克思恩格斯全集》第 2 版第 46 卷第 379 页。

这些解释已经足够充分了，甚至可能有点太多了。关于马克思的正义概念我们能够得出什么结论呢？我想，我们至少应该能够推论出，当艾伦·伍德使用下面这些语句时，他正在误导我们，误导那些已经读了他的文章的人，即：（a）"事实是马克思没有把资本主义看作不公正的"①，或者（b）" 马克思坚持了资本主义的正义"②。当然，如果允许我可以这样表达，那么把这些短语从上下文中择出来讨论，对伍德的全面地深思熟虑的和理由充分的论证来说是不公正的，但是我此时更关心的是讨论正义，而不是行使正义。并且，我担心这些短语确实曲解了马克思的观点，而且甚至可能曲解了恩格斯的观点。

三

我们应该通过回忆给定的伦理—法律制度内的正义和从这个制度外部审视的正义之间的基本区分来开始再次确定我们的这一立场（或这些立场，如果它们并不完全一致的话）。很显然，马克思和恩格斯都会毫不犹豫的承认，在给定的制度范围内谈论正义是没有什么意义的；正是由于这一原因，他们对讨论永恒正义（justice eternelle）都表示极度怀疑。毕竟，马克思在某些方面非常钦佩的亚里士多德认为，只要合适的人能够养活奴隶，那么奴隶制在他所处的奴隶社会就是完全正义的。只要马克思和恩格斯（也可能仅仅是马克思一个人）非常愿意地承认，从外部视角谈论关于制度的"正义"或"不正义"的任何问题都是有意义的，那么这一问题自身便能够得到解决。当然在一定意义上，我已

---

① Allen Wood, "The Marxian Critique of Justice", p. 245.

② Allen Wood, "The Marxian Critique of Justice", p. 272.

经得出了结论：在我引用的《资本论》第三卷里面的一段引文中，马克思认为从资本主义生产方式这一角度来看，奴隶制是非正义的。与之相似的是，恩格斯也指出，对于 1789 年的资产阶级来说，封建制度也是非正义的。但是叙述别人的话是非常容易的；比如，任何自以为是的历史学家能很快整理出大量以前曾经得出的关于燃素的论断，由于从来没有致力于研究任何人的关于燃素的理论，所以恩格斯确实曾在《论住宅问题》中把这个术语与"正义"进行了对比。

　　马克思和/或恩格斯自己到底对"正义"念持什么观点呢？显然，对恩格斯来说，就是这个概念是他所说的"社会燃素"。它虚幻不真，根本就不是实实在在的东西。但是能够进行这种类比吗？毕竟恩格斯和马克思承认，当它们被用于资本主义制度内的某类特定实践时，"正义"和"非正义"是有意义的术语；因此，"正义"和"非正义"这对术语必须在现实的历史体系中才有具体的意义指向。另一方面，"燃素"只有在特定的早期化学理论中才发挥功能，但作为一个具有很强唯实论倾向的人，恩格斯并不想承认燃素曾经存在过。他最后指出，虽然氧气的大部分特征可以被用于描述这种幻想出来的元素，但即使如此，我们承认它的虚幻性也是一个非常漫长和痛苦的斗争过程。在可能的未来社会，能不能提炼出一个能与正义概念精确（或大致精确）对应的概念呢？换句话说，燃素：正义 = 氧气：X。或许能够找到某种答案，但是我认为我已经表明了我的观点：这两种概念与价值之间的类比是完全没有相似之处的。

　　而且，如果承认他的对手米尔柏格（Mulbrger）关于正义的主张——"一个人有一个人的理解"——正确的话，至少当我们试图从字面上理解他的时候，恩格斯确实是自相矛盾的。如果马克思主义关于正义概念在过去所有的社会和现在的社会都具有意识形态功能这一基本观点得到认真考虑的话— 我认为它确实应该得到认真思考，那么在各个地方和过去的各个时代，正义的意义一定在很多核心内容上都是一致的。

简而言之，如果不对整个马克思主义的理论计划予以削弱，那么恩格斯在他的伦理的、历史的相对主义中关于正义的概念就得不到广泛应用。这个概念的作用是保证，无论是在意识形态上还是实践上都要与现存的社会结构相一致，如果这个概念现在的作用能像他所声称的那样在过去的年代以及他自己那个时代一样强，那么所面临的危险是能够把这个概念仅仅作为一种"幻想"来消除掉。更为特殊的情况是，他不能把正义从与阶级相关的概念转换为一个意义完全不明确的术语，而仅仅作为一种声息（flatus vocis）——可能这就像在说"好啊"，它只不过是一种感情上赞同的表达方式，就像伦理非认知主义者一样——因而没有消除马克思主义对它的解释性力量所做的意识形态说明。我认为不仅在《论住宅问题》一文中，而且在所谓的《反杜林论》中有几段，文字在否定柏拉图、杜林和蒲鲁东之后，恩格斯消除所有关于"永恒真理"（eternal truths）的讨论的热情把他带到了对马克思主义理论中关于真理主张造成彻底破坏的危险的边缘。

在这种问题上，马克思要比他的同事谨慎的多；我认为，在两个人当中，马克思是更伟大的天才，对一些基本理论问题他更清醒地觉察到，也能非常谨慎的对待它们。当然，马克思回避了关于正义的讨论，因为他认为这只是一种意识形态的胡言乱语。如果他曾以任何解释性功能介绍过它，哪怕只是很少一点，也一定会贬低他对资本主义制度的严厉批判。正像我们所看到的那样，他在自我约束这方面比恩格斯更加彻底。马克思是从外在于资本主义的激烈的批判视角创作《资本论》的。例如，在资本主义生产方式这一前提条件下，他把工资劳动看作公正的，从这一事实出发，他认为这种生产方式就是一种正义的方式，这种观点得到一以贯之了吗？他确实绝对没有因为怀着对最近一些评论者的尊重而给予明确肯定的回答。而且我认为，如果我们问这个问题，马克思将会说这是一个太普通的问题，对这个问题中的术语，若不事先进行充分澄清的话，是没法回答的。

四

我们可以考虑着手澄清问题，一个方法是考虑其他特定的术语，这个术语在抽象意义上与正义相差无几，人们通常认为它体现了主要的社会价值。我将要提出三个这样的术语，并继续简要地讨论马克思和/或恩格斯各自处理方式，它将解释清楚，对正义概念我们最终应该说些什么这个问题。这三个术语是平等（equality）、自由（freedom）与合理性（rationality）。

1. 对于那些寻找马克思和恩格斯关于正义概念的真实思想这一线索的人来说，平等是一个非常有意思的问题。平等非常重要，因为它经常与正义联系在一起：例如，在亚里士多德非常有影响和非常权威的对待主体问题上，"比例的平等"（proportional e quality）这一正义理念大面积地出现。比例平衡的隐喻仅仅是对正义与平等之间紧密的历史联系所做的一个生动的说明。马克思恩格斯决没有给人一种彻底的平等主义印象。例如，在他的《1844 年经济学哲学手稿》中，马克思对一种他所谓的"粗陋的、平等主义的共产主义"社会状态的概念轮廓进行了勾勒，他把这种共产主义看作是以具有一定发展水平、嫉妒所有特殊天才以及本质上的私有财产概念的普遍化而不是消灭私有财产为特征的社会。在《反杜林论》中，恩格斯用了整整一章来讨论平等；其中最有启迪意义的段落如下：

> 因此，无产阶级所提出的平等要求有双重意义。或者它是对明显的社会不平等，对富人和穷人之间、主人和奴隶之间、骄奢淫逸者和饥饿者之间的对立的自发反应……它作为这种自发反应，只是革命本能的表现，它在这里，而且仅仅在这里找到自己被提出的理由。或者它是从对资产阶级平等要求的反应中产生的，它从这种平等要求中吸取了或多或少正当的、可以进一步发展的要求，成了用资本家本身的主张发动工人起来反对资本家的鼓动手段；在这种情况下，它是和资产阶级平等本身共存亡的。在上述两种情况下，无产阶级平等要求的实际内容都是消灭阶级的要求。任何超出这个范围的平等要求，都必然要流于荒谬。①

恩格斯首先声称，对革命活动而言，平等的要求有时候有它的积极价值；其次，这可能对于强调资产阶级平等理念与不平等的资本主义实践之间的矛盾是有用的；第三，所有个人的阶级地位都是"平等"的，这可以被转译和解释为消除阶级差异和消灭阶级的要求；以及第四，在可能未来无阶级的社会中，所有个体在各个方面都是平等的要求是一种无法得到证明和没有意义的要求。非常明显，他还暗示，对于严格地、以及在此意义上是科学地分析现存的社会结构来说，平等并不是一个非常有用的工具。在这方面，即在马克思恩格斯对平等问题的论述以及我们所看到的他们关于正义的论述二者之间，存在很多相似的地方；但是，二者在正义问题上并不完全相同，恩格斯对平等要求的潜在战略有效性给予了正面的评论。这一事实难道可能是由于环境——也就是说，那些可以追溯到 19 世纪其他作家关于正义的意识形态的伪善话语被更为

---

① 《马克思恩格斯选集》第 2 版第 3 卷第 448 页。

过分的滥用——而不是因为这两个社会基本价值之间激烈的和不可避免的原则性差异吗？在数学和逻辑学中，"平等"作为一个关键术语被毫无疑义地正当使用，而"正义"却不能自吹有类似的合法性，这个事实也可能是部分原因吗？

1. "自由"是一个在马克思和恩格斯所有著作中经常被发现的术语。至少后者毫不费力地就把它看作是后资本主义社会一个根本性特征；他谈到了自由王国的出现。马克思再一次显得更加谨慎。比如在《哥达纲领批判》中，他严厉批评了拉萨尔派成员（Lassallean）号召的"自由国家"（free state），因为这意味着马克思认为需要消灭的政治结构将会得到永久保留。而且，他在关于工资契约的论述中强调，与古代的奴隶和封建农奴相比，工人实际上是一个"自由的劳动者"。但与此同时，从他自己（马克思的）的批判视角来看，他又很快承认，工人完全从属于他所参与其中的经济结构，因此他们又是完全不自由的。那么，在这种情况下，我们发现术语"自由"具有一种双重意义的模式——一种意义是双方能够清楚地说明彼此之间的关系，而另外一种意义则是，双方之间是完全不同的。简而言之，根据马克思的观点，工人在资本主义制度的法律概念上是真正自由的，然而从批判的、无产阶级意识的更高观点来看，他们又是完全不自由的。

2. 与前文提到的"正义"相比，"合理性"是另外一个抽象的价值术语。对我来说，它可能显得像一件小事；与前两个概念相比，它在感情和价值承担方面较差一些。无论如何，就是这个特征，在现代国家和法律体系内经常被认为是得到了非常充分的体现。从历史上来说，在实践上对它所做的描述主要被归功于从马克斯·韦伯经由马克思而回到黑格尔的知识传统。不管是黑格尔还是马克思，都被揭示了资本主义复杂的内部合理性的政治经济学的科学成就深深迷惑了；当然，为了破坏它（合理性）和它所分析的制度，马克思的成熟著作基本上是这一知识传统内的工作。我们对马克思不得不介绍的关于合理性的东西读得越多，我们就越被他思考的这个概念所包含的双重意义——甚或是多重意义——所困扰。正如在下文中，当他谈到资本主义社会的农业发展时，即使在同一句话里，他也没有感到同时包含这两重意义有什么困难："一方面使农业合理化，从而才使农业有可能按社会化的方式经营，另一方面，把土地所有权变成荒谬的东西，——这是资本主义生产方式的巨大功绩。"① 我认为，马克思的意思已经足够清楚了。他声称，当代发展日益把农业带入到了资本主义发展轨道上，而它正在导致更加有效率的农业生产，但与此同时，土地私有制的不合理性——或者说是荒谬性——也变得越来越明显。一个制度能够同时既是一个从内部观点来看合理的制度，又是一个从外部来看非常不合理的制度。②

马克思讨论合理性、自由和平等这三个抽象概念对他的正义理论意味着什么呢？从一个较高级的社会形态的角度来看，合理性可以被看作是一种没有被严重扭曲的更高的合理性；恩格斯的自由王国中的自由可以根据黑格尔式的术语被合法地称之为一种"更加全面的自由的实现"；一个没有阶级的社会可以说是比以前任何国家都要平等的国家，尽管这只在非常特殊的、限定的意义上如此。（"更高形式的平等"这种说法是没有意义的，因为它会误导人们，以为是在讨论在各个方面都期望取得更大平等这一成就。）在马克思的思想中，正义在一些重要方面与其他所有事物都有差异，因为它完全依赖现存规则，是它的附带产

---

① 《马克思恩格斯全集》第 2 版第 46 卷第 697 页。

② 正如马克思在论述农业问题即将结束时所表达的那样："从一个较高级的经济的社会形态的角度来看，个别人对土地私有权，和一个人对另一个人的私人权一样，是十分荒谬的。"《马克思恩格斯全集》第 2 版第 46 卷第 878 页。

物，而其他任何一个概念都不完全这样。但是，如果强调这件事情的话，我并没有看出，从至少是部分地外在于任何以前的特殊社会经济制度或当前的特殊社会经济制度的观点来看，马克思和恩格斯如何能够逻辑上避免认识到这一事实，即正义能够得到有意义的讨论。我认为，我们必须承认正义具有双重或多重意义，至少是在目前社会阶段如此，只有这样，它才能够不按照资本主义的标准来狭义的理解。①

恩格斯和马克思绝对没有假装自己是霍布斯单一传统中的法律实证主义者：对他们来说，正义不仅仅是与现有的法律制度相一致的行为，它自身呈现出一种逻辑上的一贯性、整体性。因为，关于正义的讨论是其中的部分内容，意识形态领域在纵向和横向上都是一个复杂的整体。它纵向的复杂性是关于正义的，在这个意义上它包含了几个层面：成文法系统内关于正义和非正义事务的含蓄的和偶尔明确的陈述；在成文法

---

① 因此，我似乎用一个截然不同的方法开始认可赫尔伯特·马尔库塞关于抽象术语在古典哲学和现代辩证思想中的功能的观点。但是我认为在他对社会科学中的操作主义和哲学中的语言分析的批判性分析存在着严重的缺陷，这一点他在《单向度的人》（*One Dimensional Man*，Boston：Beacon Press，1964）一书中得到了放大。如果我们想成为真正的批判思想家，那么在我们理解这种抽象术语时应该保留它的两个维度，这一点他是正确的。正如他所说的："苏格拉底的话语是政治性的话语，因为它们同已确立的政治制度相矛盾。寻求正确的定义，寻求美德、正义、忠孝和知识的'概念'，于是就变成了一项颠覆性的事业，因为所寻求的新概念意指一种新的城邦。"（参见马尔库塞：《单向度的人》，上海译文出版社 2006 年版第 122—123 页。）当然，马克思的情形更加复杂一些，因为他想构建的是一个后政治社会，而不是一个新的城邦。而且我在重读《单向度的人》时发现，马尔库塞感到讨论诸如平等和正义的概念比讨论正义概念更游刃有余。尽管如此，他已经做了非常重要的工作，展现了马克思的思想在某些非常重要方面处在苏格拉底—柏拉图的辩证法的古老传统当中。

条，尤其在普通法系内，制度内的法官和其他官员所做的评注；理论家提出的制度正义的实现，通常包括改良主义者提出的修订意见；以及简陋的、普通意义上诸多的正义概念，它得到制度内的主体——或者至少是部分主体的认可，这些人或者属于统治阶级的一部分，或者由于绝不接受它的统治而不属于统治阶级。由于遍及各个层面，所"正义"的意义并不是单一的。而且，正如我所说的那样，还存在着关于正义的横向的复杂性，这就走进了马克思主义的辩证法概念的核心：实践矛盾在通过时间和历史而不断演变的资本主义的生产方式中不断发展。结果，对于马克思来说，认为正义就是既定的具体事务和当时占统治地位的生产方式之间保持着一致性就显得完全不够了。因为这好像暗示着生产方式是一个刚性的、没有弹性的结构，特定的实践或者适应它，或者不适应它；显然情况并不如此简单。更确切地说，如果辩证过程在社会的各个部分都起作用，那么我们将会期望不和谐将会在对居支配地位的"正义"概念的各种意识形态化的表述中得到发展，而这反映了社会经济结构自身的不和谐。当然，实际上这是经常发生的。

在这一点上，我们应该再次提及恩格斯的评论，即从无产阶级的立场出发，他认为平等要求可以合法化是有意义的。他认为，无产阶级要从资产阶级的平等要求中提取那些多少是正确的和更有深远意义的要求。我没有理由不把这种解释模式扩展到正义领域。在资本主义框架内，不同正义概念之间的冲突可以被很好地用于阐释框架自身的局限性。表述这种方法之结果的一种可能途径将是，根据资本主义的正义概念来说明，即使是在运行良好的资本主义制度中，非正义也必然会发生，或者说这种制度原则上绝对满足不了正义的自我生产的"要求"。如果这一点确实得到了说明，那么遵从马克思和恩格斯的建议、按照马克思的著作①中几乎从来没有例外的个人例证，并把"正义"这个术语从我们的词典中消除，都将是非常明智的选择。但同时，它也将在帮助自我建构方面发挥它最后的、有用的功能，而且，如果它仅仅是完全内在于资本主义制度的纯粹的单一意义的话，它将不可能以这种方式被使用。

当然，实事求是地说，在可预见的未来社会出现下列情况确实是不可能的，即正义话语将会从普通个人的话语或者政治哲学家的话语中消失（或许更好的表述是"或者政治哲学家或者其他普通个人的话语"）。肯定不是在这个国家，不是在水门事件和罗尔斯的时代。当然肯定也不是在苏联，在那里，"苏维埃正义"这种表达方式就像"共产主义意识形态"一样，可以毫不犹豫地使用；尽管马克思和恩格斯把所有包含了即将灭亡涵义的术语都贴上了"意识形态"的标签。而且，马克思和恩格斯对那些假装为语言革新主义者并不感兴趣；他们把正义话语的逐渐萎缩和消亡仅仅看作是未来可能发生的、从资本主义向社会主义过渡时社会变化的副产品。与这一变化相一致的是物质财富的极大丰富和国家以及国家法律制度的明显萎缩。物质财富极大丰富将导致分配问题的重要性大大降低，而分配问题传统上与正义概念紧密相连；对国家和法律制度来说，向"正义"祈祷也一直是最有力的意识形态辩护的方式之一。但在本文中广泛而深入地讨论支持马克思信念——在未来社会，向社会主义的过渡将会消解正义概念的内涵——的所有要素是不可

---

① "正义"的重要意义必须与对特定行动和实践进行的历史的辩护作出清楚和认真的区分。这种话语的合法性和不合法性是一个完全不同的问题，尽管有些观点涉及了目前另外一个观点。整体上，马克思没有对历史（History）形象化的人格特征给予更多关注，比如最高大法官、正义的最终仲裁者等。但毫无疑问，他把事件的过程看作对澄清行动具有一定的价值。

能的。

这种基本的变化一定是集体性的，不可能是仅仅少数几个人决定的结果。另一方面，我们还要继续陈述这一事实，即马克思和恩格斯——尤其是马克思，确实提供了我所提到的那种个人例证，即：在对"正义"的评论少得可怜时，如何在社会领域和政治领域进行广泛的讨论。对革命的两难问题的成功处理存在一个有意思的、明确而具体的阐释：在可预期的未来满足以某种新的生活模式甚至是语言模式来生活之需求的同时，又要在当前社会制度结构内（包括语言结构）发挥功能。一些令人大惑不解的东西根据这种两难困境就能得到更好的理解，这些内容我已经在关于马克思语境中"正义"一词的可能用法等内容中进行了讨论。

五

在这篇文章里，我想通过对目前仍活跃在整个美国政治理论领域的两个人的讨论来给出我的结论。在二人当中，其中一个虽然在其他方面与马克思的相同之处很少，但是他接受了马克思主义式的信念，认为关于正义的讨论最终会消失，而另外一个人则在重新普及关于正义的讨论方面取得了巨大成功。当然，后者就是罗尔斯，我已经在几个地方谈过他，前者是哲学家和尼采的翻译者瓦尔特·考夫曼（Walter Kaufmann），在他最近出版的专著《没有罪恶与正义》（*Without Guilt and Justice*）就认为关于正义的讨论将最终消失。

罗尔斯式的世界观完全渗透了一种温和的柏拉图主义。另外我们要考虑作者在他的著作中第一部分第一章的第一句话，即："正义是社会制度的首要价值，正像真理是思想体系的首要价值一样"，以及他在这一段所得出的结论，它以这样一句话出现，即："作为人类活动的首要价值，真理和正义是决不妥协的。"① 或者在近 600 页之后，他参照关于永恒的观点所得出的结论，并以感人的话语做了如下表述："心灵的纯洁，如果一个人能得到它的话，也许将看清这一切，并且将根据这种观点把一切做得轻松自如。"② 当然，前后二者之间存在着很多曲折的论证过程，而且罗尔斯也已经注意到并吸收了所有反对经典的柏拉图主义的观点立场。我对罗尔斯在《正义论》一书的论证过程中那些最重要的内容所做的详细述评，只能在《耶鲁法律期刊》③ 展开；对我来说在这里再重复一次将是不可能的。在罗尔斯的思想中存在着一种含蓄的、未得到充分展开的历史相对性的意识，在此意义上，他把他的两个基本原则所遵循的常规性的"词典式序列"悬置了起来。据此，所有人的平等的自由将首先应该得到保证，其次才是与他所谓的差异原则相匹配的公平分配。而且在文明的早期阶段，在一定程度上对自由进行约束似乎是合理的。但他认为："一个组织良好的社会的历史最终会达到这样一个阶段，从那时起这两个原则的特殊形式将会影响并调解社会。"④ 在这里，用现在时态的语言来描述一种纯粹非常理想化的社会发展（从我们已知的现实历史的角度来看确实如此）的事实表明，那些在马克思主义传统内影响最大的关于正义的思考，对罗尔斯思想的影响是多么地微乎其微。比如，已经被提出来的关于正义的意识形态的思考，甚至是关于这一术语以及它在其他语言中的相应术语的词源学历史

---

① John Rawls, *A Theory of Justice*, pp. 3 – 4.

② John Rawls, *A Theory of Justice*, p. 587.

③ William Leon McBride, "Social Theory Sub Specie Aeternitatis: A New Perspective", *Yale Law Journal*, Vol. 81, No. 5(April 1972).

④ John Rawls, *A Theory of Justice*, p. 542.

考察等。对罗尔斯来说，永远存在着一种正义；任何与之相反的提议都是难以想象的。

在瓦尔特·考夫曼那里，情形大相径庭。他站在批判的立场上，吸收了尼采的一些关于正义起源的思想；而且，以某种价值或需要为标准进行商品分配——在便于控制管理的小环境中与在整个社会范围一样——都不可能做到非常精确，这一点在他头脑中留下了很深的印象。因此，他同样对作为正义的历史概念中最后的堡垒——分配正义的概念进行了攻击，像马克思和恩格斯所做的那样，他希望寻找一个关于正义的意识形态的讨论将会完全结束的社会。但不幸的是，他在解释这种观点的同时也鼓吹他所谓的"新的整体性"（New Integrity）的福音，考夫曼认为二者之间不存在着矛盾。这种"新的整体性"包括四种地位至高无上的美德，即：爱（love），"谦虚的抱负"（humbition）——这是他的通过整合谦虚（humility）和抱负（ambition）得到的新术语）——勇气（courage）和诚实（honesty）。他这样做是想表明，他既没有吸收马克思主义意识形态批判的思想，也没有吸收尼采"超越善恶"的文化观点。正如越来越多的学者所认识到的那样，19 世纪所取得的这两种思想成就在他们的批判意识方面有很多共同之处（这对二者都是非常重要的方面）。考夫曼关于未来的观点并没有什么特别激进之处；尽管他主要的关注点——比如心灵深处的早期的存在主义思想——仍然保留着，但并不存在个体的道德行为，而政治方面的东西只不过偶尔进入到他的思想之内，这在很大程度上是因为他感到需要对正义进行批判。但是，在我们注意到的例子里面，他是非常有意思的一个，因为它揭示了，当一个人试图再次深入考察一个像正义一样深深植根于我们的思想和语言的概念时，走过荒谬和陈腐之间的艰难处境是多么的困难——一个充满激情的道德革新者开始着手这种事情时尤其如此。

或许，最困难的事情是试图构想一个再也听不到有关正义讨论的世界，即使对政治理论家来说也是如此——可能只有这一学科的历史学家是个例外。没有强迫，将被认为是为我们可能现在贴上了"公正"标签、具体的而且对社会有益的行动和规则套上一个语言的光环。它的虚伪程度被大大低估了。"但这可能是错误的"这个伟大的句子将被认为是一个奇怪的时代错误。所有这些都过于简单了，以至于我们想象不出它到底是什么样。然而，我们一心一意的努力能够从对柏拉图的《理想国》的简单反思中得到一些鼓励；这本书是所有关于正义的论著中最著名的一部，本文的开篇就已经提到了这一点。可以回忆一下，柏拉图对国家正义和个人正义做了对比说明。实际上，至少在表面上，苏格拉底绕过《理想国》所涉及的领域，以便更加清晰地说明个人正义可能意味着什么。这一点经常被人们忘记，因为柏拉图对大多数西方政治理论家来说太过熟悉了，以至于他们在试图说明柏拉图同时代人的基本观点时遇到了很大的困难。因为"一个公正的男人"或"一个公正的女人"这样的表述是一种古语，并且在我们语言中——或者在其他重要的当代西方语言中，就我掌握的所有知识而言——没有其他短语能够完全翻译出柏拉图想要表达的意义，所以当他谈到个人正义时，它自己并不被认为有点儿奇怪或过时。那么在这方面，与我们的祖先相比，我们思想和语言中的意识形态色彩可以更轻一些。在未来，相同的国家事务将会获得同等程度的社会"正义"，难道会完全不可能吗？

（本文译自 The Concept of Justice in Marx，Engels and Others）

（王贵贤 译）

关于马克思和正义的争论*

〔英〕诺曼·杰拉斯①

我将在本文回顾马克思现行文献中一个迅速升温的领域以及使其升温的争论。大约过去 10 年间，道德哲学和政治哲学中的正义概念在马克思著作的哲学讨论中留下了浓重的一笔。问题是以这样的形式提出的：马克思本人是否视资本主义为非正义而加以谴责呢？一些人坚决主张马克思不是；同样多的人坚持认为马克思是——这是一个足够简明的分歧，尽管争论双方内部仍有不同的观点。本文的主体分为三个部分。第一，我回顾那些否认马克思谴责资本主义为非正义的文本和争论观点。第二，我回顾那些认为马克思谴责资本主义为非正义的文本和观点。在这两个部分中，我致力于以最低限度的批判性评论展现基本上双方的每一个实例。第三，我引出一些结论，以及支持这些结论的论证。

在开始之前，还有一个必不可少的准备，那就是简要地概述这场论战的部分理论背景，以及马克思关于资本主义剥削的总纲。人们可以在

---

* 本文选自《马克思主义与现实》2009 年第 6 期。

① Norman Geras 系曼彻斯特大学政府学系荣休教授，英美学界最重要的马克思主义学者之一。

工资关系中看到资本主义剥削的"两面性"。工资关系中的第一个和更温和的方面可以在流通领域中被看到，那里根据的是马克思的等价交换原则，一方付给另一方工资。工人出卖他们的商品——劳动能力——通过工资的形式与资本家交换，工资即他们出售的商品的价值，这就是说，工资价值就是工人为了继续从事生产而维持他们历史的生存的消耗。马克思不厌其烦地宣称工人从资本家那里得到的是他们所出卖的全部等量的价值，因此没有任何欺骗。工资关系的第二个也是更丑陋的方面同时显露在生产的领域。在这一领域，工人的工作时间将不得不长于再生产他们自己劳动力价值的必要时间，多于他们所获得的工资的价值。这就是说，他们将从事剩余劳动，由此，工人所创造的剩余价值将被资本家作为利润占有。劳动活动所创造的价值远远大于劳动力本身表现的及其出卖的价值。这两个方面在《资本论》的行文中轮流显露它们的差异特征，即工资关系的互补方面：在流通领域，平等的自由交换契约；在生产领域，无酬的数小时强迫劳动。

因此，这就是资本主义剥削的特征。马克思认为它是非正义的吗？

一、马克思反对马克思

对同一个作者的意思有截然相反的两种解释，且每种解释显然被大量的直接引用和推理所支持，这极可能直截了当地提出这样一个问题：仅仅参考马克思的文本是否是解决问题的最终办法。我至少要提及两点，一是一般性的考虑，二是更具体的学术观点。

第一，马克思不是一位道德哲学家，在他关于这些问题的论述中可能会有不一致。说他不是道德哲学家实际上忽略了一点。这不仅是因为他首先是科学史学家、政治经济评论家、无产阶级革命理论家，而且是因为他仅仅是伦理学的非从业者并对其持中立态度。众所周知，马克思对于有关规范问题的理论反映是不耐烦和轻视的，他很少屈尊研究它们。他对于明确建立社会主义伦理理论是敌对的，而不是中立的；他蔑视他在其他地方所坚持的问题和概念等诸如此类的严密考察。同时，尽管如此，他喜欢使用一切关于其他人的道德评判。规范的观点依赖于或仅仅存在于他的篇章之中，它们大量地存在，尽管是处于一种无系统的状态。在这种情况下，他在这一方面的一些甚至是主要的不一致不会被排除在外。有关这两种对立的解释的一些细节至少表明了它的可能性。

第二个原因需要更充分的说明。它涉及马克思所热衷的关于工资关系是否构成等价交换的"辩证法的游戏"。它是吗？答案是：既是又不是。从市场商品交换的角度来看，它是。资本家为劳动力价值支付费用，工人出售这一商品并获得同等价值的工资作为交换。但是，从生产关系的角度来看，工资关系不是一种等价交换。工人们仍然要付出一些东西：而不是出售，因为买卖已经结束，这是个人努力；这种个人努力是比工资价值更大的价值实体。同样的事情可以用其他的术语来表示。所出现的价值和资本的积累属于资本家吗？既是又不是。作为它的来源的劳动属于资本家，因为资本家购买并支付了劳动费用；但是，这不是他（或她）本身的劳动，不是他（或她）额头上的汗水。如果你愿意这样认为，那么它是资本家所拥有的劳动，而不是资本家本身的劳动。现在，所有这一切就没什么神秘性了（唯一遗留的问题是它所依据的价值理论能否为其辩护），马克思本人进行了明确和详细的说明，而且《资本论》的细心的读者很容易发现这一点。从一方面来考虑，工资关系是一种等价交换，而资本的积累仅仅是因为资本家使用了所拥有的东西。从另一方面考虑，工资关系不是一种等价交换，资本的积累是由于工人的劳动。这两种观点只是同一现象的两个不同视角罢了。它们以等价交换的两种不同含义为基础。它们并不矛盾，只是劳动是所有价值的来源和实体这一学说的两个相一致的部分：劳动力，作为商品出售以换取其价值，在工作中创造了比其价值更多的东西。

二、模棱两可的辩证法

然而，在当前语境中，有关马克思和正义的争论，究竟哪一个更合理呢？那些在工资关系中看不到任何非正义的人赞同第一种观点，即在工资关系中存在等价交换。但大多数认为工资关系是非正义的人则赞同第二种观点，即在工资关系中不存在等价交换。实际上，各方认为"该观点是关于资本主义是否为非正义这一问题的唯一观点"[①]。但马克思本人的观点是什么？马克思对这个问题模棱两可，这至少是问题的根源之一。注意，在这里，问题不是他肯定这两种观点。问题是他对于"哪种观点与道德问题相关"含糊其辞，所以任何一方都可以宣称这两种不同的观点中的任何一种都是合理的：这就是马克思想要后人采取的立场。因为，他曾经说过，只要正义仍处于争论之中，关键就在于根据商品生产法则等价交换；因此他会明确支持其中一方。但另一方面，根据《资本论》第 1 卷第 24 章中的一篇辩证的论述，他又支持相反的、对立的观点。他在文中说，依据商品生产和流通的规则，私有财产的或者财

---

① D. P. H. Allen, "Marx and Engels on the Distributive Justice of Capitalism", in K. Nielsen and S. C. Patten, eds. , *Marx and Morality* (Canadian Journal of Philosophy, Supplementary Volume Ⅶ, 1981) , pp. 234 – 237; G. Young, "Doing Marx Justice", in K. Nielsen and S. C. Patten, eds. *Marx and Morality*, pp. 263 – 266.

产所有规则将通过其内部所固有的辩证法转变到其自身的对立面。他在这里同样谈到了"辩证地转化"。因此，等价交换明显地变成非等价交换（事实上是盗窃）。他在《1857—1858 年经济学手稿》中以同样的口气告诉我们："所有权在资本方面就辩证地转化为对他人的产品所拥有的权利。"① 如果商品生产和交换规律实际上转为其对立面，那就证明该争论中另一方观点的合理性，当对所有方面进行论述时，就没有真正的等价和互惠了。

但这种对立面的转换只是一种逻辑诡辩，或者更宽容地说是智力谬论和意外的享受。这是一个关于"等价"的两种不同含义的游戏。实际上，在这一问题中没有什么转化为其对立面，它们都保持其原有性质。等价或互惠及其缺失自始至终一直存在。但是因为一直是这样的方式，这里的辩证法只会把水搅混。事物不可能是其对立面。如果工资关系是一种等价交换，那么，它就是。即便是对于最极端的观点，也能够面对马克思其他方面的明确陈述而坚持这一点。② 但如果它真的向其对立面转化，那么，它最终就不是等价交换或不仅仅是等价交换。因此，马克思在论述它是什么时，没能真正指明他所论述的是什么。注释者的含混是马克思本人造成的：是他在哪一个观点（等价或不等价）对目的而言是重要的这一问题上的含糊其辞造成的，是随之而来的、进行断言的意愿和能力造成的。从他自己的言论来看，他认为工资关系是正义的，但又认为它是一种盗窃。马克思的含混有其他的和更多的原因，我将很快谈到这些原因。但是，通过他在上下文中的辩证语言的使用，这

---

① 《马克思恩格斯全集》第 2 版第 30 卷第 450 页。

② A. W. Wood, *Karl Marx*, (London, 1981), p. 256; G. A. Cohen, "Review of Karl Marx by Allen W. Wood", *Mind*, No. 367, July 1983, p. 443.

条道路是顺畅的。

鉴于这些考虑，任何在论证中解决这一中心问题的努力所带来的必将是重构的手段，而不仅仅是注释。而且，我将坚持自己的主张，最有说服力的重构将维护那些说马克思确实认为资本主义非正义的人。它给出了关于这场争论的更好的解释。无论如何，我应该依次提及这两个至关重要的问题，尽管我会在它们之间插入基于那些篇章的、我认为需要承认的东西。首先，在努力反对解释此类言论的不充分的同时，我赞同马克思将剥削描述为掠夺时是在指责其正义性。其次，根据他自己否认曾以正义的名义批判资本主义这一事实，我赞同这一观点。第三，我认为马克思的真正批判是代表自由和自我实现，而相反的观点则具有致命的逻辑缺陷：在他以其他价值的名义所进行的批判的本质上，表现出了对分配正义的关心。

三、"说明"

那么，首先，除了马克思认为资本主义是非正义这一原因之外，他在描述资本主义的现实性时，为什么要使用"掠夺"及其同源词语呢？这个问题不会对那些持反对意见的人不起作用，一般来说，他们不会对此毫无反应。① 他们也不会无言以对。正相反，他们提供了非常多的答案。我将在此列出一部分。（1）有些人提到，马克思认为资本家不是对剩余价值的盗窃，而是对工人健康和时间的盗窃。（2）就涉及资本原始积累的掠夺方面而言，它具有"直接的"含义，一些人获得了不属于他们的东西：因此，根据当前合法所有权的标准，这是错误的，但

---

① R. C. Tucker, *The Marxian Revolutionary Idea*, (London 1970), p. 46.

这并不一定意味着马克思自己对非正义的批判。（3）同样，就资本主义剥削而言，这仅仅对于资产阶级社会的正义观而言是掠夺，而不是对于他自己所持的标准而言是掠夺。

对于（1）来说，马克思确实曾说过资本掠夺或"侵占"了工人的时间和健康。①但是就所争论的文章而言，那仅仅部分地说明了它们中的一两点，因为思想开明的读者会使他们自己满意的。这些文章的主要观点是对剩余劳动和剩余价值的盗窃。更重要的是，即便在时间和健康是重点的地方，也不是这样。正如一个评论家所说："至少表明，根据马克思的观点，资本主义生产在本质上是对工人时间和健康的盗窃，就因为这一原因说它是非正义的？"②就（2）而言，该意见具有逻辑上的影响力，但这只是相对于它所要达到的目的而言。这就是说，在谈及标志着资本主义社会的黎明的掠夺时，马克思可能只是记述了对先前存在的财产权的侵害，记述了当时的标准（而不是他自己的标准）所认为的错误行为，他本人并没有谴责它。因此，从理论上看，他正在研究的两种生产方式之间的转变这种情况本身并不确凿证明他赞同一些超历史的正义原则。他可能只是说到绝对财产权。但是，是什么告诉我们这种理论上的可能性是一个事实（马克思实际上并没有想要表达他可能已经表达的意思）呢？没有，在相关文本中绝对没有。正相反，他对待原始积累的愤恨给出了相反的含义，他对这一过程的描述同时也是对其所涉及的残忍手段的谴责。我们没有任何理由认为他对掠夺的谈论不是以他自己的名义进行的，除非他不认为资本主义是非正义的观点的不一致性

---

① 《马克思恩格斯全集》第 2 版第 44 卷第 306、307 页。

② G. Young, "Doing Marx Justice", in K. Nielsen and S. C. Patten, eds., *Marx and Morality*, pp. 256 – 258.

本身被当作理由。换言之，该意见只是一种方便的解释。如果坚持那种观点，那么它与一种必须满足的需要相对应，且没有任何独立文本基础。

意见（3）也同样如此，在把资本主义剥削称为"掠夺"时，马克思含蓄地援引了资本主义自身的正义标准，并记述了一种相对于这些标准的非正义。既然他从来没有明确地说明剥削是非正义的（无论是按照资本主义自身的标准还是超越资本主义的标准），那我们是怎么知道这是有关掠夺的篇章的主旨呢？我们不知道。仅仅是"似乎"它们可以用那种方式来说明。然而，在其他人看来，马克思自己直接说资本家掠夺工人，因为这些篇章本身没有给出任何对其他人的正义规范的诉求，他是以自己的名义进行陈述的。它也不是文本，而是作为该意见的真正基础的解释需要。我要暂时把它放一放，指出后者是那些同意马克思本人没有认为资本主义非正义的人之间次要区别的一部分。他们中的一些人声称，马克思至少是根据资本主义自身的标准认为它是非正义的。①根据工人是否获得了他或她的劳动力所创造的所有价值的完全报酬，他确实想要揭露资本主义社会的意识形态。马克思认为，工人只得到了相当于其价值的一部分的等价物，只相当于劳动力价值本身的一部分。然而，根据商品生产和交换的规律，这就是资本家所要支付的全部；关于此事，马克思清楚地把它看作是资产阶级权利的真实标准。因此，如果意识形态是一种伪善的欺骗，对他来说，资本家和工人的关系仍然满足

---

① D. P. H. Allen,"Is Marxism a Philosophy?", *Journal of Philosophy*, 71, 1974, pp. 603 – 607; D. P. H. Allen,"Marx and Engels on the Distributive Justice of Capitalism", in K. Nielsen and S. C. Patten, eds., *Marx and Morality*, pp. 240 – 241; A. Buchanan,"Exploitation, Alienation and Injustice", *Canadian Journal of Philosophy*, IX, No. 1, March 1979, p. 138; A. Buchanan, *Marx and Justice*, (London, 1982), pp. 54 – 55.

资本主义交换的唯一合法规范。① 所以这种主张是不令人信服的。但是，不管是令人信服还是不令人信服都没有任何区别：它不能确定当马克思再三把剥削无条件地称为"掠夺"、"盗窃"和"侵占"，把剩余价值称为"掠夺物"或"赃物"，把资本家称为"侵占者"时，马克思不是根据自己的判断在暗示剥削是一种非正义。它不能通过纯粹的推断来确定剥削不是那样，基于马克思所谈到的其他内容，这是值得商榷的，这些用法可能推断出其他的含义。

四、一种不被承认的想法

因此，在没有提出对这些问题令人信服的答案时，如果不是因为马克思认为剥削是非正义的，为什么他要将剥削称为"掠夺"？就内在的文本证据而言，马克思关于这些问题的陈述是严肃的，也是从自己的立场出发的。的确，他对工资关系公平性的判断就是以资本主义内在的标准为基础的。但是，根据马克思对正义所作的唯一直接和明确的陈述，它恰恰只是此类内部的且相对的标准，该标准与决定什么是正义、什么不是正义相关。如果该关系根据资本主义的标准是正义的，那么根据马克思自己提出的、唯一明确的正义概念，它也应该是正义的。

在没有途径解决作为该倾向的产物和反映的马克思的明确陈述与他对资本主义是非正义性的暗示性谴责之间的矛盾时，在其他材料中是否存在他对"掠夺"这一术语的使用？我相信是存在的，虽然我的提议

---

① C. C. Ryan, "Socialist Justice and the Right to the Labour Product", *Political Theory*, 8, No. 4, November 1980, p. 510; G. G. Brenkert, "Freedom and Private Property", *Philosophy and Public Affairs*, 8, No. 2, Winter 1979, pp. 139 – 140.

本身带有一种矛盾的意味。然而，它不仅是完全一致的，而且根据所有相关的文本证据，它实质上是强制性的结论。我提出的是：马克思确实认为资本主义是非正义的，但他自己不认为他是这么想的。[①] 这是因为，就马克思确实直接考虑和表述了有关正义的见解（他只是偶尔这么做）这一点来说，他本人的表述支持关于正义的极度狭隘的概念。这一概念之所以狭隘在以下两个方面：第一，关于正义，它是或多或少的法律实证主义风格的、带有主流的或传统的司法规范的、对于各个社会秩序内部的标准；第二，生活资料的分配或收入的分配带有对市场交换过程的过于片面的重视。

因为它们中的任何一点在评估社会正义方面都不是强制性的，这就是说，与它们所定义的概念相比，还有可替换的、更广泛的、关于分配正义的概念。根据假定的（而不是法律的或传统的）道德、权力或权利体系（天赋权利的理性内容），人们可能考虑什么才是适当的；在这样做的时候，人们可能也会十分概括地考虑到利益和损失的分配，因而包括生产性资源控制权的分配。这就是马克思所做的，也是他经常做的，即使正义这一概念在他这么做的时候没有明确地出现在他的头脑中，也没有出现在他的笔下。在不受上述概念性联系的影响的情况下，我们有理由说，由于马克思明显发现资本主义制度下利益和责任的分配在道德上是令人讨厌的，并最大限度地指责资本家的权利，所以他确实

---

① 另外两个作者也得出这个结论：G. A. Cohen, "Review of Karl Marx by Allen W. Wood", pp. 443 - 444; G. A. Cohen, "Freedom, Justice and Capitalism", *New Left Review*, 126, March/April 1981, p. 12; 以及 J. Elster, "Exploitation, Freedom, and Justice", in J. R. Pennock and J. W. Chapman, eds. *Marxism* (Nomos XXVI), (New York and London, 1983), pp. 289 - 290, 303; J. Elster, Karl Marx: *A Critical Examination*, (Cambridge, 1985), ch. 4。

认为资本主义是非正义的。在马克思的著作中隐含的是关于正义的、比他实际上论述的更广泛的概念，虽然他自己从来没有确认是这样。这对马克思来说，不是仅仅思考方式不同的问题。正相反，他明确地向资本主义典型分配模式的道德适用性发起挑战；而且，在发起挑战（批评资本主义为非正义）的时候，他没有意识到他正在做的是什么，就他而言，这一点仅仅是关于正义概念潜在范围的混淆而已。因此，就所涉及的问题的实质而言，这是无关紧要的。就其性质而言，这种挑战是对非正义的批评，而不可能是任何其他的什么东西。关于掠夺一事，我们已经注意到：那就是资本家们所做的，即对他们相对适用性的权利及该适用性的正义提出质疑。现在，通过检验先前所进行讨论的第三项的实际情况我们可以继续为该争论解决方式的进一步确认而提供理由：马克思对自由价值观和自我实现的赞同。

五、对自由的分配

记住，那些否认马克思与正义的思考有关的论者对我们强调的、作为他对资本主义谴责的真正基础的，正是这种赞同。但这种假定的二选一式的描述是错误的，因为如果我们进入这两问题中的第二个，它马上就会变得很清楚了。讨论的究竟是谁的自由、自我发展或自我实现？对这一问题的答案（马克思的答案）是倾向于每个人的。说它有倾向性是因为，对马克思来说，普遍的自由当然只能来自于阶级斗争、无产阶级专政，过渡期的经济结构等等；在这一过程中，当然应该存在自由和个人自我实现机会的渐进性拓展，但这需要时间，还要面对社会的和物质的障碍。说它是每个人的是因为它毕竟是一种普遍的自由和自我实现，这是他最终关注和期盼的。这就是说，他关注的是分配，不仅仅是这些的范围，也不仅仅是总量。在马克思的眼中，共产主义社会是更美好的社会，他谴责资本主义至少部分地是因为，前者使每个人都能获得"商品"，而后者分配商品很不平均。换言之，按所说的价值观，他对于广泛意义的分配的关心使他远离了对正义的专注，所以这些实际上并没有提供对资本主义独立的、选择性的批判的基础。正相反，根据自由和自我实现，他的批判本身在某种程度上是依据分配正义的概念的，尽管它只是在某种程度上是这样，因为其中涉及集团的方面；马克思明显认为，共产主义能够提供比任何过去的社会形式更大的自由，尽管如此，同一性仍然是真实的和重要的。①

实际上，这一点处于整个争论的逻辑中心，但令人惊讶的是，在被评论的文献中关于它的讨论如此之少。因为它使对"反正义"解释十分重要的一个提法无效。根据我已经阐明的，被广泛分析的、马克思确实关心分配的观点已被反对者有效地进行了讨论。但是，自由和自我发展的好处被认为属于他对于分配的关心的范围，这是曾被表述过的解释，在该解释中存在的理论漏洞或不一致性是少数评论家注意到的，然而仅仅是略有提及。② 在任何情况下，马克思对待这些价值的分配尺度现在可以被文献所证明。我将概要地引用一些关于利益和损失的分配的材料，并详细地引用关于自由和自我发展的分配的材料。

---

① R. J. Arneson, "What's Wrong with Exploitation?", *Ethics*, 91, January 1981, pp. 220 – 221.

② R. J. Arneson, "What's Wrong with Exploitation?", *Ethics*, 91, January 1981, pp. 220 – 221; P. Riley, "Marx and Morality: A Reply to Richard Miller", in Pennock and Chapman, eds. , *Marxism*, p. 50; R. Hancock, "Marx's Theory of Justice", *Social Theory and Practice*, 1, 1971, pp. 68 – 69.

在《德意志意识形态》中，马克思指出，无产阶级作为"一个阶级……必须承担社会的一切重负而不能享受社会的福利"。因为"过去取得的一切自由的基础的是有限的生产力；受到这种生产力所制约的、不能满足整个社会的生产，使得人们的发展只能具有这样的形式：一些人靠另一些人来满足自己的需要，因而一些人（少数）得到了发展的垄断权；而另一些人（多数）经常地为满足最迫切的需要而进行斗争，因而暂时（即在新的革命的生产力产生以前）失去了任何发展的可能性"①。这种不平衡在其后的经济学著作中也有提及。在《资本论》中，这种观点被放大，他写道："在劳动强度和劳动生产力已定的情况下，劳动在一切有劳动能力的社会成员之间分配得越平均，一个社会阶层把劳动的自然必然性从自身上解脱下来并转嫁给另一个社会阶层的可能性越小，社会工作日中用于物质生产的必要部分就越小，从而用于个人的自由活动，脑力活动和社会活动的时间部分就越大。从这一方面来说，工作日的缩短的绝对界限就是劳动的普遍化。在资本主义社会里，一个阶级享有自由时间，是由于群众的全部生活时间都转化为劳动时间了。"②

按马克思的方式考虑问题，一些读者将会认为他们发现了关于马克思所描述的分配不平衡的、确定的、有价值的态度的迹象，他们这么想可能是对的。然而，为了避免人们说这种想法只是被他们的和我的理性偏好所提示，而不是马克思本人所说的任何东西，我们可以指出任何其他的同类章节。在这些章节中，对道德错误行为的谴责仅仅是被间接地

---

① 《马克思恩格斯全集》第 1 版第 3 卷第 507 页。

② 《马克思恩格斯全集》第 2 版第 44 卷第 605—606 页。

表现出来，但确实是确凿无疑的。因而，在一段著名的关于资本主义发展的积累过程的总结中，马克思说："随着那些掠夺和垄断这一转化过程的全部利益的资本巨头不断减少，贫困、压迫、奴役、退化和剥削的程度不断加深，而日益壮大的、由资本主义生产过程本身的机制所训练的、联合和组织起来的工人阶级的反抗也不断增长。"① 资本家们不仅垄断所有利益，而且侵占这些利益，就是说，他们并没有权利垄断这些东西。在侵占利益的标题下，自我发展也被包括在内。在《1857—1858年经济学手稿》中，马克思写道："既然所有自由时间都是供自由发展的时间，所以资本家是窃取了工人们为社会创造的自由时间。"② 因此，利益的分配（其中包括自由时间和自由发展）以及责任的分配在道德上是不合理的。这是对有关利益和责任的更可接受、更公平的分配的一种赞同。

这才真正是马克思想要的、比资本主义主流分配正义更好的另一种分配正义的标准，它在《资本论》第3卷的一篇文章中明确提出，并与资本主义"文明化"使命相关。他首先这样陈述："资本的文明面之一是，它榨取这种剩余劳动的方式和条件，同以前的奴隶制、农奴制等形式相比，都更有利于生产力的发展，有利于社会关系的发展，有利于更高级的新形态的各种要素的创造。"然后，在对这一陈述进行详细说明时，马克思马上说："因此，资本一方面会导致这样一个阶段，在这个阶段上，社会上的一部分人靠牺牲另一部分人来强制和垄断社会发展的现象将会消灭。"③ 这已经是非常直接的了。期望中的社会结构是

---

① 《马克思恩格斯全集》第2版第44卷第874页。

② 《马克思恩格斯全集》第2版第31卷第23页。

③ 《马克思恩格斯全集》第2版第46卷第927—928页。

"更高级的",说它在某种程度上高级是因为强制消失了,但也是因为一些人牺牲另一部分人从而对社会发展进行垄断的现象也消失了。马克思在其他的地方详细地说明了隐含在这一判断中的积极分配原则。在《资本论》第一卷中,他提到:"(去创造)生产的物质条件;而只有这样的条件,才能为一个更高级的、以每一个个人的全面而自由的发展为基本原则的社会形式建立现实基础。"① 或者,在《共产党宣言》中著名的原则里:"代替那存在着阶级和阶级对立的资产阶级旧社会的,将是这样一个联合体,在那里,每个人的自由发展是一切人的自由发展的条件。"②

六、生产条件

对于正义概念具有重大意义的是,对于私人所有制和生产资源控制来说,不存在道德上的权利。③ 马克思把剥削视为盗窃,对一些人占有社会劳动的剩余产品的合理性发起了挑战,由此,他对财产权体系(其结果就是这种占有)发起了挑战。因此,对他来说,按照优先于其他的普遍的道德权利(控制生产方式),资本主义法律中的财产所有权被指责是非正义的。实际上,我把什么才是自然权利的概念归因于马克思,人们无疑会发现这有点耸人听闻。根据他对自然权利传统的明显敌意,

---

① 《马克思恩格斯全集》第 2 版第 44 卷第 683 页。

② 《马克思恩格斯选集》第 2 版第 1 卷第 294 页。

③ G. A. Cohen, "Freedom, Justice and Capitalism", p. 13; C. C. Ryan, "Socialist Justice and the Right to the Labour Product", *Political Theory*, 8, No. 4, November 1980, p. 521.

这是很容易理解的。然而，考虑到他如何看待土地的私人所有权："从一个较高级的经济的社会形态的角度来看，个别人对土地的私有权，和一个人对另一个人的私有权一样，是十分荒谬的。甚至整个社会，一个民族，以至一切同时存在的社会加在一起，都不是土地的所有者。他们只是土地的占有者，土地的受益者，并且他们应当作为好家长把经过改良的土地传给后代。"① 他能得出什么呢？没有人拥有或能够拥有土地？但是，马克思十分了解，个体能够也实际上私人拥有了它。此类所有权的法定权利，对他来说没什么神秘的。尽管具有法定权，在对它拥有合理排他的权利的意义上，没有人真正地、实际地拥有它吗？是的。他说人们在道德上具有对地球上生产资源的专用权；他说这种私人所有权构成了一种错误。他还想表示什么？根据以上章节（"他们……必须把经过改良的土地传给后代。"），在这一问题上，甚至存在一种对后代在道义上的责任。其他类似文本的要旨透露出相同的判断。因而，在地租方面，马克思写道，"这种土地所有权一旦和产业资本结合在一个人手里，便会产生巨大的权力，使得产业资本可以把为工资而进行斗争的工人从他们的容身之所地球上实际排除出去。在这里，社会上一部分人向另一部分人要求一种贡赋，作为后者在地球上居住的权利的代价"。关于资本主义农业，他说："对地力的榨取和滥用代替了对土地这个人类世世代代共同的永久的财产，即他们不能出让的生存条件和再生产条件所进行的自觉的合理的经营。"②

① 《马克思恩格斯全集》第 2 版第 46 卷第 878 页。
② 《马克思恩格斯全集》第 2 版第 46 卷第 875、918 页。

把侵占和掠夺这两个术语一并考虑，这些章节无疑给出了马克思的指控：资本主义社会中，"生产条件的分配"是非正义的。① 我曾说过，这一指控对于他的正义概念而言是至关重要的，但没有进行详细论述。它所带来的有关生产性资源集体民主控制的规范性原则被需要原则所补充。概括地讲，需要原则包括个人福利的分配。马克思把第二个原则视为实现第一个原则的最终结果。我不同意争论双方所做出的它不是需要原则或任何其他原则的特定内容的意见。在无阶级社会，这些原则控制着个人福利的获得，任何此类原则都只能是绝对集体民主的结果。② 我不同意这一意见是因为人们很容易想象由社会大众经过最民主的程序制定的分配规范或惯例却在道义上遭到反对。坦率地说，稳定的大多数都会武断地、有规律地在相当长的时期内为其成员能够获得有利条件和利益投赞成票，并投票赞成将不利条件分配给占少数的成员。③ 当然，马克思显然没有正视一个可能性，即无阶级社会可能将生产条件的集体控制和福利分配中的绝对道德武断结合起来。这是否只是乌托邦乐观主义的一个迹象，还是大胆的、有远见的现实主义的证据？这是一个可能被

---

① 一些论者再次依据这个乏味的断言，即"看起来"马克思的资本主义批判不是基于任何"生产—分配的"正义概念，似乎宽容地为我们提供了这些段落的一些说明。坦率地说，它只是不顾一切的学术策略。为了说明集体所有制在性质上不同于私有制，它必须仅仅被看作是根本上全新的制度，而不是生产资料的一种不同的、更公正的安排及其重新分配。这种论述是纯粹不受拘束的跳跃，完全不符合马克思本人的历史连续性观念。人类生产力的整个更新、变革和发展，这种历史连续性使社会制度的比较分析成为合理的事情。"生产条件的分配"对他来说毫无疑问是一个超历史的范畴。

② L. Crocker，"Marxs Concept Exploitation"，*Social Theory and Practice*，Fall 1972，p. 207；C. C. Ryan，"Socialist Justice and the Right to the Labour Product"，pp. 521 – 522.

③ R. J. Arneson，"What's Wrong with Exploitation?"，p. 226.

搁置的问题。如果马克思本人支持资源集体控制的原则，希望它的实施能够带来某种进一步的分配结果且不会带来对于基本人类产品的另一种分配结果，那么从对分配结果的期待中提取抽象概念并将某种伦理观念转嫁给他就是一种异想天开。在这种伦理观念中，集体控制是重要的，而在某种程度上忽视它的分配结果的性质。此类结果肯定参与了对价值（他将这种价值联系到未来的共产主义社会）的定义。总之，他明确地表述了涵盖它们的一个原则，这是事实。

所以我把他所表述的原则"各尽所能，按需分配！"当作对正义社会的概念来说是完整的。反对把它视为分配正义的一个标准主要有两个原因，我将依次讨论它们：（A）需要原则不是平等的一个标准。相反，与每个人唯一个性相对应，与个人性格和需要的多样性相对应。因而，它是差异性地对待人的论述。（B）通过预测"社会物质财富极大丰富"的时间，马克思展望了终结社会物质稀缺和实现正义原则的情形。

七、需要和平等

关于（A），应该注意与之相关的另一文本，而忽略对马克思《哥达纲领批判》的争论。在《德意志意识形态》中曾有一篇文章，该文章从某种需要原则的立场出发，不赞同分配原则的一个版本，批判"二者（占有和消费）都取决于他的（即人的）劳动"的观点。"但是，共产主义的最重要的不同于一切反动的社会主义的原则之一就是……人们的头脑和智力的差别，根本不应引起胃和肉体需要的差别；由此可见，'按能力计报酬'这个以我们目前的制度为基础的不正确的原理应当——因为这个原理是仅就狭义的消费而言——变为'按需分配'这样一个原理，换句话说，活动上，劳动上的差别不会引起在占有和消费方面的任何不平等，任何特权。"① 该文反对的正是这一点，因此，它所赞扬的需要原则没有理由被认为是任何其他的东西，而只能是平等的标准。然而，该文很可能不是马克思和恩格斯写的，而是莫泽斯·赫斯写的。马克思和恩格斯被认为只是对《德意志意识形态》中的这一章进行了编辑。② 此外，"需要"在这里被狭义地解释为物质需要，正如我马上就会提出的主张，人们不能把这认为是马克思在《哥达纲领批判》中的意图。对于在当前语境中做出什么样的合理解释，我们必须慎重对待。就因为30年前其他人所写的东西中含有明显的平均主义，而直接得出马克思在之前文本中的同源表述是同样重要的，这样的结论显然是错误的。但是，如果这种确定性在我们看来是无根据的，那么我们可能会公正地询问，根据这些东西，从那些坚持说他提出的原则不是平等的人的立场出发，直接相反的确定性是怎么被证明的呢？慎重的重要性在这里模棱两可。应该注意，这些评论家完全忽略了《德意志意识形态》中的这篇文章。

在给予足够的关心和提醒后，我们可以对它进行以下评论。首先，在马克思和恩格斯的著作中，没有其他的章节具有《哥达纲领批判》中的著名口号所传达的意义，尽管它的原作者的身份还是一种假设。第二，它提供了一个有用的提醒，即"按需分配"这一宗旨在马克思本人使用它之前就已经是社会主义者论文中的一部分。第三，该文章说明这一宗旨被其他人理解为平等原则，以前的一个合作者在被认为是马克思所写的一本著作中公开提出这样的意见。不用多说，这三点应该足以告诉人们，至少存在一种合理的可能性，即马克思出于相似和平均主义

---

① 《马克思恩格斯全集》第 1 版第 3 卷第 637—638 页。
② 《马克思恩格斯全集》第 1 版第 3 卷第 716 页注释 154。

的考虑而赞成这一原则。总之，第四也是最后一点，《德意志意识形态》的前面章节和《哥达纲领批判》的文本之间，存在一种不可否认的内在相似性，这种相似性肯定了该可能性是一个事实。正如前者的要点是"不同的智力能力"，于是"劳动"不能为"不平等"或者"特权"辩护，"它默认，劳动者的不同等的个人天赋，从而不同等的工作能力，是天然特权"，所以意味着"一种不平等的权利"。①

因此，对于前面章节的考虑只是用于强调事实。事实是，当马克思谈及分配原则的"缺点"时，他明确地提到了它所带来的不平等，在他眼里，这在道德上是不可接受的。我们可以发现，他根据早已存在有关争论的传统来这样做的事实支持了他所提出的需要原则是平等原则的主张。另一方面，在从一方观点出发展望平等待遇时，从另一方观点出发，该原则必然支持不平等待遇。所有人将能够平等地满足他们自己的需要。但是，消费资料将不会被严格地分为个人等份；即便是平等的劳动贡献，也不会或不会总是与此类同等大小的份额相匹配。然而，这没有什么奇怪的。这同样适用于社会正义或平等原则的每一个独立概念。如果分配是根据需要的标准进行的，那么，做出同样劳动贡献的人、同样身高的人或同样星座的人就有可能获得不均等的资源。但是，同样，如果分配是根据成绩或功劳的标准进行的，那么根据具体情况，那些具有相同需要的人或做出相似努力的人也会发现，他们的需要没有被平等地满足，或他们的努力没有获得同等的报酬。这是公正和平等的哲学分析的真实性，在人们对独立标准进行说明之前，所涉及的正式原则实际上是没有用的。马克思从自己的立场出发，决定把需要而不是"个人天赋"作为决定性标准。无疑，在这种情况下，他本人强调该标准的采用

---

① 《马克思恩格斯选集》第 2 版第 3 卷第 305 页。

在某种意义上意味着不平等的个人待遇。从他批评分配标准的方式中，马克思本人就已经意识到它的存在。不管个人天赋，也不管其他的差别性特点，所有人的需要都被认为是在道德上相关的——因此，所有人的需要应平等地被满足。

八、共产主义丰裕

现在我们可以把注意力转向（B）——因为可预期的共产主义丰裕将"使每个人的需要被完全满足"，所以分配正义的原则就变得多余。① 用于规定什么样的分配才是正义的权威规范和规定将不再是必要的，因此，马克思所提出的需要原则就不能被作为其中之一。但是，该意见经不住推敲。对于"丰裕"概念的批评性反诘（也针对人类"需要"概念）将表明它有什么样的错误。为此，下文将提供思考这一题目的有用背景。"人类因其需要的无限和灵活性质而区别于其他所有动物。但是，没有任何动物能够把他的需要限制在这样一个难以置信的程度，也没有任何动物能够把生命的条件降低到绝对的最低限度。这同样也是真的。"② 当马克思期望物质财富极大丰富时，什么才是他理想中的丰裕呢？他没有直接说明。实际上，没有证据表明他对这一问题进行了严谨的考虑。在尝试回答这一问题时，我们必须看到，从相关文本中可以推断出什么——与我较早关于对最佳重建方式的需要的言论相一致。但

① A. W. Wood，"Marx and Equality"，in J. Mepham and D. H Ruben，eds.，*Issues in Marxist Philosophy*，Volume 4，（Brighton 1981），p. 211；S. Lukes，"Marxism, Morality and Justice"，in G. H. R. Parkinson，ed.，*Marx and Marxisms*（Cambridge，1982），p. 201.

② Karl Marx，*Capital*，Vol. I，（Harmondsworth，1976），p. 1068.

是，肯定只有三种不同的"可能性"：（a）存在相对于"绝对最小值"的丰裕，即最低限度的物质生活需要的定义。（b）相反，在每个人都能够拥有他们自己认为需要的东西或做他们自己认为需要的事的意义上，存在相对于需要的"无限和灵活"概念的丰裕。（c）存在相对于"合理性"标准（当然，可能存在不止一个这样的标准）的、介于（a）和（b）之间的丰裕。

我们能够以存在许多文本证据为理由而忽略（a）。马克思不是根据最低标准而是根据个人需要的增长来进行思考的。他考虑的是个人自我实现的需要。① 在有许多其他材料可以被引证的情况下，从他在《哥达纲领批判》中引用"个人的全面发展"来看，从他在《资本论》中所做的对比来看，当他提到"在一种不是物质财富为工人的发展需要而存在，相反是工人为现有价值的增殖需要而存在的生产方式下"②，这是清楚的。马克思所解释的需要原则不同于他所阐明的、我们曾看到的其他原则（比如，每个人和所有人的"自由发展"），而是把它包含在内，因此，从任何最低限要求者的角度，这是不被接受的。另一方面，我们能够以它是荒谬、根本就不是一种可能性为理由而忽略（b）。因为"灵活的"需要是一件事情，而"无限的"需要是另外一件事情。如果你为了自我发展而需要一把小提琴，而我需要一辆竞赛用自行车，人们可以假定这都是对的。但是，如果我需要大面积的、不受其他人打扰的土地（比如，澳大利亚）来散步或用于我认为合适的目的，那么，这明显就是不对的了。假设若干人口中这种情况有适当的发生率，没有任何可以想象的丰裕能够满足这一数量级的自我发展需要；不难想象，

---

① 《马克思恩格斯全集》第 2 版第 44 卷第 605—606 页。
② 《马克思恩格斯全集》第 2 版第 44 卷第 716—717 页。

即使需要没有那么多，结果也同样如此。不能简单地、理所当然地认为马克思没有考虑其荒谬，在没有文本基础的情况下，把这一事实归因于他，同样是不合理的，事实上也不存在这样的文本基础。在《资本论》第三卷中，他对于"必然王国"持续的反应预示着一种更加适度的关于共产主义丰裕的想象。①

因此，作为对（c）的支持，我们一定要断定，这是相对于"合理"需要的某一标准的丰裕（它也许像它可能的那样广泛和丰富）的观点，对于无限丰裕的幻想来说仍然是不充分的。它也许被用来反对这个推论，通过这一推论，我得出所讨论的原则是需要原则这一结论，排除了在上一段落中假设的、那种荒谬的和奢侈的个人要求。马克思的意思正是需要，而不是什么愿望或幻想。但是这一点什么也改变不了。它只是通往同一结论的另一条道路。只要需要的相关概念包含超过"绝对最小值"的需要（正如我们已经注意到马克思是这样认为的），那么，什么是共产主义社会中人们的适当需要及什么仅仅是愿望、奇想或幻想之间的区别就亟需一种区分的标准。

至于其他，根据马克思在谈及共产主义社会时将其列入标语的事实，"各尽所能，按需分配"并不意味着是任何规范，而仅仅是对未来的一种描述的主张，这种主张仍然带有一种感叹的意味。

九、结论

我在本文批判的观点可能被认为是解决马克思思想中一个真正问题的虚假方式。根据他对规范性问题的态度，该问题是矛盾的或似是而

---

① 《马克思恩格斯全集》第 2 版第 46 卷第 928—929 页。

非。他否认自己是充满了强烈的道德热衷意味的文章作者。当他没有嘲笑任何对于理性或价值的沉迷时，在进行关键性的标准判断时，他仍然是十分自由的。"反正义"解释试图通过展示其适合不同事物的两个方面来消解矛盾：马克思否认和嘲笑的是正义、权利；而援引和肯定的是对自由、自我实现和社会的理想。这是一种虚假的解决方式。障碍不可能如此轻易地被消除。迟早，马克思对此（关于抑制他自己思想中规范性尺度所做出的努力）的否认是会彰显的。因此，在《德意志意识形态》中，他写道："共产主义对我们来说不是应当确立的状况，不是现实应当与之相适应的理想。我们所称为共产主义的是那种消灭现存状况的现实的运动。"① 同样，25 年后，在《法兰西内战》中，工人"不是要实现什么理想，而只是要解放那些由旧的正在崩溃的资产阶级社会本身孕育着的新社会因素"。② 与正义理想相反，没有提到自由或自我实现的理想：没有要实现的理想，只是内在的运动，就是这样。事实上，否定普遍性在最具战略意义的要点上留下了它的印记，这就嘲弄一些评论者所做的如此多的逻辑断裂。在《共产党宣言》中，一个假定的对手被想象出来，批判共产主义要废除永恒真理，要废除宗教和道德。对于该批判的反应不是对它的辩驳，而是确认共产主义革命"就是同传统的所有制关系实行最彻底的决裂；毫不奇怪，它在自己的发展进程中要同传统的观念实行最彻底的决裂"。但是，作为被废除的选择，具有"全部道德"的永恒真理是什么呢？我引用"自由、正义等"作为答案。③

---

① 《马克思恩格斯选集》第 2 版第 1 卷第 87 页。
② 《马克思恩格斯选集》第 2 版第 3 卷第 60 页。
③ 《马克思恩格斯选集》第 2 版第 1 卷第 292、293 页。

马克思对规范和价值术语的不耐烦产生了全球范围的影响。尽管如此，他本人确实明确反对资本主义的压迫、不自由以及本文中讨论的非正义。尽管被公开地否认、压制，但他本人的道德承诺不断彰显：自由的价值观、自我发展、人类福利和幸福以及正义社会（在正义社会中，这些被公正地分配）的理想。人们可能在解释该普遍矛盾方面取得了一些进展。但是，这并不意味着把它解释清楚或证明它是正确的。相反，根据马克思的想法，它应该被视为一种真正的、深层次的不一致性，被视为具有不太令人高兴的效果的不一致性。马克思主义者不应在这一领域继续宣传原来的自相矛盾和困惑，而必须公开地对他们自己的伦理立场负起责任，详细说明、捍卫并完善它们。一种经过详尽阐述的马克思主义者的正义观根本不会是早熟的。即使如此，在马克思对所有道德热衷的否认中，我们可以被发现某种有益的冲动，并对其进行说明。

从对仅仅是说教的、不受历史事实的客观认识约束的道德言论的厌恶出发，马克思对其进行否定的表述时，其积极的内核是，确信理想本身对于人类解放、为获得物质先决条件（从历史观点上说，不可避免地将异化、不自由和非正义包括在内）而付出的相应努力和保证其实现的社会结构具有重要意义。这种历史意义（马克思的著作所带来的）不是小事：它是马克思的威力，是马克思的伟大之处。我仍想重复，威力并不会补偿或免去这种不足。规范性分析和判断可以被置于适当的位置，而没有夸张的否定和盛气凌人的蔑视。但是，它同样与对威力和不足的评论相关。因为，过去和现在都不缺乏道德哲学（它对于马克思在这一问题上的特殊错误当然是无辜的，且很高兴能够把它指出来），该道德哲学对于其本身更大的无责任性来说是负罪的：对公正、美德、正义和诸如此类的事物的分析，却是在概念上远离了混乱的人群及有关劳累、舒适、能力、反抗、恐惧、希望和斗争的伤痕累累的历史。

在有关正义社会安排的几个概念（几乎、有时是完全与如何令人信服地达到这些目的无关）中，有关正义的同时期的讨论提供了充足的说明性材料。最后也是最大的谬论是，与他在分析什么是正义时所公开表现的兴趣相比，马克思对于建立正义社会有着更大的热衷。

（本文译自论文 "The Controversy About Marx and Justice"，经作者授权发表，有删节）

（姜海波 译）

正义之争：马克思主义的非道德主义与道德主义*

〔加〕凯·尼尔森①

一

马克思主义者、赞同马克思的理论家和马克思学的学者在马克思是否认为和马克思主义是否应该认为一些社会形态（诸如资本主义）是不正义的，而另一些是正义的，或在这样的评价措辞是否完全适用于整个社会形态上存在着分歧。甚至是认可马克思、对马克思与马克思主义有着深入的理解且有着相似的哲学和社会科学取向的分析哲学家，也在这一论题上存在着明显的分歧。② 如果我们比较艾伦·伍德（Allen Wood）与 G. A. 柯亨（G. A. Cohen）的观点，那么这种差别就既清晰而

---

* 本文选自《马克思主义与现实》2009 年第 6 期。

① Kai Nielsen 系加拿大卡尔加里大学哲学系荣休教授，加拿大哲学联合会前主席，《加拿大哲学杂志》创办人之一。

② 我所描述的马克思主义的非道德主义者有：艾伦·伍德（Allen Wood）、理查德·米勒（Richard Miller）、安德鲁·科利尔（Andrew Collier）和安东尼·斯齐隆（Anthony Skillen），而马克思主义的道德主义者一方有：G. A. 柯亨（G. A. Cohen）、威廉·肖（William Shaw）、诺曼·杰拉斯（Norman Geras）、乔恩·埃尔斯特（Jon Elster）及格雷·扬（Gary Young）。

又明显。他们都是潜心于马克思著作的分析哲学家，且都对马克思有着卓越的批判性阐述。然而，他们在马克思主义和道德上又有着深深的分歧。一方面，伍德认为，像正义这样的概念对马克思来说完全是意识形态的建构，它在评价资本主义或其他社会形态上没有什么批判性内容。在伍德看来，这不仅可能是马克思自己关于道德的不同寻常的观点，而且还可能是马克思主义关于所有制的一以贯之的思想的组成部分。而另一方面，柯亨则认为，马克思在一种合适的而非相对的意义上谴责资本主义为不正义，并认为这样的道德批判应该是当代马克思主义理论的一个核心要素。而且，假如这样的观点得到充分论辩的话，将显示出哲学家的贡献，即哲学家得以确证资本主义自身体系（而不只是资本主义的一些制度）在我们的历史时代中是否是不正义的，并在此比照之下，也确证在社会主义甚至共产主义条件下，正义是否能够合理地满足人们的期待：随着人类的普遍发展而发展。

通过检视伍德和柯亨的论辩，我们可以开始梳理马克思主义和道德这一论题。我之所以关注他们是因为他们不仅都是杰出的马克思的阐释者，又都是敏锐和有能力的哲学家，且在总体上，他们虽有着相似的哲学取向，但在关于马克思的大多论题上又存在着不少分歧。因此，综合他们路径上的大体相似以及在马克思主义和道德方面的尖锐分歧来看，就这一论题对他们进行比较是富有教益的。

二

我想提出一个初步的判断。我认为伍德和理查德·米勒所说的马克思主义的非道德主义（"反道德主义"或许是更为合适的表述）并不是为血腥的现实、人类尊严的共同缺失，或者有时以社会主义的名义所犯下的各种各样的暴行提供辩护、证明或借口。这种虚无主义的结果并不是来自于对正义，或更一般地说，对制度评价或决定政治和社会言说所应该做的道德观点的马克思主义的非道德主义拒斥。

在《正义和阶级利益》中，伍德遭遇了马克思主义的道德主义，特别是遇到了那种认可正义的马克思主义者，他们着力展示了资本主义的不正义的例子，而又表明合适的民主社会主义的正义是与马克思的社会主义社会的观念相容的，他们也认同伍德的观点，即基于马克思的文本，马克思自己并不这样评价资本主义和社会主义，且确实认为道德概念是完全的意识形态概念。因此，伍德的立场主要是想反驳这些人，他们认可马克思学的观点，即马克思不认为资本主义是不正义的，但又进而认为这种马克思学并没有多大价值（其立场与柯亨的立场比起来更多的是对伍德的让步），因为马克思"关于道德的观点是足够独特的，足以从他的社会思想的核心见解中抽取出来"。

伍德考虑到他已经在其他地方指出了马克思的观点，故他的出发点在于说明，这种马克思主义的道德主义是建立在误解的基础之上。他认为，认真思考马克思，对马克思社会理论的核心的基本主张做一些合理解读，将促使人们将道德的观点拒斥为不可还原的意识形态，当然，与此相关，也拒斥把正义作为评价社会制度的关键范畴，并一般地把正义言谈和道德言谈拒斥为一种主要起保守的社会功能的意识形态工具。道德规则对于"革命的需求和抱负"来说，并不是一种好的手段，反而是"既定社会秩序的表述，特别是……为了使秩序得以维系和顺畅运行而作用于个人的那种秩序的表述"。

伍德辩称，道德的这种本质的保守的社会功能并不是植根于马克思可能具有的某一怪异的、也许在哲学上幼稚的超伦理学或规范伦理学的概念，而是植根于他思想的基本要素：他的历史唯物主义，他的意识形态观念，他的阶级、阶级利益和阶级冲突的观念。

这并不是说马克思和追随马克思的马克思主义者都致力于非理性主义或观念上的相对主义。马克思、恩格斯显然也是启蒙时代的产儿，且大多数马克思主义者都在这一点上追随他们。正如伍德所指出的，马克思和恩格斯都相信"对社会制度的理性思考是任何自由或真正的人类社会的一个重要组成部分"。他们将会认同约翰·罗尔斯所说的，这是我们的最高秩序的利益之一。但马克思和恩格斯同样倾心于揭露——在这方面，他们并不是典型的启蒙人物——大多数道德哲学家和政治哲学家所普遍存在的自我欺骗，因为这些人深信，在"思考如何最好地创制社会制度"中，最为重要的是发展和运用正义原则去"分配社会生活的责任和利益"。伍德想表明，对于大多数哲学家和政治理论家来说，一个几乎自明的自然而然的合理路径是，从一以贯之的观点中挖掘马克思的社会理论，并退回去拥抱一种不幸的自我蒙蔽的乌托邦主义，而如果我们接受它的蒙蔽，就会妨碍我们达致社会现实的本质。

伍德认为，马克思的确反对——也确实合乎他的整个理论取向——资本主义中那种控制生产手段分配的方法，反对在这种社会中为获得教育、技能培训和休闲、保健、体面的住房和安全等机会的分配。他甚至认为，似乎至少可以弄清楚是否可以通过检视马克思的具体判断来看，能否建构一个正义概念以解释和证明马克思对资本主义分配所作的那些相似的具体评价。

然而，伍德认为，当我们认真地思考三个要素，即两个被具体阐述为马克思主义的历史唯物主义和立基于其上的革命实践概念，以及正义概念时，这种原初的真实性就消失了。任何正义原则，不论是平等主义的抑或非平等主义的，都必须是这样一个原则：当原则的运用涉及人们的利益时，它应是无私的或公平的。任何对他们的区别对待都被认为是

"必须被证明是以公正的准则为基础，对诸如个体的具体应得或与所有人殷切相关的最大的共同善（common good）"的运用。如果这些不同对待不是以某一方式被证明为如此合理的，我们就没有正义原则。任何正义原则，即使是最为精英式的或贵族式的，都必须"被证明是基于无私或公正的考虑"。

接下来，伍德通过引入马克思主义的两个要素来强调这样的事实（也为米勒所强调）："马克思拒绝从一个公正或无私的立场来评价社会制度，且认为这样做的整个工作是掉入了意识形态幻想的陷阱。"① 伍德想接着确认这并不仅是马克思的特异之处，而且是他理论中心要素的组成部分。如果要认真地给社会主义革命和社会主义做普遍的辩护的话，那需要诉求的就不是无私地对待每个人大致相同的利益，而是诉诸无产者及其联盟的阶级利益。既然马克思所指的无产者的绝大多数，那我们诉求的这绝大多数的利益在事实上是什么，然而，伍德认为，马克思"从来没有把它与全社会的共同利益相混淆"。事实上，伍德辩称，马克思把阶级社会中的任何共同善或普遍利益（universal interests）的观念都视为意识形态的神话。② 马克思毫不犹豫地承认，由资产阶级和

---

① 对米勒来说，因为与伍德有所不同（参见下面的第四部分），公正或无私的立场的观点是一些简单的在阶级社会不可能的东西。但是，马克思是否认为他在《资本论》第 1 卷中所描述的暴行或恩格斯在关于曼彻斯特的写作中所描述的暴行，只有在认同了无产阶级的立场后才是可能的呢？难道马克思在这里采用的立场没有公正的证据？对此，几乎很难以一种肯定的方式有把握地回答这两个问题，但米勒的解释似乎实际上就是这样做。

② 伍德可能混淆了试图推进共同利益与捍卫一个公正的正义原则之间的区别。但是，整个社会的共同利益不一定是相同的东西，尤其是在一个不正义的社会中，什么能被公正地捍卫，这是不确定的。

土地贵族组成的庞大群体的"利益将经由革命被完全忽略或牺牲掉"。马克思在这一点上是相当明确和直白的。伍德认为，假如我们要使马克思的历史唯物主义和阶级理论的阐述得到一贯适用，那这样的态度就正是我们所需要的。

马克思认为，历史是被生产方式界分为不同时代的历史。在阶级社会，生产方式在总体上决定了每一个阶级的地位，而这些阶级在经济关系中又扮演了不同的角色，它们是生产方式的组成部分。这些有着不同的社会经济角色的阶级对其所在社会的生产工具、过程和产品并不具有相同的支配作用。追溯历史到现在，如果把人类社会作为一个整体来看待，那么生产力的发展趋势，在确定的历史环境中总是导向了生产关系与生产力的不相适应，而这反过来又倾向于使阶级冲突变得尖锐。但即使生产力和生产关系在一定时间内处于和谐，具有统治与隶属关系的这种阶级的存在也蕴涵着阶级利益冲突的不可化约。这在任何阶级社会中都是真实的。依据历史唯物主义，随着生产力的发展和现存的生产关系在面对其发展而变得落后时，阶级斗争就是使社会关系适应生产力发展的机制。当变化扩大时，这种斗争就会达到顶点，社会中的革命则将带来一种更适应新的生产力的社会关系，而它们将一起构成一个新时代的不同的生产方式。

以马克思的观念，除了在意识形态的神秘的放大镜之下，关于存在着构成共同善的社会维度的利益的争论是不现实的，尽管它也许能以好的方式将阶级社会联为一体。我们在实际上拥有的是与此相反的各个不同的、互竞的、有冲突的阶级利益。它们基于每一个阶级成员的共同状况，这种状况或许可被称为他们的不同的阶级状况。

在我们的社会，两大主要的阶级是：拥有和控制生产工具并对维持和控制这种所有权享有完整的合法利益的资本家，以及被排除在生产工具的控制之外和为争夺这种控制享有完整的合法利益的工人。在这里，我们谈论的不只是一个阶级的成员的个体利益，而且是作为一个整体的阶级的利益或作为阶级运动的长远目标的阶级利益，实际上我们是在谈论"某种社会生产关系的建立和保护"。这就是我们如何识别阶级利益。而且，正是这些阶级利益成了历史的直接的推动力量。在时代的社会变革中，它们是主要的"发动机"，且其更为重要和更为根本的原因是正在发展的生产力，当它们发展到与生产关系发生冲突时，就会引发阶级斗争。然而，正如伍德所说，正是通过阶级斗争，才使我们作为历史的主体与历史有效地联系起来。"我们的历史角色依赖于我们的行为与阶级利益的关系和为此做出的斗争。"

三

历史唯物主义和革命的阶级斗争的这种描述使我们能够理解和评价伍德所说的"阶级利益理论"的力量。反过来，它又是伍德所说的"阶级利益论证"的一个必要前提。其论证在于说明马克思主义者既没有一个关于正义的描述（其正义是作为严格的规范概念），也一直没有以某种超历史的、严格意义的方式而不是联系生产模式的方式，去说资本主义是不正义的，而社会主义是正义的。（后者确实是前者推导的结果）伍德将"阶级利益理论"这种说法的一个主要内容表述如下：

　　要理解我们自己作为历史的主体，就要理解这些利益（阶级利益）以及它们作为我们行为的依托。马克思认为，不论我们行为的目的或显明的意图是什么，我们的行为要有历史作用，仅在于它们包含了阶级利益的追求；而我们行为的历史意义也仅在于它们在为争取这些利益的斗争中发挥了积极的作用。

伍德的核心观点是，当我们全面、仔细而非逃避地思考阶级利益理论的丰富含义时，我们就会明白我们无法通过道德说教来发挥历史作用。通过举证资本主义的不正义，我们难以对这个世界有根本性的改变。但是，考虑到我们的理论与实践相统一的思想，历史的有效性就是我们最深切的利益之一。这意味着在思考我们所要做的问题上，不应该将过多的兴趣放在正义或不正义的考虑上。我们"作为历史的主体的成就，基本上就在于我们将完善某些阶级的利益的方法"。要使斗争具有历史影响，我们就应该审视现存的历史运动，特别是假如我们处在大多数知识分子的反常的阶级立场，支持和认可（尽管是批判的）一个运动，选择和寻求实现它的目标作为我们的目标之时。假如我们要有历史影响，我们将不会去"依据抽象的价值或准则去设定我们的目标，然后再试图寻求一些手段以达致这些目标"。相反，理性的做法是站在一定的阶级立场并以知识分子所能采取的各种方法为之奋斗。如果我们是工人，那理性的做法是成为马克思主义的非道德主义者并为保护和促进我们的阶级利益而奋斗。然而，有时像潘提拉的司机赫塔一样，我们最好不要对它太轻信。阶级利益的论证的结论是把正义作为实践的目标，而这与把它作为阶级理论是不相容的。伍德相信，我们不能既服务于正义又依据我们的阶级利益或我们认可的阶级利益而行动。但是，要成为有实际作用的主体，我们就必须依据我们的阶级利益来行动，而不管我们的道德信念可能是什么。依伍德之见，马克思主义的一贯表述是，在阶级社会中，并不存在超越阶级和生产方式的超历史的正义原则。即使有，马克思主义者也应该忽略它而投身于无产阶级的利益。他们应该是（这样说有点矛盾）马克思主义的非道德主义者。

四

前述内容已经展示了伍德论证的基本结构。但伍德意识到它是有偏见的，所以就增添了一些条件。然而，在这里，他反对马克思主义的道德主义的例证是最容易受到攻击的。伍德还附带说到，米勒也同样强调这一点①，即"马克思有时似乎认为，也许只要结合社会被深层的阶级冲突所撕开这一事实，阶级利益理论就说明了共同利益或所谓的公正的、无私的善（disinterestedly good）等观念只不过是纯粹的幻想和子虚乌有的东西。"正如我们已经看到的，伍德坚信，马克思认为和马克思主义应该认为没有超越历史的正义原则。但伍德也指出，在马克思主义的基本核心和在马克思的历史唯物主义或革命实践的概念中，没有什么能说明共同善的观念是立基于错误之上。虽然在阶级社会中没有这种对我们来说是实际的可以得到的善，但并不能由此推出"善"这样的观念是不着边际的。

正如米勒所表明的，马克思指出这样的事实，尽管每一阶级社会一般都对诸善有着广泛的共识，但一般没有对所有具体的善及相冲突的善的权衡达成共识。人们的利益显然有重叠之处，但也有冲突；且关于冲突的解决，人们也难以达成美好生活的统一图景。对此，伍德称："关于什么是公正或无私的善的观念，不是在人们之间的利益达成经验的一

---

① 柯亨认为，在某种程度上，马克思相信这一转向。按照柯亨所说的，马克思相信没有大规模的历史运动发生，除非在社会普遍利益的旗帜之下，而且，在社会主义者的情形中，该旗帜下所宣称的才是非扭曲的真实。参见 G. A. Cohen，"Peter Mew on Justice and Capitalism"，*Inquiry*，29，no. 3（September 1986）。在这里，我要真诚地感谢柯亨。

致或共识的观念。相反，它是独立于任何特殊利益的立场而言的某种善观念，尽管无论如何，它也许不独立于所有的人类利益。"

伍德辩称（这一点米勒也一样），虽然没有提及马克思主义的经典表述，但资本主义社会的尖锐的利益冲突确实存在，且事实上不存在那种可以构成人类共同善的普遍利益的共识。不过，伍德也补充说，这并不能说明不存在这样一种共识，即，假如非扭曲性交谈的条件曾经取得优势的话，那通过运用罗尔斯的广泛的反思平衡，仔细的思虑不能被理性地期待去达成这种共识。伍德坚信，在阶级社会，不存在什么是普遍利益的共识，如果有普遍利益存在的话，那也没有什么可以确定地权衡它们的利益冲突。但他并没有排除，在无阶级的社会中，人们有可能发现这样一种普遍利益，它们能够为一个共同善的非意识形态主张提供基础：我们现在没有这种独立于特殊利益之外的标准，但一个马克思主义者不需要排除这种可能性，即在更为文明的环境中，我们能发现这样的利益，它们植根于作为社会人的真正人性之中。再者，如果有什么马克思主义的经验理论的话，那对意识形态功能和诸如此类的方法敏感的马克思主义理论家来说，就能够以一个好的立场来持有一个关于普遍利益是什么的精明观念。

然而，至关重要的一点是，伍德的阶级论证不是立基于"没有普遍利益或无私的立场这样东西"信念上。相反，它所需要的是伍德所说的较弱主张："阶级利益理论排除了具有自我意识的历史主体采用正义（或公正的善）作为他们的首要目标。"但现在这种叙述开始有了另一种景象，一种马克思主义的非道德主义并不支持的景象。这与伍德试图论证的恰恰相反。

然而，伍德辩称，我们追求一个阶级的利益也可以是"追求事实上是正当的东西或无私的善"。阶级利益论证只是要求，不能把道德上的理由作为支持工人阶级的首要理由。考虑到阶级利益理论的真实性，一个具有使命感的历史主体必须把无产阶级的阶级利益视为高于无私的善的东西。伍德认为，马克思主义的非道德主义最具决然性的是其信念，即，如果在无产阶级的阶级利益和所谓的无私的善之间存在冲突，那么无产阶级的利益将压倒道德的利益。它们拥有比道德利益更强大的规范力量（这似乎有些自相矛盾），即，对无产阶级来说，把这种无产阶级利益置于道德考虑之先是合理的。这颠倒了通常所认为道义上的考虑总是凌驾于任何这种冲突的利益考虑之上的观念。无产阶级应该做的合理的事情就是把他们的阶级利益置于道德观所要求的事情之前。这里隐含的"应该"不可能有道德地位；相反，它注意到在所有事情都被考虑到的情形中，要做的最合理的事情是什么，以及建议无产阶级应当去做什么。

马克思主义的道德学家应该回应这是一个不真实的、假设的情形。如果对无产阶级的利益是什么作现实的理解，那它们在事实上不可能与什么是无私的善发生冲突，以至于历史主体必须在无产阶级的利益与无私的善的冲突之间做出选择。马克思主义，不论对与错，都是以这样一种方式设想问题的，即，无产阶级的利益在事实上（虽然肯定不是从事实上进行界定）也是人类绝大多数人的利益。无产阶级利益将要反对的仅是资产阶级的利益。但后者只是总人口中的极少部分。而且，它要反对的不是作为个人的资本家的所有利益，而只是反对与资本家从事资本行为密切相关的那些利益。那些以通常所说的公民自由为核心的切身利益在大多数情形中是不需要受触动的。

当在道德选择上处于两难困境时，就用计算来解决。假设你是一位强有力的游泳运动员，在一个恶劣的天气下你恰好站在湖边，这时，在你左右且离你一样远处有两艘船翻了。其中在你右边的船上有 3 个小孩，而在你左边的船上有 1 个小孩。假定其他情况不变，你就应该首先试着去救你右边的那艘船。虽然道德问题不是投票表决问题，但计算在道德方面确实有意义。凡相同类别和同等重要的利益存在冲突而又无法都满足时，道德就要求我们满足更大的或更为广泛的利益，这一点是能够确定的。因此，在同等层次上，当无产阶级同资产阶级发生利益冲突时，无产阶级的利益就胜过资产阶级的利益：无产阶级的利益在事实上是绝大多数人的利益，而资产阶级的利益只是极少数人的利益（虽然还有其他利益，但纯粹是抽象的可能性，大可忽略不计）。

阶级利益理论的辩护者如果被很好地告知，就知道对社会主义的支持，至少在很多真实情形中，是不需要在无产阶级的利益和无私的善的追求之间进行选择的。因为如果真有这样一种无私的善，那它在大多数情况下都能被最好地实现，如果它能通过追求无产阶级的阶级利益而被实现的话。依据马克思主义的论述，无产阶级的解放（这是其经典理论的一个核心组成部分）是创建无阶级社会的关键，它将为普遍的人类解放提供条件。阶级利益理论的辩护者不必要在阶级利益的追求与无私的善的追求之间做出选择，因为对阶级利益的追求，事实上在大多数情况下也是对无私的善的追求。如果与这一断言中暗示的相反的话，那么无私的善就是意识形态的幻象，它就不能与无产阶级的利益进行一致性对比，以至于我们必须在二者之间做出选择。另一方面，如果存在无私的善的一致性概念，那就如我们所假设的，无产阶级利益的实现就是我们借以使无私的善取得优势的手段。在政治行动的实践上，通过把无产阶级利益放在首位，我们或许能够在公正辩护上达到对利益的处理，即，从选择的观点（在那里必须做出艰难的选择，甚至是罪恶的选择）和从将来来看是无私的善的有利地位的辩护。① 没有非常雄辩的理由来断言，接受阶级利益理论的人就必须反对按照道德观或正义观念来评价资本主义和共产主义的可能性。

五

此刻，重要的是重申我认同伍德所说的道德主体参与有历史影响的行动是至关重要的观点。我将进一步论辩，如果马克思主义的世界图景是大致正确的，那在我们的历史情境中，对于已经很好地把握了现实的无产阶级盟友来说，它所要求的是给以清醒和公正的关怀。即，它要求的是坚持劳动的观点，支持工人阶级。我也同意伍德所认为的，对于任何一位真正的、一贯的马克思主义者来说，把人作为物对待，把任何利益置于无产阶级利益之上是不合理的，而我会补充说是不道德的。但是，循着伍德的思路，我要说的是，道德主体在事实上决不会使阶级利益与道德相对立。总之，我同意伍德所说的："阶级利益理论所告诉我们的是，为人类历史的正义而斗争的那些人，从客观上来讲，总是为某一阶级的利益或另一阶级的利益而奋斗，且从历史的观点来看，他们的奋斗被这样看待，而不论其私人目的和意图是什么。"我相信，在承认我们"不能在接受这一理论的同时而又仍然以我们以前的相同方式来虚

---

① 我已经论证过，马克思非常相信，深化无产阶级的事业在事实上也深化了正义的事业。人们可能会说，两者在现实情形中不太会发生冲突，这可能并不明显。举例来说，如果斯大林在识别无产阶级的利益并有效地根据这种利益而行动的问题上一般是正确的，那么道德与无产阶级就会在历史上一再地发生冲突。但是，乌克兰富农们挨饿尽管有可能合乎无产阶级的长远利益，但是像这样的情况显然是完全不可能的。这是政治虚构。

伪地看待我们的目标和意图"上，他也是正确的。的确，正如我试图说明的，我接受阶级利益理论，就正如我认为所有的马克思主义者应该接受它而又不将其归之为马克思主义的非道德主义或是拒斥以正义准则评价社会主义或资本主义一样。没有什么合理的理由让人和伍德一起说"客观地讲，正义的追求只是追求阶级利益的一个工具或伪装"。在坚持阶级利益理论和马克思主义的革命实践观念的同时，对资本主义进行道德批判是完全可能和真正可取的（循着伍德的思路）。

六

前述中，我在展示了马克思主义非道德主义的不可小视的力量之后，已经试图对其存而不论。现在，我也要思考马克思主义道德主义的某些形式，特别是奇特而又富有说服力的一种形式。这是与众多马克思主义者所认为的大相径庭的一种形式，其立论是，马克思主义者应该论证资本主义制度的不正义和私有财产权制度的不当，因为这些制度侵犯了人的自然权利。

这个奇特的论题来自柯亨，他的专著《卡尔·马克思的历史理论：一种辩护》多年以来一直是对历史唯物主义的最为卓越的合理重构和辩护，就是一个无可挑剔的明证。在《自由、正义与资本主义》中，柯亨力陈，在拒斥自然权利上，马克思主义者并不是不假思索的或是卢德分子（luddite）。他把两者结合起来重新思考，在表述他们最深层的信念，即坚持私有财产必须被废除时，是否不会影响自然权利的吸引力。他们应该思考的还有，在妨碍了对自然权利的信念和正义的客观观念的认识上，是否不仅是关于道德本质的糟糕的理论。

柯亨的论证至少可以说是具有挑战性的，它冲击了我们这些愿意认为自己是在马克思主义传统下工作并以更为惯常的方法去思考道德的人。假设它能被用来说明，"主要生产资料的社会化之所以能增加自由，是因为较不利者所得到的额外自由可能多于富人失去的自由"。柯亨说明，尽管真的如此，但是剥夺任何私有财产权并使之社会化仍然可能是非正义的。尽管给世界带来更多的自由是一件好事，但如果权利在这个过程中被侵犯，那这样做就是不当的。对正义的考虑倾向于胜过对自由的考虑，"因为正义是权利问题，而权利在道德争论时是特别有力的武器"。

很多资本主义的辩护者对私人生产的财产的权利的辩护，是立基于人们拥有合法的获得私人财产的自然权利和对这些合法获得的私人财产的权利的剥夺就是侵犯人们的自然权利（这就是资本主义的辩护者所宣称的，你们所能获取的大约也是深深的非正义形式）的理据。正如柯亨所深知的，很多哲学家，包括几乎所有的马克思主义者，将会拒斥任何这样的诉求，并认为边沁对自然权利的谈论是夸夸其谈的胡说。柯亨认为这是简单化的、缺乏省思的教条主义。他认为，存在一个合适的、无害的自然权利概念是完全没有问题的。柯亨告诉我们：

"自然权利不仅仅是法定的权利，我们说，我们依据道德而非法律的根据而拥有它们。"他认为我们没有任何理由认为这种观念是胡说，甚或是有问题的。他提供了下述范例，用以说明马克思主义者及其他左翼分子应该倾向于认可自然权利，而不论他们怎样厌恶自然权利的言说。假设政府使用宪法手段来简单地禁止对核防御政策的和平抗议，理由是这些抗议危害了国家安全。假设人们对政府的专断手法（国家安全几乎没有受到真正的威胁）表示愤怒的一种方式是作出这样的声称：人们有权利和平地抗议政府的任何政策。柯亨说，当他们这样回应的话，不管他们意识到与否，既然按照假设，在法定权利层面上可能是不正确的，他们就会诉诸自然权利。柯亨辩称，他们必然会要求自然权利，因为他们"要求拥有一种不仅仅是法定权利的权利"。柯亨（循着边沁的思路）认为，这里没有任何问题。正如他所总结的："自然（或道德）权利的语言就是正义的语言，而且凡是认真对待正义的人都必须接受这一点：世界上存在着自然权利。"

柯亨认为，马克思主义者常常否认他们相信自然权利或正义，因为他们拥有关于他们自己道德信念的糟糕理论。即，对自我理解的缺乏，导致他们错误地描述他们自己关于正义和权利的信念。柯亨表述如下：

> 现在，马克思主义者并常常不讨论正义，而且当他们讨论的时候，他们往往否认它的相关性，或者说正义观念是一种幻想。不过，我认为正义在革命的马克思主义信念中占据着一种核心的地位，马克思主义者所作的特殊判断表明了正义的存在，而且他们作出那些判断时所带有的强烈情感也表明了正义的存在。由于缺乏对自身本质的意识，革命的马克思主义信念常常错误地描述了自身，而且马克思主义者对正义观念的蔑视充分证明了这种自我理解的缺乏。我将设法说服你们相信，无论怎样谈论自己，马克思主义者确实对正义拥有强烈的信念。

为了说明他的断言，柯亨试图表明，马克思主义者在实践中通常会在社会民主主义者逃避责任时有一个强烈的道德判断。社会民主主义者反对纯粹的资本主义市场经济。他们正确地指控自由放任的资本主义市场经济使弱势者陷入了困境。他们辩称，我们必须有福利保障以保护弱者——无法就业者、临时失业者、半失业者或那些工资过低以至于在任何方面无法维持像样的生活的人。他们辩称，正义的社会是一个充满关爱的社会。但是，柯亨指出，他们将难以迎击保守主义者的反驳，尽管在纯粹的资本主义经济中，没有调节的自由市场的确伤害了许多人，但我们仍不能理由充足地、正当地转向自由福利国家的混合经济，因为以征税的权力来维持福利性支付将侵犯与他们私有财产权相关的权利，而私有财产权是他们的自然权利。对人们来说，受伤害好过权利被侵犯。当权利与不侵犯权利的损害冲突时，权利就胜出了。资本家应该成为慈善者和提供慈善援助，但他们不能正当地被迫这样做，这正如国家可以正当地强迫人们停止对权利的侵犯。与对人类需要的无情和冷漠相比，漠视正义的考虑和侵犯人们的权利远为罪恶。正如柯亨所看到的，在这点上，社会民主主义者将会输给保守主义者。

与社会民主主义者相比，革命的社会主义者（马克思主义者）有一个原则性的回应，但需要有一个对正义和自然权利的诉求。

依据柯亨的观点，马克思主义者应该回应，"社会化的国家并不侵犯权利，不是在为了某种更重要的东西而践踏权利，而是在纠正错误：纠正对权利的各种侵犯，那些私有财产结构所固有的侵犯"。马克思主义者应该论证，私人生产所有制的存在是非正义的。正如柯亨所说："社会主义者以正义反对市场经济，是因为它允许任何人都无权私人拥有的生产资料的私人所有制的存在，因而是依赖于一个非正义的基础。"在这里，马克思主义者应该摒弃他们对道德言谈的传统厌恶，而以自然权利作为基础进行论辩。为简明起见，这里与伍德作一基本的比较。

七

马克思并不是将自然权利和自然正义的言谈鄙视为空洞无物。罗伯特·诺齐克告诉我们，我们拥有对私有财产（包括私人生产资料）的自然权利，任何人都不能在没有侵犯我们权利的情况下践踏这种权利。与之相反，柯亨告诉我们，我们没有那样的自然权利，且相反的是，生产资料的私人所有制是偷窃；从道德上讲，生产资料的权利归属于我们大家共同拥有。即，他认为我们拥有共同持有这种财产的道德权利。他认为，不论特定社会的法律怎么说，作为一种道德权利，它就是我们的自然权利。这恰好是我们设法通过道德反思而发现为真实的东西，正如诺齐克认为，他已经发现了相反情形是真实的一样（虽然柯亨可能弄错了）。

然而，就我看到的，所有关于自然权利的老问题连同罗尔斯所称的"理性直觉"的老问题都依然有问题，至少似乎有同等的力量可以适应于柯亨和诺齐克等人。例如，我们怎样确定什么是自然权利的客观性，什么不是自然权利的客观性？我们知道，历史上和社会学上非常不同且常常不相容的东西都被人们宣称为人类权利或自然权利。像 H. L. A. 哈特这样的一些权利学者就一度对什么可以解释为自然权利非常严格，但其他人则非常随意地把福利权利作为自然权利来谈论，而这两者之间又有各种不同的立场。

正如米勒已经讨论的，我们似乎有太多权利，它们之间有很多冲突，我们缺乏对自然权利更为深远的诉求的明晰方法，以便告诉我们在权利发生冲突时，哪些权利更有优先性。

对以权利为基础的伦理道德的这些顾忌，通过反思马克思的断言就得到强化，即权利要求属于意识形态，而且在特定社会特定时期，什么东西被规范为权利（不论是在法权上的还是在道德上的），将取决于或牢牢地受制于当时的生产方式，而且我们对自己的理解，包括我们道德上的自我理解，也深深地受制于在我们时代占统治地位的意识形态。这样的认识促使我们要非常谨慎地谈论在我们心灵深处所认识到的自然权利甚至是我们认识到的公平或不公平。

八

而且，柯亨谈论什么东西是自然权利的那种原创的、富有吸引力的简化方法是有一些问题的。回想柯亨关于什么是自然权利的极为简约的概念："自然权利不仅仅是法定的权利，我们说，我们依据道德而非法律的根据而拥有它们。"但假设 J. L. 麦基是对的，且道德信念（包括对权利的信念）只不过代表社会的要求，以及一些马克思主义者至少会认同的观念，那么道德权利就将是社会的要求而不只是法定的权利。但是，即使这样的权利与柯亨关于自然权利不只是法定的权利的描述相符合，柯亨想说的也远不止这些；至少那些努力为自然权利辩护的人已经想主张一些更为牢固的东西。

主张自然权利的观点就是主张人类借以成为人类的东西，而它据说并非依赖于法律法规、惯例，以及诸如什么是权利或道德要求、社会要求的惯有观念，且不论它如何被强烈或普遍地表述。自然权利意味着，道德主体不仅在面对法定的社会要求而且在面对任何社会要求都能够主张的东西，且不论在其背后有多大的社会压力。但柯亨对自然权利作为道德权利而不只是作为法律的权利的刻画，并不是要赋予我们以自然权利对抗这些社会要求。它并不是要像自然权利的传统那样，赋予我们以更高的裁判资格去评判我们的社会要求是否合法。

柯亨可能会回应说，它确实赋予了我们这种裁定资格，因为自然权利是我们基于道德理据所拥有的权利。然而，要想这样的反击具有说服力，柯亨就不得不表明，像麦基或韦斯特马克这样的道德反现实主义者，把道德与社会要求等同起来是错误的。

但是，为了表明这一点，他就必须要做大量的论证，尤其是在面对马克思主义关于意识形态、道德观念的阶级偏见和历史唯物主义的说法时。马克思主义的道德社会学和麦基—韦斯特马克的道德反现实主义看来至少是相符的，就像手和手套一样，相互支持，相互解释。没有人具有这样的坚定意识——一种从马克思和马克思主义传统获取的意识——不论我们在这领域如何受意识形态的迷惑，我们都应该自信有能力以直觉和道德反思去获取什么是权利和道德的要求。马克思主义的非道德主义抛弃的东西太多了，但在自然权利方面，马克思主义的道德主义对我们天生的道德能力又有太过理性的自信。

九

对马克思主义的道德主义所采取的自然权利转向的这些批判可能过于注重它的外观批判，而没有充分地深入到"以权利为基础"的马克思主义道德主义的实质。柯亨阐释的断然自信将会下降，且适合任何没有实质内容的假定的任何哲学断言的尝试正在改变。诸如诉诸理性直觉的诉求或陈见可能被坚决地弃之不理，而广泛的反思平衡的方法可能会被运用。当自然权利主张由诺齐克和其他右翼的自由意志主义者所提出的私人生产资料被拒斥时，或许柯亨诉求的自然权利可以由这样一种程序来支撑。也许，我的批判反思不在于有什么实质性的东西，而更多的是对自然权利言谈的元伦理学的怀疑（metaethical suspicion）。

为了说明这一点，考虑柯亨的一个可能回应。他可能会说，给予"自然权利"以界定或对它做任何似乎合理的修正，自然权利可以具有你所喜欢的任何基础。自然权利可以立基于功利主义基础或某一平等原则之上。而且，为什么不把这种元伦理学的怀疑扩展到正义的言谈和道德言谈，以至于自然权利的言谈呢？为什么对自然权利的怀疑要甚于其他任何道德准则（不论是义务论的还是目的论的）呢？如果对权利的元伦理学怀疑至少部分是植根于我们如何受意识形态迷惑的信念和我们的道德说教在多大程度是意识形态的信念，那么，随着认识到即使有道德信念是意识形态，也不是每一种道德信念都能够是意识形态，我们就需要延缓这种怀疑；如果"意识形态"等质于"道德信念"，那它就必须做一个非空洞的对比。柯亨可能会追问，在与社会主义者行动密切相关的规范信念中，什么能够比我们享有共同持有生产资料的自然权利的信念更具有确信。

当承认问题的关键是需要做非空洞的对比时，我将回应，所提及的信念并不是与社会主义者行动相关的我最为确信的规范信念，而且我认为其他社会主义者也应该不是这样。比起我坚信的信念，即，在资本主义社会，我们享有本应该共同持有而不是私人持有的生产资料的自然权利，我更相信资本主义至少在其目前形式下导致了不必要的灾难、不必要剥夺的机会、异化劳动、人的退化、人的自主性的淘空，以及利益、责任和生活机会的不公平分配，所有这些都是它的罪恶。① 我们共同拥有这些财产可能是件好事，但它依然可能不是我们对其拥有自然权利的东西。而且即使我们认为我们可能恰好拥有这种权利，我们是，或至少

---

① 当然，相对于我认为这些（或至少其中一些）是不必要的罪恶来说，我更相信这些都是罪恶。为了能够公平地满足需要，我们需要什么水平和类型的生产发展并不容易确定。假如道德教化还有很多现实意义，那在这样的背景下我们需要某种东西来使马克思主义社会学和政治经济学更趋成熟，而这里有一大堆现实的理论问题。见 Andrew Collier,"Scientific Socialism and the Question of Socialist Values",*Canadian Journal of Philosophy*, supp. vol. 7（1981）; Kai Nielsen,"Coming to Grips with Marxist Anti\\|Moralism",*Philosophical Forum*,19（1987）;"On the Poverty of Moral Philosophy",*Studies in Soviet Thought* 33（1987）。

应该确信共同拥有这些财产是一件好事。如果有更多的自主权和更平等的条件与机会，且更少的苦难都出现在一个生产资料私人所有的社会制度中，而不是由对其替代的可行的社会主义的可能性中产生，那我将支持这种资本主义制度。

然而，我认为，这或许是错误的，资本主义财产关系很难有可能产生这样的结果。

为了寻求对资本主义的道德批判和对社会主义的辩护，马克思主义者和其他人都将更为关注资本主义对人们造成的危害、创造和维系的苦难、劳动的非人性化方法、破坏自主权，以及至少在人们本该道德平等的世界中施加了不利影响。这一观点并不是来自我对自然权利的阐释所做的批判，因为资本主义维系的这些危害和不平等都相对比较容易证明。而且，证明它们是不必要的，与证明我们有或没有自然权利是为了什么相比，它更容易证明些。甚至对正义及公平观念的思考（而不是对侵犯自然权利的思考），与自然权利的宣称相比，它可能更经得起理性评判的检验。马克思主义者应该把他们的注意力集中在对不必要的痛苦、不平等、自主权的剥夺等诸如此类的思考上，而不是集中在相对有问题的自然权利的概念上。

正如我所评论的，柯亨的解释听起来像是理性直觉的一种形式。他已经发表过像韦斯特马克或麦基那样的议论，即如果道德反现实主义是真实的，那么权利就是荒谬的。① 对他来说，自然权利似乎不是我们所要建构的，而是我们的反思所要揭示的——我们正是在反思中发现自然权利。但那是一个非常令人迷惑的概念。间接地说，我已经批判过柯亨

---

① 相比之下，麦基自己并不认为，道德反现实主义需要拒斥以权利为基础的理论，参见 Mackie, *Personsand Values*, (Oxford: Clarendon Press, 1985), pp. 105 – 119。

界定自然权利的方法。但他可能会修正他的定义来避免我的批评，即，他会说，使某一权利成为自然的，是因为它的存在并不依赖于法律、习俗抑或其他什么东西来承认或确认。而我想明白地说，如果运用他的例子，假如社会现在完全由纳粹分子所组成，那么当最后一名犹太人被拖走时，他能够正确地说，他的权利正受到侵犯。当然，我们应该说意思是那样的。但是，这里的"我们应该"中的"我们"一般不是整个人类的"我们"，而是有着特定传统、以特定的方法社会化、有着特定信念，且有着对世界的特定理解等诸如此类的某些人的"我们"。同样的"我们"会回应，承认这种自然权利的可能取决于我们是某种人，而不是它的正当性理由。我们——这一特别的"我们"——希望任何对世界有着理性理解，且反思并把握了问题实质的人们都会如此回应。或许通过隐喻的富有说服力的界定，我们就会接近真实，但如果是这样，那么我们就没有取得很大成就。柯亨似乎认为任何有理性的人都能够很容易明白或领会这些道德信念是真的。但如果强调我们不得不只依赖于我们的直觉或审慎的判断，那我们就拥有一些在历史上及文化上易变的东西，而其中很多是诸如陈见的东西。像诺齐克一样，柯亨至少看来非常依赖直觉。

柯亨确实否认他在自然权利的言说方面是想诉诸不言自明的东西。他不是西季威克式或 C. D. 布罗德式的马克思主义者。然而，他确实把某种道德信念视为我们通过反思就能领会的显然为真的东西，而且他还深信，它们需要以道德的现实主义作为哲学基础。但低调点说，这两个主张在哲学上都是要质疑的。柯亨，不像罗尔斯，而像诺齐克，易于诉求直觉。

对于这种诉求，我的惯常观点是反对自然权利，或许假如柯亨运用了广泛反思平衡的融贯主义者的方法论，那他就可以表明，他赋予其内容的自然权利的阐释将是目前可行的道德的最充分的诠释。他的确可以表明，它将给马克思主义的道德主义提供一个得到证明的合理化自然权利的信念。我不否认这种可能性，但我认为，这正是马克思主义者有好理由要警惕的，假如要克服这种顾虑，它需要大量的解释和证明，而且可能存在一个简单得多的方式来为马克思主义的道德主义辩护，即，避免给自然权利留下一个中心位置，甚或任何位置，而只在道义上讨论，并强调消灭伤害、不必要的痛苦、不平等现象、自主权和友爱的破坏，以及对人类繁荣的阻碍。

这种做法比起任何自然权利的诉求来说，更适合马克思主义的自然主义。确实，在我们的社会，不仅商品琳琅满目，而且关于什么是公平，什么不是公平的观念也是格外分歧（马克思主义的反道德主义者像马克思一样对此做了正确的强调），然而，商品比起权利来，它更直截了当地与需求和欲望自然概念相联。① 而且，能够从对权利的强调中解脱出来的公平概念正与人们在现代性的触动下跨越的政治和道德谱系而持有的核心道德信念相链接，即，道德平等的信念正深深地扎根于生活的每件事情之中。对此，自然权利的现代辩护者会深信，但不会与自然权利扯上干系的人们也同样会相信。它是现代道德感受力的一部分，但这并不是说，它必须被简单地看作是直觉，而不能与现代道德的其他信念或道德等放置在一个广泛的反思平衡中。这给了我们一种客观性（一种合理化的、正式的主体间性），但不是理性直觉主义者所要求的那种客观性，或是道德现实主义所要求的那种类型。然而，后一种道德客观

---

① 大卫·布雷布鲁克（David Braybrooke）已经对需要的广泛相关性做了有力的论证，见 David Braybrooke, *Meeting Needs*,（Princeton：Princeton University Press, 1987）。

性并不是没有问题的，而且对于理解我们的道德生活也不是很有必要
的。有各种理由（也许是强制性的理由，如罗素所认为的）可以认为，
这是一个根深蒂固的哲学神话。需要这种基础的马克思主义的道德主义
和马克思主义的反道德主义可以在较量中相互吸收。马克思主义者能够
在不搁置道德现实主义或道德反现实主义这些晦涩的条件下很好地掌握
它，且不会陷入马克思主义的反道德主义之中。①

（本文译自"Arguing about Justice: Marxist Immoralism and Marxist Mor-
alism"，*Philosophy and Public Affairs*，Vol 17，No 3，经作者授权发表，注释
有删节）

（林进平、郭丽丽、梁灼婷 译）

---

① 我对柯亨的批评并不在于表明，以合理权利为基础而对马克思主义道德主
义进行辩护不能被清晰有力的表述。我想表明的只是，如此随意地诉诸直觉和如此
乐于诉求道德现实主义的阐释需要一个广泛的补充证明。然而，这种补充证明是否
能够被成功地运用还很有问题。当然，相似的证明可以被运用来反对关于什么是善
的和什么是正义的直觉诉求，但我对马克思主义的非道德主义的批评并不依赖这样
一个诉求。

马克思的道德贡献*

〔塔〕 伊·阿萨杜拉耶夫

塔吉克斯坦哲学家、译者的朋友伊斯坎达尔·阿萨杜拉耶夫 2005 年 3 月 10 日在该国《商业和政治》报上发表《马克思的道德贡献》一文，对马克思的道德贡献、马克思主义实践及其对世界民主化进程的重大影响等问题作了深刻的阐述。现将该文摘译如下。

人们评价一个人，不应仅仅根据他在他那个时代的日常生活中表现出来的品质，而应首先根据他所显示出来的人生理想的广度、道德高度和精神财富。

马克思主义影响人类发展已逾 150 多年。人类社会生活的每个或多或少有些意义的方面，都不可能不受到这一强大的思想运动和实践力量的制约。只有在与马克思主义这个世界现象对比的时候，每一个与它同时代的现象，无论是私有制、民主或者其他政治运动和社会运动，还是封建主义甚至法西斯主义，才能获得历史意义和找到自己的历史评价。

马克思本人曾经说过，思想在付诸实践时常常玷污自己。那么，马克思主义在其实践过程中，是否玷污了自己？

---

* 本文选自《国外理论动态》2005 年第 6 期。

为了回答这个问题，我们应该将真正的东西同外来的、非固有的东西区分开来，认清世界进程的真正涵义。为什么我们有时候说，实践的马克思主义的一切悲剧方面都只归咎于马克思？

源于马克思的马克思主义，首先是一个无法容忍其周遭生活中所有丑陋现象的人的最高道德。正是这样，在稍后一个世纪，在亚洲产生了一些全人类道德的权威阐释者。其中一个是莫汉达斯·卡拉姆昌德·甘地，在宣扬完全另类思想的同时，献身于将殖民主义者驱出印度的事业；另一个是邓小平，在养活十亿人口的中国，给了人民尽快过上富裕生活的希望并促使国家为之奋斗，由此他促进了亚洲的和平。如果没有邓小平的改革，借助于共产主义学说赢得独立的中国可能动荡不安并波及周边国家。难道这不是最高的全人类道德？

邓小平，其政治命运虽受到中国政治历史悲剧的触动，但为了维护中国的完整，他只能保持共产主义制度。不仅如此，他还将中国的注意力转向自身，这是他的独特的大陆和平倡议。

马克思最高道德的产生是因为工人的非人生活无法接受，残酷的资本主义雇佣制度迫使工人 1 天工作 14 个多小时。马克思主义产生于人类、首先是欧洲人普遍贫困，而一小撮狂妄行事的资本家和封建主、疯狂地发动战争和进行殖民掠夺的殖民主义者和帝国主义者拥有巨大的财富的时期。19 世纪的人类世界异常残忍和毫无妥协。正因为如此才产生了无产阶级专政思想和共产主义理想同人们周遭包括道德上和精神上不能忍受的非人生活条件在内的所有一切的全面对抗。社会的、社会主义所有制取代私有制，无神论取代当时的宗教，人们联合组成新的社会取代众多的民族，"地球上的天国"或曰共产主义取代国家，以及随着时间的发展完全没有冲突的社会等等，都是由此而来。而所有这一切都应导向自由王国。

上述思想在苏联现实的社会主义制度中得到具体体现，但马克思主义的命运未能躲过历史的嘲弄。马克思主义的实践本来应该为各族人民创造人类史无前例的幸福。但实际上这一实践却产生了国家官僚主义社会的专制、这种社会对人的绝对统治和实行平均主义的国家所有制的统治。现实中还出现了主导性的与所宣称的国际主义相背离的大国沙文主义倾向，发生了将民族语言排挤出官方语言的现象。在斯大林时期民族知识分子都遭到镇压和压制。各加盟共和国虽然都有快速的发展，但其中很多共和国变成了中央的工业原料供应者。在这个本来应该不断实现一个崭新构想即人的生命活动是人之本体的自由行动的国家，却出现了极权政治。

但是实践的马克思主义的历史是极其复杂和多涵义的。尽管有前面所说的那些消极现象，但掌握共产主义的俄罗斯民族对中亚各民族在推进现代化方面提供的帮助在人类历史上罕见。令人难以置信的是，阻碍民族发展的一切条件，就是在苏维埃政权时期各族人民的民族潜力急剧增长的背景下产生的。实践的马克思主义是非凡成就的源泉，但同时也是中亚各族人民悲剧的起源。

共产主义理想的道德力量基于对实现各族人民的幸福的追求，虽然是通过史无前例的残酷对待阶级敌人的途径。斯大林的极权主义之所以没有变成公开的法西斯主义，作为人性和人民幸福思想的共产主义理想是强大的制约因素。共产主义理想给不分民族属性的苏联人民带来相对的福利，其中包括世界上最好的教育、免费医疗、社会保障、某些科学领域的领先地位和促使纳粹灭亡的技术突破。

与马克思主义相关的悲剧在于，马克思提出了为各族人民谋幸福的思想，而他的追随者们在按自己设定的结构对社会强求一律的时候，残酷地、血腥地将马克思的思想付诸实施。实现社会福利的途径的残酷程度，和 19 世纪到 20 世纪 50 年代的人类社会本身的残酷程度一样。

同时，另外一些民主派理论家所遵循的逻辑事实上非常有局限，并且远离了人类发展的最复杂画面。他们中的一些人代表了线性发展的和源于杰弗逊和其他美国和欧洲民主之父的观点。在他们看来，民主的思想和实践逐渐地征服了人类更好的一部分，民主是最有效率的生活方式并因此而在世界范围取得了胜利。但是事实并非如此。美国的"民主"直到 20 世纪 60—70 年代仍保留着对美国黑人的半奴隶制关系。尽管这并不是对美欧民主线性发展观点的最主要反驳论据。

当历史的摆锤摇晃到以共产主义理想全面对抗那个理应改变的世界的时点之后，马克思主义作为当时世界残酷进程的平衡器出现了。那个世界是"原始民主的"，它与 20 世纪后半叶真正的民主是不可同日而语的。作为世界进程的共产主义实践将本来就四分五裂的人类社会分裂为若干新的组成部分。新的分裂在这些组成部分之间造成了强大的压力，这种压力实质性地影响了 20 世纪后半叶大西洋两岸真正的民主化进程和结构。

瑞典的社会主义、欧洲社会民主党的成就，都不可能不受到历史摆锤的共产主义振动的强大影响。民主是西欧发展的成果，也是实践的共产主义的矛盾影响的结果。统一的和矛盾的人类不可相互脱离，因为每个崭新的世界现象或曰进程总是整个历史的结果，是其所有组成部分相互作用和综合的结果。

过去马克思主义者经历过与民主主义者一样的病痛。在每个民族的历史中都可以看到五个社会阶段的发展。很多人曾经认为，开始出现一个发展阶段，然后在其基础上出现另一个发展阶段，如此继续发展下去。根据数十年前波尔什涅夫和古列维奇的思想，可以按另一种方式解读历史，即人类发展的各个阶段不是一个民族主干线发展的若干独立的时期，而是处于不同发展阶段的各个民族和社会发展的全球综合的结果。由于罗马帝国被蛮夷灭亡而产生的欧洲封建制度正是这样，而这就是不同民族生活方式的大综合。

因此将共产主义从世界民主综合的构成基础中排除出去是完全错误的。只有现实社会主义对欧洲以及欧洲以外地区国际工农运动、殖民地人民民族解放运动的强大支持，才最终在大西洋两岸产生了一个相对的阶级的世界，而这是物质富裕的欧洲十亿居民的民主的基础。

就实质而言，当时的"原始民主"是有限的、残酷的和对穷人毫不宽恕的。甚至在两个世纪中，在经历了许多伟大的民主革命和变革之后，亦复如此。只有到了上世纪 50 年代，随着在技术突破基础上欧洲大部分居民物质福利的建立，作为人类分裂的各个部分相互作用进而进行全人类综合所产生的结果，民主才开始变得生机勃勃。这种综合，如果没有列强在几个世纪里对殖民地和半殖民地人民进行野蛮的掠夺，从而建立起西方发展自给自足的基础，是不可能的。直到今天，在新的全球化进程中，西方仍在从人类发展的巨大落差中吸取营养。

马克思伟大的道德力量没有消失，它实质上是实现富裕社会的理想，是欧洲、亚洲和世界其他地区各种社会运动以不同方式、在不同思想中采用的理想。它唤醒印度和中国走向独立，发展了欧洲社会民主党，激起了促使非洲人民独立的民族解放运动。从这个意义上讲，马克思主义为唤醒各族人民走向自由之路注入了强大的动力，它没有玷污自己。也许有人会说，没有马克思主义这些民族也会追求独立和自由。的确如此。但是正是马克思主义的普济主义赋予了这些运动强大的动力和不可逆转的性质。

马克思主义是 19 世纪的产物。它所在的那个世纪最重要的特性是首先被线形地理解的人类主干线的分阶段的发展思想。马克思没有来得及重新认识人类历史，虽然他已经开始了这项工作。而且上上个世纪的思想家们没能揭示民主在未来作为全人类历史各种源流最复杂的综合而出现的逻辑。这是一个他们未能预见的却又接踵而来的历史的变革。他们只看到了与他们同时代的、正是在那些"民主"国家滋生出非人的生活条件的"民主"。

直到20世纪50年代西方的"原始民主"国家同实践的共产主义在反法西斯斗争中的联合，是全人类历史的钟摆最极端的摆幅，历史从此转入对立的状态，而在西方则诞生出对这些国家而言的真正的民主。正是在这个过程中出现了20世纪的国际人道主义（联合国、欧洲安全与合作组织、新的国际法成就等等）和首先是对这些国家的居民而言的世界民主的人道主义。

但是即使是现在民主还是"没有完成"。世界民主国家在外交政策上的恶习仍以下列形式保留着，即漠视贫富的巨大落差、漠视南半球的贫困、优先以武力打击国际恐怖主义。这里必须指出，民主国家的外交政策服从于它们的地缘政治目的。在粉碎塔利班之后阿富汗变成一个更大的世界毒品原产地。

马克思直到今天仍旧以其道德力量吸引着世人的关注，但他的思想需要有根据的修改（这在以前叫创造性的发展）和适应当代条件，但这对教条主义者来说是无法容忍的修正主义行径。

马克思的追随者们将关爱人的理想服从于自己实现理想的途径，也就是说，对实现人的富裕的途径的爱高于对人本身的爱。因此应该将道德的和精神—理论的活力还给马克思主义。在这种情况下，无论如何不要害怕犯了社会民主党、修正主义和右倾机会主义等等错误的指责。

马克思主义是作为一个创新历史性地出现的。每一个创新都具有强大的感染群众的吸引力。马克思主义的道德源泉依旧保持着历来的创新力，因为在我们周围的世界还存在着不公正、贫困和不自由。那些教条式地忠实于马克思主义的每个字母的人，因为看不到解放运动的多维性和多种可能性，而销蚀了马克思主义的生命力。正确理解的马克思能够成为发现其多维性和诸多可能性的起源。

（柳丰华 译）

关于阶级斗争学说的起源（摘译）*

〔俄〕费多尔·罗特施坦

费多尔·阿朗诺维奇·罗特施坦 1871 年生于俄国，苏联共产党员，1890—1920 年在英国生活了近三十年，是一个比较著名的新闻记者和社会民主联盟的执行委员。

罗特施坦侨居英国期间，不仅积极投身于社会活动和工人运动，而且还根据大量历史文献和材料撰写了《从宪章主义到工会主义》一书，受到人们的重视。在这本有关十九世纪英国工人运动史的著作中，他力图用马克思主义观点来阐述宪章运动和工会运动，有他独特的见解。现将该书第一部分第二篇摘译出来，供研究马克思主义理论的产生和发展作参考。

第一章　阶级意识的产生

英国近代史很少被人研究，因此我们伟大导师马克思和恩格斯所作的研究仍是我们获取有关早期英国工人运动的知识的主要来源，而马克思和恩格斯没有研究的那些课题可以说至今仍然是我们所不了解的。例

---

* 本文选自《马列主义研究资料》1983 年第 4 辑，总第 285 辑。

如，普列汉诺夫在他为《共产党宣言》俄文版所写得十分出色的序言中简略叙述了阶级斗争学说的最初历史，他引用法国资料举例说明，远在十九世纪头三分之一的年代，法国一些资产阶级的和空想的社会主义著作家就已经有了非常明确的阶级斗争概念。然而，值得注意的是，普列汉诺夫只字未提英国的原始资料，这说明连博学多识的普列汉诺夫都不知道这些文献。然而，正是从英国他能为他的历史概述获取大量资料，就其清晰、丰富和完整的程度来说远远超过法国文献中所能找到的任何资料。因为阶级斗争概念的各种含义和应用只有从无产阶级的立场出发才能得到充分的发展，而在这方面，英国这块土壤是更为有利的。这里，从社会地位上区分无产阶级和资产阶级比起小资产阶级的法国时间更早，而且更为彻底。在法国，这一重大的分裂直到四十年代才发生，在那以前法国不可能产生任何明确的无产阶级哲学。

在英国，事实真是非常清楚和确切，人们甚至可以确定阶级斗争概念作为无产阶级思想的一个组成部分第一次出现的准确年代。这就是1831年，第一个选举法改革法案在下议院提出的那一年。众所周知，这个法案的产生是经历了半个多世纪的长期宣传鼓动的结果。这种宣传反对土地贵族垄断权力，争取通过选举的民主化和议员席位的重新分配来废除土地贵族的政治特权。宣传鼓动是沿着激进的民主的路线进行的，它要求实行普选、无记名投票、短期国会，等等，然而政府提出的法案却只限于重新分配议员席位并且只把选举权扩大到每年租金不少于十英镑的承租人。这样，就在迄今为止仍然是被剥夺了政治权利的民众中划出一条明确的界线，这条界线同占有阶级和非占有阶级即资产阶级和无产阶级的区别是非常吻合的。这一改革是政府分裂民主运动，依靠新近获得选举权的占有阶级的帮助来阻止民主运动的进一步发展所惯用的一个花招，这在当时的许多政府官员的发言里是十分显而易见的。

奥勃莱恩尽管谴责说这个改革法案"不是救济人民而是提供镇压人民的手段"的一种措施，然而甚至他也声明，法案的通过不会不给人民带来某些益处，因为"它将使政府（通过下议院）由贵族的手中转移到中等阶级的手中，从而向你们，英国的工人们，提供了能够确定谁是你们真正敌人的手段。……"他还说："倘若改革法案没有确实无疑地改善你们目前的状况，那时你们就能懂得，只要你们仍处在奴隶地位，谁是你们的主人对你们来说都是一样，摆脱困境的唯一出路就是把一部分统治权掌握在你们自己手里。"

1834 年，残酷的新济贫法剥夺了工人阶级享有社会救济的传统权利，并且以减轻工人的"过重的"赋税负担和唤起他们的"男子汉气概"为借口，将贫者交给渴望食人血肉的资本家阶级摆布。奥勃莱恩写道："新'济贫法'的目的就是要把全体农业和工业劳动人口的报酬降到仅能维持生存的最低水平。他们渴望获得的节余款数已超出二百万英镑而接近四千万英镑，这笔节余不是出自捐税而是出自工资。"

奥勃莱恩写道："某一方面来说，'济贫法'做了一点好事。它帮助人民看清了谁是工人阶级的真正敌人。在改革法案通过之前，中层社会被认为与劳动者有着某种共同的感情。这一幻想已经消失了。爱尔兰高压法实施后它还勉强地存在，随着饥饿法的颁布，它便彻底消失了。任何一个工人决不会再去指望从一个贩卖利润的立法机关那里得到正义、道德和仁慈。"这番话是完全有道理的。翻开当时受欢迎的报刊，上面记载着成千上万次的政治示威和群众集会，从中足以看出英国无产阶级在那个时期就已实际上放弃了有关"各阶级联合"的一切幻想，真正展开了日后闻名的宪章运动，这个运动反过来也影响了当时的理论观点，导致了值得注意的阶级斗争概念的产生。

第二章　社会与阶级

有些人极其明确地坚持运用阶级对立和由此产生的阶级斗争这一认识来论述当时的问题，詹姆斯·布朗特尔·奥勃莱恩①就是其中最重要的一个。马克思曾经对奥勃莱恩进行过一两次责难，后来我们对奥勃莱恩的印象就是那个时代身居英国的许多热衷于发明各种各样社会改革方案和万应灵药的"狂人"之一。这样对待奥勃莱恩是极为不公正的。马克思结识奥勃莱恩是在他的主要著作完成之后，但仍以著作家和演说家身份在公开场合出现的那段时期。马克思抨击过奥勃莱恩的混乱的经济学理论，这些理论可以在他活动的最初时期察觉出来，不过当时只起次要作用，还未发展到像后来所达到的那种极端的地步。

使奥勃莱恩声誉卓著的关于国家交换银行的得意设想甚至也是在四十年代产生的。在争取改革法案的运动中，他曾经比任何人都坚决不妥协地谴责过阿特伍德②提出的类似设想。其实奥勃莱恩的历史意义不是在经济学理论方面，而是在政治哲学方面。凡想正确地评价奥勃莱恩的功绩的人，必须去请教一下 1831—1839 年间他主要以编辑身份工作过的许多报刊。

我们几乎可以从每一期的报纸上找到证明，阶级斗争的思想和阶级对立的认识在当时已广为传播了。在被历史不公正地遗忘了的人们中，

---

①　奥勃莱恩，詹姆斯（O'Brien James，1802—1864）（笔名布朗特尔 Bronterre）英国政论家，宪章运动的左翼领袖和思想家，三十年代为《贫民卫报》编辑，1849 年创立全国改革同盟。——译者注

②　阿特伍德，托马斯（Attwood Thomas，1783—1856）——英国经济学家，资产阶级激进主义者，宪章运动改良主义右翼。——译者注

有两个人的名字特别值得一提，这就是亨利·赫瑟林顿和约翰·贝尔。前者是《贫民卫报》和其他许多民主主义报刊的出版者，他和奥勃莱恩合作共同在这些报刊上为争取工人权利而斗争。贝尔在1836—1837年是《伦敦信使报》的编辑——最初独自一人，后与奥勃莱恩一起。他在报上发表了一系列论述当时社会政治问题的文章，这些文章表明他确实熟练地掌握了阶级斗争这一概念。

当研究他们的观点时，我们必须考虑到这些思想家是生活在这样一个时代里，这时现代资本主义的发展远远没有完成，它的最初阶段——彻头彻尾的抢劫和暴力尚未结束。虽然有可能清楚地观察到阶级的对立，但是不可能区别经济规律的客观作用与运用这些规律的人的主观心理，换句话说，也就是区别资本主义生产中固有的剥削劳动力的手段与个别雇用劳动者的过度行为。奥勃莱恩经常使用"阴谋"一词（资本家对工人的"阴谋"），他及其朋友经常把进行剥削说成是"中等阶级"（即雇用劳动者）的"恶习"，他们之所以能够这样做是因为他们在社会中享有特权地位，而广大人民在这个社会中却不能使用土地。

奥勃莱恩写道："人类历史表明，自古以来，所有国家的富者始终都在阴谋压制本国的贫者，道理很清楚，因为贫者的贫困对于富者的富有是必不可少的。不管他怎样掩饰他们的所作所为，富者总是无止境地掠夺、贬低和惨无人道地对待贫者。这种人吃人的富有与贫困的交战是人性的一切罪恶和迷信的根源。靠别人的劳动果实来养活自己，这种欲望是人世间的原罪。正是这种欲望以倾轧和伪善充斥着这个世界，使过去的全部历史成为像吉本①十分公正地描写的那样：'人类的罪恶、愚

---

① 吉本，爱德华（Gibbon，Edward，1737—1794）——英国历史学家，著有反专制性质的多卷本著作《罗马帝国的衰亡史》。——译者注

蠢和灾难的记录’。一切非正义的行为均出自这一非正义的欲望。”也许有人十分重视这些话中显露的有关历史的物质基础的认识，然而奥勃莱恩在这篇议论开端所采用的观察阶级斗争的主观方法是有损其主要思想的意义的一个根本性缺点。

那个时期的思想家对社会和经济规律的客观性质总的说来缺乏一个正确的认识。但这绝不是一个不可变更的规则。回顾他们的哲学思想从不成熟的单凭经验的感性认识向一种客观性十分完美的关于社会经济现象的观点的进步，的确使人感到惊异。例如，奥勃莱恩曾经在某处这样说：“迄今为止各个时期各个国家的人的性格本质上是一样的，因为社会总是遵循同样的原则建立的。”这时，他的话不仅同他自己经常对资本家的邪恶和野蛮行为等等的那番谴责相矛盾，而且同现代对历史的解释相一致了，即认为社会环境是个性形成的决定因素。他还在别处说：“中等阶级成员和其他所有的人一样都是环境的产物。制度和在社会各阶级中的相应地位塑造了他们的性格。”这样的话显然远远超出了单凭经验的思考，听起来几乎像是摘自马克思主义文献的语录。但是一个值得注意的事实就是，奥勃莱恩采取了唯物主义决定论的观点，决没有陷于我们在也把人的性格看作是环境产物的罗伯特·欧文那里看到的那种浅薄的宿命论。与欧文的宿命论相反，他这样说：“如果可以因为一个人确实是‘环境的产物’就原谅这个人对我的压迫，难道就不应该基于同样的理由原谅我对他的反抗吗？或者说，唯有‘侵略者’才可以借这种不负责任的理论获益吗？”

奥勃莱恩从同样客观的立场出发来观察历史中的一切个人的（“英雄的”）活动，从而把他的关于个性的概念向前推进了一步。奥勃莱恩的确抓住了至今仍为一切非马克思主义思想者所不知的最根本的历史哲学问题之一。他在一篇论述法国和意大利接连不断发生的政治暗杀事件的文章中说道："我们认为人类进步最难以克服的障碍就是把政府的政治行动和制度的功与过归于个人这一错误。其实，它们是整个阶级的产物，个人只不过是这些阶级选中的实施工具或器具而已。"诛戮暴君和诸如此类的行为，是毫无用处的，因为"我们的奴隶制不是统治者个人而是整个阶级的成员的产物，他们的利益当然是与我们的利益对立的。"

尤其值得注意的是，他不仅了解"英雄"在历史上的作用的条件性，而且处处强调条件因素本身——阶级，这一点表明他是马克思和恩格斯的直接的极其重要的先驱者之一。唯物史观的重点在于把社会各阶级看作历史发展的工具，因此，奥勃莱恩堪称是先于马克思认识这一点的有数的思想家之一。

下面我们将会看到奥勃莱恩是怎样运用这一阶级概念的。在这里，我们仅想指出这一点，即他在解释社会制度时也采用了解释个人活动时的同样的观点。与当时空想的浪漫的唯心主义者和那些反对使用机械装置的工人们相反，奥勃莱恩在一系列光辉的文章中指出，机械装置的弊病不在于机器，而在于这个制度。他说，"如果机械装置不是用来取代全部体力劳动，以损害被雇用的苦工的利益为条件来养肥一小撮贪得无厌的工头，而是由被雇用者为了公众的利益用来作为一种人力的辅助性工具，而不是与人力相抗争的工具，那么，它可能赐予劳动者的恩惠将是无穷尽的。"他解释道："因为，不幸的是，国家的各种制度是被用来为这个社会的非生产阶级谋取利益的，而对生产阶级来说，它除了必须保持足够的生产阶级人数以便使另一部分人无所事事之外，它与生产阶级再无任何关系了。"这段话强调了决定机械装置在特定情况下的作用的社会因素。机器本身就像个人一样，可以是好的，也可以是坏的，决定性的问题在于它是被用作某个特定阶级的工具还是被用于谋取公众的利益。

可见，由于资本主义的发展和关系尚未完成而使奥勃莱恩在观察事物时不得不采取的主观方法并没有怎样妨碍他正确认识社会规律的作用。确实有人愿意设想奥勃莱恩的主观方法不是他的真正思维方式，而是他的表达方法，这种方法我们甚至在现代马克思主义的和党的文献中也常常见到。这也许是一种过于大胆的事实推论。在当时普遍的状况下，奥勃莱恩不可能成为一个马克思主义者。尽管我们也许钦佩由于他的天才所达到的思想高度，我们不得不承认他的思想还是不够成熟的。另一方面，我们必须防止把奥勃莱恩对历史与社会发展的奥秘的深刻见解看作是一个神志清醒的头脑的偶然灵感。说得更确切些，它是一个正在形成的体系，其根子往往部分地被早期思想的残余所纠缠，而它的顶端却已上升到一个较高较完美的平面。

第三章　国家与阶级对立

从对人类社会活动和社会制度的阶级方面有一个认识到对现代国家的性质有一个正确的思想，确实只是前进了一小步。奥勃莱恩在谈到向革命的法国发动联合战争时尖锐地指出："……统治者和内阁成员除社会给予他们的权力外没有任何权力。1793 年向法国发动战争的那些'国务家们'之所以这样做，是因为战争符合资本家和利润猎取者的利益。……就是为了粉碎那场革命和开辟'贸易事业'新天地这一双重目的，我们的资本家才极力主张进行那场反法战争的。"对于政府与领导它的人即统治阶级这两者之间关系的描述，大概没有比这更简明的了，而且我们用黑体字标出的那段话，甚至在今天听起来，仍然很像是一种启示。

奥勃莱恩在一篇精辟的论述立法问题的文章中对阶级国家的性质作

了如下阐述："我们的立法者往往认定每个国家的法律是正确的，而违犯法律的人是错误的。这是不折不扣的谎言。法律往往是错误甚于正确，因而那些违法的人常常是'别人负己甚于己负别人'。一小伙恶棍为掠夺这个社会的其他人而霸占了立法大权，他们就无权以他们的法律作为衡量是非的标准，或者作为判断无罪和有罪的尺度。听了布鲁姆勋爵的讲话，会使人觉得英国除了违犯法律的罪行外不存在任何犯罪行为。然而，我们这里十分之九的罪行都是那些立法者本人及其支持者在法律的许可下干的。比如，抢劫是一种犯罪行为，然而谁是英国最大的抢劫犯呢？当然是英国成文法，这是确实无疑的。它是一个畸形的贼，有一万只手，它把所有的手一齐伸进我们的口袋；而且，它还用十万枝枪武装起来，枪口上着刺刀，只要我们反抗它的抢劫行为，它立即就会用这一切来强迫我们接受；更不用说它还拥有不计其数的监狱、苦役踏车、流放刑罚和绞索，这一切对于它进行掠夺是同样有用的。"

奥勃莱恩还说："人们总是不断地呼吁要保护财产的安全，而且通过了最残酷的法律来保护财产。然而我们怀疑，倘若当初就有公正的法律规定只能通过正当诚实的手段获取财产的话，是否还需要用任何法律来保护财产。但是现在的问题是这样，十分之九的，或者也许是百分之九十九的所谓财产是通过合法化的掠夺而获取的，因此产生了无财产的反对有财产的无休止的战争和后者为保护自己的财产而通过的各种残酷的法律。"

虽然上段引文和本段引文的思维方式有着明显的主观的和空想的色彩，但是国家和国家立法的性质却被阐述得非常正确。"合法化的掠夺"——谁还能对促进资本主义诞生的经济状况和政治状况做出比这更恰如其分地描述呢？奥勃莱恩的下述言论对于这一真理阐述得更为科学："上层阶级和中等阶级除去通过他们自己制定的制度从劳动中榨取的各种扣除外没有任何财富。他们中那些出身于'低级阶层'的人也许最喜欢夸耀自己跟工人一样有着劳动的习惯，而且把他们的财富说成是劳动的成果，但是所有深知底细的人非常清楚，他们不是以工人的身份而是以工人雇主的身份获取这笔财富的。"

现在我们就来探讨一下最重要的问题，这就是关于占有阶级和非占有阶级即资产阶级和无产阶级之间关系的问题。无论奥勃莱恩及其朋友对于剥削过程持有怎样的观点，上述引文清楚地说明他们对这一关系本身的理解只能是一种根本对立的关系。

只有借助于对资本主义无耻权力实行某种限制，从而在资产阶级对工人阶级的态度方面进行一场彻底的革命，才能从英国无产阶级心中抹去对现代社会根本对立的最初认识。同时，如果说，这种认识是原始资本主义剥削方式的产物，因而它仍处在初期阶段，决不可能认识到剥削不只是工场范围内的一种偶然关系，那么，这种想法就是不正确的。三十年代人的独到之处就是把这种关系扩大为占有阶级与非占有阶级之间的一般关系，并把它从工场移植到整个社会生活中。

奥勃莱恩讲道："人类历史表明，中等阶级向来是和'财产'① 结合在一起欺压'贫穷'，但是他们从未和贫穷一起反对财产的进攻，除非其自身的利益或自由遭到来自财产专制主义方面的威胁"。奥勃莱恩比较明确地提出关于资产阶级改革者的骗人把戏的问题，他说："我们知道，许多正直的人被有关各阶级改革者联合的这类花言巧语引入迷途。工人自身是这样的软弱，而联合一词本身又是如此地有魅力，尤其当这个词从有影响的人物的嘴里说出的时候，因此他们上当受骗就不足为奇了。但是，这些人忘记了这一点，即在利益、感情和行为的各个方

---

① 财产一词是指地产。——译者注

面都互相对立的政党之间不可能有真正的联合。"他还写道："难道你们没有发现吗？尽管他们（压迫者）为了迷惑我们假装在自己中间作出教派上的区别，如天主教徒和新教徒等，作出称号上的区别，如公爵、勋爵和平民等，作出党派的区别，如辉格党人、托利党人和'温和的改革派'等，作出政治经济学方面的区别，如'土地界'、'金融界'和'工业界'等；难道你们没有发现吗？同胞们，尽管他们有着这一切骗人的区别——那么多毫无差异的区别——，他们却全体一致地完全同意绝对不准你们参与国家法律的制定和掌握你们创造的财富的分配，以便使你们处于无知的状态"。

这是对一切资产阶级政党、教派和类似的区别的根本一致性的一种深刻认识，这种根本一致性后来被马克思和恩格斯作了充分的揭露。此外，奥勃莱恩及其朋友还先于我们的导师在考察各中等阶级和政党的性质时对事物的动态和静态作了区别，按这种观点系统阐述了他们对于英国资产阶级两大政党的态度。由于辉格党人的虚伪，比起托利党人，他们自然更厌恶辉格党人。奥勃莱恩问道："是谁告诉自由党人说，托利党人是我们唯一的敌人，甚至是我们最凶恶的敌人？天知道，我们是多么强烈地憎恶托利党人，但是倘若要说实话，我们就郑重其事地宣布辉格党人是两派中最凶恶的一派。请向我们举出托利党人的任何一个罪恶行为，我们将向你披露辉格党人的两个同样的罪恶行为。"这种憎恶（英国马克思主义的社会主义者后来在很长时间内一直持有这一观点）是永远不会为那些不熟悉英国自由党的历史以及它固有的欺骗性和虚伪的人所理解的。"经常有人来问我"，奥勃莱恩讲道，"你喜欢旧代表还是新代表——自治市议席贩子还是利润贩子？我的回答虽然从不直截了当，但总是这个意思：两者我都不喜欢，不过我最恨利润贩子。如果命运只让我们在这两者之间进行选择，此外没有任何其他选择，我当然宁愿要自治市议席贩子的而不是利润贩子的终身制。不过，指望有朝一日我们不再受两者之害，我宁愿选择新代表而不要旧代表，因为在两者中它更有可能建立我所向往的国家。"读了这一段话就使人想起马克思关于自由贸易演说的那段结束语①。奥勃莱恩的这段话含有马克思主义策略的基本原则。

奥勃莱恩对于政治的看法也适用于宗教。奥勃莱恩绝不是现代意义上的"自由思想家"，他既不是布莱德洛式的无神论者，也不是赫青黎式的不可知论者。他从未把宗教作为一个信仰问题来论述。恰恰相反，他掌握了当然远比这更为重要的东西——关于宗教是一种制度的深刻的历史认识，而且他一直把宗教作为一种压迫工具，不厌其烦地同它进行斗争。

奥勃莱恩是第一个（至少在英国他是第一个）从宗教的社会方面和政治方面而不是从教理的观点来探讨宗教的人。他用自己关于阶级对立的认识对宗教问题采取了唯一正确的态度，这种态度与一切对宗教的浅薄抨击相去甚远，与英国流行的同情非国教徒的偏见也相去甚远。奥勃莱恩认为，宗教和宗教信仰是两种完全不同的事物，把这两种事物混为一谈是错误的，无论其目的是保护它们还是攻击它们。宗教是一种社会制度，就像所有其他的社会制度一样，是建立在阶级统治之上的。他说："天主教贵族在化体或炼狱或类似的无聊废话等方面和新教贵族意见不相同，但在非法剥夺贫者的权利这一方面他们却是完全一致的。"

---

① "但总的说来，保护关税制度在现今是保守的，而自由贸易制度却起着破坏的作用。自由贸易引起过去民族的瓦解，使无产阶级和资产阶级间的对立达到了顶点。总而言之，自由贸易制度加速了社会革命。先生们，也只有在这种革命意义上我才赞成自由贸易。"（《马克思恩格斯全集》第4卷第459页）

我们可以看到，奥勃莱恩在论述当时的各种问题时，对于决定占统治地位的资产阶级的行动和政策的那些阶级利益有着多么深刻的理解；而且，正如我们在前一章里指出的那样，这种认识并不是先于马克思主义理论的一种孤立的偶然的预见，而是一个与现代马克思主义非常接近的完整统一的思想体系。

第四章　改革政权与夺取政权

奥勃莱恩认为："一切无助于把劳动者从资本的暴行中解放出来的宗教改革和国家改苯对工人阶级来说都是毫无意义的，甚至比这更糟糕。"他还说："只要劳动者靠别人的资本生存，那么他必定永远是一个乞丐，一个奴隶……唯一的补救办法就是推翻整个制度，而不是对它进行局部改革。改造制度的整体比改革一个部分容易。为什么？因为这和种植一棵新树比从朽木培育果实更为容易的道理是一样的。"

奥勃莱恩告诫说："每一个被压迫者都应当用不信任的眼光看待他们的压迫者所提出的改革措施，如果改革工作能给他们带来好处，他们就应当自己去做这一工作。"这正是关于工人阶级必须自己拯救自己的至理名言的释义，理论和严酷的经验教训从那时起就把它反复灌输给我们。

这一态度使奥勃莱恩及其朋友同罗伯特·欧文及其他空想主义者处于尖锐对立的地位，后者十分天真地相信关于正义和人道的口号的效力，愿意诉诸统治阶级，幻想通过建立工业合作团体和诸如此类的手段来对社会进行和平改革。奥勃莱恩说："目睹工人的诉讼，我们时常感到痛苦。自古以来富者对正义和人性一向是毫不在乎的。有哪个历史学家可以举出哪怕是一个这样的例子——某世纪或某个国家的富者出于对正义的热爱或者是仅仅由于人们呼吁他们拿出善心和良心而放弃他们的权力？没有这样的事！力量，只有力量才能使他们服从人性。"

当然情况不是像奥勃莱恩所想的那么简单。正义和人性——无论是热爱还是厌恶它们——在阶级斗争中不起决定作用。阶级的历史活动是由它们在生产过程中的一般地位所决定的，资产阶级认为是正义和人性的一切东西，从无产阶级观点看来往往是荒谬可笑的。然而不管怎样，奥勃莱恩有关唯一能使统治阶级皈依人性原则的真正有效方法的一切论述是在罗伯特·欧文空想主义思想基础上的巨大进步。他所理解的"力量"不仅是物质暴力，而更多的是道德压力，也就是他所说的，是"所有一切有用阶级的联合或坚定的结合"。

奥勃莱恩在谈到欧文的幻想时写道："占有者一旦得到财富之后会自觉自愿地放弃那个曾使他们获得财富的制度吗？……只有一种办法能对他们产生作用，这就是威胁的办法。只要使这些拜金主义者感到害怕，你就可以随意处置他们。"这里着重强调了统治阶级行为中的个人的主观因素，不过，阶级之间的关系主要是力量问题这一基本思想是绝对正确的，远比当时空想主义者中间流行的观点要好得多。

从这里就产生了使奥勃莱恩及其朋友的观点同欧文及其他空想主义者所持的观点相区别的极端重要的思想。这就是承认政治斗争即夺取政权是进行必要改革的唯一手段，甚至是按欧文及其他"社会主义者"的观点改造社会的唯一手段。"众所周知"，奥勃莱恩说："政府只是打算用来保护那些将它建立起来的人。哪里由少数人建立政府，哪里的政府就只为这些少数人进行管理。哪里由多数人建立政府，哪里的政府就为多数人进行管理，除非（这种情况往往出现）少数人十分狡诈和强大，足以骗取多数人应得的权利。在英国，政府是由中等阶级和上等阶级建立并且是为它们建立的，也就是为那些靠用欺骗和武力掠夺贫者的劳动来维持生活的人建立的。只要政府继续把持在这种人的手里，无论是欧文先生还是其他什么人都休想实行哪怕是最微小的实际变革。"他还指出："人民所需要的是一个由全体人民建立的并且保护全体人民的政府，一旦有了这样的政府，人民就能建立欧文主义，或者圣西门主义，或者大多数人认为是保证全体人民生活富裕的合适的其他任何主义。有了制定法律的权力，人民就可以做不是必然不可能做到的一切事情。没有这种权力，他们将永远一事无成。"

赫瑟林顿在谈到某些反对欧文的资产者对欧文的批判时写道："当人民享有平等的权利和由此而产生的平等的法律的时候，欧文先生的理论的优越性才能显示出来，在此之前是不可能的。在我国目前情况下和工人阶级在政治上得到解放以前，企图单独地实现即使是局部地实现欧文先生的任何慈善思想也只能是本末倒置，终归要破产的。"

这说明那个时期的工人阶级领袖们何等清楚地理解了政治权力在无产阶级解放斗争中的重要性。他们似乎难以理解罗伯特·欧文这样一些在其他方面目光敏锐的人怎么竟然不懂得工人阶级显然是需要政治上的解放的，他们在评论欧文信徒及其领导的工会对政治的冷漠时不止一次地流露出自己的愤怒。奥勃莱恩写道："回顾目前在劳资之间即在工会为一方和工厂主为另一方之间展开的阶级斗争，有一个情况使我们颇为惊讶和遗憾，这就是主要的工人领袖有一种把工人事业同政治完全分离开来的倾向。这是可以想到的最无益最不明智的一种做法。"

他们反复地明确地强调工人阶级的政治权力的必要性，以致像后来对宪章派那样有人经常指责他们搞政治迷信，把普选权的要求当作一种包治百病的万应药。……仔细看看奥勃莱恩给《贫民卫报》和其他报刊撰写的有关美国的一系列文章，就能清楚地看出奥勃莱恩并没有把政治制度的重要性看得如此极端。他指出，在民主的选举和民主的政府之下同样会有对群众的剥削。他说："美国人和我们一样有富的也有穷的，和我们一样有波动也有破产，和我们一样有伤透心的也有伤透脑筋的。"他进一步说："因为占有权利是一回事，如何明智地使用它又是另一回事。如果普选权仅仅被用于政治目的那么它就没有多大用处。其实，普选权只有作为社会改革的一种辅助，或作为在建立财富生产和分配的新制度时保护群众的一种手段，它才能发挥效力。"

可见，取得政权对他们来说的确只是达到更高目标的一种手段。……奥勃莱恩及其朋友是最早采用历史唯物主义观点来正确评价和解释社会发展和社会事实的人。他们的学说很快就成为声势浩大的宪章运动的理论基础。关于这个运动，有人往往会惊奇地自问，难道它真是一个马克思以前的运动吗？

读者自然很想知道马克思和恩格斯制定出他们的理论观点在多大程度上要归功于这些三十年代前半期的思想家。令人难以置信的是，仅比这些思想家们晚几年出现的马克思和恩格斯竟然未从他们那里学到任何东西，而马克思和恩格斯后来提出的理论的重要组成部分之一是这些思想家先前早已提出过的。没有任何直接的迹象表明他们确曾学到什么。相反，我们只知道恩格斯说过，主要是黑格尔哲学和法国社会主义影响了马克思，这里没有包括奥勃莱恩或其他任何英国思想家在意识形态方面的影响这一层意思。看来不做进一步的探讨就接受这个结论似乎显得太轻率了。首先，宪章运动的间接影响的可能性并没有被排除。恩格斯本人把英国工业状况作为影响他和马克思的第三因素，而英国工业状况只有在宪章派的文献中才得到正确地描述。其次，正如弗兰茨·梅林所指出的，恩格斯可能是两者中首先认识到唯物主义哲学的基本原理的人；恩格斯是在英国接受政治教育的，他在那里认真研究了当时的生活状况和各种文献。有人也许会冒昧地猜测正是在这些文献中恩格斯第一次深刻领会了阶级斗争的理论，因为恩格斯确实是从这个来源学会在他第一部著作《英国工人阶级状况》中表述阶级斗争理论的。很可能，他在马克思居留巴黎和布鲁塞尔期间给马克思的信中和 1845 年马克思逗留英国期间同马克思的个人交往中陈述并发展了这些新获得的观点，从而在哲学研究上帮助了他的朋友。恩格斯还提到他为其朋友提供了英国文献—— 可能就是证实他的观点的文献。也许正是由于他在马克思主义学说发展中所起的作用，他只字不提英国思想的影响，因为这样做就会显示出他是唯物史观的创始人，而这种行为与他的谦虚精神和他对马克思的忠诚是相违背的。

当然这一切仅仅是一种推测，不应当说是确有其事。这种推测主要是基于这样的事实，即《共产党宣言》发表前十五年，有关资本主义社会阶级对立和阶级斗争的理论在各个方面已经不是一种不完整的形式，而是以一种甚至在今天仍使我们惊讶和钦佩不已的非常系统的完整的形式表现出来的。而且，这些观点是由当时最杰出的无产阶级评论家们提出来的。他们的名字人们经常谈起，他们的文章无产阶级大众经常阅读。奥勃莱恩格外受报刊出版商的推崇，他的文章往往被重酬征用。看来这位极有影响的著名著作家的思想对马克思和恩格斯未必没有留下什么影响。也许有朝一日有一位历史学家能在这个问题上提供比纯粹的推测更为真实的东西。

（罗铁鸽 译　陈慧生 校）

马克思论阶级和阶级意识*

〔美〕丹尼斯·吉尔伯特

尽管古代哲学中就已出现关于社会阶级的讨论，但是到了 19 世纪，马克思的著作才开了现代系统阐述阶级差别理论的先河；后来的大部分理论性著作要么试图重述马克思的观点，要么试图驳倒他的观点。马克思出生于法国大革命爆发之后，生活在工业革命过程之中。他强调，研究社会阶级是了解他那个时代一系列社会动荡的钥匙。他对经济学、历史学和哲学的研究使他确信，社会主要是由其经济结构决定的，社会各阶级构成了联系经济状况与社会状况之间的纽带。他还得出结论说，社会的根本变革是阶级斗争的产物。因此马克思认为，了解各阶级是了解社会如何运行以及如何变革的基础。

在马克思的著作中，社会各阶级均由共同生产资料的特定关系界定。根据这种观点，资本家或者说资产阶级，是由生产资料（例如矿山或工厂）的所有者组成的阶级。同样，工人或者说无产阶级是由那些不得不向生产资料的所有者出卖自己的劳动力，以赚取工资、维持生计的人组成的阶级。马克思指出，在现代资本主义社会中，这两个基本阶级都向一种内部的同质性方向发展，即消灭其内部的差别。小业主在竞争

---

* 本文选自《马克思恩格斯列宁斯大林研究》2000 年第 4 辑。

中输给了大业主，产生了一小撮由垄断资本家组成的资产阶级。同样，机器变得更复杂并且承担了通常由熟练工人完成的工作，这样一来，无产阶级内部的等级差别也变得无关紧要了。

但是值得注意的是，这些都是就趋势而言的，是就长期发展趋势而言的。在某个时期，从历史残渣中滋生出来的——甚至是从以往大不相同的时代滋生出来的……各阶级内部的差别会以决定人的行为这一重要方式影响局势的发展。有时马克思把这种对阶级的进一步划分称之为一个阶级中的各个部分，有时他又似乎把它们视为暂时彼此分离的各个阶级。总之，他作为政论家和小册子的作者而写的关于当时形势的著作，比他作为历史理论家而写的分析经济和政治领域长期发展趋势的著作所涉及的问题更加复杂多样。

为什么马克思认为生产是社会各阶级的基础呢？这是从最普遍的意义上来说的，因为他认为生产是社会生活的核心。他分析说，人们为了生存必须进行生产，为了生产又必须进行合作。个人在社会上的地位、与他人的关系以及人生观都是由他或她的工作经历决定的。更确切地说，那些在生产中承担相似任务的人可能具有相同的经济利益和政治利益，这些利益使他们同其他生产者发生冲突。例如，资本家通过付给工人低于他们所创造的价值的工资而获取利润（用马克思的话来说是剥夺剩余价值）。因此，资本家在维持工人的低工资以及在反对扩大工会权力，不让工会把自己的要求强加给雇主的立法方面具有共同利益。

从马克思主义者的观点来看，人们进行生产的方式（即把技术用于自然界）、以及在生产过程中形成的阶级和所有制关系是任何社会最基本的组成部分。它们共同构成马克思所说的生产方式。具有相似生产方式的社会在其他一些重要方面也应该是相似的，因此，应当将它们放在一起来研究。马克思分析了罗马帝国衰落之后的欧洲历史，区分出三种生产方式，他将这三种生产方式视为社会发展的三个依次演进的阶段：封建主义，这是中世纪地区性的农业社会，在这个社会中，一小撮土地贵族在各地区剥削着大多数农民的劳动；资本主义，这是在马克思那个时代正在兴起的工商业制度，其影响范围已遍及世界，其特点是产业主统治大量的产业工人；共产主义，这是技术发达的、消灭了阶级的未来社会，在这个社会中，一切生产资料均为公有。

马克思不像许多后来的著作家那样相信技术水平是决定社会结构的关键因素，他强调，生产方式决定着技术和社会关系的模式，而且这三者中每一方都区别于另一方而独立存在。每一个生产者都耕种属于他自己的那块土地，这样一种农业社会并不能代表封建的生产方式。同样，马克思认为共产主义是一种新的生产方式，它可以建立在资本主义生产方式下已经发展起来的工业技术的基础上。

马克思认为，生产方式是决定社会的社会制度和政治制度等上层建筑以及思想观念的主要因素。他用上层建筑这个概念来回答一个古老的问题：享有特权的少数人是如何保住他们的地位并压制受剥削的大多数人有可能爆发的反抗的？他对这个问题的回答是，控制生产资料的阶级通常都控制着强迫和说服的工具——上层建筑。他看到，在封建时期，军权和政权被土地所有者所垄断；随着现代资本主义的兴起，当资产阶级控制了国家政府的时候，他们便掌握了政治权力。在上述两种情况下，特权阶级都会利用国家权力来保护自己的利益。例如，在马克思那个时代，欧洲各国政府的司法、立法和警察的权力受资产阶级支配，它们被用来镇压早期劳工运动。稍后，美国重演了这一幕。正如马克思在《共产党宣言》（1848年）中所说的那样："现代的国家政权不过是管理整个资产阶级的共同事务的委员会罢了。"①

但是马克思不相信阶级制度是建立在纯粹的强迫之上的。他考虑到了思想的说服力量。马克思在这方面做出了他对社会科学的最重大的贡献之一是：提出了意识形态这个概念。马克思认为，人类意识是社会的产物。它通过我们为从事生产和维持社会生活与他人合作的经验而发展起来。但是社会经验是不同的，尤其在一个被划分为不同阶级的社会里。农民和地主有着截然不同的经验，因此形成了截然不同的观点。这种阶级观点的差别有一个重要特点，即每个群体的成员都倾向于把自己特殊的阶级利益看成是全社会的真正利益。重要的是，一个阶级具有将自己的自利观点强加给其他阶级的优势力量。马克思认为，支配生产的阶级同样控制着制造和传播思想的机构，如学校、大众传媒、教会及法庭。结果统治阶级的观点渗透到思想的各个领域，比如家庭生活与所有制方面的种种法规、政治民主理论、经济上进行合理化改革的观点、甚至人死后灵魂不灭的概念等。用马克思的话说就是："统治阶级的思想在每一时代都是占统治地位的思想。"② 在极端的情况下，意识形态可以使奴隶相信他们应该服从他们的主人，或者使贫苦的工人相信他们最终将在天堂得到真正的回报。

于是，马克思认为，统治阶级拥有强有力的政治和意识形态工具来维持既定秩序。不过，他认为阶级社会本身是不稳固的。在《共产党宣言》的一个著名的段落中，他指出：

"至今一切社会的历史都是阶级斗争的历史。

自由民和奴隶、贵族和平民、领主和农奴、行会师傅和帮工，一句

---

① 《马克思恩格斯选集》中文第 2 版第 1 卷第 274 页。

② 《马克思恩格斯选集》中文第 2 版第 1 卷第 98 页。

话，压迫者和被压迫者，始终处于相互对立的地位，进行不断的、有时隐蔽有时公开的斗争，而每一次斗争的结局都是整个社会受到革命改造或者斗争的各阶级同归于尽。

在过去的各个历史时代，我们几乎到处都可以看到社会完全划分为各个不同的等级，看到社会地位分成多种多样的层次。在古罗马，有贵族、骑士、平民、奴隶；在中世纪，有封建主、臣仆、行会师博、帮工、学徒、农奴，而且几乎在每一个阶级内部又有一些特殊的阶层……

但是，我们的时代，资产阶级时代，却有一个特点：它使阶级对立简单化了。整个社会日益分裂为两大敌对的阵营，分裂为两大相互直接对立的阶级：资产阶级和无产阶级。"①

如上所述，马克思认为阶级斗争是社会变革的根源。他将阶级斗争与经济变化联系到一起论证说，新的生产资料的发展意味着新的阶级和阶级关系的出现。当一个新兴阶级的利益与业已确立地位的统治阶级的利益发生冲突时，就会爆发最严重的政治斗争。这种阶级斗争将使"整个社会受到革命改造"。马克思注意到，每一个时代都会从内部产生出一个新的阶级，这个阶级最终将掌握政权并创造一个新时代；因此，变革是用一种内在动力来加以解释的，马克思称之为辩证法。

有两个通过阶级斗争而实现变革的时代对马克思具有特殊的吸引力。一个是欧洲从封建主义向现代资本主义过渡的时代，他认为，在这个过程中资产阶级（城市资产阶级）"曾经起过非常革命的作用"②。资产阶级把技术革新的洪流、生产和贸易的加速扩张以及劳动关系的全新

---

① 《马克思恩格斯选集》中文第 2 版第 1 卷第 272—273 页。

② 《马克思恩格斯选集》中文第 2 版第 1 卷第 274 页。

形式注入到先前稳定的农业社会中。这些变革遭到了封建地主的反对，他们感到自身利益受到了资产阶级利益的威胁。结果发生了一系列的政治斗争（法国大革命是最有戏剧性的例子）。通过这些斗争，欧洲资产阶级从土地贵族手中夺取了政治权力。

马克思确信，第二个类似的变革时代在他那个时代已经开始了。资本主义的生产方式创造出一个新的社会阶级，即城市工人阶级，或者说无产阶级，其利益同正在上升的资产阶级的利益直接对立。这种利益冲突不是简单地起源于劳资之间的斗争，而是起源于资本主义生产和社会的基本性质。资本主义经济有其固有的不稳定性，经常出现伴有大规模失业现象的周期性经济萧条。这些经济危机更加深了人们对贫富分化的长期趋势的认识。此外，资本主义盲目地依赖建立在个人贪欲之上的市场机制，这使得社会大多数成员生活在异化状态之中。马克思确信，只有在生产资料公有的共产主义制度下，这种情况才能被克服。

大多数无产者的境遇致使他们成为最受资本主义剥削、最为异化的牺牲品，因此也就成为共产主义革命的潜在的先锋。然而，马克思认为，一个阶级的客观状况不能自动促使其成员认识到他们共同的阶级利益以及采取富有战斗性的阶级行动的必要性——简而言之，不会导致政治反抗的阶级意识。马克思在一些富有影响的社会学著作中对这个问题作了专门论述。马克思问道，资本主义社会中什么样的内在趋势最有可能造就具有阶级意识的无产阶级？他分析了各种因素，其中主要有：在资本主义发展过程中，阶级秩序被大大地简单化了；大量工人聚集在新的工业城镇中；资本主义经济固有的不稳定性加剧了对工人大众的剥削；以及无产阶级通过参加工会和群众性政党等工人阶级的组织，在政治上逐渐成熟。

马克思的一个主要目标是分析那些能够促使自在的阶级向自为的阶

级转变的社会力量；他希望，通过了解这个进程就能确定如何干预并推动这个进程。他特别提出这样一个问题，即资本主义社会的哪些固有趋势有可能造就具有阶级意识的无产阶级呢？下面是他特别强调的几个因素：

1. 集中与交流。资本主义社会的工业化进程将无产阶级集中在大城市、工人阶级居住区以及大工厂里。这个进程增进了工人之间的交流，使他们认识到面临的共同问题，便于他们建立政治组织。

2. 剥削。马克思认为无产阶级的贫困化将日益加剧，即使不是绝对意义上的贫困化，至少也是相对于日益增长的工业经济生产能力以及资产阶级的财富而言的贫困化。

3. 经济上无保障。马克思认为，资本主义经济完全受繁荣与萧条交替出现这种周期的支配，在资本主义经济衰退时期，由于经历周期性失业，无产阶级会愈加感受到剥削的滋味。

4. 劳动的异化。马克思指出，工厂劳动所具有的不动脑筋、重复、令人不满的特点是资本主义所固有的。这种劳动同马克思理解的那种人类的天性完全相背，因此，这种劳动会刺激阶级意识的形成。

5. 两极分化。资本主义经济的周期性交替导致小企业纷纷破产；小企业主被迫沦为无产阶级，对经济的控制更加集中于上层。其结果是中等阶级逐渐消失，社会相应地发生两极分化，形成人数不多的、富裕的少数资产阶级以及贫穷的无产阶级大众。

6. 同质化。马克思发现，在无产阶级内部，适应现代工厂机器生产的简单要求引起技术水平下降，工资水平也随之趋于平均化。在这种趋势下产生了一个阶层分化不明显的、性质更加趋同的无产阶级，他们由于处境相同，更倾向于采取统一的政治行动。

7. 组织和斗争。为了保卫自己，无产阶级逐渐被吸引到工人阶级政党和劳工组织中。马克思相信，参加这样的组织，以及同（依靠资产阶级国家及其警察和军队支持的）资产阶级雇主作斗争的经验，将对革命的阶级意识的形成起促进作用。

马克思的理论所预期的发达的工业国家的革命从未出现过。然而，在处于工业化过程中的农业国家（如墨西哥、俄国和中国）进行的以阶级为基础的革命却成为世纪历史上的一大特征。在工业国家中，工人阶级政党和劳工运动改变了政治制度和经济生活。在这两种情形下，上面列举的 7 种因素决定了事件的发展方向。如果把它们看成是在特定环境下起作用的可变因素，则有助于我们更好地理解发达国家没有发生革命的原因。比如，马克思预计，在资本主义社会，阶级间的两极分化和阶级内部的同质化平行发展。财产关系确实两极分化了，生产资料日益集中在少数人手中。但是无产阶级内部的同质化被职业上的差别以及收入上相应的差距（甚至在体力劳动者之间也是这样）所削弱。这个过程削弱了阶级意识的基础，即认同感和共同经历。我们可以说，尽管马克思预期的社会发展过程的结果没有完全出现，但他却正确地揭示了一些最重要的社会发展过程。

简而言之，马克思在社会等级理论方面的贡献是什么呢？他对阶级制度的经济基础的认识是完全正确的。他的意识形态理论以及他将社会各阶级同政治发展进程联系起来的观点，如上所述，尽管过于简单，却为现代研究提供了一个非常有力的起点。至于他的变革的观念，20 世纪的一系列革命——包括墨西哥（1910 年）、俄国（1917 年）和中国（1949 年）的革命——已经证明了阶级斗争对于彻底的社会变革的重要意义。然而，社会革命一般说来发生在由于外国影响而进入早期工业化阶段的农业社会中，而不是像马克思所预想的那样发生在先进的工业国家。在先进的工业国家中，无产阶级利用工会和群众性政党来保护自己的利益，于是将阶级斗争中的各种力量重新纳入了民主政治的合法程序中。

马克思去世一个世纪后，显而易见，与其说他是个预言家，不如说他是个社会学家。他看到了资本主义社会的许多重要变化过程，但是他不能预见这些过程可能出现的所有后果，而且，他对于人道的社会主义的未来的设想当然在任何共产主义国家都无法实现。

（原载《日益增加的不平等时代的美国阶级结构》

沃兹沃思出版公司 1998 年第 5 版）

（沈延 译）

对马克思阶级概念的重新认识*

美国马萨诸塞大学马克思主义经济学家理查德·沃尔夫（Richard D. Wolff）长期致力于研究马克思的阶级理论，现将他于 2001 年 1 月和 4 月在美国的两次学术会议上提交的关于阶级理论的两篇论文（题目分别是《在非洲的殖民主义的后果》和《资本主义霸权和关于阶级概念的辩论》）和他与人合著的《马克思经济学与新古典经济学》一书中有关阶级理论的内容综合编写如下。

引言

今天，大众传媒等流行言论中表达了这样一个观念：阶级已经不复存在了，社会群体是由单个的个体组成的，而不是由阶级组成的。政治演说将民主和平等定义为仅仅与个人相关的东西，经济学界的评论则主张"我们现在都是中产阶级"。新古典经济学的教科书认为经济结果是由消费者个人和厂商最大化其效用所致，这样的经济是最优的，它还证明了如果个体不是按照个人意愿来行动，经济效果必然是次优的。所有

---

*　本文选自《国外理论动态》2002 年第 2 期。

这些都把阶级分析从各种讨论中驱除出去，这有利于巩固现有阶级结构的霸权地位。社会问题不再被认为是含有阶级的成分，解决方案也并不必然要求阶级变革。

一、三种不同类型的阶级概念

当然，仍然有一些保守主义者、自由主义者以及激进主义者在他们的分析中承认阶级的概念，部分的原因在于阶级概念的历史源远流长。即使对历史不甚了解的人在当代社会批评中也会使用阶级概念。在他们看来，阶级是拥有共同特征的个体的总和，因而有穷人阶级、移民阶级、工资收入阶级、业主阶级，等等。阶级只是"社会群体"的代名词。在这里，阶级是名词，而在马克思看来，阶级是形容词，形容一种特定的社会过程。

通常人们使用两种标准来将个体划分为不同的阶级。第一种标准是财产所有权，有财产的人与没有财产的人对立，因此富人与穷人对立。保守主义者、自由主义者以及激进主义者虽然都承认这种以财产来定义的阶级，但对它的重要程度认识不同。保守主义者倾向于将阶级看成个人先天能力差异的反映，认为这对于激励创造更多的产出是必要的。而自由主义者担心社会的极端不平等，他们害怕所谓的贪婪者与穷苦者之间的"阶级冲突"。激进主义者将社会稳定定义为建立在财产所有权平等的社会公正的基础上（这其中需要或体现着某种生产性财产的社会化），马克思是激进主义者，但他的阶级理论集中于剩余的生产和分配，而不是财产所有权。

权力是对阶级特征的第二种解释，拥有权力的人与被权力控制的人相对立。保守主义者同样认为权力或者是先天得来的，或者是由有能力的人通过立法手段获得的，也许在任何社会人们都不平等地分配它。在许多保守主义者看来，权力的不平等可以成为保证社会凝聚的一种秩序机制。自由主义者担心有权者与无权者的冲突，因此强调要实现权力的更均等分配，以消除阶级的差异。这种阶级差异被理解为由社会群体掌握的不同权力。激进主义者将权力差异看作是社会的毒瘤，一种观点认为阶级和性别、种族一样，是权力不平等的形式。对激进主义者来说，民主一方面是表达他们反对不平等分配权力的口号，另一方面，民主是他们消除社会不平等的目标和战略。

承认阶级概念的人大多在财产或权力方面来定义不同的社会群体，有时他们将这两个方面混合起来，富人和有权力的阶级与穷人和无权力的阶级相对。有时他们在其中加入了中产阶级，不管怎样，这里的阶级都是一个名词——拥有共同特征的群体。但是，权力和财产并不能完全等同，拥有权力的人有时并不是有大量财产的人。例如，美国总统、教师都拥有一定的权力，可是，这种权力与他们的财产没有多大的关系。

马克思的阶级概念是与剩余价值的生产紧密相连的。阶级过程就是与有别人的剩余劳动，因而通过其他途径（非阶级过程）获得的收入不是马克思分析的重点。阶级并不是像西方经济学者或社会学者所言，按照收入绝对水平的高低或者权力的高低将社会划分的阶层，它是以是否存在剥削为前提。在任何社会都会有剩余（生产的多于自己消费的部分），马克思关心的是这样一些问题：谁生产了剩余，谁获得了剩余，首先获得剩余的人将剩余又分配给了谁，分配的目的是什么。马克思认为任何社会都有不同的组织阶级过程的方式，剩余的生产者可以是富人或穷人，有权的人或无权的人，男人或女人等等，取决于不同的社会背景。剩余的分配也是如此，因此马克思的阶级的概念不同于以财产或权力来定义的阶级概念。

二、理解马克思的阶级概念的意义

一个社会独特的文化、自然禀赋、政治和经济因素共同决定了它的特有的阶级结构。马克思区分了五种阶级结构：原始社会、奴隶社会、封建社会、资本主义社会、共产主义社会。每种社会都有其独特的剩余的生产、占有及使用模式。在奴隶社会、封建社会和资本主义社会中，剩余的占有者和使用者与剩余的生产者是不同的人，他们是剥削阶级。而原始社会和共产主义社会不是剥削社会，在共产主义社会，工人集体生产出剩余，并且由工人集体来占有这些剩余。

马克思发现任何社会都有多种阶级结构。马克思的新阶级概念对资本主义的打击在于，资本主义的不公正（包括财产和权力分配的不公平）和资源的浪费以及低效率都与特定的阶级结构有关。要解决这些问题，必须改变现有的阶级结构。马克思的《资本论》阐明了一种类型的社会结构（资本主义生产方式下的剩余生产、分配）的存在和社会效果，剩余是《资本论》一至三卷的主题，并且贯穿始终，而财产和权力是附带考虑的要素。马克思认为以往的革命运动之所以没有成功，是因为他们忽视了财产、权力与阶级的关系。长期以来，人们忘记了马克思的阶级理论，甚至，当提到剩余的时候，它被看作是财产或权力的派生物，达到财产或权力的平等就可以有效率地解决剩余的组织。因此，上个世纪的社会主义和共产主义运动都致力于运用政府的力量来平等财产或权力。中立的社会主义者希望通过政府温和地干预私人资本主义企业来达到目的。左派社会主义者喜欢更严格和更全面的管制，以实现平等。共产主义者则走得更远：一个致力于国家所有和国家计划的工人政党将剥夺私人资本家的财产和替代市场。但这些观点都没有说明要用一个不同的阶级结构代替原有的阶级结构。

例如，当布尔什维克在俄国执政时，他们改变了财产和权力关系，但在企业中，剩余的生产、占有、分配体制都没有改变。私人资本家让位给政府官员，而工人仍无法获得他们所生产的剩余，他们是马克思意义上的受剥削者。这是苏联社会主义革命在20世纪80年代末失败的主要原因。

在经济全球化的今天，发达国家与发展中国家的经济差距却逐渐被拉大。运用马克思的阶级理论就可以给以很好的解释。许多殖民地国家虽然在二战后获得了民族独立和解放，但是长期受到的殖民统治改变了这些国家的阶级结构，这样的殖民性阶级结构在民族独立之后甚至在他们实行改革开放政策以后，也没有得到根本的改善，新的非殖民性阶级结构长期建立不起来。所有这些都限制了原殖民地国家的经济发展。

三、阶级的复杂性——以企业内部为例

任何一个社会成员的收入可能都是多种来源的，主要包括资本主义基本阶级过程（直接占有剩余价值）、从属的阶级过程（剩余价值的分配）以及非阶级过程（不存在剥削雇佣劳动）。所以判断一个人的阶级属性不能仅从其收入的绝对数量或者某一个组成部分来分析，也就是说阶级结构是复杂的，没有纯粹的阶级。（这对于研究当前中国的收入分配差距问题也有很好的启发意义。如果是非阶级过程带来的高收入，我们就应该接受甚至鼓励。——编写者注）。

下面以企业为例，说明资本主义经济中阶级的运动变化。在资本主义企业内部，阶级结构是复杂的。早期的资本家不是纯粹意义上的"资

本家"，他要管理工人的劳动，有时还要亲自参与劳动。而发展到股份公司阶段，资本家的代表组织是董事会，这被认为是更纯粹的资本家，他们已经与直接的劳动过程相距甚远。但是总经理一方面有资本家的成分，另一方面收入又是由从属的阶级过程带来的。现代公司中的经理受雇于董事会，他们不直接从事生产，他们的收入来自剩余价值。经理拥有一定的权力，这也与他个人的财产无关；经理以及一些董事会成员往往没有在公司中持有股份或者持有股份数量很小。另一方面，真正的企业股东虽然持有大量的股份，但也可能很难对公司决策施加影响，即没有权力。这在资本主义经济发展到今天，公司治理结构中出现"内部人控制"的情况下尤其是这样。在不同的历史时期，不同类型的资本主义企业的目标是不同的。企业要追求的是税后利润，现代企业理论将股东收入最大化看作是企业的主要目标，也有人认为目标是多重的。如果经理有较强的内部控制力，股东无法对其实行有效的监督，那么，经理收入最大化就可能是其目标。而对于一个生产公共产品的企业，它追求的目标是最大化从属阶级的利益。

　　资本主义企业的利润与马克思意义的剩余价值是有区别的。剩余价值包括地租、利息、经理收入、商业利润、税收、股息、企业留利，而资本家的利润只包括后三者。因此他们追求利润最大化并不一定意味着提高剩余价值，也可能以牺牲前四者为代价。利润最大化也不代表劳动效率得到提高，对于单个企业而言，如果有很好的市场垄断势力，即使不提高生产率，也可以获得较多的利润。但是如果社会上每个企业都这样做，则是不可行的。马克思理论中，利润最大化能够很完美地与剩余价值的上升或下降、从属阶级收入的上升或下降、生产中投入或产出效率的上升或下降同时并行。所有这些都说明了一点，财产分配与权力分配不同，而财产分配、权力分配的模式和剩余价值的生产、占有与分配也有很大的不同。因此，马克思意义上的阶级概念能够深入地探析资本主义经济的本质。

四、小结

在 21 世纪，我们要取得更大的理论突破和实践成就，就必须将不同含义的阶级概念融合起来，更重要的是，要强调马克思的阶级理论，即剩余价值的生产、占有和分配的过程。我们应该向大众说明非剥削的阶级结构如何能够支持财产和权力的更大程度的平等。

（宁光杰 编写）

马克思、恩格斯与政治[*]

〔英〕埃里克·霍布斯鲍姆[①]

本文将讨论马克思和恩格斯的政治思想和观点，即他们关于国家和国家机构的观点，以及他们在从资本主义到社会主义过渡的政治方面——阶级斗争、革命、社会主义的组织方式、战略和策略等问题——的看法。在某种意义上，这些从分析的角度来看都是次要的问题。"法的关系……不能从它们本身来理解……它们根源于物质的生活关系……'市民社会'。"[②] 资本主义向社会主义过渡的决定因素是资本主义发展的内在矛盾，尤其是资本主义不可避免地创造了自己的掘墓人——无产阶级，"日益壮大的、由资本主义生产过程本身所训练、联合和组织起来的阶级"——这一事实。此外，尽管国家权力对阶级统治来说至关重要，但是资本家对工人的权威的"执掌者，只是作为同劳动对立的劳动条件的人格化，而不是像在以前的各种生产形式中那样，以政治的统治者或神权的统治者得到政治权威的"[③]。因此，政治和国家不需要纳入

---

[*] 本文选自《马克思主义与现实》2012 年第 1 期。

[①] Eric Hobsbawm 系英国著名马克思主义历史学家和政治学家。

[②] 《马克思恩格斯选集》第 2 版第 2 卷第 32 页。

[③] 〔德〕马克思：《资本论》第 3 卷，人民出版社 2004 年版，第 996 页。

经济基础分析之中，只能进入到后来的阶段上。

当然，在实践上，政治问题对活跃的革命者来说不是次要的问题，而是首要的问题。于是，对马克思著作的许多解释讨论了这些问题。然而，这些著作在性质上不同他的主要理论工作。尽管马克思未完成对资本主义的全面经济分析，但是这种分析的主要部分散布在大量用来出版或业已出版的各类手稿中。19世纪40年代，马克思还系统地关注社会哲学批判和对资产阶级社会和共产主义的性质的所谓的哲学分析。对于政治，马克思没有做出同样系统的理论努力。在这一领域中，马克思的著作几乎完全采取了新闻报道、对现实政治的审视、对运动内部讨论的推动和私人书信的形式。然而，尽管恩格斯在这一主题上的著述主要是对现实政治的评论，但他在《反杜林论》中尝试更系统地讨论政治问题，不过他基本上是在马克思逝世后所写的各种著作中才开始这样做的。

因此，马克思乃至恩格斯的观点究竟具有什么性质并不清楚，尤其是在那些并不是他们当务之急的问题和他们不愿鼓励讨论的问题上，因为"正是国家制度、法的体系、各个不同领域的意识形态观念的独立历史这种外观，首先迷惑了大多数人"①。恩格斯在晚年承认，尽管他和马克思强调首先"从基本经济事实中引出政治的、法的和其他意识形态的观念"是正确的，但是他们这样做的时候为了内容而忽略了形式。这不仅适用于对作为意识形态的政治的、法的和其他的制度的分析，而且——正如那些注解唯物史观的著名书信所指出的那样——适用于这些上层建筑因素的相对自主性。马克思和恩格斯在这些主题上的人们已知的思想中存在相当多的空白，因而他们的思想或本来的思想是什么仍有

① 《马克思恩格斯选集》第2版第4卷第727页。

诸多的不确定性。

　　显然，马克思和恩格斯并不担心这些空白，因为如果这种分析在他们的具体政治实践中被证明是必要的，他们无疑会填补这些空白。于是，马克思的著作几乎没有专门提到法律。马克思和恩格斯为什么没有特地填补一些在我们看来似乎是显而易见的理论空白呢？理解这一问题并不太困难。他们写作和研究的历史时代不仅完全不同于我们的时代，而且（除了恩格斯晚年的一些重叠外）也非常不同于马克思主义政党发展成为大众组织或其他重要政治力量的时代。事实上，只有偶尔的时候，马克思和恩格斯作为活跃的共产主义者所处的实际境况，才类似于其马克思主义追随者所处的境况，而马克思主义追随者则领导或在政治上积极参与后来的大众运动。因为尽管或许不只是恩格斯，还有马克思在现实政治中发挥了重要作用，尤其是在 1848 年革命时担任《新莱茵报》编辑和第一国际期间，但是他们从未领导过或者从属于第二国际大众运动所特有的那类政党。他们至多是向这些政党的领导人提供过建议；虽然那些领导人（例如倍倍尔）非常崇拜与尊敬马克思和恩格斯，但并不总是接受他们的建议。马克思和恩格斯担任过共产主义同盟的领导人，这是他们可以与后来一些马克思主义组织的经验相比较的唯一政治经验。由于这个原因，列宁自 1917 年以后倾向于往前追溯到这一点。尽管马克思和恩格斯的具体政治思考完全能够扩展和发展，面对其他的具体历史状况，但是不可避免地带有他们所处于的具体历史状况的痕迹。

　　我们仍然应当对马克思和恩格斯的政治思想进行区分：其中一部分是特别简单的，另一部分由于是潜藏在这种简单部分下的连贯分析，因此是累积性的，是根据连续的历史经验逐渐地形成、修改和阐明的。"国家"与"革命"显然是属于后一部分的两个问题，列宁在尝试系统地提出这种分析的时候正确地把它们连接起来。

一

马克思本人对国家的思考始于《黑格尔法哲学批判》（1843 年）。在这部著作中，他尝试清算黑格尔的国家理论。在这一阶段，马克思是一个民主主义者，尚不是共产主义者，因此，他在方法上与卢梭存在一定的相似性，尽管一些人尝试确立这两位思想家之间的直接联系，但却因为一个毫无疑问的事实而失败了，即"马克思从未表明他对［这种对卢梭的所谓的债务］有一丝的意识"①，因而似乎误解了卢梭。《黑格尔法哲学批判》预示了马克思后来的一些政治思想：尤其是在某种不确定的意义上，把国家等同于生产关系的具体形式（"私有财产"），国家是历史的产物；当民主终结了国家与人民之间的分离时，国家将会和"市民社会"一道消亡。然而，《黑格尔法哲学批判》首先是以它是对正统政治理论的批判而著称，因而是马克思从宪政、代表等方面进行系统分析的唯一地方。我们注意到他的如下结论：各种宪政形式相对于社会内容来说是次要的，美国和普鲁士同样都建立在私有财产的社会秩序上。我们也注意他对代议制政府的批判，换言之，代议制政府把民主确立为国家的"形式"部分，而不承认民主是国家的本质。马克思构想了一种民主制度，在这种制度中，参与和代表之间不再存在任何区别，用马克思后来评论巴黎公社的话来说，民主机构是"一个实干的而不是议会式的机构"②，尽管 1843 年马克思对民主制度的具体形式的论述就

---

① L. Colletti, *From Rousseau to Lenin*, New York 1972, pp. 187 – 188.

② 《马克思恩格斯选集》第 2 版第 3 卷第 55 页。

像在 1871 年那样仍然是模糊的。

在马克思的国家理论中，早期的共产主义形式概述了四个主要观点：国家的实质是政治权力，国家是阶级对立在资产阶级社会内的官方表现；因而，国家在共产主义社会不再存在；在当前的制度中，国家代表的并不是社会的普遍利益，而是统治阶级的利益；但是，随着无产阶级革命的成功，国家在所预料的过渡时期内不会马上消失，而是暂时采取"把无产阶级组织为统治阶级"或者"无产阶级专政"（尽管直到 1848 年后马克思才使用这个术语）的形式。

尽管马克思和恩格斯此后一直坚持这些思想，但是他们相当详细地阐述了这些思想，尤其是在两个方面。第一，他们修正了国家是阶级权力的思想，尤其是按照拿破仑三世的波拿巴主义和 1848 年后不可以简单地称为革命资产阶级的统治的其他政体修正了他们的国家思想。第二，主要是在 1870 年之后，马克思尤其是恩格斯概述了国家——作为阶级社会发展的结果——的历史起源和发展的更一般的模式，最全面的阐述是在《家庭、私有制和国家的起源》中，这一文本意外地成为列宁后来讨论的起点。"这个社会陷入了不可解决的自我矛盾，分裂为不可调和的对立面而又无力摆脱这些对立面。而为了使这些对立面，这些经济利益互相冲突的阶级，不致在无谓的斗争中把自己和社会消灭，就需要有一种表面上凌驾于社会之上的力量，这种力量应当缓和冲突，把冲突保持在'秩序'的范围以内；这种从社会中产生但又自居于社会之上并且日益同社会相异化的力量，就是国家。"① 显然，"一般来说"，国家代表了最有力量和在经济上占支配地位的阶级的利益，通过对国家的控制，这个阶级获得了控制被压迫者的新手段。尽管如此，我们应当

---

① 《马克思恩格斯选集》第 2 版第 4 卷第 170 页。

注意的是，恩格斯既承认国家的一般社会功能——至少在消极的意义是防止社会解体的机制——也承认通过神秘化或者国家凌驾在社会之上的表象中所暗含的虚假同意，一些因素掩盖了权力或者统治。于是，成熟时期的马克思国家理论更为精深，而不是这个简单的等式：国家＝强制力量＝阶级统治。

马克思和恩格斯相信，国家最终会消亡，过渡性（无产阶级）国家是必要的，而且至少直到共产主义初级阶段（"社会主义"）的时候，社会计划和管理也是必要的。既然如此，政治机构的未来提出了一些复杂的问题。无论是在理论上还是实践上，马克思和恩格斯的继承人都没有解决这些问题。既然国家本身被定义为统治者的工具，因此，国家消亡后继续存在的管理工具只能作为"对物的管理"而被接受，因而不再是国家。对人的统治和对物的管理之间的区分可能取自早期的社会主义思想，尤其是圣西门使之为人熟知。这种区分不是一种语义学的策略，更不是建立某些空想或至少乐观的假设之上，例如相信"对物的管理"在技术上会比迄今为止所表现的那样更为简单，不那么精深复杂，因而属于非专业公民的范围。毫无疑问，马克思似乎也持有这种乐观的看法。然而，在过渡时期，对人的统治，或者用恩格斯的更准确的术语，"国家政权对社会关系的干预"只会逐渐地消失。但对人的统治在实践上何时和如何开始消失，仍然是不清楚的。在《反杜林论》中，恩格斯的那句名言只是说国家"是自行消亡的"。从实践目的的角度来看，我们从那句纯粹重复性的形式论述中几乎不可能读出什么东西：这一过程将会始于"国家真正作为整个社会的代表所采取的第一个行动"，即把生产资料变成社会财产，因为这句话只是说，在代表整个社会时，国家不再可以被归类为国家。

马克思和恩格斯对国家消亡的关注之所以令人关注，不是因为实际上能够从中推出的预测，而是因为这首先有力地证明了他们对未来共产主义社会的希望及其思想：他们的希望和思想之所以更有说服力，是因为他们在对未来共产主义社会的预见与他们通常不愿推测不可预测的未来的意愿形成了对比。在这个问题上，他们给自己的继承者留下了令人困惑和不确定的遗产。

二

我们应该简要地谈一谈马克思和恩格斯国家理论的更深层的含义。国家不仅仅是统治的机器，而且是建立在领土上。在这个意义上，国家在资产阶级的经济发展中还有一种功能：充当这种发展的单位——"民族"，至少在许多这类辽阔的领土单位的形式上。马克思和恩格斯没有讨论这些单位的未来，但是毫无疑问，他们主张革命之后应该维持某种集权形式的民族单位，尽管这提出了伯恩施坦所注意的、列宁所面对的问题。马克思始终拒斥联邦主义。

同样的，马克思的革命思想自然始于对其时代的主要革命经验——1789 年以来的法国革命——的分析。在马克思此后的生活中，法国是阶级斗争的革命形式的"典型"范例，也是形成革命战略和策略的历史经验的实验室。然而，从马克思结识恩格斯那一刻起，无产阶级的大众运动经验就成为法国经验的补充，就这种无产阶级运动的经验来说，英国当时是而且数十年来一直是唯一重要的例证。

在马克思和恩格斯看来，法国大革命的关键时刻是雅各宾派时期。它与资产阶级国家之间存在模糊的关系，因为资产阶级国家的性质是为资产阶级/市民社会的无政府式行动提供自由领域，而恐怖统治和拿破仑则以不同的方式试图迫使资产阶级/市民社会进入到国家指导的共同体/民族的行动框架内，前者的方式是使之服从"永久革命"，而后者的方式则是使之服从永久的征服和战争。真正的资产阶级社会在热月政变后才首次出现，资产阶级最终在 1830 年的革命中找到了它的有效形式，把"立宪的代议制国家"看作是"自己的特殊利益的政治上的承认"①。

然而，随着 1848 年的临近，雅各宾主义的另一个方面得到了重视。只有这个方面才能彻底消除封建制度本来会持续存在数十年的遗迹。悖论的是，这主要归功于"无产阶级"对革命的干预，而这个"无产阶级"尚未成熟，无法实现自己的目标。虽然今天我们不会把无裤党运动看作"无产阶级的"运动，但是上述观点仍然具有意义，因为它提出了至关重要的问题：大众阶级在资产阶级革命中的角色以及资产阶级革命和无产阶级革命之间的关系。这些问题是《共产党宣言》、1848 年的著作以及 1848 后的讨论的重大主题，它们仍然是马克思和恩格斯政治思考以及 20 世纪马克思主义的重大主题。此外，就资产阶级革命的到来可能带来超越资产阶级统治的政体而言，雅各宾主义也表明了一些政体的政治特征，例如集权制与立法权力的作用。

于是，雅各宾主义的经验揭示了过渡性革命国家问题，包括"无产阶级专政"——一个在随后的马克思主义讨论中备受争议的概念。"无产阶级专政"概念是否来源于布朗基并不重要，但是这个术语在 1848—1849 年革命失败后第一次进入马克思的分析中。随后，主要是巴黎公社之后和 19 世纪 90 年代在德国社会民主党的各种观点中，这个术语才偶尔被提及。尽管"无产阶级专政"始终是马克思分析中的重要因素，但是，讨论它的政治环境由此发生了深刻的变化。因此，随后

---

① 《马克思恩格斯全集》第 1 版第 2 卷第 158 页。

的一些模糊性带来了争论。

马克思本人似乎从未使用"专政"来描述政府的特定机构形式，而是始终只用它来描述某个集团或阶级统治的内容而不是形式。因此，对马克思来说，无论有没有普选权，资产阶级的"专政"都会存在。然而，在革命的形势下，新的无产阶级政权的主要目标必须是马上采取"必要的措施，把广大资产者威吓住，从而赢得首要的条件，即持续行动的时间"①，这样一种统治往往变成更公开的专政。被马克思实际上称之为"无产阶级专政"的唯一政权是巴黎公社，而且巴黎公社受到马克思强调的政治特征是专政的对立面（在字面意义上）。恩格斯不仅引用"民主共和国"作为它的具体形式，而且引用巴黎公社作为它的具体形式。既然马克思和恩格斯都没有着手建构一个普遍适用的无产阶级专政形式的模式，也没有预测使无产阶级专政可以实施的一切状况，那么我们从他们的评论中只能得出如下结论：无产阶级专政应该把大众政治生活的民主改造与那些防止失败的统治阶级的反革命行为的措施结合起来。马克思和恩格斯对 20 世纪革命之后的政权会是什么态度呢？我们对此没有权威的文本来进行推测，但是有一点除外，即他们最重视的几乎肯定是保证革命的无产阶级政权能够防范被颠覆的危险。无产阶级的军队是无产阶级专政的前提条件。

众所周知，巴黎公社的经验大大推动了马克思和恩格斯的国家思想和无产阶级专政思想。工人阶级不能简单地掌握旧的国家机器，必须打碎旧的国家机器。在这里，马克思似乎首先想起了拿破仑三世的集权化官僚机构以及军队和警察。为了防止"国家和国家机关由社会公仆变成社会主人——这种现象在至今所有的国家中都是不可避免的"，工人阶

---

① 《马克思恩格斯全集》第 1 版第 35 卷第 154 页。

级"应当保证本身能够防范自己的代表和官吏"。① 在随后的马克思主义讨论中，这一变化首先被解释为保证革命能够防范旧国家机器复活的危险，但是所构想的危险适用于任何被允许建立自治机构的国家机器，包括革命本身的国家机器。此后，马克思根据巴黎公社所讨论的随之产生的制度，成为激烈争论的主题。这种制度由"社会的负责勤务员"而不是"凌驾在社会之上的机构"构成。除此之外，关于这种制度的一切仍不是非常清楚。

无论无产阶级对失败的资产阶级的统治的确切形式是什么，但是在资本主义社会逐渐转变成共产主义社会的时期内，在这个持续时间不确定并且无疑会变化的过渡时期内必须坚持这样一种统治。很清楚，马克思期望政府或者它的社会成本在这一时期内"消失"。马克思区分了"在经过长久阵痛刚刚从资本主义社会产生出来的共产主义社会第一阶段"和"高级阶段"，后一阶段能够运用"各尽所能，按需分配"的原则，因为旧的动机以及对人类能力和生产能力的种种限制将会消失，马克思也没有设想这两个阶段之间存在任何明确的间隔。既然马克思和恩格斯严格地拒绝描绘未来的共产主义社会，因此，任何把他们在这个主题上的只言片语或一般评论拼凑成完整图画的企图都是误导性的，必须加以避免。

马克思和恩格斯始终认为，革命后的前景是一个漫长、复杂的发展过程。"法国资产阶级在 1789 年以前所提出的一般要求，除了相应的改变之外，大体上同无产阶级当前提出的最基本的直接要求一样明确，而无产阶级的这些要求在资本主义生产占统治地位的一切国家里大致相同。但是，在 18 世纪有哪一个法国人曾经事先、先验地哪怕是极模糊

---

① 《马克思恩格斯选集》第 2 版第 3 卷第 12—13 页。

地意识到用什么方式实现法国资产阶级的要求呢？"① 正如马克思根据巴黎公社的经验所评论的那样，即使在革命之后，"以自由的联合的劳动条件去代替劳动受奴役的经济条件，只能随着时间的推进而逐步完成，目前'资本和地产的自然规律的自发作用'只有经过新条件的漫长发展过程才能被'自由的、联合的劳动的社会经济规律的自发作用'所代替，正如过去'奴隶制经济规律的自发作用'和'农奴制经济规律的自发作用'之被代替一样"②。革命只能开启这一过程。

　　这种对预测未来的谨慎态度主要是因为如下事实：革命的首要制造者和领导者即无产阶级本身是一个处于发展中的阶级。在《共产党宣言》中，马克思和恩格斯显然主要是根据恩格斯 19 世纪 40 年代的英国经验，粗略地提出了他们对无产阶级发展的看法：无产阶级的发展是这样一种进步过程：从通过地方和局部的经济斗争——首先是非正式的，然后通过工会日益组织化——的个体起义发展到"一国范围内的阶级斗争"，这种斗争还必须是争夺政权的政治斗争。"工人阶级"必须"从而组织成为政党"。实质上，马克思从此坚持这一分析，尽管根据1848 年后资本主义的稳定和扩张以及组织化工人运动的实际经验做出了轻微的修正。早在 1845 年，恩格斯就提出了工人的工资在某种程度上由惯常或者现有的生活标准和市场力量决定的观点。尽管如此，随着那些直接导致工人起义的经济危机的前景逐渐变得渺茫，马克思和恩格斯对于工人的斗争通过工会的行动或实现有利于自己的立法而在资本主义的框架内取得成功的可能性变得稍微乐观了一些。我们由此可以说，与 1848 年以前马克思恩格斯的期望相比，工人阶级在革命前的发展将

① 《马克思恩格斯全集》第 1 版第 35 卷第 154 页。
② 《马克思恩格斯全集》第 1 版第 17 卷第 694 页。

会更加漫长。

在讨论这些问题时，避免把随后 100 年里的马克思主义争论读回到经典著作的文本中，是一件困难但却关键的事情。在马克思一生中，关键任务是把工人运动一般化为阶级运动，使工人生存中所暗含的目标变成公开的目标：以共产主义取代资本主义，最直接的是使工人运动变成一种政治运动，成为一个摆脱占有阶级的所有政党和以夺取政治权力为目标的工人阶级政党。因此，对工人来说，关键不是避开政治行动，也不是允许他们的经济运动脱离他们的政治活动。另一方面，只要工人的政党是一个阶级政党，那么它的性质就是次要的。它不应该与后来的"政党"概念相混淆，而且他们的著作中也没有发现关于这些方面的连贯理论。"政党"一词最初是在 19 世纪流行的意义上被使用，既包括一组特殊观点或事业的支持者，也包括某个正式群体的组织化成员。尽管 19 世纪 50 年代马克思和恩格斯经常使用这个词来描述共产主义者同盟、以前的《新莱茵报》群体或这两者的残余，但是马克思仔细地解释说，像早期的革命组织一样，共产主义者同盟"不过是在现代社会的土壤上到处自然成长起来的政党的历史中的一段插曲而已"，"是指按伟大历史意义上来讲的党"。① 在这个意义上，恩格斯才会说，工人的党作为政党"已经在大多数国家存在着"②。显然从 19 世纪 70 年代起，马克思和恩格斯尽可能支持建立某些组织化的政党，只要它不是宗派。在马克思和恩格斯的追随者或在他们的影响下成立的政党中，内部组织、政党结构和纪律等问题自然引起了来自伦敦的适当表达的意见。在这些政党不存在的地区，恩格斯继续使用"政党"一词来描述那些表

---

① 《马克思恩格斯全集》第 1 版第 30 卷第 481、488 页。

② 《马克思恩格斯全集》第 1 版第 17 卷第 449 页。

现出工人阶级独立性的政治团体的实质，而不管它们是怎样组织起来的："不管怎样组织起来，只要它是一个真正的工人政党就行。"① 除了偶尔的兴趣外，他们对后来思想家们所关注的政党结构、组织或社会学问题几乎没有表现出什么兴趣。

相反，"必须避免宗派主义的'标签'。工人阶级的共同愿望和意向是从它所处的现实条件中产生的。正因为如此，这种愿望和意向为整个阶级所共有，尽管在工人的意识中运动以极其多样的形式反映出来，有的幻想性较多，有的幻想性较少，有的较多符合于这些现实条件，有的较少符合于这些现实条件。因此，只有最能理解我们眼前进行的阶级斗争的内在含义的人即共产党人，才会最少犯赞同或鼓励宗派主义的错误。"② 党的目标必须是组织起来的阶级，而且马克思和恩格斯从未背离《共产党宣言》中的声明，即共产党人不成立同其他工人阶级政党相对立的独立的政党，也不提出任何的宗派主义原则，用以塑造无产阶级的运动。

三

马克思晚年的所有政治论证都是为下面这个三位一体的概念辩护：（1）无产阶级在政治上的阶级运动；（2）革命，这种革命不应该像宗派主义乌托邦所认为的那样被简单视为一劳永逸的权力转移，而应被视为一种关键的时刻，开启了复杂但不可轻易预测的过渡时期；（3）随后对政权体系——国家的革命和过渡形式——的必要维持。因此，马克

---

① 《马克思恩格斯全集》第 1 版第 36 卷第 566 页。
② 《马克思恩格斯全集》第 1 版第 32 卷第 658—659 页。

思特别反对拒绝这一切的无政府主义者。因此，寻找马克思对诸如"改良主义者"和"革命派"之间这样后来的争论的预见，或者根据后来马克思主义运动中左派与右派之间的争论来解读马克思的著作，都是徒劳的。马克思的著作曾被如此解读是马克思主义历史的一部分，但这属于马克思主义历史的后期阶段。对马克思来说，问题既不是工人的政党是改良主义的还是革命的，也不是这些术语究竟具有什么含义。马克思认为，工人为改善他们在资本主义制度下的状况而进行的日常斗争，同政治意识——构想资本主义社会被社会主义社会替代——的形成或为实现这一目标的政治行动之间不存在任何的冲突。对马克思来说，问题在于如何克服各种阻碍无产阶级政党发展的不成熟性，例如使无产阶级政党处在各种（资产阶级或小资产阶级的）民主激进主义影响之下，或者试图使无产阶级政党支持各种实现社会主义的乌托邦或特殊公式。无政府主义把马克思等同于国际或其他的工人运动中的"左翼"或者"右翼"、"温和派"或者"激进派"。因此，关于马克思在某个时候不再是革命者并且变成了渐进主义者的争论不仅毫无意义，而且是荒谬的。

实际的权力转移和随后的社会改造将会采取何种形式？这取决于无产阶级及其运动的发展程度，这种发展既反映了无产阶级在资本主义的发展中所达到的阶段，又反映了无产阶级本身通过实践而学习和成熟的过程。这自然取决于当时的社会经济和政治状况。既然马克思没有公开建议要等到无产阶级成为绝大多数和阶级两极分化达到高级阶段之时，那么他肯定认为阶级斗争在革命之后继续存在，尽管是以最理性和人道的方式。在革命后的不确定时期，无产阶级因而必须充当阶级联盟的核心和领导者，它的优势在于：由于它的历史地位，它"被公认为能够发挥社会首倡作用的唯一阶级"，即使它仍然是少数派。无须赘言，马克思认为，唯有"无产阶级专政"——按照他的实际分析即巴黎公社——在观念上注定像工人领导下的"不依靠他人劳动而生的社会各阶级"① 的人民阵线那样运作。然而，这些都是具体评价的问题。它们仅仅确认：马克思和恩格斯依靠的不是历史力量的自发作用，而是在历史提供的可能范围内的政治行动。在他们一生的每一个阶段上，他们总是用他们所想到的行动来分析各种形势。于是，我们必须思考对这些形势变化的评价。

我们可以区分马克思和恩格斯分析的三个发展阶段：（1）从19世纪40年代中期到50年代中期；（2）接下来的25年，在此阶段，工人阶级的最终胜利似乎不可能马上提上议事日程；（3）恩格斯的晚年，在此阶段，无产阶级群众政党的崛起似乎在发达的资本主义国家中开创了过渡的新角度。我们在下文将会分别思考马克思和恩格斯的战略的国际方面。

"1848年"视角既建立在一个被证明是正确的假设上，也建立在一个被证明是错误的假设上。前者是旧政权的危机将会带来普遍的社会革命，后者是资本主义经济发展到足够的程度，使这样一种革命可能带来无产阶级的最终胜利。无论如何定义，现实的工人阶级此时除了在英国之外显然是人口中的少数，而与恩格斯的预测相反，英国没有发生任何革命。此外，工人阶级既不成熟，也很少组织起来。因此，无产阶级革命的前景存在两种可能性。要么德国资产阶级可能证明它不愿意发动自己的革命，因而处于萌芽阶段的、由共产主义知识分子领导的无产阶级将会接过资产阶级的领导地位，② 要么（就像法国那样）由雅各宾派开

---

① 《马克思恩格斯全集》第1版第17卷第363页。

② 《马克思恩格斯全集》第1版第22卷第596页。

创的资产阶级革命激进化将会继续下去。

第一种可能性显然已被证明是极不现实的。第二种可能性即使在1848—1849 年的失败后似乎仍然是可能的。只是作为从左派到资产阶级自由派的阶级联盟的从属但却重要的成员，无产阶级参加了革命。在这场革命中，随时都会出现激进化的可能性，例如当温和派断定革命已经走得足够远的时候，激进派想要继续前进，提出一些新的要求，这些要求至少有一部分是符合广大人民的真正的或想象的利益。在法国大革命中，激进化只会巩固资产阶级温和派的胜利。在资本主义时代，例如在 1848—1849 年的法国，在如今联合起来的、反动的资产阶级统治阶级与围绕无产阶级组织起来的其他各阶级阵线之间，阶级对抗的潜在尖锐化第一次使如下一点成为可能：资产阶级的失败会使"因失败而变得聪明的无产阶级成为决定性因素"。由于路易·波拿巴的成功，这种对法国大革命的历史回顾失去了许多意义。当然，许多——结果是太多——的东西取决于革命的政治行动的具体动力，因为欧洲大陆的工人阶级落后于资本主义经济的极其不充分的发展。

正因如此，无产阶级的主要任务是把下一场革命激进化。在那场革命中，一旦自由派资产阶转变为"秩序党"，更激进的"民主党"很可能成为胜利者。这就是 1850 年成为共产主义同盟首要口号的"不断革命"，这一口号是马克思主义者与布朗基主义者之间短暂联合的基础。在民主派中，"共和派的小资产阶级"是最激进的，也最依赖无产阶级的支持。它既必定会首先向无产阶级施加压力，又必定是无产阶级与之斗争的阶层。然而，无产阶级仍然是极少数，因而需要盟友，即使在它试图取代小资产阶级民主派成为革命联盟的领导者的时候。我们还要注意的是，在 1848—1849 年，像大多数左派一样，马克思和恩格斯低估了农村的革命或激进潜力，对农村几乎没有什么兴趣。只是在 1848 年革命失败后，在恩格斯的推动下，马克思才开始设想，至少在德国，由"某种再版的农民战争"来支持无产阶级革命。由此所设想的革命发展是复杂的而且或许是漫长的过程。马克思也不可能预测革命的哪一个阶段会出现"无产阶级专政"。然而，基本的模式显然是大体上从最初的自由阶段经过激进—民主阶段而快速地过渡到无产阶级领导的阶段。

直到 1857 年世界资本主义危机没有带来任何国家的革命之时，马克思和恩格斯依然希望——事实上期望——新的和修正版的 1848 年革命。在此后的大约 20 年里，他们对无产阶级革命的即将到来和成功并不抱有希望，尽管恩格斯比马克思更长期地坚持其青年的乐观态度。当然，他们对巴黎公社没有太高的期望，而且此后都一直谨慎地避免对此提出乐观的看法。另一方面，西欧和美国的资本主义经济尤其是工业化在世界范围内的快速发展，现在使世界各国产生了大规模的无产阶级。马克思和恩格斯寄予厚望的这些工人运动在力量、阶级意识和组织上都日益发展。我们不应当认为，这对马克思和恩格斯的观点产生了根本的影响。正如我们已经看到的那样，在权力转移意义上的现实革命，可能发生在工人阶级发展的漫长过程的各个阶段上，接下来会开始漫长的后革命过渡时期。现实的权力转移延迟到工人阶级和资本主义发展的某个晚期阶段，这无疑会影响到随后的过渡时期的性质，但是，尽管这可能让渴望行动的革命者失望，却也几乎不会改变所预测的过程的本质特征。即便如此，就马克思和恩格斯的政治战略而言，这一时期的实质是，尽管马克思和恩格斯愿意计划某种最终的结果，但是他们不认为权力会马上或可能成功地转移到无产阶级手中。

在一些经济发达的国家中，社会主义群众性政党的发展，尤其是在1890 年之后的发展，第一次使在已经直接执政的无产阶级政府的领导下直接过渡社会主义成为可能。这一进展发生在马克思逝世后，因而我们不知道他会如何面对这一状况，尽管有些迹象表明他可能比恩格斯采取的方式更灵活和更不那么"正统"。然而，这是一个思辨的问题，因为在马克思本人等到德国无产阶级的不断繁荣发展的马克思主义大众政党成为一个巨大的诱惑之前，马克思已经逝世。有某种证据表明，正是倍倍尔说服恩格斯相信，绕开"中间的激进—资产阶级阶段"的直接的权力过渡现在已经成为可能，而以前这个阶段在那些没有发生资产阶级革命的国家被视为必然的阶段。无论如何，工人阶级从此以后似乎不再是少数，幸运的话会成为广泛革命联盟的领导者，组织成为大众"政党"，并围绕这一政党聚集来自其他阶层的盟友。这里提出了新的状况与英国的状况之间的差异。在英国，无产阶级在一个明显的资本主义经济中成为大多数，实现了"一定程度的成熟性和普遍性"，但由于那些马克思没有特地研究的原因，它没有发展出与这种状况相适应的、政治上的阶级运动。恩格斯晚年的著作致力于这种通过社会主义大众政党可以实现"大多数人的革命"的观点，但是我们必须认识到这些著作在某种程度上是对这一时期具体情况的反应。

四

恩格斯现在遇到的新历史状况具有三个特点。新类型的社会主义工人阶级大众政党实际上没有任何的先例，日益普遍的、唯一的、全国性的、没有左派竞争的"社会民主主义"政党也是如此，就像在德国那样。合法性、立宪政治以及投票权的扩大是这样一些政党得以发展并在1890 年后变得日益普遍的条件。相反，传统所构想的革命的前景现在发生了实质性的变化。第二国际时代的社会主义者之间的辩论和争论反映出这些变化所带来的问题。恩格斯仅仅是部分地介入了这些争论的早期阶段，因而这些争论当然是在恩格斯逝世后才变得尖锐起来。事实上，我们可以认为，恩格斯从未充分地阐明新状况的可能影响。然而，他的观点显然与新状况的可能的影响有关，帮助塑造了这些可能的影响，因而应该成为重大文本争论的主题，因为不可能把这些可能的影响等同于任何一种正在扩散的趋势。

特定的争议之所以产生，是因为恩格斯坚持普选权所包含的各种新的可能性，并且放弃了旧式暴动的观点——恩格斯在最后一篇著述即《〈1848年至1850年的法兰西阶级斗争〉导言》中清楚地阐述了这两点。正是这两点的结合产生了一个富有争论的论述：德国资产阶级和政府"害怕工人政党的合法活动更甚于害怕它的不合法活动，害怕选举成就更甚于害怕起义成就"①。然而，尽管恩格斯的著述中存在某种模糊性，但是我们肯定不能认为他赞同或者暗示了后来德国和其他国家社会民主党人对合法活动和选举的幻想。

恩格斯放弃了对旧式暴动的希望，不仅因为技术上的原因，而且是因为更清楚出现的阶级对抗即使群众性政党成为可能，也使所有阶层都同情的旧式暴动变得更加困难。现在，反对党派将能够获得大多数中等阶层的支持："'人民'将总是分裂的，因而也就不会有一个在1848年那样非常有效的强大杠杆了。"② 然而，他拒绝放弃武装斗争的思想，并且以其通常的和过度的乐观态度预言德国将会在1898—1904年发生革命。事实上，1895年恩格斯的直接观点只是努力表明：在当时的状况下，像德国社会民主党那样的政党必须利用它们的合法机会，才能获得最大的利益。因此，暴动和武装对抗可能不是由暴动者发动，而是来

---

① 《马克思恩格斯全集》第1版第22卷第603页。

② 《马克思恩格斯全集》第1版第22卷第606页。

自反对社会党人的右翼。这延续了马克思早在 19 世纪 70 年代就已经提出的一种观点，即，他根据一些社会党人的全国性政府当选不存在任何宪政阻碍的国家所提出的观点。马克思认为，革命斗争在当时（就像在法国大革命和美国内战中那样）将会采取的形式是"合法的政府"与反革命的叛乱之间的斗争。没有任何理由可以认为恩格斯不赞同马克思当时提出的如下观点："从来就没有一个伟大的运动不是经过流血而诞生的。"① 恩格斯显然认为，自己不是放弃革命，而只是为了适应变化的状况而调整革命的战略和策略。恩格斯的分析之所以遭到怀疑，恰恰因为如下发现：社会民主主义群众性政党的发展壮大可能会造成运动对现存体制的某种形式的融入，而不是带来某种形式的对抗。如果恩格斯要受到批评的话，那么是因为他低估了这种可能性。

另一方面，恩格斯敏锐地意识到机会主义的危险——"为了运动的现在而牺牲运动的未来"②，因而尽最大努力保证党能够抵制这些诱惑：他回想而且事实上在很大程度上系统化了现在被称为"马克思主义"的主要学说和经验，强调"社会主义科学"的必要性，坚持社会主义发展在本质上的无产阶级基础，尤其是确立了为赢得选民支持而允许进行政治联合、妥协和纲领性退让的范围。然而事实上，与恩格斯的初衷相反，这进一步加大了理论和学说与现实政治实践之间的差距。正如我们能够看到的那样，恩格斯晚年的悲剧在于：他对运动的具体状况的清楚易懂的、符合实际的和非常敏锐的评论，不但没有影响运动的实践，反而强化了一种越来越脱离运动的学说。他的预言已经被证明是太准确的了："这除了使党突然在决定性的时刻束手无策，使党在具有决定意

① 《马克思恩格斯全集》第 1 版第 45 卷第 716 页。
② 《马克思恩格斯全集》第 1 版第 22 卷第 274 页。

义上的问题上由于从未进行过讨论而认识模糊和意见不一而外，还能有什么结果呢？"①

无论工人运动的前景如何，1848 年失败后资产阶级政治出乎意料的变革，使夺取政权的政治条件变得复杂化了。在经历过革命的国家，资产阶级的"理想"政体——立宪的代议制国家——要么没有实现，要么由于新波拿巴主义而被放弃。总而言之，资产阶级革命在 1848 年失败了，或者带来了未曾预料到的政体。马克思最关注的大概是这个政体的性质，而不是资产阶级国家的其他问题：坦白地说，它是为资产阶级利益服务的，而不是直接代表作为阶级的资产阶级。这提出了一个更大的问题，一个仍然没有让人失去兴趣的问题：统治阶级与集权化的国家机器之间的关系。集权化的国家机器最初是由绝对主义君主制发展起来的，资产阶级革命则为了实现"资产阶级的国家统一"而强化了它。"国家统一"是资本主义发展的条件，但是往往确立了国家相对于包括资产阶级在内的所有阶级的自主性。这种对阶级与国家趋同、经济与"权力精英"趋同的构想清楚地预示了 20 世纪的许多发展。马克思为法国的波拿巴主义提供具体的社会基础的尝试也是如此。在这个例子中，法国波拿巴主义的社会基础是革命的小资产阶级的农民，即这样一个阶级："他们不能以自己的名义来保护自己的阶级利益……他们不能代表自己，一定要别人来代表他们。他们的代表一定要同时是他们的主宰，是高高站在他们上面的权威，是不受限制的政府权力，这种权力保护他们不受其他阶级侵犯，并从上面赐给他们雨水和阳光。"② 这里预示了后来各种形式的煽动性的民粹主义、法西斯主义等。

---

① 《马克思恩格斯全集》第 1 版第 22 卷第 273—274 页。
② 《马克思恩格斯全集》第 1 版第 8 卷第 217—218 页。

马克思和恩格斯没有清楚地分析这些统治形式为什么会占据主导地位的原因。马克思认为，资产阶级的民主政府已经耗尽了自身的潜力，因而波拿巴主义制度——反对无产阶级的最后堡垒——也会是资产阶级革命前的最后统治形式。这个观点显然已经证明是错误的。根据马克思对法国经验的论述，恩格斯最终以更为一般的形式阐述了关于这些波拿巴主义或绝对主义政权的"阶级平衡"理论。马克思的论述是丰富的：从《路易·波拿巴的雾月十八日》中对 1848—1849 年"秩序党"的恐惧和内部分化如何"在反对其他社会阶级的斗争中亲手取消了自己的政治制度即议会制度的一切条件"的复杂分析到关于拿破仑政体"建立在两个敌对阶级的精疲力竭上"的简单论述。① 而恩格斯——经常在理论上更谦逊但也更依据经验——继续提出，波拿巴主义对资产阶级来说可以接受，因为它不想费心直接进行统治，或者"没有自己直接进行统治的能力"②。恩格斯认为，俾斯麦对资产阶级的嘲笑是恰如其分的，这个阶级会为了自己的利益而让（就像在英国那样）寡头政治来管理现实的政府，或者在没有这种寡头政治的情况下，波拿巴式的半专政就成了"正常"的政府形式。恩格斯直到后来才根据英国"资产阶级—寡头政治"③ 共生的特性阐明了这种具有丰富含义的暗示，但只是一种偶然的观察。然而，在 1870 年后，马克思和恩格斯坚持或重新强调典型的资产阶级政权的立宪—议会特征。

但是，在 1848 年革命完全失败和旧制度复辟的国家中，资产阶级革命的旧视角发生了什么变化？"不断革命"应当激进化和超越什么呢？

---

① 《马克思恩格斯全集》第 1 版第 8 卷第 201 页和第 31 卷第 538 页。

② 《马克思恩格斯全集》第 1 版第 31 卷第 209 页。

③ 《马克思恩格斯全集》第 1 版第 22 卷第 356 页。

在某种意义上，恰恰是革命已经发生的事实证明了它提出的问题必须得到解决："一次革命的实际的、非幻想的任务总是可以通过这一革命而得到解决的。"① 对于意大利、匈牙利和德国来说，这一任务"由革命的遗嘱执行人波拿巴、卡富尔、俾斯麦……予以解决了"。然而，就俾斯麦实现德国统一的"历史进步性"成就来说，马克思和恩格斯带着复杂的心情承认乃至欢迎这一事实，但是，他们没有充分阐明它的影响。于是，支持反动势力所采取的具有"历史进步性"的措施，可能与支持恰好反对这些措施的左派政治盟友相冲突。事实上，这种冲突发生在德法战争期间：李卜克内西和倍倍尔基于反俾斯麦的理由反对这场战争，而马克思和恩格斯私下里在某种程度上则支持这场战争。除了事后来看之外，不管谁是实施者而支持"具有历史性的成就"，这种做法都存在着某种危险。

然而，更重要的有一个如何评价上层（例如俾斯麦）对资产阶级的不容置疑的让步——有时甚至被称为"来自上层的革命"——的问题。尽管马克思和恩格斯把它们视为历史的必然，但是他们几乎没有论及这个问题，逐渐地放弃了它们是临时性的看法。要么俾斯麦会被迫采取资产阶级的解决办法，要么德国的资产阶级"将会再一次被迫履行自己的政治义务而反对现存制度，使事情哪怕稍微前进一点"②。从历史的角度来看他是正确的，因为在接下来的 25 年里俾斯麦式的妥协和容克的权力被一扫而空，尽管以他没有预料到的方式。然而，在短期内及其一般国家理论中，马克思和恩格斯没有完全接受如下事实：对欧洲大多数资产阶级来说，1849—1871 年的妥协方法实质相当于另一场 1848

---

① 《马克思恩格斯全集》第 1 版第 35 卷第 260 页。

② 《马克思恩格斯全集》第 1 版第 36 卷第 515 页。

年革命，而不是 1848 年革命的蹩脚替代品。欧洲大多数资产阶级没有表现出渴望或需要更多权力或一个更完全和更确定的资产阶级国家的迹象——就像恩格斯所暗示的那样。

在这种条件下，争取"资产阶级民主"的斗争继续进行，但是缺少资产阶级革命以前的内容。这一斗争越来越转由工人阶级来领导，赢得了一些有利于工人阶级大众政党进行动员和组织化的权利。尽管如此，仍没有现实的证据证明恩格斯晚年的如下观点：民主共和国——"资产阶级统治的彻底的形式"——也会是无产阶级与资产阶级之间的冲突尖锐化并最终爆发斗争的形式。① 在民主共和国和类似的政体内，阶级斗争和资产阶级—无产阶级关系仍具有模糊性。概言之，必须承认的是，马克思和恩格斯的著作没有根据 1849 年后发达国家的历史经验，来系统思考在发达和稳定的资本主义中资产阶级国家的政治结构和政治功能的问题。但是，这无损马克思恩格斯的洞见和评论的卓越性与深刻性。

五

然而，倘若没有从国际维度来思考马克思和恩格斯的政治分析，就好像上演故事不是发生在威尼斯的《奥赛罗》一样。对马克思和恩格斯来说，革命实质上是一种国际现象，不单单是各国变革的总和。他们的战略实质上是国际性的。最能表明这一点的是，在《国际工人协会成立宣言》的最后部分中，马克思要求工人要洞悉国际政治的秘密并积极参与国际政治。

---

① 《马克思恩格斯全集》第 1 版第 36 卷第 131 页。

国际政策和战略之所以是实质所在，不仅因为国际性的国家体系已经存在，更是因为只有独立的社会政治单位出现，世界资本主义才能继续发展，马克思对"社会"和"民族"几乎可以互换的用法已暗示了这一点。尽管资本主义所创造的世界越来越统一，但它是一个"各民族的各方面的相互依赖"的世界。此外，革命的命运取决于国际关系体系，因为历史、地理、不均衡的力量和发展使得各国的发展受到其他国家发生的事情支配，或者使得各国的发展产生国际性的反响。

马克思和恩格斯相信资本主义通过许多孤立的（"民族"）单位才能发展，但这种信念不应该与当时所谓的"民族原则"即今天的"民族主义"信念混为一谈。马克思和恩格斯最初发现自己参与了具有强烈的民族主义色彩的共和—民主左派，因为在 1848 年革命之前和期间，这一派别无论是在民族内还是在国际上都是唯一真正的左派。虽然如此，但是他们拒绝民族主义和民族自决是目的本身，就像他们拒绝民主共和国是目的本身一样。马克思和恩格斯的许多追随者不像他们那么仔细地划清无产阶级的社会主义者与小资产阶级（民族主义）的民主派之间的界限。恩格斯从未放弃年轻时代的德意志民族主义和相关的民族偏见，尤其是对斯拉法人的民族偏见，这是众所周知的事情。然而，他对德国统一的进步性的信念，或者对德国在战争中的胜利的支持，都不是建立在民族主义之上的。在马克思和恩格斯一生中的大多数岁月里，他们认为法国而不是自己的祖国是对革命具有决定性意义的国家。俄国长期以来是他们攻击和蔑视的首要对象。然而，一旦俄国革命成为可能的时候，他们就改变了对待俄国的态度。

于是，马克思和恩格斯之所以会遭到批评，是因为他们低估了德国民族主义的政治力量，没有充分地分析这种现象，而不是因为他们在政治或理论上的不一致。他们不支持各个民族本身，更不支持某个或各个民族自身的自决。正如恩格斯以其惯常的现实主义所评论的那样："欧洲没有一个国家不是一个政府管辖好几个不同的民族……这种情形大概还会继续存在下去。"① 作为分析家，马克思和恩格斯认识到，只有地方和地区的利益服从于更大的单位，资本主义社会才会发展，才会最终发展成为真正的国际社会。他们认识到并从历史的视角出发也赞同许多"民族"的形成。出于这个原因，他们拒绝了联邦主义者的建议："代替在各个巨大民族那里虽然是最初是用政治强力造成的，可是目前已经成为社会生产强大因素的统一。"② 出于类似的原因，马克思和恩格斯最初承认并赞同发达的资产阶级国家对亚洲和拉美落后地区的征服。相应地，他们同意，许多更小的民族没有这样一种独立存在的理由，而且其中一些实际上可能不再作为民族而存在；然而，他们在这里显然无视当时明显存在的一些相反的进程。正如恩格斯向伯恩施坦所解释的那样，个人的情感是次要的，然而，当它们与政治判断一致的时候，情感就为民族偏见的表达提供了不应有的空间，也为列宁所说的"大国沙文主义"提供了不应有的空间。

另一方面，作为革命政治家，马克思和恩格斯支持那些民族运动在客观上有助于革命的大小民族，反对那些自身在客观上属于反动的民族。在原则上，他们对国家的政策持有相同的态度。因此，马克思和恩格斯留给继承者的首要遗产是如下坚定的原则：民族和民族解放运动不应该被当作目的本身，而应该从世界革命的进程、利益和战略的角度来看待。在其他大多数方面，他们留下了充满问题的遗产，更不用说许多贬低性的判断了——那些努力在被创始人斥为非历史的、落后的或注定

---

① 《马克思恩格斯全集》第 1 版第 16 卷第 175—176 页。

② 《马克思恩格斯全集》第 1 版第 17 卷第 593、360 页。

失败的民族中建立运动的社会主义者不得不通过解释来消除这些判断。除了基本原则外，后来的马克思主义者只有在没有经典著作帮助的情况下建构一种"民族问题"理论。必须指出的是，这不仅是因为帝国主义时代的历史条件发生了巨大变化，而且是因为马克思和恩格斯没有全面地分析民族现象。

历史决定了马克思和恩格斯国际革命战略的三个主要阶段：（1）1848年之前（包括1848年）；（2）从1848年到1871年；（3）从1871年到恩格斯逝世。

未来无产阶级革命的决定性舞台是资产阶级革命和发达资本主义发展的地区，例如法国、英国、德语地区乃至美国。除了偶尔的兴趣外，马克思和恩格斯几乎没有关注过那些较小的和政治上不具有决定性的"发达"国家。19世纪40年代，这类地区的革命可能成为合乎情理的预期，事实上也已经发生，但正如马克思所认为的那样，由于没有英国的参与，这类地区的革命注定要失败。另一方面，除了英国外，任何真正的无产者或无产阶级的阶级运动尚未出现。

在1848年之后，快速的工业化既产生了日益壮大的工人阶级，也带来了日益壮大的无产阶级运动，但是，"发达"地区的社会革命的前景变得越来越渺茫。资本主义依然稳固。在这一时期，马克思和恩格斯只能希望，国内政治紧张和国际冲突的某种结合可能创造出革命得以产生的形势，就像1870—1871年法国的实际情况那样。然而，在资本主义再次出现全球性危机的最后时期，形势发生了变化。首先，那些受到马克思主义巨大影响的工人阶级大众政党改变了"发达"国家内部发展的前景。其次，社会革命的新因素出现在发达资本主义社会的边缘地区，出现在爱尔兰和俄国。19世纪60年代末，马克思本人第一次差不多同时意识到爱尔兰和俄国的情况。虽然爱尔兰在芬尼亚共和主义失败后不再在马克思的思考中发挥重要作用，但是俄国变得日益重要：俄国革命"将成为西方无产阶级革命的信号而双方互相补充"①。

革命视角中的这些变化使马克思和恩格斯对战争的态度发生了重大变化。他们在原则上既不是和平主义者，也不是共和主义的民主党人或民族主义者。由于马克思和恩格斯知道战争是克劳塞维茨所说的"政治通过另一种手段的继续"，因而他们也不相信经济是战争的唯一原因，至少在他们一生中是如此。他们的著作根本没有提出这一点。简而言之，在前两个阶段，马克思和恩格斯期望战争直接推动他们的事业，并且，对战争的希望在他们的思考中发挥了重大的有时是决定性的作用。而自19世纪70年代末以来，他们认为大战在短期内是运动前进的障碍。此外，在逝世前的数年里，恩格斯越来越相信他所预测的新的、可能是世界性的大战的可怕性。他预言说，这种战争"肯定无疑的结果只有一个：规模空前的大屠杀，整个欧洲空前未有的衰竭，最后是整个旧制度的崩溃"②。恩格斯期望这种战争最终带来无产阶级政党的胜利，但是，既然战争不再是实现革命的"必要"手段，因此，他自然希望"我们将能够避免这场屠杀"③。

战争最初之所以是革命战略的不可或缺的、必要的组成部分，主要是因为两个的原因。第一，征服俄国——欧洲反动势力的主要堡垒、保守现状的维护者和恢复者——是必要的。俄国自身在这一阶段除了在波兰的西部侧翼外不存在内部颠覆之虞，因此，波兰的革命运动长期以来在马克思恩格斯的国际战略中扮演着重要的角色。只有革命变成欧洲反

---

① 《马克思恩格斯全集》第1版第19卷第326页。
② 《马克思恩格斯全集》第1版第36卷第514页。
③ 《马克思恩格斯全集》第1版第36卷第382页。

对俄国的民族解放战争，而这样一场战争瓦解了东欧的各个帝国，反过来扩大了革命的范围，革命才不会失败。1851年，恩格斯写道，1848年把革命扩到了华沙、德布伦岑和布加勒斯特，下一场革命必须扩大到圣彼得堡和君士坦丁堡。这种战争必须不可避免地把俄国的一贯支持者英国卷入进来，必须反对俄国在欧洲的主导地位。这将会带来另一个至关重要的好处：削弱现状的另一个巨大支柱，即主宰世界市场的、稳定的、资本主义的英国，或许甚至能使宪章派执政。俄国的失败是进步的关键的国际条件。英国不愿意冒险通过一场大战来打破欧洲的势力均衡，马克思对英国的失望或许使他有些偏执地反对英国外交大臣帕麦斯顿。因为在欧洲革命没有发生的情况下，没有英国的参与，欧洲不可能发生反对俄国的大战。反之，当俄国革命成为可能的时候，这样一种战争不再是发达国家革命的不可缺少的条件；然而，俄国革命没有发生，这使晚年的恩格斯再一次把俄国看作是最后的反动堡垒。

第二，这种战争是欧洲各国革命联合起来和激进化——18世纪90年代法国的革命战争为这一进程提供了先例——的唯一途径。革命的法国会回到雅各宾主义传统，成为这种反对沙皇俄国的战争联盟的显而易见的领导者，这不仅是因为法国发动了欧洲革命，而且是因为它会拥有最强大的革命军队。这一希望也在1848年消失。尽管法国继续在马克思和恩格斯的思考中扮演重要的角色，尽管马克思和恩格斯总是低估第二帝国的稳定性和成就，尽管他们希望马上推翻第二帝国，但是从19世纪60年代起，法国不再能够在欧洲革命中扮演以前所赋予它的核心角色了。

然而，如果在1848年革命时期战争被视为欧洲革命的逻辑结果和延伸以及成功条件，那么在接下来的25年里，它必须被视为最重要的希望：动摇欧洲各国的现状，由此造成各国内部的紧张。1857年，对

于经济危机会实现上述状况的希望破灭了。自此之后，马克思和恩格斯
再也没有认真地对任何一场经济危机抱有类似的短期希望，即使在
1891 年恩格斯也是如此。他们的思考是正确的：这一时期的战争已经
产生了意料之中的结果，尽管不是以马克思和恩格斯所希望的方式产生
的，因为这些战争没有在除了法国之外的任何欧洲大国中带来革命。因
此，正如已经指出的那样，马克思和恩格斯现在越来越被迫陷入新的境
地：在现存大国——它们都是资产阶级或反动的国家——的国际政策之
间进行决断。

当然，只要马克思和恩格斯仍然不能影响拿破仑三世、俾斯麦或其
他政治家的政策，只要不需要考虑社会主义运动或工人运动对待政府的
态度，这基本上是一个学术问题。此外，有时具有"历史进步性"的
政策是相当清楚的：应该反对俄国，应该在美国内战中支持北方和反对
南方，但是，欧洲的各种复杂性为没有结果的思辨和辩论提供了无尽的
空间。绝非显而易见的是，在对待 1859 年意大利战争的态度上，马克
思和恩格斯比拉萨尔更正确，尽管在实践上双方的态度当时都没有多少
重要性。当有些社会主义大众政党觉得不得不在资产阶级国家的冲突中
支持某一方的时候，这种争论的政治含义就变得更为重要。恩格斯晚年
（乃至马克思晚年）之所以不再认为国际大战可能是革命的工具，原因
之一无疑是他发现，国际大战会"使所有国家的沙文主义加剧起来"①，
进而会帮助统治阶级，削弱现在日益壮大的运动。

如果 1848 年后没有良好的革命前景，那么这主要是因为英国是资
本主义稳定性的主要堡垒，就像俄国是反动的堡垒一样。"俄国和英国

---

① 《马克思恩格斯全集》第 1 版第 37 卷第 162 页。

是现代欧洲体系的两大支柱。"① 长期看来，一旦英国的世界垄断地位走向结束，英国只会动摇起来。当俄国革命削弱了现代欧洲体系的一大支柱的时候，英国世界垄断地位的结束削弱了另一大支柱，尽管19世纪80年代恩格斯对英国的运动仍然抱有相当低的期望。短期来看，马克思希望通过爱尔兰"加速英国的社会革命"，他认为这是国际工人协会的最重要的任务，而且完全不是一项不切实际的任务，因为它是"这种（工人阶级）革命所需要的物质条件在某种程度上业已成熟的唯一国家"②。爱尔兰使英国工人沿着民族的路线发生了分裂，使他们在剥削另一个民族时具有明确的共同利益，为英国土地贵族提供了经济基础，而英国社会革命发展的第一步必须是推翻土地贵族。马克思发现，在一个发达帝国的革命进程中，农业殖民地的民族解放运动可能发挥至关重要的作用。这一发现预示了列宁时代的马克思主义发展。同样并非偶然的是，在马克思的思想中，这一发现与另一个新发现——即农业俄国的革命潜力——有关。

在马克思——或者更确切地说——恩格斯的国际战略的最后阶段，全球资本主义的长期萧条、英国世界垄断地位的衰落、德国和美国持续的工业发展与俄国革命的可能性从根本上改变了国际形势。此外，自1815年以来，世界大战第一次明显地正在来临，恩格斯以其惊人的预测敏锐性和军事专业知识对此进行了分析和评论。然而，正如我们已经看到的那样，各个大国的国际政策在他们的思考中发挥了较小的作用，或者更确切地说是更为负面的作用。恩格斯首先从对日益壮大的社会主义政党的命运的影响思考了世界大战，认为它是社会主义政党发展的阻

---

① 《马克思恩格斯全集》第1版第32卷第646页。
② 《马克思恩格斯全集》第1版第32卷第656页。

碍，而不可能起到帮助作用。

在某种意义上，恩格斯对国际政治的兴趣越来越集中在工人运动的内部——在恩格斯的最后岁月中，工人运动再一次组织成立了"国际"。因为每一场运动的行动都会加强、推动或阻止其他的运动。此外，人们自然会认为，社会主义的命运将由欧洲决定（在美国缺乏强大运动的情况下），取决于欧洲大陆主要大国——现在还包括俄国——的运动（在英国缺乏强大运动的情况下）。无论多么欢迎它们，恩格斯没有过多地思考斯堪的纳维亚或低地国家的运动，实际上更没有思考巴尔干地区的运动，并且倾向于把任何殖民地国家的运动看作是大都市发展的无关紧要的附带现象或结果。恩格斯重申了如下坚定的原则："胜利的无产阶级不能强迫任何异族人民接受任何替他们造福的办法。"① 除此之外，他几乎没有认真思考殖民地解放问题。事实上，令人惊讶的是，恩格斯对这些问题的关注是如此之少。几乎就在恩格斯逝世之后，这些问题就以关于帝国主义的大争论的形式摆在在国际左派面前。1882 年，恩格斯对伯恩施坦说："我们应当为争取西欧无产阶级的解放而共同奋斗，应当使其他的一切都服从这个目的。"②

在无产阶级发展的这个核心地区，国际运动现在是各个民族性政党的运动，而不同于 1848 年以前。这提出了如下问题：如何协调这些运动的行动？如何处理各个运动的特殊民族主张和假设之间的冲突？其中一些冲突在战略上可以通过适当的政治原则而延迟到无限期的未来，尽管俄国和奥地利—匈牙利的社会主义者比恩格斯更明确意识到其他的冲突不可以延迟。在恩格斯逝世后不到一年的时间里，考茨基坦率地承

---

① 《马克思恩格斯全集》第 1 版第 35 卷第 353 页。

② 《马克思恩格斯全集》第 1 版第 35 卷第 272 页。

认，不再坚持马克思关于波兰人、东方问题和捷克人的"旧立场"。此外，各国运动力量的不均衡和战略重要性提出了一些很小但却令人烦扰的困难。于是，法国人传统上负有"解放世界的使命，以及与此相联的领导运动的长子权利"①。但是，法国不再能够承担这一角色，而且分裂、混乱和被小资产阶级激进共和主义或其他分散因素严重渗透的法国运动令人失望。恩格斯有时甚至认为，奥地利的运动可能取代法国的运动成为"先锋"。

另一方面，德国运动的大规模发展，更不说它与马克思和恩格斯的密切联系，现在显然使德国的运动成为国际社会主义发展的主要力量。尽管恩格斯不相信其他的运动除了大概在马上行动时会服从一个领导的政党，但很清楚的是，只有德国运动的进步才能最好地为世界社会主义的利益服务。这一观点不仅仅限于德国社会主义者中间，仍然出现在第三国际的早期历史阶段上。另一方面，其他国家不存在恩格斯在 19 世纪 90 年代初提出的观点：在欧洲大战中，德国反对法国—俄国联盟的胜利将是值得追求的，尽管列宁肯定会接受从失败中诞生革命的前景，而这种前景则是恩格斯要求法国人和俄国人应该接受的。推测倘若 1914 年恩格斯仍然在世时会怎么想是徒劳之举，而且假定他应该会坚持他在 19 世纪 90 年代所坚持的相同观点也毫无道理。大多数社会主义政党也很可能决定支持本国的政府，即便德国的社会主义政党也已经不能求助恩格斯的权威。然而，在国际关系问题尤其是在战争与和平问题上，恩格斯留给第二国际的是一份模棱两可的遗产。

---

① 《马克思恩格斯全集》第 1 版第 35 卷第 261 页。

六

我们如何概括马克思和恩格斯在政治思想上留给继承者的遗产呢？第一，它强调政治应当服从历史的发展。社会主义的胜利之所以是历史的必然，是因为马克思在《资本论》第 1 卷关于资本主义积累趋势的著名段落中所总结的过程，那段话最后以关于"剥夺剥夺者"的预言结束。社会主义者的政治努力没有创造出日益壮大的、由资本主义生产过程本身的机构所训练、联合和组织起来的工人阶级的反抗，反而是建立在这种反抗之上。从根本上说，社会主义者的政治努力的前景取决于资本主义发展在世界范围和具体国家所达到的阶段，因而，从这一观点出发对形势的分析成为社会主义政治战略的基础。政治嵌入在历史之中，而且马克思的分析一方面表明了倘若政治不嵌入历史，政治将无力实现它的目，另一方面也表明了工人运动何以是不可战胜的。

第二，必然胜利的工人阶级必须而且将会在政治上组织起来（例如组织成为"政党"），将会以夺取政治权力为目标，随后将是无产阶级领导下的过渡性的国家机构体系，在这个意义上，政治仍然是至关重要的。因此，政治行动是无产阶级历史角色的实质。无产阶级活动于政治之中，在历史设定的范围内选择、决定和自觉地行动。大概一生以及第二国际时期，把马克思主义者与其他大多数社会主义者、共产主义者和无政府主义者，与"纯粹"的工会或合作社运动区分开来的主要标准是对政治在革命之前、之中和之后的关键角色的信念。由于马克思同蒲鲁东派和巴枯宁派无政府主义者之间的争论，这一标准可能遭到了过分重视，但它无疑具有重大的意义。因为在革命后的时期，这种态度的各种影响仍然是学术性的，而且它们必然使无产阶级政党从事资本主义制度下的各类政治活动。

第三，马克思和恩格斯认为，这样一种政治实质上是在统治阶级或各个阶级国家内的阶级斗争。正如马克思和恩格斯在哲学上赞同唯物主义并反对唯心主义一样，他们也一贯批判这样一种观点：国家凌驾在各阶级之上，代表整个社会的共同利益，或者在各个阶级之间保持中立性。国家是阶级社会的一种历史现象，但是，当它作为国家存在时，它代表的是阶级的统治，尽管不是以煽动性的、简单化的"统治阶级执行委员会"的形式。这既给无产阶级政党参与资产阶级国家政治生活施加了各种限制，也给资产阶级国家可能对无产阶级政党做出的让步施加了限制。于是，无产阶级的运动既活动在资产阶级政治的范围之内，也活动在它的范围之外。既然权力被定义为国家的主要内容，人们就会轻易地认为（尽管马克思和恩格斯不是如此）权力在政治中和在对国家的讨论中始终是唯一重要的问题。

第四，无论过渡性的无产阶级国家维持什么功能，它必须消除人民与作为一组具体统治者的政府之间的分离。有人认为，无产阶级国家应当是"民主"国家，即使"民主"一词在日常的用法上不等同于马克思所拒斥的、一种由定期选举的议会代表大会所产生的、特定类型的政府机构。此外，在不等同于具体政府机构和令人想起卢梭的某些思想的意义上，无产阶级的国家是"民主政体"。这是马克思留给继承人的最令人费解的遗产，因为一切沿着马克思的路线实现社会主义的现实尝试迄今为止都发现自身加强了独立的国家机器，但马克思主义者却不愿意放弃这样一个抱负：马克思非常坚定地认为，这个抱负是新社会发展的一个关键方面。

第五，在某种程度上，马克思和恩格斯故意在他们的政治思想中给继承者留下许多空白或充满模糊的空间。只有革命前的政治结构和立宪结构的现实形式促进或阻止运动的发展，它们才会与马克思恩格斯相关。因此，尽管马克思和恩格斯随意地评论各种具体事例和状况，但是他们几乎没有系统地关注过革命前的政治结构和立宪结构的现实形式。由于马克思和恩格斯拒绝推测未来的社会主义社会及其制度安排的细节，甚至拒绝推测革命后过渡时期的细节，所以他们给继承者留下的只是少数用来面对未来社会的一般原则。因此，在诸如经济社会化的性质或者经济计划的制度安排这样的问题上，马克思和恩格斯没有提供任何具有实践用途的具体指导。此外，还有一些他们没有提供一般的、模糊的乃至过时的指导的主题，因为他们从未觉得有必要思考这些主题。

然而，必须强调的是，与其说后来的马克思主义者能不能从创始人的遗产中详细地推导出什么，或者他们将不得不自己思考出什么，倒不如说是创始人遗产的极端原创性。马克思和恩格斯一贯地、强烈地和在辩论中拒绝的是当时革命左派——包括早期的社会主义者——的传统路径，一种仍然没有失去诱惑力的路径。他们拒绝那些以好社会代替坏社会、以理性代替非理性和认为非黑即白的人的简单二分法。他们拒绝各类左派的先天的纲领性模式，并指出尽管每一类左派都拥有这种模式，有时甚至包括最详尽的乌托邦蓝图，但是这些模式很少相互一致。他们还拒绝那种设计固定不变的运作模式的倾向，例如描述革命变革的确切形式，宣称其他的一切形式都不合法，拒绝或者只依靠政治行动，等等。他们拒绝非历史的意志主义。

相反，马克思和恩格斯把运动的行动坚定地放到历史发展的环境下。要看清未来的形势和行动的目标，只有揭示导致它们的社会发展过程，而这种揭示本身只有在一定的发展阶段上才有可能。倘若这使对未来的想象仅限于少数粗略的结构性原则，排除了思辨性的预测，那就使得社会主义的希望获得了历史必然性的确定性。在具体的政治行动上，只有在分析历史发展和具体状况之后，才能判定什么是必然的和可能的。因此，政治上的决定嵌入在历史变革的框架内，而历史变革的框架则不依赖政治上的决定。这不可避免地使共产主义者的任务变得既模糊又复杂。

共产主义者的任务之所以模糊不清，是因为进行分析的一般原则过于宽泛，无法在需要时提供具体的政策指南，特别是在革命问题和随后的社会主义过渡问题上。为了弄清"无产阶级专政"究竟是什么样子，几代评论家详细考察了经典文本，但最终归于失败，因为马克思主义创始人首先关心的是确立这个过渡时期的历史必然性。共产主义者的任务之所以复杂，是因为马克思和恩格斯对待政治行动和政治组织的各种形式——不同于它们的内容——的态度，对待它们在其中运作的正式制度的态度，在很大程度上是由具体的现实状况决定的；在具体的现实状况中，他们发现政治行动和政治组织的形式不可能归结为一系列永久的法则。在一定的时代和在任何具体的国家或地区，马克思的政治分析可以概括为一系列政策建议，但是，这些政策建议从根本上说不适用于那些与它们制定时不同的状况。可是，马克思之后的状况必然不同于马克思在世时的状况，而且就它们包含一些相似性而言，只有对马克思所面临的状况和后来马克思主义者寻求马克思指导的状况进行历史的分析，才能发现那些相似性。这一切使后来的马克思主义者实际上不可能从经典著作中获得战略和策略指导手册之类的东西，甚至使得把经典著作当作先例来使用都是危险的，尽管它们曾经被这样使用过。从马克思那里能够学到的是他从事分析和完成行动任务的方法，而不是从经典文本中得出的现成教导。

这无疑是马克思希望他的追随者学到的东西。然而，把马克思的思想转变成群众运动、政党和组织化的政治群体的灵感，会不可避免地带来莱德雷曾说过的"粗暴对待思想的众所周知的、前缩的、简单化的程式化，倘若每一个伟大的思想要把群众动员起来，它就会而且必定会遭遇到这种程式化"①。行动的指南总想使自己变成教条。这在马克思的任何一部分理论中都没有像在马克思和恩格斯的政治思考领域中那样对理论和实践产生如此大的破坏。但是，它代表着对马克思和恩格斯的背离，自从马克思主义创始人的文本获得经典或权威地位以来，更是如此。它不代表马克思的所思所写，有时也不代表他们的所作所为。

（本文译自"Marx，Engels and Politics"，经授权发表，章节为编者所加）

（吕增奎 译）

---

① 转引自 E. Weissel，*Die Ohnmacht des Sieges*，Vienna，1976，S. 117。

马克思主义与民主 [*]

〔美〕理查德·沃尔夫

美国《马克思主义反思》杂志第 12 卷第 1 期（2000 年春季号）刊登了理查德·沃尔夫的《马克思主义和民主》一文，认为当今复兴马克思主义的关键是如何正确处理马克思主义和民主的关系，并认为马克思主义关于民主的根本主张是：社会阶级结构即生产、占有和分配剩余劳动的一定方式也应包括在民主决策的对象之中。该文主要内容如下。

民主与马克思主义的联系在历史上发生了一系列的变化。有时马克思主义强调自己是最广泛的民主的实现，有时马克思主义更多地指责当代民主形式和民主运动是资产阶级性质的，因而被限制在资产阶级的范围和内涵之内。而且，马克思主义者之间也就马克思主义者应该怎样理解民主和实现民主的问题互相争论。马克思本人也经历了从激进民主主义者向共产主义者的转变过程。在这一过程中，他对被他称为民主主义者的那些人的政治观点进行了深刻批判，例如，在 1850 年的《共产主义者同盟中央委员会告同盟书》和 1852 年的《路易·波拿巴的雾月十八日》两文中，他正是这样做的。

后来的马克思主义者在如何对待民主和民主主义者的问题上发生了

---

[*] 本文选自《国外理论动态》2001 年第 11 期。

分歧。很多人理论上拥护民主，而且将民主主义者作为同盟者。事实上，某些新近的"后马克思主义者"宣称他们致力于"激进民主"而不是马克思主义民主，如拉克劳（Laclau）和墨菲（Mouffe）。另一些马克思主义者拒绝民主和民主主义者，认为它们使工人偏离工人阶级革命事业并因此阻碍了向社会主义或者共产主义的转变。一项最近的研究表明："在世界范围内关于继承马克思主义遗产的争论现在主要地转到了争论马克思主义与民主的模糊不清的关系上了。"

1945 年以后马克思主义者开始转向民主和民主主义者，东欧社会主义的剧变加速了这一转变进程。有人认为不充分的民主导致了这次剧变。我不会为另外一种倒退即与民主和民主主义者保持距离辩护。马克思主义者也应该划清他们所坚持的民主与当前和过去大多数民主主义者所坚持的民主的界限。像阿维尼瑞所指出的，马克思也曾在"真正的民主"要求消除阶级差别与那些"形式的"、"激进的"、"政治的"和"雅各宾式的"民主之间作了明确的区分。此外，不要把马克思的区分看作这样一种假定：真正的民主只是在无阶级的前提下的一种遥不可及的空想。

马克思主义在民主上的独特主张集中在民主决策的目标上。而一些民主主义者则强调"怎样"实现民主，例如，民主的程序是间接的和代表制的，还是必须是直接的民主主义者就种种选择进行争论，有时由于他们的立场不同而互相指责对方坚持的不是真正的民主。另外一些民主主义者争论民主是谁的：是全体社会成员还是社会的部分成员应享有民主如果是后者，争论集中在诸如年龄、性别、种族、财产、受教育情况等等因素中，根据什么确定成员是否适合享有民主集体决策的权利。马克思主义者的特殊贡献并不在"怎样实现民主"和"谁应该享有民主"方面。

民主和阶级

在任何历史时期，当社会中的一些可能的议题变为决策的实际对象时，其余的仍然只是可能的对象。例如，同时也是民主主义者的女权主义者可能强调他们在民主上致力于在他们所处的社区中优先把性别关系作为民主决策的一个对象。也是民主主义者的反种族主义者则致力于使种族关系成为民主决策的实际对象。这样女权主义者和反种族主义者不可避免地把他们对民主的追求与民主决策的对象应是什么联系起来了。

我所赞成的马克思主义者的特殊立场是与女权主义者和种族主义者类似的立场，只不过它的关注点是阶级。这个观点把阶级和阶级变革作为民主决策的实际对象。马克思主义对民主辩论的贡献在于：首先，阶级结构应作为民主决策的对象。这种马克思主义的民主主义者也可能因此拒绝那些不讨论阶级结构的民主运动。这种"拒绝承认"具体地表明了在阶级社会中马克思主义民主与资产阶级民主的差别。为了说明"马克思主义对民主的贡献在于把阶级提到日程上来"，需要详细说明阶级的内涵。这之所以是必需的，是因为马克思主义有一个悠久的、与同时期各种不同的并经常是对立的阶级观在理论上和实践上不断斗争的历史。马克思主义阶级观不是以财产所有权、社会权力的分配或者特殊群体的觉悟作为标准。相反地，它取决于剩余劳动，更明确地说，取决于剩余劳动或者剩余产品的生产和分配过程。

马克思的这种创新的阶级解释与其他认为阶级取决于财产所有穷与富的解释截然不同，也不同于这样的解释：认为阶级取决于谁拥有权威有权与无权，或者取决于哪个社会群体获得阶级自觉而与其他阶级对抗。拥有财富的阶级也许没有权力或者缺乏自觉意识，掌握权力的阶级也可能不拥有财富，而自觉的阶级则可能没有财富或者权力，等等。不同的阶级观导致不同的对马克思主义解释，因而也导致对马克思主义与民主关系的不同认识。在马克思明确地同意而且运用财产、权力和自觉意识的阶级观的同时，他还提出一个以剩余劳动为核心的新的阶级观。通过这种基于剩余劳动的阶级观，他形成了相当独特的社会分析方法和对阶级变化的预言。我关于民主和马克思主义关系的论点就是建立在这种基于剩余劳动的阶级观之上的。

阶级和剩余劳动

马克思的特殊贡献是致力于其他人所忽视的相连的三个社会过程，即剩余劳动的生产、占有和分配。他提出所有社会都表现出一些从事自然生产劳动的群体。劳动产品的一部分被劳动者所消耗，也就是说，他们的"必要劳动"生产"必要产品"。然而，这些劳动者的劳动远大于必要劳动，因而生产的产品也远大于必要产品。在英文翻译里，这个马克思主义的"更多者"就是"剩余"（原文如此，下同。——编者注。）社会对这些剩余表现出不同的占有形式也就是说，这些剩余的分配机制不同。最后，"剩余"的占有者再把它分配给其他社会成员。三个过程的结合——"剩余"的生产、占有和分配——构成了马克思所说的阶级结构。通过三卷《资本论》，马克思阐述了欧洲历史怎样建立在阶级结构资本主义的、封建的和其他形式之上。这样，如果民主运动的目标仅仅局限于社会财富的分配所有权或者政权的分配或者大众意识的动员，那是达不到马克思主义者的目标的。例如，民主运动把反对生产资料私有制作为民主决策的对象而不同样地对待阶级——对待剩余劳动的组织形式，那也就因此拒绝了马克思主义者的阶级议程。同样的，争取使政权如选举权民主化或者使意识文化形成如教育民主化而忽略了以剩余劳动为基础的阶级概念，也是错误的。只有把社会阶级结构生产、占有和分配剩余劳动的一定方式也包括在民主决策的实际对象中，民主运动才会达到目的，才会实现这里所称的马克思主义者对民主对象的特殊贡献。

矛　盾

马克思谴责心胸狭窄的小资产阶级民主运动，因为它们发展的所谓民主，对马克思主义者在剩余劳动意义上的阶级改造并不重视。这些运动只集中于选举权、参与权、财产的重新分配、直接选举、罢免和质询权等等方面，压制了对替代性的剩余劳动组织方式的追求。这些民主运动在今天和过去一样，遭到了马克思主义者的强烈批判，甚至宣称它们是政治敌人。作为批判的例子，我们可以考察一下苏联的历史。在1917年以后的最初几年，人民群众第一次参与了民主决策。布尔什维克改变了怎样实现民主和谁享有民主的基本方式，这种方式在他们的时代和我们的时代是极好的典范。财产分配、权力分配、文化表达和许多其他方面开始成为民主决策的内容。后来民主怎样地被限制以至被废止斯大林时期的悲惨的历史不需要在这里重述。然而，从以剩余劳动为旨要的阶级观来看，上述的苏联历史比较民主和缺少民主的两阶段都应该被批判。这两个阶段都忽视了对工业中剩余劳动的组织，即都没有改变工业中的阶级结构。马克思对剥削的定义是剩余劳动组织过程中的"剩余"的生产者不是它的集体占有者。根除剥削是布尔什维克的一个中心任务，但是这一目的没有实现。苏联领导者对马克思却作这样的解释：从资本主义向共产主义的过渡，主要表现在财产从私有到国有和权力从市场到国家计划方面。工业企业内部的剩余劳动组织成为次要的问题；它往往从讨论和政策内容中消失。无论在斯大林之前相对民主的时期还是在此后的一段时期，都是这样。国家权力交与工人政党，普及医疗、普及教育和住宅，提高工人的文化和意识等等——这些，而不是工业剩余劳动组织，被理解为"阶级变化"。列宁意识到工业企业里继续存在剥削并有勇气地称早期苏联是"国家资本主义"的一例。他的接班人简单地宣告资本主义而且暗示阶级剥削关系被战胜了而且被社会主义所取代。在苏联，关于如何在剩余劳动的组织中改变阶级结构的更深入的讨论绝迹了，而共产主义日益表现为苏联的目标，且共产主义被含糊地定义为一个"各尽所能，按需分配"的社会。

当阶级成为民主决策的实际对象时，那将意味着讨论、辩论是从多种剩余劳动的社会组织方式中选择一种，全面地探讨剥削与非剥削的阶级结构所造成的错综复杂的社会后果。

如果马克思主义者只是一般地、抽象地支持民主，马克思主义的独特贡献也就丧失了。同样的，所谓民主既增强了资本主义的稳定性又有利于社会主义反抗的不确定的主张，对马克思主义和民主的关系也说得不全面。如果阶级被民主制度或民主运动的明确的决策议程排除在外，那么这种排斥只能维持现有的阶级结构。马克思主义者有权利和义务批判这种民主和民主运动。

（王光耀 编写）

马列主义民主观的若干问题*

张慕良

一、民主是什么

民主是什么？这个问题，人们常常弄不清楚，这是因为民主一词有多种含义。要弄清楚民主是什么，首先要弄清楚什么含义是最主要的，其他含义同它是什么关系。

民主一词，最早见于古希腊的奴隶占有制社会，当时民主只限于政治一个领域，民主只有一个意思，就是人民的政权，人民的权力。随着资本主义民主政治的发展，民主又被用来指民主权利。民主权利是从民主的政权形式派生出来的，采用民主的政权形式，就要实行选举、罢免等项制度，赋予公民以各种权利。而由于资本主义国家广泛采用民主的政权形式，民主权利也就成了广泛流行的用语。资本主义社会中无产阶级政党产生以后，又出现了党内民主的说法。党内民主也就是把民主政权形式采用的基本原则应用于党内生活。到我们今天，民主的原则已被应用到社会生活的许多领域。民主的含义这样多，实行民主的领域这样广，但政治领域的民主是社会生活各个领域的民主的核心。从民主的历

---

* 本文选自《马列著作编译资料》1981 年第 18 辑。

史发展过程看，民主的各种含义都是从政权形式这一含义衍生出来的，政权形式是民主的本来含义，是民主的其他含义的本源和先导。

马列主义经典作家讲的民主是什么呢？经典作家讲的民主也已经有了几种含义，但主要的含义还是民主的政权形式。如果要根据马列主义的国家学说给民主下一个定义，可以这样说：第一，民主首先是和主要是一种政体，一种由人民、由大多数人行使国家权力的政体，无产阶级的社会主义民主则是真正大多数人行使国家权力的政体；第二，民主作为一种政体，是实现一个阶级的专政的手段，因而它和专政一样，都是一个阶级实现自己阶级目的的工具，社会主义民主则是无产阶级实现自己历史使命和最终目的的工具，即消灭阶级、建立无阶级的共产主义新社会的工具。社会主义民主是什么，简言之就是两句话：第一是真正大多数人行使国家权力的政体，第二是消灭阶级、建立共产主义社会的工具。

二、马列主义经典作家关于民主的用语的特点

在马列主义经典作家关于民主问题的论述中，他们的用语有两个特点。一是关于政体、国体的用语并没有规范化，二是民主一词还有几个同义词。

第一个特点。经典作家谈到民主的时候，常常说它是"国家形式"[①]、"管理形式"[②]、"政治形式"[③]。那么，国家形式、管理形式和政

[①] 《列宁选集》第 4 卷第 49 页。

[②] 《列宁选集》第 4 卷第 49—50 页。

[③] 《马克思恩格斯全集》第 22 卷第 274 页。

治形式又是什么呢？这就是我国通常所说的政体，或者政治制度。说经典作家常常把这三个词当作政体的用语，是说他们的著作不同于教科书，用语没有规范化，关于政体的用语有几十种之多，但使用最多的是这三种。其次，国家形式这个用语，列宁既用它指政体，也用它指国体（还用它指国家结构），但前一用法是通例，后一用法是例外。目前，国外的辞书一般都把专政称为国家类型，把民主称为国家形式或管理形式。根据以上情况，今天可以说，作为规范化的用语，说国体时用国家类型，说政体时用国家形式或管理形式。这种划分，同经典作家用词的基本倾向也是一致的。

第二个特点。民主作为一种政体，也就是民主制、民主国。作为政体的民主，同民主制、民主国在外文中常常就是同一个词。其次，民主制往往要同选举制度结合，而政权机关选举产生是共和制的基本特征。因此，民主制同选举制结合，也就是同共和制结合，民主制、民主国也就是民主共和制、民主共和国。再其次，历史上的共和制有两种，除大多数人掌权的民主共和制之外，还有少数人掌权的贵族共和制。贵族共和制在历史上只是偶然出现，经典作家很少提及，他们著作中所说的共和制，除特殊情况外，都是民主共和制。他们著作中所说的作为政体的民主，同共和制和民主共和制一般就是一回事。也就是说，在马列主义经典著作中，一般说来，作为政体的民主就是民主制、民主国，就是共和制、共和国，就是民主共和制、民主共和国。

三、民主制的主要内容是人民行使国家权力

从历史上看，民主制是同君主制相对而言，在剥削阶级专政的国家中，它们是两种最主要的政体。民主制和君主制可以属于同一个剥削阶

级的专政，可以是实现同一个阶级的专政的工具，但如撇开阶级实质不说，它们却是两种全然不同的管理形式和国家形式。下面我们主要根据列宁的论述，从分析两种管理形式的不同入手，来阐明民主制的主要内容。

列宁谈到民主制和君主制的区别时曾经指出：君主制是一人的权力，是一人行使权力，民主制是人民的权力，是人民行使权力。① 列宁还说："民主是大多数人的统治"②。就是说，人民和大多数人是一回事，一提到民主制，就要强调人民或者大多数人这个因素。所以，君主制和民主制的区别，主要就在于是一个人行使国家权力，还是人民、大多数人行使国家权力。当然，在不同的阶级社会，人民一词有不同的含义，例如在奴隶占有制社会，奴隶根本不算人，更不用说人民了。至于大多数人行使权力，在剥削阶级专政的国家，不过是同一人行使权力相对而言罢了。

说君主制是一人行使国家权力，是说在君主制度下，君主是最高国家权力机关，"朕即国家"，他一人决定国家大事，他说的话就是法律，大小官吏都由他任免，对他负责。列宁谈到专制君主制即我国所说的君主专制的特征时说："专制制度（专制政体，极权君主制）是一种最高权力完全地整个地（无限制地）由沙皇一人独占的政体。沙皇颁布法律，任命官吏，搜刮和挥霍人民的钱财，人民对立法和监督管理一概不得过问。"③

说民主制是大多数人行使国家权力，从历史上看有两种情况。一种

---

① 《列宁选集》第 4 卷第 49 页。

② 《列宁全集》第 18 卷第 273 页。

③ 《列宁全集》第 4 卷第 231 页。

情况是国家规模较小，如古希腊实行民主共和制的城市国家。在这种情况下，大多数人行使国家权力，就是由大多数人直接构成国家权力机关，在希腊就是直接组成公民会议，直接表达自己的意志，决定国家大事，日常政务则由大多数人选出或任命的管理队伍（官吏）来主持，管理队伍向大多数人负责。这种由大多数人直接行使国家权力的民主制，通常称为直接民主制。这种民主制之所以能够实行，是因为国家规模较小，享有公民权的人很少，在古希腊，能够参加公民会议的人数不超过一万，说他们是大多数，不过是统治阶级的大多数。另一种情况是国家规模较大，如资产阶级民主共和国和无产阶级民主共和国。在这种情况下，大多数人行使国家权力，就是由大多数人选出代表机构作为国家权力机关，由代表机构表达大多数人的意志，决定国家大事，并由代表机构选出或任命管理队伍主持日常政务，管理队伍向代表机构负责。这种由大多数人间接行使国家权力的民主制，称为间接民主制或代表制民主制。资本主义国家的代表机构叫议会，所以又称代议制民主（制）；我们中国的代表机构叫人民代表大会，所以可称人民代表大会制的民主制。列宁曾经说：如果没有代表机构，那我们就很难想象什么民主，即使是无产阶级民主。① 他所指的，就是国家规模较大的那种情况。

综合以上两种情况，所谓大多数人行使国家权力，其一是说，一切涉及国计民生的重大问题和国家大事，应由大多数人及其代表机关决定，他们的决定具有法律效力。其二是说，在大多数人或者大多数人的代表机关同管理队伍的关系上，前者是主，后者是仆，后者必须执行前者的意志，按前者的意志办事，为前者服务。当然，在实行代表制的民

---

① 《列宁选集》第 3 卷第 211 页。

主制情况下，如果是真正的代表制的民主制，例如无产阶级的代表制的民主制，人民的代表就必须真正做到代表人民，他们除了必须由人民选举、罢免和监督，还必须同人民保持密切的联系，以保证他们作出的决定真正具有代表性。

民主制的主要内容是什么？能不能说是管理权？管理权在一定场合是可以说的，例如在一个阶级的统治地位确立以后，在国家和政权属于哪个阶级的问题解决以后，也就是在国体确定以后，就要解决政体问题，也就是把国家交给谁管的问题。在这个意义上，也可以说政体问题就是管理权问题，列宁也常常把政体称为管理形式（严格地说，管理形式应译为治理形式）。但是再进一步把问题具体化，就不能说政体的主要问题是管理权了。因为把国家交给谁管，用通俗的说法就是谁说了算，用政治术语说就是谁来行使国家权力。而行使国家权力包括两个方面，一是行使对国家大事的决定权，一是行使对国家官员的任免权和监督权。在这种情况下，就不宜说政体的主要问题是管理权，而应该说是决定权。不同政体的区别，则是看多少人行使决定权，是一个人？少数人？还是多数人？

根据以上情况，关于民主制的主要内容是什么，比较科学的回答应当是：大多数人掌权，大多数人当家做主，大多数人行使国家权力。或者说：人民掌权，人民当家做主，人民行使国家权力。

这一节讲民主制的主要内容时，没有把剥削阶级的民主制同无产阶级的民主制区分开，因为在民主制的形式和基本原则方面，不同阶级的民主制有共同点和继承性。至于它们的区别，这正是下面要讲的问题。

四、剥削阶级的民主制不是真正的民主制

民主制从何时开始，列宁有两种说法。一说民主制始于古代，这是指奴隶占有制时期已经有了民主制的"萌芽"①。一说民主制是封建主义和共产主义之间的"一个阶段"②，这是强调民主制到资本主义阶段才发展起来。但是，剥削阶级的民主制，包括资产阶级民主制在内，并不是真正的民主制，而是"完全虚伪和骗人的"民主制③。第一，在剥削阶级的民主制度下，决定国家大事的大多数人和大多数人的代表，不过是剥削阶级中的大多数人及其代表，这个所谓的大多数在社会总人口中仍然是少数。在资产阶级民主制度下，即使占人口大多数的劳动人民能在某种程度上享有民主权利，他们在根本问题上也不可能左右代表机构，而民主制的主要标志之一是通过民主权利决定国家大事，不是说有了一些民主权利就实现了真正的民主制，虽然实行民主制必须提供民主权利。第二，剥削阶级的管理队伍（官吏）也不执行劳动人民的意志，他们不仅不是劳动人民的公仆，反而如马克思所说，是"骑在人民头上作威作福的老爷"④。第三，即使就剥削阶级内部说，多数人也只是在形式上行使国家权力，真正掌握国家权力的只是本阶级的少数。在奴隶主的民主制度下，公民会议为少数豪门权贵所把持。在资产阶级民主制度下，如列宁所说，议会并不掌权，而是"清谈馆"⑤。

---

① 《列宁选集》第 3 卷第 723 页。

② 《列宁全集》第 3 卷第 256 页。

③ 《列宁全集》第 3 卷第 246 页。

④ 《马克思恩格斯选集》第 2 卷第 414 页。

⑤ 《列宁选集》第 3 卷第 210 页。

剥削阶级的民主制不可能成为真正的民主制是由它的阶级本质决定的。考茨基吹捧资产阶级民主（制）是全民意志的表现，列宁在批判他的错误观点时，根据政体从属于国体的原理指出，资产阶级民主（制）也是资产阶级专政，不管是资产阶级君主（国）还是资产阶级民主（国），都是资产阶级实行专政的工具，都是"一个阶级压迫另一个阶级的机器"①，只不过它们是资产阶级国家的"不同形态"而已②。它们同资产阶级的专政一样，都是资产阶级实现自己阶级目的的工具，归根到底也就是维护生产资料私有制的工具。正因为如此，"即使在最民主的资产阶级共和国里，人民仍然摆脱不了当雇佣奴隶的命运"③。

把资产阶级民主制当作真正的民主制甚至是全民民主制，当然是一种极其错误的观点。但是应当看到，马克思列宁主义并不否认资产阶级民主制在历史上的进步意义。这不仅是说，资产阶级民主制同封建专制制度相比是一个进步，而且它同资产阶级的君主制相比也更有利于无产阶级的发展。早在十九世纪七十年代，当西班牙成立了共和国，即建立起资产阶级民主制的时候，恩格斯就曾指出，由于西班牙的工业十分落后，还不能立即实现无产阶级的完全解放，但在共和国提供的条件下，无产阶级能在实现自己的解放目标以前，"在尽可能短的时间内"走过各种"预备发展阶段"，"清除道路上的许多障碍物"④。列宁也认为，虽然资产阶级君主制和资产阶级民主制都是资产阶级压迫无产阶级的工

① 《列宁选集》第 3 卷第 711 页。

② 《列宁全集》第 3 卷第 624 页。

③ 《列宁全集》第 3 卷第 186 页。

④ 《马克思恩格斯选集》第 2 卷第 562 页。

具，但这决不等于说，"压迫的形式对于无产阶级是无所谓的"，阶级斗争和阶级压迫采取"更广泛、更自由、更公开"的形式，"能够大大地促进无产阶级为消灭一切阶级而进行的斗争"①。因为，在资产阶级民主国家范围内，有可能"进行无产阶级革命的准备工作，即训练和组织无产阶级大军"②。正因为如此，列宁认为，无产阶级必须积极参加以反封建为目标的资产阶级民主革命，只有把民主革命进行到彻底胜利，彻底扫除君主制这种"旧制度的残余"，才能"更容易尽快地过渡到新的更高的任务即社会主义革命"，此外再没有"其他可以加速社会主义到来的手段"③。列宁在说到"不实现民主，社会主义就不能实现"④ 的时候，就包含了上述的意思。

总而言之，从根本上说，剥削阶级民主制，包括资产阶级民主制在内，都不是真正的民主制，而是剥削阶级压迫被剥削阶级的工具。但在特定的历史条件下，从彻底战胜封建制度而为社会主义革命扫清道路的角度说，资产阶级民主制对于无产阶级却有巨大的意义。这就是马克思列宁主义对于剥削阶级民主制的基本观点。

---

① 《列宁选集》第 3 卷第 239 页。
② 《列宁全集》第 3 卷第 648 页。
③ 《列宁选集》第 1 卷第 541、601、635 页。
④ 《列宁全集》第 23 卷第 70 页。

五、无产阶级社会主义民主制是真正的民主制，
是防止国家变质的根本保障
（巴黎公社的基本经验）

无产阶级通过巴黎公社，在人类历史上第一次实现了真正由大多数人当家做主的民主制，即无产阶级的社会主义民主制。这是民主制在历史发展过程中的根本转变。列宁谈到巴黎公社的伟大变革时指出：民主一经实行到一般所能想象的那样极其完全极其彻底的程度，就由"量转化为质"，"由资产阶级民主变成了无产阶级民主"，也就是由"假民主变为真民主"①。

巴黎无产阶级是怎样实行社会主义民主制的呢？他们的做法分两方面。一方面是把立法机关和行政机关合而为一，公社委员会兼管立法和行政。另一方面是公社委员选举产生，随时可以撤换，经常向群众汇报工作，接受群众的监督，领取低薪，废除特权。

关于第一方面的措施。公社委员会是一个代表机构，但这个代表机构不同于资本主义国家的议会，它既要决定大政方针，又要根据这些决定进行具体工作。公社采取这种做法，如列宁所总结的，可以防止像资本主义国家的议会那样，名义上代表机构行使国家权力，实际上是管理机关掌握实权，代表机构只是个清谈馆。马克思在总结公社的这一经验时明确指出，公社是"同时兼管行政和立法的工作机关"②。

---

① 《列宁选集》第 3 卷第 206、713 页。
② 《马克思恩格斯选集》第 2 卷第 375 页。

公社采取第二方面的措施的基本精神，如恩格斯所总结的，是为了防正代表机构凌驾于人民群众之上，"由社会公仆变为社会主人"，概括起来就是恩格斯说的"防范"两个字。① 在这些"防范"措施中，实行选举、罢免和监督的制度，是为了保证公职人员服从选民的意志。实行低薪和废除特权，是防止一些利禄之徒把担任公职当作升官发财的门径。这些措施的意义是很清楚的，这里只谈一下公社的选举制度和监督制度。公社实行选举是要由人民群众自己挑选最可靠的人，马克思在总结公社的经验时，说公社人民行使普选权，有如工厂主物色工人、监工和会计来为自己服务时所使用的个人选择权，这是一个意味深长的比喻。人民是主人，他们有权选择究竟让谁来给自己办事，至于候选人是提名还是毛遂自荐都无关紧要，关键是人民有选择权。公社的监督制度是一项有力的防范措施。公社委员会兼管行政和立法的具体做法，其中有一种就是公社委员兼任各区区长，既防止公社委员会成为清谈馆，又便于公社委员在本选区联系群众，接受他们的监督。在公社存在期间，公社委员经常参加本选区的群众集会，了解群众的意见和建议，据以在公社委员会作出决定，他们还向群众汇报工作，听取群众的批评，借以纠正工作中的缺点和错误。例如公社委员会内部曾经为了是否成立集权机构发生分歧，少数派就自行宣布不再参加公社会议，但是经过群众批评，两天后就改正错误，回到了公社委员会。公社实行的这些措施，加上其他一些防范措施，保证人民群众能够左右和影响公社委员会的决定，使它始终执行人民群众的意志，为人民群众服务。

巴黎公社存在的时间不长，它也曾犯过这样那样的错误，它的那些具体做法也只是在特定的历史条件下采取的，在新的历史条件下完全可

---

① 《马克思恩格斯选集》第 2 卷第 334、335 页。

以结合不同的情况加以发展。但是公社的基本经验是极其可贵的，它证明，实行真正的民主制即社会主义民主制，是防止国家从社会公仆变为社会主人的根本保障。巴黎公社的委员们本来都不是马克思主义者，其中多数派是布朗基主义者，奉行的学说是空想共产主义，少数派是蒲鲁东主义者，奉行的学说是小资产阶级社会主义。由于公社真正做到了大多数人当家做主，不仅个别不称职的领导人能被及时撤换，而且整个公社委员会得以在许多问题上纠正自己的错误。尽管工人阶级当时还不成熟，尽管当时还缺少马克思主义政党的领导，但在可能做到的限度内，"群众终究把整个运动提高到了更高的阶段"①。

六、社会主义民主制是无产阶级实现自己历史使命的工具

十九世纪四十年代，马克思和恩格斯在提出无产阶级的历史使命是埋葬资本主义旧社会和建立共产主义新社会的同时，还为无产阶级完成历史使命找到了工具，这就是无产阶级的政治统治。1848 年革命以后，除了无产阶级的政治统治，马克思又提出了无产阶级专政。一个阶级的统治或专政，就是国体。但是国体要通过一定的政体来实现。任何一个阶级要实现自己的统治，要运用自己的统治来实现自己的阶级目的，都必须建立相应的政体。同样，无产阶级也只有找到自己实行专政的革命形式，才能"实际运用自己的统治权"。② 无产阶级应当采用什么样的政体，是由无产阶级的历史使命决定的。无产阶级的历史使命是消灭阶级，建立无阶级的共产主义社会，这就要求在大大发展生产力的基础上

---

① 《列宁选集》第 1 卷第 690 页。
② 《列宁选集》第 3 卷第 716 页。

对整个社会进行根本的改造，"这种革命，只有在人民大多数，首先是劳动群众大多数表现出有历史意义的独立创造精神之下，才能顺利实现"。① 由于任务的这种性质，无产阶级所能采用的政体只能是大多数人掌权的民主制。因此，十九世纪四十年代，马克思和恩格斯在提出建立无产阶级统治的同时，还提出要通过民主制度来实现这种统治。1847年11月，恩格斯在为"共产主义者同盟"起草的纲领即《共产主义原理》这篇文献中，明确指出："首先无产阶级革命将建立民主制度，从而直接或间接地建立无产阶级的政治统治。"② 紧接着这以后，恩格斯又同马克思一起在为"同盟"起草的《共产党宣言》中指出："工人革命的第一步就是使无产阶级上升为统治阶级，争得民主"③。所谓无产阶级要通过民主制度实现自己的统治，也就是要通过民主制度实现无产阶级统治所要实现的目的。在上述两个文献中，马克思、恩格斯在提出把建立无产阶级统治和民主制作为工人革命征途上的第一步之后，接着指出：无产阶级将利用自己的统治（专政）和自己的民主制，去实现无产阶级的目的，即增加生产力总量，消灭私有制这个产生阶级的根源，最终建立起没有阶级的自由人的联合体。总之，无产阶级统治（专政）和民主制都是实现无产阶级历史使命的工具，这就是马克思、恩格斯的指导思想。

马克思、恩格斯在十九世纪四十年代提出建立民主制度的任务，只是提出原则，指出方向，至于民主制度究竟应当怎样建立才能用来实现无产阶级的目的，仍然是一个悬而未决的问题。因此，在这以后，他们

---

① 《列宁选集》第3卷第495页。

② 《马克思恩格斯选集》第1卷第219页。

③ 《马克思恩格斯选集》第1卷第272页。

继续进行探索。

1848 年 2 月，法国革命以工人阶级为主力军，推翻了金融资产阶级独占统治的君主国。新成立的临时政府虽然被工业资产阶级所把持，但在无产阶级强大武装的压力下，被迫宣布成立了共和国，即由工业资产阶级和金融资产阶级共同实行统治的民主国——民主共和国。巴黎无产阶级争得共和国以后，就宣布它为"社会共和国"，也就是社会主义共和国。但他们对于如何实现一个摆脱剥削和压迫的社会主义共和国，还没有明确的认识。他们以为，只要派自己的代表参加共和国政府，迫使它颁布劳动权法令，并在政府里设立一个劳动部来保证劳动权法令的实施，就能保证社会的根本改造，摆脱剥削和压迫。马克思说，巴黎无产阶级用以欢迎二月革命的"社会共和国"口号，不过是表示他们抱有一种"模糊"的意向，"希望建立一种不仅应该消灭阶级统治的君主制形式，而且应该消灭阶级统治本身的共和国"。① 但是资产阶级建立民主共和国，只是为了实现自己的统治，绝不是用它为无产阶级服务，实现无产阶级的目的。这个共和国以它一系列迫害无产阶级的反动措施证明了它的资产阶级性质。面对这种情况，1848 年 6 月，巴黎工人决心推翻资产阶级共和国，他们在"民主的社会的共和国"口号下再次举行起义，但在资产阶级的血腥镇压下遭到了失败。这次镇压向工人阶级再一次证明，奴役他们的政治工具不能当成解放他们的政治工具来使用。马克思总结了 1848 年革命的经验，明确指出：工人阶级必须打碎资产阶级的国家机器；"工人阶级不能简单地掌握现成的国家机器，并运用它来达到自己的目的"。② 那么，工人阶级能够用来达到自己目的

---

① 《马克思恩格斯选集》第 2 卷第 374 页。

② 《马克思恩格斯选集》第 2 卷第 372 页。

的国家机器应当是什么样子呢？二十三年之后，巴黎无产阶级提供了经验。1871 年 3 月，巴黎无产阶级在推翻卖国投降的资产阶级政府的同时，创立了一种能够用来为自己服务的管理形式，这就是巴黎公社。巴黎工人总结了历史上的血的教训，既要让自己的代表有职有权，能给自己办事，又要使自己有可能防范他们，于是想出了那样一些革命措施。马克思从这次革命运动中看到了意义极其重大的历史经验，认为公社就是无产阶级所需要的社会主义共和国，就是无产阶级所需要的社会主义民主制、民主国。他指出：公社正是 1848 年 2 月革命时期巴黎工人抱着模糊的意向想要建立的那种"共和国的一定的形式"，"是终于发现的、可以使劳动在经济上获得解放的政治形式"。① 民主制度只有这样建立，才能用来为无产阶级服务，用来达到无产阶级的目的。

马克思、恩格斯从提出无产阶级需要民主制，到最终找到实行民主制的具体形式，前后经历了二十三年。先是提出无产阶级要通过民主建立无产阶级的统治，用民主制实现无产阶级的最终目的。第二步提出无产阶级不能运用资产阶级民主制来达到自己的目的。最后提出无产阶级只有运用巴黎公社式的民主制才能达到解放自己的目的。这就是马克思为无产阶级探索解放工具的全过程。

七、实行社会主义民主制，必须坚持党的领导

马克思列宁主义认为，无产阶级实行社会主义民主制，必须坚持党的领导。

---

① 《马克思恩格斯选集》第 2 卷第 374、378 页。

无产阶级实现自己历史使命的过程，包括两个阶段。第一个阶段的目标是夺取政权。第二个阶段是运用夺得的政权，也就是运用无产阶级统治和实现这种统治的社会主义民主制去消灭阶级，建立共产主义新社会。不论在哪个阶段，无产阶级实现历史使命都不是作为一种自发的力量起作用，而是作为一个阶级在行动。而无产阶级要"作为一个阶级来行动"，就必须有自己政党的领导。① 这主要是因为，在资本主义社会中，工人群众不能自发产生社会主义意识，他们不能从科学上阐明自己受剥削的根源，所担负的历史使命以及谋求解放的途径。而无产阶级先进分子共产党人优越的地方，如《共产党宣言》所说，就在于他们有更高的觉悟。一方面，他们"了解无产阶级运动的条件、进程和一般结果"，能给无产阶级指引方向；另一方面，他们没有任何同整个无产阶级的利益不同的利益，"始终代表整个运动的利益"②。在无产阶级夺取政权以后，虽然无产阶级已经上升为统治阶级，先进分子仍然只占本阶级少数，无产阶级仍然需要由少数先进分子所组成的党作为自己的领导和核心。无产阶级有了自己先进政党的领导，就能明确运动的方向，使运动具有自觉性，使自己成为一支自觉的力量。

关于无产阶级在夺取政权以后是否需要党的领导，共产国际成立不久曾经有过争论。1920 年，共产国际第二次代表大会期间，英国"左派"共产党人在谈到无产阶级专政问题时，曾表示反对政党的领导，同时又主张由少数最有组织最革命的工人给整个无产阶级指引道路。列宁说：如果是这样，那"我们之间实际上并没有分歧。有组织的少数是什

---

① 《马克思恩格斯全集》第 17 卷第 455 页。
② 《马克思恩格斯选集》第 1 卷第 264 页。

么呢？如果这个少数是真正觉悟的，如果它能引导群众前进，如果它有能力解决提到日程上来的每个问题，那么，这实质上就是党"。①

无产阶级实现历史使命的两个阶段都需要有党的领导，但在第二阶段，无产阶级实现历史使命要通过社会主义的民主制度，由大多数人的代表机关行使国家权力，包括决定涉及国计民生的重大问题，这怎样同党的领导结合起来呢？马克思列宁主义认为，社会主义民主制是无产阶级实现自己最终目的的工具，人民代表机关决定国家大事不能离开最终目的这个方向，而党的领导正是为了把握和保证这个方向。因此，无产阶级实行社会主义民主制，可以而且应该坚持党的领导。

当然，党实行领导，不是去代替人民代表机关行使国家权力，而是要发挥自己的先进作用，给无产阶级指引方向，使无产阶级能够作为一个阶级来行动，自觉地去实现自己的总目标。党的任务如此，它就要制订实现这一目标的战略，提出总的路线。不仅如此，它还要结合不同时期的实际情况制定相应的政策和策略，否则路线的实现就没有保障。因此，党的领导也就是党的路线、方针、政策的领导。列宁谈到党对无产阶级国家组织的领导时，要求"十分明确地划分党（及其中央）和苏维埃政权的职权"，说党的任务"是对所有国家机关的工作进行总的领导"②"是规定原则上的路线，提出口号"③。

---

① 《列宁全集》第 31 卷第 206 页。
② 《列宁全集》第 33 卷第 221 页。
③ 《列宁全集》第 32 卷第 207 页。

八、民主集中制的由来

民主制本身包含集中。实行民主制要求由人民代表机关决定国家大事，代表机关不仅讨论问题，还要决定问题，而且主要是决定问题。决定问题就是集中，不过不是由个人集中。列宁说，民主就是"承认""少数服从多数的原则"①。就是说，代表机关实行集中是通过少数服从多数的原则来集中。既然民主制包含集中，为什么还要提出民主集中制，在民主之外还要来一个集中呢？

马克思恩格斯没有明确使用过民主集中制的说法。这个说法是列宁提出来的。列宁所说的民主集中制有三种情况。为了便于了解列宁的思想，在介绍三种情况的民主集中制以前，我们先介绍一下国家学说上一种具有民主集中制性质的国家体制。

在国家学说上，有一种体制，叫民主制的政体加集中制的国家结构，在这样一种民主集中制的体制下，民主制包含的集中就同集中制的集中不是一回事。民主制的政体我们已经知道了。解释一下集中制的国家结构。集中制，马克思叫"中央集权制"②，恩格斯叫"单一制"③，列宁除叫"中央集权制"④ 外，还常常叫"集中制"⑤。这是国家结构的一种形式。所谓国家结构，是指国家的部分和整体之间即地方政权和中央政权之间的组成关系，它的形式有单一制和联邦制两种。单一制或

① 《列宁选集》第 3 卷第 241 页。

② 《马克思恩格斯全集》第 5 卷第 48 页。

③ 《马克思恩格斯选集》第 22 卷第 275 页。

④ 《列宁全集》第 20 卷第 28 页。

⑤ 《列宁选集》第 3 卷第 216 页。

者集中制要求中央集权，地方政权和中央政权形成一个严格统一集中的整体，各个行政区域在地方事宜上有"自治"权①，但不是独立的政治单位。联邦制强调地方分权，组成联邦国家的各个自主的邦或者民族共和国是独立的政治主体，对中央政权保持相当程度的独立。典型的联邦制就是"两重政权"制②。关于国家结构问题，马列主义经典作家曾多次谈到。1848 年革命期间，马克思就曾主张德国实行中央集权制，反对把联邦制确定为德国的国家结构。③ 恩格斯 1891 年在爱尔福特纲领草案批判中也提出德国应实行单一制而不应实行联邦制，并对这两种国家形式作了详尽的分析。列宁在《国家与革命》中也阐述了国家结构问题，并对集中制和联邦制作了分析。④ 所以，在国家学说上，在政治学上，除国体问题和政体问题外，还有一个国家结构问题。同一种国体的国家可以实行不同的政体，这一点，前面已经讲过了。而同一种政体的国家也可以采用不同的国家结构，例如南斯拉夫和我们中国，政体都是民主制，都是无产阶级的社会主义民主制，但作为国家结构，我们实行集中制，南斯拉夫实行联邦制。民主制可以同集中制结合，也可以同联邦制结合。就是说，民主制本身虽然包含集中，但实行民主制并不一定必然实行集中制。民主制要求按大多数人的意志决定国家大事。无产阶级夺取政权后所碰到的国家大事之一，就是确定国家结构采取什么形式。我们国家在历史上，各个地方不是独立的自主邦，各民族之间联系也较紧密，经各方面民主协商采用集中制，这是大多数人的意志。南斯

---

① 《列宁全集》第 20 卷第 30 页。

② 《斯大林全集》第 3 卷第 25 页。

③ 《马克思恩格斯全集》第 5 卷第 47—48 页（按：该处把"国家结构"译成了"国家组织"）。

④ 《列宁选集》第 3 卷第 228—234 页。

拉夫根据自己的历史情况确定采用联邦制，同样体现了南斯拉夫各民族的共同意志。所以，民主制包含的集中同集中制的集中不是一回事。那么，这种体制的民主集中制在国家学说上应该叫作什么呢？一个国家在确定了它的结构以后，加上它所实行的民主制，就成为一种固定的体制，在国家学说上，这种体制仍然可以叫作政体。民主联邦制和民主集中制可以作为民主制在不同条件下的两种表现形式。

上面这种体制的民主集中制，恩格斯和列宁都曾讲到过，不过没有使用民主集中制的说法，而是使用另外的说法。恩格斯用的说法是单一制共和国①，列宁用的说法是"集中制共和国"②。上述意义的民主集中制同两位经典作家使用的说法实际上是一回事，单一制共和国就是集中制共和国，而集中制共和国就是民主集中制，因为民主集中制颠倒过来就是集中制共和国，民主集中制颠倒一下是集中制的民主制或者集中制的民主国，也就是集中制的共和制或者集中制的共和国，民主制、民主国也就是共和制、共和国。所以，上述意义的民主集中制同两位经典作家所说的集中制共和国和单一制共和国，是意思相同而说法不同。既然两位经典作家在这里都没有使用民主集中制的说法，为什么我们还要详细介绍它呢？这是因为在列宁明确说过的三种民主集中制当中，有一种最主要的民主集中制，即党内民主集中制，就是由这种体制的民主集中制发展出来的，而且只有这种体制的民主集中制在性质上才跟民主制旗鼓相当，同时又容许而且必须在民主之外再来一个集中。下面就来看列宁所说的几种民主集中制。

列宁所说的第一种民主集中制是指苏维埃经济管理工作中的一长

---

① 《马克思恩格斯全集》第 22 卷第 275 页。

② 《列宁选集》第 3 卷第 232—234 页。

制，一长管理制。这是一种特殊用法，在更多的场合下，列宁还是叫它"一长制"①。

第二种情况是指自愿实行的集中制。这里的集中制就是上面所说的国家结构。十月革命以前，也就是俄国建立苏维埃联邦共和国以前，列宁原则上反对联邦制，主张集中制。不过列宁主张"自愿的"集中制即"民主的集中制"，而反对强制实行的、官僚制的集中制。② 所以，这里的民主不是民主制，这里的民主集中制是通过民主方式来建立的集中制，至于建立以后是不是把民主制作为政体，这里并没有回答。

上述两种民主集中制都不具有政体性质，不存在民主之外为什么还要来一个集中的问题，列宁也从来没有把它们跟民主制等同起来。

列宁所说的第三种民主集中制，也是最主要的一种民主集中制，就是党内的民主集中制。马克思恩格斯谈到无产阶级政党时，表示过民主集中制的思想③，但没有明确使用民主集中制的说法。列宁则有这个说法。列宁所说的党内民主集中制，是把国家学说中民主制政体的原则和集中制国家结构的原则借用到党内来，是民主制加集中制。他说：我们"一向坚持党内民主。但是我们也从未反对党的集中。我们主张民主集中制"。④ 列宁谈到党内民主制时，说它的基本原则就是：党内一切事务由全体党员直接处理或者通过代表来处理；党的领导人员和领导机关都选举产生，向党员报告工作，可以撤换；全体党员在选举代表时，就整个组织所关心的问题人人独立地发表自己的意见。⑤ 从以上思想看，

---

① 《列宁全集》第 27 卷第 190、194 页和第 30 卷第 278 页。

② 《列宁全集》第 20 卷第 217—215 页。

③ 《马克思恩格斯选集》第 4 卷第 196 页。

④ 《列宁全集》第 21 卷第 405 页。

⑤ 《列宁全集》第 11 卷第 418 页。

列宁所说的党内民主，确实是党内民主制。至于党的集中制，那是列宁在同党内两种错误的建党原则作斗争中提出来的。这两种错误的建党原则，就是党内民族主义组织提出的"联邦制"① 和孟什维克提出的"自治制"。② 党内民族主义组织如俄国西部犹太工人的组织所提出的联邦制，主张把国家结构上的联邦制搬到党里来，像建立联邦国家那样建立联邦党。他们强调一个民族有自己的特点，整个党不要实行统一集中，不要让少数服从多数，要允许民族党组织对中央保持独立。孟什维克提出自治制，是主张党员可以不参加党的一个组织，主张党内应当容许有不受党的纪律约束的团体和个人存在，也就是应当容许个人不服从组织、少数不服从多数、地方不服从中央。从实质上说，孟什维克的自治制同民族主义组织的联邦制是一回事，只不过它的范围更广，除了地区党组织独立自主，个人也对党独立自主。列宁认为，无产阶级政党不同于无产阶级国家。无产阶级国家不仅在实行集中制时容许地方在本地区事宜上有自主权，有"广泛的地方自治"权③，甚至在一定条件下还可以不实行集中制而实行联邦制。无产阶级政党则不然，它可以容许地区党组织在满足地方性需求方面实行"自治"④，但在全党问题上必须实行集中制，而不容许实行自治制或者联邦制。因为，无产阶级政党要领导无产阶级实现它的历史使命，党必须是一个统一集中的、有严格纪律的组织，否则就不可能形成以统一意志为基础的统一行动，就不会有战斗力。直到苏维埃俄国实行联邦制以后，党的八大（1919 年 3 月）还

---

① 《列宁全集》第 6 卷第 440 页。
② 《列宁选集》第 1 卷第 490 页。
③ 《列宁选集》第 3 卷第 233 页。
④ 《列宁全集》第 6 卷第 301—302 页。

在决议中再一次强调，目前国家实行联邦制，但这绝不意味着党也要建立在联邦制的基础上。列宁在阐述党的集中制的思想时，还没有把它表述为几条纪律。他经常说，集中制就是"少数服从多数"，就是"部分服从整体"①，这两种说法都是对党的集中制原则的总的概括（国家结构上的集中制的总原则也是部分服从整体）。后来，《联共（布）党史》才把列宁的思想表述成了三句话，就是"少数服从多数、各个组织服从中央、下级组织服从上级组织"②。

俄国党根据列宁的思想于1905年在党的决议中第一次写上了民主集中制这一原则。从1917年开始，又把它正式写进了章程。共产国际成立后，又把按民主集中制的原则建党规定为加入共产国际的一个条件。

列宁所说的党内民主集中制是民主制加集中制，但由于1917年以前俄国党基本上处于秘密状态，十月革命后到1921年以前，党又处在激烈的阶级斗争和武装干涉与国内战争的环境中，由于这样的历史条件，列宁一生较少强调民主制而更多强调集中制。甚至对于加入共产国际的各国党，由于当时的阶级斗争条件，列宁也是强调集中制而不强调民主制。例如1920年7月，列宁在他起草的《加入共产国际的条件》一文中指出："加入共产国际的党，应该是按照民主集中制的原则建立起来的。在目前激烈的国内战争时代，共产党必须按照高度集中的方式组织起来，在党内实行像军事纪律那样的铁的纪律，党的中央机关必须拥有广泛的权力，得到全体党员的普遍信任，成为一个有权威的机构。

---

① 《列宁选集》第1卷第482页。

② 《联共（布）党史简明教程》第53页。

只有这样，党才能履行自己的义务"。① 1921 年 3 月，即列宁逝世前三年，鉴于俄国已从战争状态转变为和平状态，列宁主持召开的第十次代表大会，才着重提出了民主制问题。十大决议指出：党的组织形式和工作方法完全取决于具体的历史环境的特点以及由这种环境直接产生的任务。前一时期的特点是帝国主义在对苏维埃共和国进行武装进犯，当时直接产生的中心的任务是军事战斗行动。与此相适应，党的组织形式就是党组织的军事化，其表现就是"组织上的极端的集中制和党组织的集体机关的紧缩"。而党的工作方法总的说来"趋向战斗命令制"，战斗命令由党的领导机关发出，普通党员必须绝对无条件地执行，不得加以讨论。新的时期则不同。决议说：新的时期要求新的组织形式和新的工作方法。新的组织形式就是实行"党内工人民主制"，保证全体党员都能积极地参加党的生活，参加讨论和解决党所面临的一切问题。同时，一切机关，从下到上，都不实行委任制，而实行普选制、报告制和监督制。新的工作方法也同战斗命令制相反，要求一切最重要的问题在通过全党必须遵守的决议以前，展开广泛的讨论、争论，自由地进行批评，"集体制定全党性的决议"。②

上面介绍了恩格斯和列宁直接间接说到过的几种民主集中制，其中具有民主制性质的有两种，就是作为国家学说上一种体制的民主集中制和党内生活中的民主集中制。这两种民主集中制，民主都是同实行个人专断的君主制和家长制相对而言，是指民主制政体或者这种政体所实行的集体决定重大问题的原则，集中是同实行分散主义的联邦制和自治制

---

① 《列宁选集》第 4 卷第 311—312 页。

② 《苏联共产党代表大会、代表会议和中央全会决议汇编》人民出版社 1964 年版第二分册，第 49—54 页。

相对而言，是指在一个组织内或一个统一的组织系统内，部分必须服从整体，党和国家这两个组织系统实行自己的集中制，也就是在自己的组织系统内实行部分服从整体的原则。这两种民主集中制，就民主和集中的关系说，民主强调决定问题之时，主体应是代表机关而不是个人，集中强调有了决定之后，部分必须服从整体，不能各自为政，各行其是。例如，实行民主制，是下级组织和上级组织都由代表机关集体决定重大问题，实行集中制，是下级组织的决定应以上级组织的决定为指导，不得与上级组织的决定相抵触。

以上就是同民主制有关的民主集中制的由来。

九、实行社会主义民主制要防止无政府主义的破坏

社会主义民主制同无政府主义是互相排斥的。有些人认为无政府主义就是过了头的民主，认为民主容易导致不要组织纪律，导致无政府状态，这是把民主理解为自由的结果。社会主义民主制同无政府主义的区别是明显的。社会主义民主制要求少数服从多数；不仅如此，它还是实现无产阶级最终目的的工具；它还必须以党的路线、方针、政策为指导。无政府主义恰恰相反。它反对少数服从多数，主张个人至上，甚至要求大多数人的利益服从个人利益。列宁说："无政府主义是改头换面的资产阶级个人主义。个人主义是无政府主义整个世界观的基础。"[1]这种区别说明，为了顺利实现社会主义民主制，还必须防止无政府主义的破坏。当然，在反对无政府个人主义时，不应把正当的个人要求也斥为无政府主义。一般说来，正当的个人要求同实行社会主义民主制的目

---

[1] 《列宁全集》第 5 卷第 294 页。

的是一致的。究竟是正当的个人要求还是无政府主义，主要看是不是符合党的方针、政策。这是反对无政府主义时应当加以区别的一个问题。

十、民主制的消亡和列宁关于无阶级社会民主的思想

马克思列宁主义认为，民主制是有阶级性的。社会主义民主制是包括了除剥削者之外的大多数人的民主制，是真正的民主制。但民主制并不是"不可逾越的极限"，① 社会主义民主制不过是走向国家消亡的过渡。恩格斯在谈到把无产阶级政党称为社会民主党并不确切的时候曾经说，党在"政治上的最终目的是消除整个国家因而也消除民主"②。列宁根据恩格斯的思想指出，"民主也是国家"③，是国家形式的一种。作为国家形式的民主也就是民主制、民主国，它也将随着阶级的消灭而消亡，随着国家的消亡而消亡。民主制随国家消亡是一个自然的发展过程。当生产力的发展促成社会经济的改造彻底完成的时候，当工人阶级的队伍扩大到包括社会全体成员的时候，当阶级彻底消灭的时候，到那时，民主制作为国家的一种形式，也就自行消亡了。

但是列宁有时候又说，无阶级社会也有民主。对这一点，人们往往迷惑不解。例如，列宁在《国家与革命》中曾经说，共产主义社会也要遵守少数服从多数的原则，而"民主也就是承认这个原则"④。就是说，共产主义社会还会有民主。又例如，列宁在《关于自决问题的争论

---

① 《列宁选集》第 3 卷第 256 页。

② 《马克思恩格斯全集》第 22 卷第 490 页。

③ 《列宁选集》第 3 卷第 185、241 页。

④ 《列宁选集》第 3 卷第 241 页。

总结》一文中谈到民族自决权问题的时候说，阶级消灭以后，将"在各方面都完全实行民主"。他说："在资本主义制度下，要消灭民族的（和一般政治上的）压迫是不可能的。为此必须消灭阶级，也就是说，要实行社会主义"，等到无产阶级把资本主义改造成社会主义之后，就有可能"在各方面都完全实行民主，直到按照居民的'感情'确定国界"。① 列宁在这里说，实现民族自决，要到阶级消灭以后才有可能，实际上，无产阶级夺取政权以后就能做到。列宁的说法不太严格，因为他是在设想未来。但他既然说阶级消灭以后要"在各方面都完全实行民主"，说明他确实认为无阶级社会并不排斥民主，反而要在各方面都完全实行民主。列宁这样讲并不是失言。他在《国家与革命》中曾经认为共产主义的一定阶段存在非政治国家，这说明他关于无阶级社会存在民主的思想不是偶然的，两处的思想是一致的。那么，列宁的思想应当怎样理解呢？实际上不同的民主有不同的含义。实行阶级的民主是实行那种用来实现一个阶级的统治的民主政体，即民主制、民主国，它涉及阶级与阶级的关系。而无阶级社会的民主，是一种民主原则，它不涉及阶级关系。例如在少数服从多数的问题上，阶级的民主和无阶级社会的民主都要求按多数人的意志办事，要求少数服从多数。但阶级的民主，即民主制、民主国，是一个阶级依靠暴力强迫另一个阶级服从自己意志的工具，是多数人强制少数人服从的工具，只不过剥削阶级的民主（共和）国是号称代表多数人的意志，而无产阶级民主国是真正的多数强制少数，是被剥削者多数强制剥削者少数，例如无产阶级实现历史使命要消灭私有制（在发展生产力的基础上），就要由被剥削者多数强制剥削者少数。无阶级社会的民主所要求的少数服从多数是一种民主原则，不

---

① 《列宁全集》第 22 卷第 319 页。

是讲阶级关系，列宁讲到共产主义社会也要遵守少数服从多数的原则时，说这种服从不是在暴力的强制下而是在习惯的作用下自觉自愿的服从，它甚至不是服从，而是自觉地遵守公共生活的起码准则。因此，列宁在《国家与革命》中谈到少数服从多数问题上两种民主的区别时说："民主和少数服从多数的原则不是一个东西"。他在这里说的民主是作为政体的民主。他说，这种"民主就是承认少数服从多数的国家，即一个阶级对另一个阶级、一部分居民对另一部分居民有系统地使用暴力的组织".① 列宁批判考茨基的"纯粹民主"，是批判他把资产阶级实行统治的工具即资产阶级民主（共和）国说成是"全民"政权②，是超阶级的民主。列宁说共产主义也不会有纯粹民主，是说共产主义不会有全民民主国。③

其次，在上述第二个例子里，列宁说，阶级消灭以后要通过实行民主来实现民族自决权，这里的民主也是一种原则，不过不是少数人口服从多数人口的原则，而是在不同的民族之间平等协商；民主协商的原则。列宁说要阶级消灭以后才有这种民主，是说要能做到平等协商，必须首先排除阶级对阶级的强制，消除民族压迫。

在第二个例子里列宁还说，阶级消灭以后要在各方面都完全实行民主，这里的民主应当说也是民主的原则，不可能涉及阶级关系，至于究竟是哪些原则，列宁自己没有做任何说明，也就不好妄加猜测了。

列宁所说的阶级的民主和无阶级社会的民主，在性质上和含义上确实是不同的，人们感到迷惑不解，是因为二者虽然含义不同，但是用词

① 《列宁选集》第 3 卷第 241 页。

② 《列宁选集》第 3 卷第 711 页。

③ 《列宁选集》第 3 卷第 629 页。

相同，都叫民主。如果我们着重注意它们在含义上的区别，而不是只看用词，列宁的思想还是清楚的。有一种意见，不同意列宁把民主和国家等同起来，不同意说国家的消亡也就是民主的消亡。这样一来，最主要的一种民主同其他含义的民主在性质上的区别就没有了，民主是什么就更搞不清楚了。这当然是不可取的。

马克思主义的政党理论*

〔法〕米歇尔·罗伊

法刊《当代马克思》总第 46 期（2009）刊登了法国著名马克思主义学者米歇尔·罗伊（Michael Löwy）的文章，题为《马克思主义的政党理论》。文章回顾了 20 世纪马克思主义理论中关于革命党的理论，从争议最多的党与群众的关系、民主与集中的关系以及党的组织结构等方面，对列宁、卢森堡、葛兰西、卢卡奇的政党理论进行了梳理与分析。文章主要内容如下。

马克思和恩格斯认为，社会革命只能是劳动者的使命。1846—1848 年间，他们开始思考共产党在革命过程中的地位问题。他们认为，共产党或者革命者的作用并非如同各种空想社会主义流派所主张的那样，仅停留在工人运动的边缘地带，通过宣传向人民宣扬真理，而是应当密切地参与阶级斗争，帮助无产阶级通过自己的历史实践找到革命的道路。此外，共产党也不能发挥雅各宾主义的领头作用或者巴贝夫主义（或布朗基主义）密谋组织的作用，更不能自以为高高凌驾于人民群众之上，代替人民群众"搞革命"。

---

* 本文选自《国外理论动态》2010 年第 8 期。

换言之，被统治阶级的普遍利益不能被异化为一个高居人民群众之上的"不朽的领袖"或者"开明的少数派"的形象。根据马克思的实践哲学，被压迫者即劳动者倾向于通过他们的阶级斗争实践来实现总体性。共产党不是总体性的异化化身，而是作为工人运动终极目标的总体性和阶级斗争历史进程的每个组成阶段之间的理论和实践的调节者。

总而言之，马克思的革命党不是资产阶级和空想社会主义者的"最高救世主"的继承者；它是为解放而斗争的被统治阶级的先锋队，也是唤醒人民群众并支持其斗争行动的工具。它的作用不是代替或超越工人阶级进行行动，而是引导工人阶级走向自我解放的道路，走向社会革命。

列宁的集中制

列宁在 1900—1904 年间关于俄国社会民主党组织问题的著作——特别是《怎么办?》（1902 年）和《进一步，退两步》（1904 年）——构成了严密一致的整体，论述了社会主义运动"集中制"的典型概念。

《怎么办?》和《进一步，退两步》的组织概念的更为广泛的理论依据是列宁对无产阶级的阶级意识的两种形式所进行的区分，这两种形式的性质和历史根源各不相同：（1）阶级意识的"自发"形式。该形式是从无产阶级的早期斗争中突然出现的，开始的时候呈现出一种激情澎湃的特点——"绝望和复仇的表现"，随后在"工联主义意识"中得到充分的发展。"工联主义意识"是指确信必须结成工会，必须同工厂主斗争，必须向政府争取颁布对工人是必要的某些法律，等等。这些反抗构成了在经济斗争以及工人与工厂主之间关系的有限范围内，工人阶级凭借自身力量应该可以达到的最高意识水平。即使这种意识具有某种

政治特点，它仍然与社会主义政治完全不相干，因为它仅仅局限于司法
一经济改良（罢工权、劳动保护法等）的斗争中。（2）社会民主主义
意识。这种意识不会自发地出现在工人运动中，而是通过来自有产阶级
的社会主义知识分子"从外面"灌输进去的。这种意识只能通过反对
无产阶级的自发性和工联倾向的思想斗争使自身得到承认，因为自发性
和工联倾向会导致无产阶级受到资产阶级思想体系的奴役。社会主义意
识主要是无产阶级利益与现存政治. 社会体制之间根本对立的意识。社
会主义意识不仅吸引工人阶级对其自身的注意，也吸引他们对各阶级之
间关系的注意，对整个阶级社会的注意，将每个特殊的事件插入资本主
义剥削的整体画面中。列宁正是从对无产阶级的阶级意识结构的分析出
发，构建了他的政党理论，打算用组织的术语将意识的不同等级制
度化。

首先，列宁在政党与阶级、先锋组织与群众运动、无产阶级中的自
觉的少数派与犹豫的多数派之间划分了明确的界限，同时还力图在两部
分之间建立某些联系。在《进一步，退两步》中，他建议根据组织程
度和自觉程度划分5个等级。党内：（1）革命家组织（职业）；（2）工
人组织（革命者）。党外：（3）靠近党的工人组织；（4）不靠近党但是
受党监督和领导的工人组织；（5）在阶级斗争的重大事件中服从社会
民主党领导的工人阶级的非组织分子。

列宁通过制定以下规定，将构成党与群众之间关系形式的原则应用
于革命家组织的内部结构：（1）社会民主党斗争的政治内容及其行动
的必要的秘密性要求革命家的组织包括"以革命活动为职业的人"，这
与适应经济斗争的大型组织截然相反，这些大型组织必须尽可能地扩大
规模；（2）基于同样的原因，不可能赋予党一种"民主的"特点（选
举、监督领导人等）。党的结构必须是"官僚的"、集中的，建立在

"自上而下"的建党原则之上。民主主义、自治主义以及"自下而上"的组织原则都是社会民主党内机会主义的固有属性；（3）因此，党的领导必须掌握在"坚定刚毅"、"在长期实践中得到职业训练和教育"的领导集团手中。工人阶级最坏的敌人是蛊惑家，他们散布对领导人的不信任并激发群众的"劣根性和虚荣心"；（4）最后，必须用铁的纪律规范党内生活。工人们可以自然地通过"工厂锻炼"得到这种纪律，但是由于其生存环境而倾向于无政府状态的小资产阶级却力图逃避这种纪律。面对社会民主党内在组织问题上指责列宁为"雅各宾主义"的对手，列宁回应道，革命家的社会民主党只不过是与无产阶级组织不可分离的雅各宾派。

无疑，列宁在 1902—1904 年这段时期内的著作可以被视为结构一致、条理清晰的整体，应当前后结合起来研究。然而，这些著作果真如同列宁的许多支持者和对手所主张的那样，是"布尔什维克主义的精华"或者"列宁主义的完整表述"吗？

在"斯大林"时期，《怎么办？》作为列宁关于组织问题最具权威的言论，被翻译成多种语言并在整个国际共产主义运动中广为传播。但是，1921 年，列宁认为对这一著作的翻译不甚理想，要求在用除俄语之外的语言出版这部著作时至少要附带"好的注释"，"以避免错误的应用"！

自 1907 年起，在新的序言中，列宁对这一著作表达出一些保留意见，强调其中有些表述多少有些不灵活或者不准确，因此不能将这"同一定的历史背景、同那个在我们党的发展中早已成为过去的一定时期分开考虑"，另外，这一著作"是用论战方式来纠正'经济主义'，因此离开小册子的这个任务来看它的内容是不对的"。除此之外，列宁表示从来没有考虑过将他"在《怎么办？》中所作的表述当作一种构成特殊原则的'纲领性'的东西"。他提出，这些做法符合社会民主党被局限在"活动小组"的狭小框架内的时期，"只有吸收无产阶级分子来扩大党，并且同公开的群众活动结合起来，才能消除过去遗留下来的一切不适合当前任务的小组习气的痕迹。布尔什维克曾在 1905 年 1 月的《新生活报》上宣布，一旦有了公开活动的条件就立即向工人政党的民主组织过渡，这个过渡实质上就是同旧日小组习气中的过时的东西断然决裂"。

很显然，列宁 1904 年与 1907 年的论断的深刻变化是同在这两个年份间发生的一个历史事件紧密相关的，这次事件显示出俄国工人群众非凡的政治首创精神：1905—1906 年革命。为证明这一点，只需阅读列宁在 1905 年的著作。这些著作勾画出工人运动和社会民主党的新前景，列宁当时的想法与卢森堡的想法相差不远。首先，列宁不再说"从外面灌输"的意识，而是说群众通过自己实践、自己具体的革命经验而实现的自觉。1905 年底，他断言："工人阶级本能地、自发地倾向社会民主主义，而社会民主党十多年来做了不少工作把这种自发性变为自觉性。"此刻，他在新的光照下看清了领袖与阶级之间的关系，在 1906 年评论莫斯科起义（1905 年 12 月）时指出，无产阶级先于他们的领袖觉察到斗争客观条件的改变以及随后由罢工向起义转变的必要性，实践总是走在理论的前面。

于是，列宁产生了党与群众之间关系的新观念，坚决主张强调群众自身首创精神的决定作用："现在，工人将要发挥出的巨大首创精神，是我们昨天的地下工作者和'小组活动家'所不敢设想的。"正是基于这个原因，他提出，将工人代表苏维埃转变成革命的政治中心、临时革命政府。他围绕以下中心主题，起草了一份未来政府的公开声明："我们没有脱离革命的人民，我们的每一个步骤、每一项决定都交给他们去审定，我们完全和绝对依靠来自劳动人民群众的自由的倡议。"

最后，"新派别"也表现出党的内部组织程度，党接受了革命工人群众的加入。党的第四次代表大会召开，列宁要求批准新的工人党员作为代表，与老"委员会"的代表一同参加会议。此外，他在召开第四次代表大会的决议中看到"在党组织内充分实现民主原则的一项决定性步骤"。

罗莎·卢森堡的"自发主义"

卢森堡在 1903—1904 年的德国社会民主党理论刊物《新时代》上发表文章并在 1906 年的小册子《群众罢工、党和工会》中阐述了她的组织理论，彻底反对列宁 1905 年以前提出的集中制，坚决主张由群众自己发扬革命首创精神，对于政权集中在党的领导核心手中持保留意见。

卢森堡认为，工人群众的自觉过程更多来自革命斗争的经验以及无产阶级直接和自主的行动，这远比党的宣传册和传单的作用大得多：俄国的专制主义必须由无产阶级推翻，但是，为此无产阶级需要高水平的政治教育、阶级意识和组织意识，而所有这些条件只能源自革命过程中真切的政治锻炼和斗争。"一月份在彼得堡事件的强大推动下突然爆发的无产阶级的全面起义，对外部来说是向专制主义进行革命宣战的一次政治行动。但正是这第一次普遍的直接阶级行动本身，由于它像电击一样首次唤起了亿万无产者的阶级感情和阶级觉悟，因而它反过来对内部所起的作用就更加强大。"在这里，卢森堡表现为马克思革命理论的坚定信奉者："外在"的"环境"和"内在"的阶级意识正是在群众的革命实践中同时发生变化的。革命意识只能在"实践"运动的过程中得以传播，人类的"大量"变化只能在革命中发生。实践的范畴使卢森堡跳出了德国社会民主党在伯恩施坦抽象的道德主义和考茨基机械的经济主义之间左右为难的困境。同时，实践的辩证法令她超越了以《爱尔福特纲领》为代表的传统二元论，即在作为"最低纲领"的改良和作为"最终目标"的革命之间的二元论。通过 1906 年（反对工联官僚主义）和 1910 年（反对考茨基）提出的群众罢工战略，卢森堡明确地找到了一条能够将经济斗争或为争取普选的斗争转变为群众革命运动的道路。

此外，卢森堡还认为，在工人群众的激进起义过程中，想要在（工联主义的）经济斗争和（社会民主主义的）政治斗争之间进行划分的"过分简单的学究气"消失了：这两类斗争变成了阶级斗争的两个方面，工会与社会党之间人为的限制被取消。因此，卢森堡拒绝将"工联主义意识"和"社会民主主义意识"对立起来，建议区分潜在的理论意识和实践行动意识，前者在小资产阶级议会制的统治时期具有工人运动的特点，后者出现在革命过程中，当人民群众自己（而不只是党的代表和领袖）登上历史舞台，直接在实践中使"思想教育"具体化。正是由于这种实践行动意识，缺乏组织的落后阶层在革命斗争时期成为最激进的分子，而不是落在后面的分子。

显然，这种阶级意识理论促使一种关于党与群众关系的思想形成，该思想与《怎么办？》和《进一步，退两步》中所阐述的思想非常不同。卢森堡反对机会主义的议会制倾向，这种倾向主张抹去党和无组织的人民阶层之间的所有差别，"将无产阶级积极的、自觉的精英淹没在作为'选举主体'的萎靡不振的群众中"。她拒绝在社会主义核心和无产阶级的周围阶层之间竖起密不透风的隔板，前者由党牢牢地框起来，后者"在阶级斗争中已经得到锻炼，阶级意识与日俱增"。

基于该原因，卢森堡批判那些她认为在阶级斗争中高估了组织的作用并以此为基础确定政治策略的人，这些人往往同时还会低估尚未组织起来的无产阶级的政治成熟度，也忘记了"大规模阶级斗争风暴"的教育作用。在这种斗争风暴中，社会主义思想将会超出组织清单或平静时期选举统计的限制。这显然并不意味着有觉悟的先锋队必须袖手旁观地等待革命运动的"自发"到来。相反，先锋队的作用确切地说是赶在事物发展之前寻求加快发展。最后，用一句话概括她的组织理论并回应列宁将社会民主党比作无产阶级组织不可分离的雅各宾派这一著名比喻，卢森堡宣称："事实上，社会民主党并不与工人阶级的组织相关，它是工人阶级自己的运动。"

除此之外，卢森堡认为，社会民主党以消除"领袖"与"被领导的群众"之间、有经验的"首领"与萎靡不振的"盲目群体"之间的反题为己任，该反题是所有阶级统治的历史依据。群众自己产生的明确的意识是社会主义行动必不可少的历史条件，就如同群众意识过去曾是统治阶级的行动条件一样。因此，领袖的作用必须脱去"首领"的身份，将领袖变成群众，变成群众自觉行动的执行机构。总之，赋予领袖作用的唯一"主题"是革命工人阶级的集体"自我"。从这些前提出发，卢森堡拒绝接受列宁在《进一步，退两步》中提出的被她称为"极端的集中主义"的观点。她认为，这种集中制披上了"雅各宾－布朗基主义"的外衣，会逐渐将中央委员会变成党的唯一有效核心。受到"夜间警卫"这种贫乏精神的浸透，领导核心更愿意监督和管理群众运动，而不是发展和丰富这种运动。她用社会主义集中制反对这种极端的集中主义，后者适用于谋反分子的组织，而前者只不过是一种"自我集中制"：党内大多数人的统治，先锋队的意志的强制性综合，反对民族、宗教或职业上的地方主义。对于在"工厂锻炼"中形成的纪律，列宁认为这种纪律可以使无产阶级自然地适应党的纪律，而卢森堡认为这只会使受压迫阶级更好地被驯服。卢森堡不同意社会民主党随意地进行自我约束，她认为工人阶级只有彻底清除在资本主义社会中被迫形成的顺从和奴役习惯，才能实现自我约束。

总而言之，尽管卢森堡确实低估了组织在革命斗争中的作用，但是她并没有像一些"卢森堡主义者"所言，将群众的自发性提升为绝对和抽象的原则。甚至在最能体现"自发主义"的著作《群众罢工、党和工会》（1906 年）中，她承认了社会党必须掌握群众罢工的"政治领导"，这意味着"为斗争制定口号，给斗争指出方向"，"安排政治斗争的策略"，等等；她还承认，社会主义组织是"领导全体劳动人民的先锋队，工人运动的政治明确性、力量、统一也确实是来源于这个组织"。还要补充一点，罗莎·卢森堡所领导的波兰组织（波兰王国社会民主党）具有密谋和革命的特点，比德国社会民主党更像布尔什维克党。

1919 年 1 月的失败明确地表明自发主义的局限性以及强大的革命先锋队的重要性。可能卢森堡在 1919 年所写的最后几篇文章中已经意识到了这一点，因为这一次她强调："群众需要明确的领导和果敢的领袖。"

葛兰西：从工人委员会到马基雅维利式的政治家

葛兰西关于组织问题的思想在 1919 年和 1934 年之间发生了深刻而彻底的变化，几乎可以说是"思想的决裂"。意大利共产党成立（1921）之前的几年内，葛兰西在意大利社会党的中央机关报《前进报》皮埃蒙特版和意大利社会党共产主义派的周报《新秩序》上发表了几篇文章，提出了组织问题，与"卢森堡主义者"的观点颇为接近，而 1933—1934 年在狱中撰写的札记则超出了"雅各宾－布朗基主义"

的范围，直接达到马基雅维利式的程度。一些迹象清楚地表明，这种思想上的变化源自共产主义工人运动在这 15 年内在世界各地特别是在意大利所发生的深刻变化。

首先，为了理解葛兰西在 1919—1920 年这段时期内的著作中暗含的"自发主义"，必须将这些著作置于其历史社会的背景之下：（1）"一战"后，在苏维埃革命的影响下，随着罢工运动、社会革命和共产主义起义（1919 年的德国和匈牙利）的不断出现，整个欧洲大陆的工人运动进入了"群众飞跃"的时期。（2）特别是在意大利，无产阶级群众表现出比工联领导或社会党领导更具有首创精神和战斗性。在都灵，在葛兰西直接经历和参与的历史运动过程中，起义工人占领工厂并自发地组织工人委员会。（3）受"中间派"分子支配的党的领导层与群众的革命程度相比非常落后：在都灵大罢工期间，党的领导层拒绝全面支持运动，将运动严厉地批判为"无政府主义的偏向"。就像 1904 年的卢森堡一样，葛兰西面对的是一个表面上的革命党——意大利社会党自称"第三国际的支部"，但是该党内部受到议会制和改良主义的侵蚀。

因此，葛兰西在 1919—1920 年的文章中使用非常接近斯巴达克同盟的纲领用语，并将卢森堡作为除马克思和列宁之外启发他根本信念的另一位重要思想家：共产主义革命只能通过群众实现，而不是某位党的总书记或共和国总统借助政令实现的。像卢森堡一样，葛兰西认为正是自发的、不可遏制的劳动群众的运动展现了历史发展的确切意义。这些运动是在工厂的黑暗和群众的觉醒中秘密准备起来的，群众的精神自主和历史首创精神在这个过程中逐渐形成。

在意大利，1919—1920 年的工人委员会是无产阶级革命自发性的历史表现。在工人委员会中，劳动者受到了社会管理方面的训练，为工人国家的自治政府做准备。因此，群众的政治权力、引导运动的权力必须归属群众自己的代表机构——委员会和委员会体系，而组织的技术人员（也就是不能免职的专家）必须局限于纯粹的管理职能，不能涉及任何政治权力。

在这种情况下，党应该发挥怎样的作用呢？葛兰西认为，党不应力图机械地将运动限制在其组织的狭小框架内：它可能会不知不觉地变成一个保守的机关，眼看着革命过程挣脱了它的监督和影响。在工厂委员会的具体情况中，党和工会不能装出一副监护人或者从这些新的机构中组建起来的统治阶层的样子。恰恰相反，党必须成为"工人从执行者变为倡导者这一内心解放的过程"的工具。总之，共产党不能成为空论家、"小马基雅维利"的集合，也不能成为利用群众以试图对法国的雅各宾派进行英雄式模仿的政党，而应该是想要通过自己的方式、采取自治的方法实现自我解放的群众的政党。

党与群众的这种关系结构反映出党的内部组织的水平，葛兰西认为它应该是"自下而上"的：在每个工厂（都灵），都有一个带着自己领导班子的共产主义常设小组。一些独立的小组根据所在工厂的地理位置聚集在一起，在党支部内部成立领导委员会。

在1927—1935年这段时期内，欧洲的工人运动无论是在与对手的力量关系上还是在本身的结构上，均受到了激进变革的不良影响。(1)革命运动的普遍衰退、群众的政治停滞、共产主义的反复失败，这些使得领导人中出现对党和"领袖"给予极度重视的倾向。(2)在意大利和德国，工人党的失败与法西斯掌权同时发生，法西斯在城市和农村均得到了政治上落后的大量平民阶层的支持。在某些社会民主党知识分子（卡尔·曼海姆、埃里希·弗洛姆）中出现了对"非理性倾向"的强烈不满和极大怀疑，同时，在共产党领导人中出现了对党的机构的反省和"领袖"对"群众"权力的加强。(3)最后，在这个时期内（1927—

1935），共产主义运动开始了内部官僚主义化进程——"斯大林主义"，该进程随着莫斯科诉讼案和对布尔什维克老领导层的清洗于 1935 年达到了顶点。我们认为，这三个重大事件——群众的后退、法西斯的成功和斯大林主义的发展——成为理解葛兰西政治思想变化的关键。

1933 年的葛兰西认为，党必须发挥"现代君主"的作用，也就是马基雅维利和雅各宾派传统的合法继承者。由此，党在意识上处于神话或绝对命令的地位，成为确定什么有用什么有害、什么高尚什么邪恶的参考点。党最终具有了"进步的警察职能"。换言之，"如果从存在着领导者和被领导者以及治理者和被治理者这一原则出发，那么，毫无疑问，到现在为止'党'是培养领导者和锻炼领导艺术的最便利的手段"。

在他眼中，革命党的内部组织顺应民主集中制的原则，民主集中制被定义为"将源自群众根基的因素持续嵌入领导机构的稳固结构中"。这意味着一个界限分明的内部等级制度：最底层是"贡献并不在于拿出创造精神或高度组织精神，而在于他们的纪律性和忠实"的普通人群体；最顶层是"具有强大的联系力量——集中的、有纪律的甚至发明的力量"的领导集体；两者之间，则是衔接两个极端的中间要素。然而，需要补充的是，葛兰西对于这样一个组织纲领的危险性并非浑然不知。他对"官僚主义集中制"、领导人官僚的保守主义习惯以及对党异化的拜物教这三者的批判，暗示着《关于马基雅维利的政治学的札记》的作者与《新秩序》的作者之间具有某种连续性。

卢卡奇的政党理论

卢卡奇在库恩·贝拉的短暂的匈牙利苏维埃共和国（3—7 月）中担任人民委员的亲身经历，可能令他萌生了对辩证地超越自发主义和宗派主义的理论进行综述的想法。在这段革命经历中，工人阶级的自发的革命毅力表现出巨大的力量，但是它的迅速失败表明，"尽管工人阶级的革命自发性是以无产者的革命为基础的，但是我们不能将无产阶级专政建立在这一唯一的力量上"。

此外，俄国十月革命胜利和1919年1月斯巴达克团起义失败后，非常有必要对革命过程中经受决定性考验的组织理论进行一次思想总结。在这样的历史形势下，这种总结对"卢森堡主义"是非常不利的。然而，卢卡奇的《历史与阶级意识》写于转型时期（1919—1922），在这段时期内德国的形势还比较具有潜在的革命性，"卢森堡主义"还是欧洲共产主义运动中比较强大的一派。需要补充的是，卢卡奇当时生活在德国，该派别在德国的影响力很大。这就很好理解为什么《历史与阶级意识》尽管有所保留，但仍深受卢森堡思想的浸透。

卢卡奇认为，卢森堡主义的自发主义的根本错误，一方面在于深信无产阶级的自觉是对潜在内容的简单实现，另一方面在于忘记了资产阶级思想体系的影响，正是由于这种影响，即使是在最糟的经济危机发生时，工人阶级的一些阶层政治上仍然落后。群众的自发行动是经济规律的心理表现，但是真正的阶级意识并不是客观危机自然而然的产物。

于是，他引入对工人的"心理意识"和真正的"无产阶级的阶级意识"的区分，这是《历史与阶级意识》的核心论题之一。前者是指群众实际有效的、全凭经验的想法，从心理上可以进行表述和解释，后者是指对阶级历史形势的有意识的见解。这种真正的阶级意识并不是阶级成员想法的总和或平均，而是一种"客观的可能性"：可以给予这个阶级的最适当的理性反应，也就是这个阶级如果能够把握历史形势的总体性而会具有的意识。

然而，被"给予"的阶级意识并不是一个先验的整体，一种绝对的价值观，在思想的世界中漂浮不定；相反，这种意识具有具体的、革命性的历史形象：共产党。因此，卢卡奇认为，共产党是阶级意识的组织形式，这种阶级意识作为意识和革命行动最有客观可能的载体，在理论和实践之间、人类和历史之间发挥着媒介作用。在关于党和大规模无组织的群众之间关系的讨论中，尤其必须避免资产阶级历史观的特有倾向，即将真正的历史进程与群众的演变割裂开来。无论是党的宗派主义还是自发主义都陷入了这样的错误中，因为它们在提出"反机会主义的恐怖主义"这一不确实的困境的同时，却处于"意志主义或法西斯主义"的资产阶级困境中。

宗派主义过高地评价了革命过程中的组织作用，倾向于用党代替群众（同布朗基主义者一样），并将党与群众之间在历史上必要的组织区分视为长期分裂。因此，宗派主义人为地将在生活和阶级演变中的"正确的"阶级意识分离出来。而自发主义则低估了组织因素的重要性，将无产阶级的阶级意识和群众一时的情绪置于同一水平，把真正的意识层级拉至最低水平——或者最多拉至平均水平。因此，自发主义拒绝将这些层级的统一过程提高到尽可能高的水平。

卢卡奇认为，组织问题的辩证的解决办法在于党和无组织的群众之间进行积极的相互作用，这可以超越反对"群众自治"的"党的雅各宾主义"这一方案。阶级意识的发展进程将会促进这种相互作用的结构的形成。换言之，共产党和阶级之间的组织划分源自无产者在意识问题上的异质性，但是这种划分可能只是整个阶级意识统一的辩证过程中的一个环节。从促进革命意识自觉进程的意义上看，先锋队组织的自治可能会是使最高的客观可能性和平均的有效意识水平两者相等的方法。

从共产党的内部结构这一角度进行考虑时，卢卡奇再次努力避免官僚主义集中制和极端"自治主义"的物化方案。尽管他强调革命首创精神的能力必须以高度集权和劳动的进一步划分为前提，但是他也指出了官僚主义化的危险，公务人员封闭的等级制度与抱有一定冷淡态度的消极党员之间的对抗就是这类危险的体现，在这里，盲目的信赖与冷漠无情掺杂在一起。总之，卢卡奇强调党员的意愿与党的中央领导层的意愿之间进行具体的相互作用的重要性。由于这种关系，从小资产阶级那里遗留下来的积极的领袖与消极的群众之间的对抗可能就会消失。

（赵超 摘译）

马克思论全球化*

〔英〕戴维·伦顿①

什么是全球化？对于政治色谱不同位置的作者来说，全球化理论为正在塑造当今世界的经济变革提供了最有说服力的解释。在英国，《金融时报》认为世界市场从"时间、地点和货币的束缚"中解放了出来。在《卫报》上，拉里·埃利奥特（Larry Elliott）称"全球化市场和新技术已经使'为生活而工作'的观念终结了"。对纳奥米·克莱恩（Naomi Klein）、乔治·蒙贝尔特（George Monbiot）和那些全球抗议运动中的反资本主义者来说，全球化这一术语刻画出了一个梦魇般的社会——整个社会被包括可口可乐、百事可乐、麦当劳和耐克等公司在内的为数有限的几个超大型公司所操纵。实际上，全球化从作为一个经济观点产生以来，对它的争论就从来没有停止过。现在全球化在社会科学领域也是一个时代概念。据一位社会学家称，全球化过程指的是20世纪90年代，"根据这个观点，我们把它理解为人类社会向第三个千年过渡的时期"。马丁·沃克（Martin Walker），这位研究冷战的历史学家预测说，这是人类历史的新阶段，与以前历史阶段的区别在于"强大的全

---

* 本文选自《马克思主义与现实》2006年第5期。

① 作者为英国著名历史学家、政治活动家。

球经济将统治我们的未来"，在他看来，全球化将改变我们的艺术、文化、文学，以致我们对自身的根本理解。如果事实正如沃克所言，那么全球化将在未来的千年里决定我们这个世界的方方面面的"特性"。

然而，在全球化的主张中，却没有清晰、一致的观点。一些人把全球化描述为一个已经完成的事件，而另外一些人则认为全球化是一个刚刚开始的过程。到现在也没有一个全球化论者站出来界定这个引发争议的术语。不同的作者根据他们自己在社会中的立场和他们对全球化的判断，来强调着全球化的不同方面。大多数关于全球化的争论是在包括世界银行、国际货币基金组织、联合国和国际劳工组织等在内的全球机构中产生的。在世界范围有影响力的机构自然对全球发展问题十分敏感，与此同时，来自学术界的社会学家看待全球化也有他们自己的角度，他们赋予它的最大希望是工作即将随之终结。像可口可乐、麦当劳和福特公司这样的私人公司则倾向于将全球化过程理解为创造它们自己的产品并以此来控制世界市场的过程。

当代全球化诸理论

文化、经济和政治变量

在关于全球化争论的不同方法之间，至少可以找到三个有益的区别。第一种全球化的文化、经济和政治理论之间存在着主体差别。明显的是，这些方法是相联系的，但是不同的学者有着不同的角度。

许多文化全球化论者把自己限定在世界正在变得更加同质的判断上。便宜的旅行和新的通讯方式正在消减国家间区别的重要性。在三好将夫（Masao Miyoshi）看来，"民族文化正在变得越来越不重要，现在是多文化主义的时代。"社会、文化、政治和经济正在更加紧密地结合在一起。安东尼·吉登斯（Anthony Gidden）是这样定义全球化的："它是世界范围内社会联系的强化，它以一种新的方式把距离遥远的地方联系在一起，通过这种方式，本地发生的事件受到千里之外的事件的影响，反之亦然。"对全球化的这种文化界定是松散而广义的。汉内斯（Ulf Hannerz）把这个世界形容为一张社会关系网，"而且在不同地区间不仅存在着人口'流'和货物'流'，还存在着意义'流'"。约翰·汤林森（John Tomlinson）称："全球化削弱了单个民族国家的文化凝聚力。"人口、货物和信息在不同国家之间自由流动。生产变得越来越全球化，工作的重要性有所降低，而消费变得越来越重要。齐格蒙特·鲍曼（Zygmunt Bauman）认为，旧的生产者社会已经结束，"现代社会塑造其成员的方式首先是由消费者的需要所决定的"。詹姆斯·马丁（James Martin）把全球化描述为某种相互联系的趋势群，包括阶级政治的衰落、新社会运动的兴起、日益加强的理性"去魅化"以及民族国家的衰落。因此，全球化是通向一个新的、后现代世界的多个途径之一。

与文化变迁论者相比，那些国际关系领域的学者描绘的则是政治全球化。他们的论点就是，全球机构的出现已经减少了民族国家独立活动的空间。法兰克福学派哲学家尤尔根·哈贝马斯（Jürgen Habermas）认为，任何国家"都再也不能只依靠自身的力量来为其国民提供足够的保护，使其免受其他行为体决策带来的外部影响，或者使其免受发端于国境之外的事件所产生的负面冲击"。这样的结果就是民主缺陷，体现为攻击性民粹主义运动的再生。约翰·格雷（John Gray）也持有相同的观点："世界范围内的自由市场已经不像过去的国内自由市场那样能够自我调节。"于是，格雷预言地区性和国际性管制组织将出现，否则，他担心 19 世纪 30 年代的政治动荡将会重演。苏珊·斯特兰奇（Susan Strang）立足于第三世界的经验，从另一个角度感叹这是"一个新的债务世界"，在这个世界里，大多数国家发现他们的政策是由像世界银行和国际货币基金组织这样的国际组织、地区性发展银行决定的。

也许正是研究经济全球化的学者为冷战结束后开始形成的新世界描绘出了一幅最流畅的画面。比如，奈杰尔·哈里斯（Nigel Harris）在《第三世界的终结》一书中欢迎新的全球市场的到来，声称它将最终消除第一和第三世界国家之间的差别。第三世界的贫困将使它的生产者能够参与竞争。多亏自由市场这只"看不见的手"，产业才能够转移到那些劳动力便宜的地区。灵活生产的新方式更少依赖固定的生产设备，因此更容易转移。在哈里斯看来，除了全球生产，实现地区间的经济平等也充满希望。其他学者强调灵活生产采用的新的所谓的"无实物"（weight-less）技术，这使工业生产能够运动起来。在描述当今的"无组织的资本主义（disorganized capital-ism）"时，斯科特·拉什（Scott Lash）和约翰·厄里（John Urry）认为，金融正在变得比工业更为重要，国家、关税、工会都不能阻止资本向着它想去的方向移动。在全球化时代，所有事情都被改变了。一个巨型跨国公司可以自由投资的、真正的全球化经济已经出现。

乐观者和悲观者

全球化理论第二个分歧存在于那些热情欢迎与非常敌视这个新变化的人之间。奈杰尔·哈里斯（Nigel Harris）是明显的乐观主义者，而其他许多学者是悲观主义者。他们承认全球化是一个事实，但是认为全球化是一个会产生许多负面影响的过程。这些悲观主义学者强调全球化对普通民众产生的压力，认为在全球化条件下很难抵抗资本流向工资最低、生产条件最差地区的趋势。在劳动力昂贵的地区工厂被关闭了，而在劳动力比较便宜的地方却重新开工。工人被告知，竞争或死亡两者必居其一，全球化资本已经胜利。一个叫罗伯特·罗斯（Robert Ross）的学者，把全球化资本这个新的"巨兽"和国家官僚主义这个旧的"利维坦（巨兽）"进行了比较：

> 旧巨兽的恐怖之处在于国家的警察力量。新巨兽的恐怖之处在于失业、消减工资，以及家庭和社团生活对投资转移的恐惧。他们害怕他们对环境改善和经济进步的渴望可能使"新巨兽"的代理人将其投资转向那些劳动者更顺从雇主要求的地区。

比较相似的是，克姆·穆迪（Kim Moody）在《精益生产世界中的工人》一书中将全球化生产的扩张看作大规模生产向灵活生产的转变。尽管他对"全球胡话"（globaloney）（指的是关于全球化的各类理论——译者注）持怀疑态度，但是倒向了悲观主义的阵营。他在观点中所表露出的绝望针对的与其说是全球化生产的扩张，不如说是资本积累的持续危机以及灵活生产新方式的必然扩张。他说："通过创造由工资日益低廉的劳动场所和临时工组成的扩张的生产链，实行生产过程分权这剂药方，进一步加深了 20 多年前就已经开始的工人阶级的社会危机，而且没有任何缓和的迹象。"因此，在穆迪看来，全球化的结果就是规模缩小、生产外包、灵活生产，以及把资本持续攻击美化为管理。

怀疑者和相信者

第三个分歧存在于那些认为全球化是既成事实的人和那些否认一种

新的经济秩序已经形成的人之间。在上面列举的作者中间，大部分人认为全球化已经出现，但其中还有一些怀疑者，他们不同意全球化代表了一种新的经济秩序。保罗·赫斯特（Paul Hirst）和格雷厄姆·汤姆森（Grahame Thompson）认为，现在的经济并没有比 100 年以前更加全球化。尽管存在着各种"神话"，但是真正的跨国公司还是非常稀少。并没有出现更大规模海外投资的趋势。世界经济并不是全球性的，而是地区性的，欧洲、日本和北美这三大集团占有主导地位。同时他们认为现在世界经济也在有些方面出现了变化。他们承认金融市场不再处于过去那种严格管制之下，而且有证据表明制成品和半制成品的地区贸易量更大了。但是这些适中的变化过程根本不是那些严格的全球化论者所形容的新经济秩序。赫斯特和汤姆森坚持认为，国际贸易早已有之，现在根本没有证据表明出现了全球化生产的新趋势。所以，过去的 30 年并没有出现权力的向上或向下转移，没有发生重大的变化。虽然某种形式的全球化毫无疑问出现了，但是这一个过程是如何形成的和它的效果究竟如何依然有待观察。没有一种变革的过程是必然发生的，而且任何社会力量都会遇到抵抗。

怀疑论者对于那些认为全球化会替代资本主义的解释尤其持批评态度，坚持认为除了市场外别无他途，应该放弃寻找社会组织的其他形态。在这个意义上，他们主张，全球化理论在政治上是低能的。

马克思论世界资本主义

本书收集了卡尔·马克思和弗里德里希·恩格斯的文章，其中包括私人信件、杂志文章、生前未发表后来出版的手稿、各类宣言以及他们的经济著作的摘录。虽然该书的主题是马克思论全球化，许多摘录选自他已经发表的著作，但是也包括了恩格斯的著作。他们是共同合作的，他们的许多书都是一起出版的，在马克思逝世后发表的他的后期著作都是由恩格斯编辑的。本书的目的是使读者能够看到马克思和恩格斯在全球化问题上争论的渊源。我无法发现他们两人在什么时候使用过"全球化"一词，因为这个术语是最近才有的创造。然而，尽管许多全球化理论家认为现在世界进入了一个新的经济时代，但大多数人也需承认，目前正在进行分析的许多过程源自于伴随我们已久的旧的国际经济。诸如世界资本主义、地区间市场贸易、金融和新的工作方式这样的发展进程已经成为我们生活的一部分，至少从 19 世纪 40 年代以来就是如此，而那时候马克思和恩格斯正好已开始写作。

之所以重新关注马克思的著作，有几个原因。一是马克思写作的语言清晰而生动。在大多数时间里，马克思是在为工人和其他处于经济下层的人们写作的。值得注意的是，他的书和小册子中从没有那些令许多学术著作蒙羞的"生造出的术语"。更重要的是，马克思和恩格斯是认识到全球资本主义新颖之处的首批学者之一，并且系统地讨论了这个问题。他们首先认识到这种方式将扩展开来，并且认为资本主义社会将扩张——在他们的时代资本主义仅存在于英格兰和北欧的部分地区。他们所看到的是农村和君主社会，在这种社会里，人们还被封建主义深刻影响着，但是，在当时他们就能够描绘出人们从此将生活于其中的资本主义世界的轮廓，这是一个非凡的成就。正如艾瑞克·霍布斯鲍姆（Eric Hobsbawm）所写的："马克思和恩格斯所描述的并非 1848 年已经被资本主义所改造的世界，他们从逻辑上预言了世界注定将被资本主义所改造。"

马克思和恩格斯是同时代学者中首次把国际经济看作是动态范畴的学者，在国际经济中，国家和地区都被国际趋势所影响。因此，我们可以看出他们已经接近当代那些把整个世界视为统一的世界资本主义的全球主义者的主张，后者认为，在全球资本主义内，系统的每一个部分都在复制着整个系统。本书的第一部分"世界经济"，包括了《共产党宣言》（1848 年）中的那段著名的摘录。在《共产党宣言》中，年轻的马克思和恩格斯看到了新兴的资本主义秩序带来的变革：一切固定的僵化的关系以及与之相适应的素被尊崇的观念和见解都被消除了，一切新形成的关系等不到固定下来就陈旧了。一切等级的和固定的东西都烟消云散了，一切神圣的东西都被亵渎了。人们终于不得不用冷静的眼光来看他们的生活地位、他们的相互关系。①

不断扩大产品销路的需要，驱使资产阶级奔走于全球各地。它必须到处落户，到处开发，到处建立联系。

这段话之所以著名在于革命者用一种积极的口吻赞扬了资本主义制度的活力。实际上，这是 20 世纪 90 年代的一个小小的讽刺。当世界银行正寻求证明市场引入前共产主义集团的合理性时，这段话被用在《1996 年世界发展报告》的导言中。

如果有人抗议反对全球化是进步的观点，那么他肯定站在了科技进步的对立面，就会像英国传说中的克努特国王（King Canute）那样拼命阻挡浪潮，最后归于失败。按照这个观点，对此的抱怨不仅毫无意义而且是反动的。市场这只"看不见的手"必定会在全球范围内公平地分配资源。在当时，马克思和恩格斯蔑视那些自由贸易论者和那些把资本主义描绘为以完全积极的方式运行的人。在 1844 年的作品中，恩格斯痛斥了那些持即将出现的必定是最好的看法的人。他写道："你们破坏

---

① 《马克思恩格斯选集》第 2 版第 1 卷第 275 页。

了这些小的垄断，但是，这是以使一个更大的垄断和财产权更加自由的、无限制的大行其道为目的的"，"你们所文明化的是地球的末日，以使你们卑鄙的贪婪欲望的满足获得新的空间；你们是在造就人们的'兄弟之情'，但是你们的兄弟之情是盗贼之间的'兄弟之情'。"

马克思和恩格斯经常遭受批评的一个观点是：他们认为整个世界将会遵循一种发展模式。卡尔·波普尔（Karl Popper）是批评者之一。他认为，马克思相信"资本主义在前，社会主义在后"这一过程是不可避免的，这意味着马克思主义是一种封闭的历史理论，是一种不能被外部世界发生的事件所证伪的目的论。尽管马克思的著作比他所说的要精致，并且是非决定论的，但是波普尔的批评能轻而易举地、并且更深刻地适应于全球化理论。全球化是不可避免的，这一论调得到的更多是确认而非验证。

第三部分"发展是必然的？"提出了这样一个疑问：马克思和恩格斯是否真的认为会不可避免地出现一种经济发展模式？本书的观点是，他们不这么认为。在《资本论》第一卷的序言中，马克思认为每一个欧洲国家可能都会经历一种在当时只有英国发生了的资本主义发展过程。"它不是一个来源于资本主义生产的自然规律的社会反抗发展的程度高低的问题，问题在于这些规律本身，在于向着不可避免的铁一样的必然性发展的这种趋势。工业化程度很高的国家向不发达的国家所展示的，仅仅是它们自己的未来。"但是，后来马克思对使用"必然变化"这样的语言更加谨慎了。在那封致维拉·查苏利奇（Vera Zasulich）的著名的信中，马克思暗示俄罗斯可能跨越资本主义道路。农民还没有被赶出乡村，而且到了要把他们赶走的时候，俄罗斯就没有必要按照西欧那种无产阶级土地不足的模式发展了。这本书还包括了致查苏利奇的信的草稿，还有更早的时候给俄国《祖国纪事》杂志编辑部（1877 年）的信中的一段话："如果把这些演变中的每一个都分别加以研究，然后再把它们加以比较，我们就会很容易地找到理解这种现象的钥匙；但是，使用一般历史哲学理论这一把万能钥匙，那是永远达不到这种目的的，这种历史哲学理论的最大长处就在于它是超历史的。"①

佩里·安德森（Perry Anderson）和其他人一样，批评说，在致查苏利奇的信中马克思暗示"俄罗斯从村社向社会主义直接过渡"。马克思在这里没有对一个社会怎样才能从原始的经济平均主义阶段走向更高的工业化社会主义阶段做出解释。我们可以看出马克思的经济发展理论中存在着某种紧张关系。一方面，马克思相信世界正在向着同一个方向发展，向着更加整合的全球资本主义发展。另一方面，他也在密切关注着这一进程中的不均衡现象和朝着相反的结果发展的可能性。马克思逝世后，一些人试图把马克思的这些观念结合起来，从而形成了"混合与不均衡发展"（uneven and combined development）理论。根据这一理论，资本主义正在向不发达国家扩展。实际上，在这些国家发展出来的是资本主义制度的最发达形态。在美国、俄罗斯和其他地方，可能会跳过那些在德国和英国用了几百年的时间所走过的完整的历史发展阶段。最近计算机技术向非洲的扩展就是这样的过程。在埃及和南非这样的国家中，很少学校拥有计算机和相关的关键技能，包括网络管理、计算机维护等也相当缺乏。但是，最先进的计算机语言在这里是可以得到的，计算机动画、网页设计和其他技术在这里同在西方一样先进。回顾这个争论是颇有益处的。

---

① 《马克思恩格斯选集》第 2 版第 3 卷第 342 页。

与全球化争论相关的不仅是马克思对资本主义的变革本质的解释。在马克思和恩格斯的著作里，他们对在资本主义制度下的不同地区的关系也有站得住脚的解释。虽然许多全球化理论家，包括奈杰尔·哈里斯（Nigel Harris），认为资本主义全球化将使第三世界国家具有与最富有的西方国家同样的发展水平，对以这种方式实现变化马克思并不像他们那么乐观。第四部分"帝国主义"，包括了马克思自19世纪50年代以来就该问题写的一些评论。其中有两点值得重视。

第一，马克思认为在东方的发展和殖民地国家的阶级斗争之间存在一种联系。它们都是社会关系总系统的组成部分。西方国家在行为上没有必然的理由应该领导东方，事实可能相反。马克思在1853年写到中国时坚持认为："欧洲人们的下一次起义，更有可能被这个天朝大国现在正在发生的所影响，而不是现在存在的其他因素。"

第二，虽然爱德华·萨伊德（Edward Said）曾把马克思描绘为鼓励英国殖民主义的"罗曼蒂克的东方主义者"，但是马克思清醒地认识到帝国扩展的残暴。他同情普通印度人的悲惨境遇，在1857—1859年印度独立战争期间，马克思公开与印度人民站在一起，在当时这是非常少见的立场！马克思1853年为《纽约每日论坛报》写的《不列颠在印度统治的未来结果》一文认为，帝国主义将给非工业化国家带来资本主义技术优势、铁路和新的生产方式。但是，他并没有把这些发展作为进步的例证，而是既看到这个过程的积极一面，也看到了随之而来的是殖民统治的羞辱和折磨。实际上，他把这些发展比喻成"可怕的异教神怪，只有用被杀害者的头颅做酒杯才能喝下甜美的酒浆"。

全球化的一个观点是，科技的发展必然会带来社会的进步。所以，新技术的引进，包括新的媒体、计算机和因特网，一定会改变人们的工作和生活方式。虽然马克思和恩格斯经常被说成是经济决定论者，可能会接受这种观点的逻辑，但是实际上他们怀疑这种研究方法。马克思在他的哲学著作中指出，这种朴素的唯物主义剥夺了人作为能动者支配自己未来的角色。他坚信，经济变化决定着社会生活，但是不能决定社会生活的状态。第五部分选收的是马克思1845年完成的《关于费尔巴哈的提纲》全文，文章认为，"关于环境和教育起改变作用的唯物主义学说忘记了：环境是由人来改变的，而教育者本人一定是受教育的。"也许人类不能选择自己所处的环境，但是他们能够创造自己的历史。马克思认为，在经济基础和上层建筑之间存在联系，经济基础决定社会上层建筑，社会上层建筑对经济基础具有反作用。

与全球化相联系的另一个论点是：随着工作的衰落，会产生一个新的社会，在这个社会里，任何东西都成为商品，人类受其所消费的商品而非所生产的东西规定。第六部分"商品和消费"，包含了马克思认为人类不可能在消费领域获得自由的一些文章。马克思认为，工人在劳动中正在被异化，"工人越是通过自己的劳动占有外部世界、感性自然界，他就越是失去生活资料"。从劳动领域蔓延的这种异化继而会像毒药一样毒害生活的各个方面。作为消费领域里自由的所谓代理，金钱在资本主义制度下变成了不自由的来源，变成了一个束缚自由的锁链。正如马克思在《1844年经济学哲学手稿》中所说的："使一切人和自然的性质扭曲和混淆，使人与人之间的兄弟情义不可能存在——货币这种神力——包含在它的本质中，即作为脱离了人的、异化着的并自我赋予的类本质。货币是人类异化的能力。"（参考《1844年经济学哲学手稿》中译本，人民出版社1985年版）这一部分还包括1862年马克思在一家德国报纸《新闻报》上发表的一篇鲜为人知的文章《面包的制作》（参考《马克思恩格斯全集》第 1 版第 15 卷）。在这篇文章中，马克思认为，尽管新技术是一种科技进步，但是它并不总是在应该采用的时候被引进。只要生产有毒的、掺假的面包成本更低，旧的技术就会继续被使用。他认为资本主义利润是人类发展道路上的永远的障碍，从而现代技术不可能实现人类解放的承诺："不管我们往哪里看，我们到处都能见到：直接消费品的生产迄今为止差不多没有受到大工业的影响，人们的日常需要是通过古老的、极度笨拙的手工操作来满足的。"

第七部分"资本，货币，工资和贸易"，由从马克思的《资本论》和经济学手稿节选的文章组成。其中的一些直接同全球化理论的经济学基础相矛盾。全球化理论的一个观点是劳动力价格是商品价格的一个决定因素。据此可知，生产要素将流向劳动力价格最廉价的国家。在《资本论》第一卷中，马克思证明了这种观点是不确切的。劳动力价格仅仅是影响产品成本的一个因素，在劳动力最便宜的地方，产品不一定最便宜。实际上，在那些有着先进的机器设备的地方，尽管工资报酬是高的，但是产品经常相对便宜一些，"生产效率较高的国民劳动在世界市场上也被算作强度较大的劳动……所以，货币的相对价值在资本主义生产方式较发达的国家里，比在资本主义生产方式不太发达的国家里要小。"[1] 换句话说，高利润与高工资完全相对应，而低利润与低工资相对应。

与全球化相联系的另一个论点是，在生产最灵活的地方，生产往往是最有效率的。当实现"弹性生产"（flexible production）的方式是减少商品存货和原材料的时候，通过这种方式就可以生产出大量的商品。

---

① 《马克思恩格斯全集》第 2 版第 44 卷第 645 页。

根据"即时生产"（just in time production）理论家的看法，只要有最新需求，即使原材料和机器这样的固定投入也要完成。满足消费者需求的方法之一就是把新的生产手段供给降到最小量。与此相反，在《资本论》第二卷（在 1885 年马克思逝世后出版）中，马克思认为实现持续生产的唯一方式只能是保持原材料的稳定供给，"（原材料）供应越没有保证，越不规则，越缓慢，生产资本的潜在部分，即生产者手中等待加工的原料等等的储备就必然越大。"① 对公司来说，虽然减少制成品的存货还有可能，但是减少原材料就困难得多了。

与全球化相关的另一个论点是随着工业资本重要性的降低，金融资本占据了统治地位。随着金融的全球化，购买世界各地的股票成为可能。所以在金融业发达的地方，生产一定会以同样的方式运转和流动。马克思则持相反的观点，他认为在发达的资本主义条件下，金融是从属于工业的，这一点在经济繁荣和萧条之间的交替循环时更为明显。随着工业化生产的兴衰，国际金融的发展起伏不定。"在资产阶级社会的早期，贸易主宰工业；而在现代社会，则恰恰相反。"

第八部分"资本、金融和利润"，包括马克思《资本论》第三卷（马克思逝世后于 1894 年出版）中的一段，这段概述了货币资本和工业生产的关系，还包括马克思 1861 年至 1863 年完成的《经济学手稿》中的一段，在其中，马克思第一次指出了利润率有下降的趋势。马克思认为，在机器而非劳动力方面投入越来越多，这只符合资本家个人的利益，而不符合整个资本主义体系的利益。每当一个公司投资于生产的最新手段，它就会抢在它的竞争对手的前面。但是，随着越来越多的货币

---

① 《马克思恩格斯全集》第 1 版第 45 卷第 160 页。

投资于机器而不是劳动力上，投资的整体水平的增长会超过价值的增长。利润与投资的比率将会下降。实现生产的最先进水平将会变成惯例，与成本相比利润水平将会下降。所以，成本的增长将会快于利润的增长。实际上，马克思认为资本主义随着时间的推移会有走向危机的趋势，这一观点迥异于那些热情的全球化论者的乐观看法。

最后一部分"劳动"，体现了马克思和恩格斯的期望：国际资本主义的生产将会遭到国际劳动者联合反抗。除了支持工人们的斗争需要，马克思和恩格斯还号召实现民族权利。在国际工人协会里，马克思和恩格斯号召反对美国的奴隶制度，积极支持被压迫的波兰人民建立自己的国家。"资产阶级"的民主要求同工人革命的主张是十分一致的。马克思和恩格斯希望革命能够扩展开来，随着它从一国向另一国的扩展而变得更加社会主义化。最初以反对民族压迫的地方化运动将会演变为追求社会主义目标的群众运动：民主主义的小资产者至多也不过是希望实行了上述要求便赶快结束革命，而我们的利益和我们的任务却是要不间断地进行革命，直到把一切大大小小的有产阶级的统治都消灭掉，直到无产阶级夺得国家政权，直到无产者的联合不仅在一个国家内而且在世界一切占统治地位的国家内都发展到使这些国家的无产者间的竞争停止，至少是直到那些有决定意义的生产力集中到了无产者手里的时候为止。①

马克思和恩格斯相信，最富裕国家的工人只有在与最贫穷国家的工人实现联合斗争时才能获得自己的解放。工人阶级在政治上必须联合，否则，就是错误的选择。这一观点体现在马克思的著名的致库格曼的信

---

① 《马克思恩格斯全集》第 1 版第 7 卷第 292 页。

中，在这封信里，马克思认为英国工人必须与爱尔兰的压迫作斗争，"在英国，工人们要想使自己的行动具有决定性，就必须把对爱尔兰的态度与对统治阶级的态度直接区分开来……之所以必须这样做，并不是出于对爱尔兰的同情，而是出于英国无产阶级自身利益需要的考虑"。国际主义的目标体现在本书所选的"德意志意识形态"部分，在这一部分，马克思认为大商业的出现使工人阶级的发展成为可能，而工人阶级正是变革的力量。尽管生产在最近几年变得更加多样化，但是资本比以前变得更加庞大和集中。工人队伍更加庞大——仅仅在最近 20 年工业无产阶级在全球范围内超过了农村的小农阶级。这个论点与马克思在其他地方表达的观点一样，在今天仍然具有现实意义。

在总结了上述内容后，有理由回到本书的目的上来。本书旨在使读者回顾马克思在研究这些问题上运用的有创造性的、重要的思考方法，选择具体的事例并坚持以实事求是的态度对待这个世界。在马克思的一生中，他坚定地支持那些在反抗英国殖民统治中的殖民主义的受害者，以及反抗中的英国工人。在被压迫者和全球性资本两者当中，马克思旗帜鲜明地站在了前者一边。尽管如此，马克思和恩格斯都更有可能对无所不包的全球化理论提出质疑。对于各种关于不受任何限制的全球资本的流行言论来说，有一点是真实的：用于销售的东西首先必须要生产出来，任何称之为产品的商品必须有生产它们的人。资本和劳动比全球化理论所设想的更加固定化。总之，这些从马克思和恩格斯著作中节选的内容所描述的世界更贴近我们所处的现实世界。

然而，这本书的目的并不是论证全球化理论的正确与否。经济理论的正误只能由当时世界经济中的事实来证明。也许现在有一种生产国际化的强烈趋势，也许没有，二者必居其一。弹性生产越来越在生产上占据统治地位，或者不是如此，二者也必居其一。事实上问题在于：这些并不是简单地由本书中所引用的马克思和恩格斯的论述所决定的。在《德意志意识形态》中，马克思和恩格斯批评了青年左派黑格尔哲学，他们认为路德维希·费尔巴哈（Ludwig Feuerbach）和施蒂纳（Max Stirner）以及同时代的其他哲学家所持有的神秘化思想很可笑：有一个好汉一天忽然想到，人们之所以溺死，是因为他们被关于重力的思想迷住了。如果他们从头脑中抛掉这个观念，比方说，宣称它是宗教迷信的观念，那么他们就会避免任何溺死的危险。他一生都在同重力的幻想作斗争，统计学给他提供愈来愈多的有关这种幻想的有害后果的证明。这位好汉就是现代德国革命哲学家们的标本。①

那些反抗全球化的"好汉"也让人回忆起"马克思主义者"的某些变种，他们解决的不是现实中的，而是他们头脑中的全球化矛盾。如果把马克思作为自己著作中的所选的角色，那么异想天开地认为马克思发现了他所处时代以及人类任何时代中资本发展的全部规律就大错特错了。出于这个原因，本书必然也是临时性的。面对世界经济是否正在变得更加全球化，本书只可能帮助读者寻找答案，而并非提供答案。

同样重要的是，我们要清楚，全球化这一术语的内涵随着它的运用也在发生变化。20 世纪 90 年代中期，这一术语与公司权力是同义的。新技术看起来促进了跨国公司的进一步发展。然而，最近一两年以来，全球化的核心组织都遭到了更严厉的质疑。这一过程开始于 1999 年冬天，在西雅图世界贸易组织会议期间出现了大规模的抗议。继而，在华盛顿、米兰、京都、首尔和布拉格等地，国际货币基金组织和世界银行

---

① 《马克思恩格斯全集》第 1 版第 3 卷第 16 页。

也遭遇到了相似的抗议。在布拉格抗议的一个标语宣称："我们的抗议必须与资本一样，也要'全球化'！"这些新的反资本主义运动中，有很多需要马克思主义者学习的东西，当然，这些运动本身也有一些是借鉴卡尔·马克思的。

多年来，马克思的理论一直备受攻击。世界上没有哪位思想家能够像马克思这样如此经常地与当代的争论密不可分。然而，过去五年来，人们对马克思的经济和历史著作的兴趣与日俱增。从 1996 年到 1997 年，将近 10 万册《共产党宣言》在英国销售一空。与此同时，《伦敦书评周刊》、《金融时报》和《纽约客》等报刊都高度评价了马克思洞察世界经济的能力。随着冷战的结束，人们可以经常看到马克思和恩格斯的著作。卡尔·马克思又回来了，人们又重新实事求是地讨论他的思想。如果本书能够引导读者重读马克思的著作，那么它的目的就达到了。希望本书能够成为这一趋势的组成部分。

（刘鹏 编译）

马克思与全球化[*]

〔美〕汤姆·洛克莫尔[①]

一、作为资本主义扩张历史过程的全球化

我所理解的"全球化"是"经济的全球化"。"全球化"还很新。在英语中，这个术语仅仅在上世纪晚期才被常规地使用。关于它应当如何被理解，还没有形成共识。那么，根据国际货币基金组织比较宽泛的观点，全球化的四个基本方面是指贸易和交易、资本和投资流动、移民和人口流动、知识的传播。[②] 我将从一个更狭窄的视角具体关注经济方面，更具体地说，是民族经济以大量不同的方式向国际经济的融合。

通过不断寻求新市场以试图使利润最大化的资本主义扩张这一内在趋势的后果就是全球化。既然它需要不断地开拓市场，资本主义自然倾向于将自身拓展到全世界。但是这个拓展过程不能以同样的方式无限持续。人们可以预见，有一天具有资本主义特征的经济扩张过程将会遭遇

---

[*] 本文选自《马克思主义与现实》2014 年第 2 期。

[①] 作者工作单位：美国杜肯大学哲学系。

[②] See"Globalization：Threat or Opportunity？"，IMF 2000.

它的自然极限。在这个极限，不再有新市场，也就是说，没有更多地方可去。

全球化改变其发展道路上的一切事物，人们不应忽略它这种内在趋势的社会后果：瓦解了传统生活方式，因而在传统生活方式的破坏中产生了一种永恒的危机形式。

这导致了一种明显的张力。资本主义为了运转得最好，需要由维护本土传统所带来的社会稳定。然而，内在于资本主义扩张中的社会不稳定性趋势产生了社会张力，比如经济扩张与某种极具宗教色彩的生活方式之间的张力（这种宗教生活方式内在地是保守的，努力维护传统生活方式）。我在别处已经论证过，像"9·11"事件这种现象可以有效地从这个视角来分析。①

全球化当然比当前用来表示它的这个术语产生得更早。根据如何理解"全球化"，它可以在这个传统中追溯很远，比如包括各种形式的征服、殖民主义等等。有时人们认为马可·波罗、克里斯多夫·哥伦布、瓦斯科·达·伽马的发现对所谓的首轮全球经济做出了贡献。

马克思充分意识到了这种现象。在《共产党宣言》中，马克思恩格斯写道："资产阶级除非对生产工具，从而对生产关系，从而对全部社会关系不断地进行革命，否则就不能生存下去。反之，原封不动地保持旧的生产方式，却是过去的一切工业阶级生存的首要条件。生产的不断变革，一切社会状况不停的动荡，永远的不安定和变动，这就是资产阶级时代不同于过去一切时代的地方。一切固定的僵化的关系以及与之

①　See Tom Rockmore,"Before and After 9 /11:A Philosophical Examination of Globalization",Terror and History,Continuum,2011.

相适应的素被尊崇的观念和见解都被消除了，一切新形成的关系等不到固定下来就陈旧了。一切等级的和固定的东西都烟消云散了，一切神圣的东西都被亵渎了。人们终于不得不用冷静的眼光来看他们的生活地位、他们的相互关系。"①

二、马克思论人的发展、实践和政治经济学

亚里士多德指出，人类内在地是社会的、政治的动物。马克思的政治经济学转向产生于他试图阐述在现实的社会环境中实现人的完善这一古老的西方梦想。在《理想国》中，柏拉图已经提出了一种想象的社会图景，在这种社会环境中每个人从事他最擅长的事。黑格尔指出，柏拉图没有提供实现这种图景的机制。马克思替代方案的希望在于它能够在对现代社会状况的未来陈述中指出人类自由在这种社会中的具体可能性。

马克思对实践的探讨，可以理解为是对缺乏社会实践理论的柏拉图的回应，对初步提出一种社会实践理论的亚里士多德的回应，对在他看来提供了一种关于社会状况的不正确观点的黑格尔的回应。在马克思看来，产生于具体社会境况因而是政治的经济学在人类社会实践中发挥着主导作用。政治经济学是理解社会实践的一种基本方式。马克思的实践概念常常被误解。马克思不是在割裂理论与实践（这是不可能的，当然也是荒谬的）的意义上，而是在阐述一种关于实践的理论的意义上强调实践。这样，这就不是像意大利法西斯主义那样强调行动而取代理论的

---

① 《马克思恩格斯文集》第 2 卷第 34—35 页。

那种理论与实践之间的对立。相反，它是以社会世界为中心的理论和那些以任何理由忽略社会世界的理论之间的对立。

有很多理由可以回避社会境况或者仅仅对之置若罔闻。人们知道，马克思关心理论与实践的关系问题。由于政治原因或者纯粹的忽略，许多马克思主义者认为马克思创立了这一主题。相反，对理论和实践问题不同方式的关注是德国观念论的核心，对康德、费希特、黑格尔来说尤其如此，对谢林来说程度稍小一点。在西方传统中，这个主题至少可以追溯到亚里士多德。他关于生活即活动的思想是对有限的人类基本上是能动的初步阐述。数世纪以后，费希特重述了这个观点，马克思从费希特那里继承了这个观点以批驳黑格尔。

如果"科学的"这一术语是指自然科学或者社会科学，那么，尽管有对资本主义的阐释和对经济数据的分析，马克思的研究最终不是科学的，他的理论不是也不应当被描述为一种科学。相反，它是关于有限人类之实现的哲学理论。在对当代资本主义经济分析的依赖程度上，这种哲学理论是独特的。"人们自己创造自己的历史，但是他们并不是随心所欲地创造，并不是在他们自己选定的条件下创造，而是在直接碰到的、既定的、从过去承继继承下来的条件下创造。"① 换句话说，既然人类历史一直是并且仍然是以经济维度为中心的，现代工业社会就没有可以取代经济分析的选择。然而，马克思的经济学不应当和正统经济学方法相混淆。正统经济学在增加利润的同时，试图保持所谓的资本主义经济均衡。相反，马克思的政治经济学意在成为一种与正统经济学方法相反的观点，因为它意图最终取代资本主义，打开通往社会主义最终是共产主义的大门。

---

① 《马克思恩格斯文集》第 2 卷第 470—471 页。

区分马克思的理论对一般经济现象的正确性和它在当前经济全球化时期的正确性，是很重要的。在恩格斯看来，马克思在费尔巴哈的引导下与黑格尔、德国古典哲学或者也许甚至是哲学本身决裂了。这意味着什么，是模糊不清的。但是如同阿尔都塞的断言，人们常常认为马克思离开哲学转向了科学。作为所探讨的那种转变的一部分，一些人认为马克思摆脱了黑格尔，摆脱了资产阶级意识形态。

这种简单的观点十分错误。尽管马克思和黑格尔之间当然存在重要的差异，就他的经济学理论而言，马克思实际上并没有抛弃黑格尔。马克思的政治经济学以黑格尔的一个重要思想为基础。在《法哲学原理》（第67节）中，黑格尔将自我对象化描述为自我在自身劳动、在自身产品中的凝结。

黑格尔这个重要的自我对象化概念是马克思两个基本重要学说的前提：异化理论和劳动价值论（或关于价值由耗费在所生产的产品或者注定要在市场上出售的商品之上的劳动构成的理论）。这或许是马克思政治经济学中一个重要的观点。如果这是正确的，那么马克思就不可能在不抛弃他自己的现代资本主义理论的条件下与黑格尔相决裂。相反的观点更接近真理。当然，马克思和黑格尔之间是存在很多差异的，并且同样自然的是，马克思的理论也在与时俱进。但是，在马克思和黑格尔之间不存在断裂，相反却有一种深刻的连续性。

三、马克思的理论和大衰退

近来的一些事件致使我们认为马克思的理论过时了，确实需要修正。这些变化包括全球化的不断扩展、国际金融日益增长的重要性、

2008 年的大衰退等等。①

　　大衰退是一个重要的检验案例。在写作这篇论文时，它的持续效应在美国和欧洲比在东亚仍然可以更深刻地感觉到。马克思经常表示，资本主义遭受的经济危机是出于过度生产和不断增加的贫困，或者所谓的工人的"贫困化"（immiseration）。他指出资本主义在它自身的沉重负担下最终将崩溃。资本主义受制于周期性的危机，这似乎是明确的。但不明确的是，它们是否和马克思的模型相一致。

　　很明显，周期性的经济危机还没有导致资本主义的消亡。更进一步说，不走运的是，对那些认为或者至少希望马克思的理论确实能够解释一切的人来说，当前始于 2008 年的全球范围的衰退似乎仅仅是国际资本主义持续增加的疼痛的另一个标志，这不符合或者至少不完全符合马克思的模型。马克思指出了资本主义危机的三个主要因素：所谓的充分就业利润挤压、利润率下降的趋势和过度生产。在马克思的时代，金融部门不像现在这样发达。因此，马克思关注所谓的实体经济（他认为危机从中发生）而不是金融部门，就不奇怪了。②

---

　　①　通过资本流通对大衰退所做的分析，参见：David Harvey, *The Enigma of Capital and the Crises of Capitalism*, Oxford University Press, 2010。哈维认为，导致了大衰退的、金融部门所发生的一切是由于利润率的下降，它产生了一种新型的所谓的金融资本主义。关于大衰退和民主的研究，参见：Richard Posner, *The Crisis of Capitalist Democracy*, Harvard University Press, 2010；对大萧条和大衰退的比较研究，参见：Paul Krugman, *The Return of Depression Economics and the Crisis of 2008*, W. W. Norton, 2009。

　　②　"一切现实的危机的最终原因，总是群众的贫穷和他们的消费受到限制，而与此相对比的是，资本主义生产竭力发展生产力，好像只有社会的绝对的消费能力才是生产力发展的界限。"（《马克思恩格斯文集》第 7 卷第 548 页）

2008 年的大衰退凸显了一个困难的解释问题。它基本上没有被预料到，因此不是预期的。更进一步说，它很难用马克思的理论来把握。一些评论者试图用资本流动的后果对它做出解释，由此至少宽泛地将其置于传统马克思主义理论中。① 然而这次没有发生在实体经济领域的独特的危机，不能或者不能仅仅以所谓的实体经济因素来解释。因为它发生在金融部门，至少它应当在一定程度上由其他一些因素比如银行家和在金融领域处于合适位置而创造有利于自身、不利于他人的条件的那些人的极度贪婪来解释。② 这说明至少在这个案例中，关于危机理论的一种全面的观点需要以不同形式得以重述，以涵盖马克思没有预见到的危机类型。

然而，在其他方面，马克思关于现代资本主义的阐述仍然令人吃惊的是与时俱进的。在全球化过程中没有发生什么可以反驳或者质疑马克思政治经济学方法的事情。现在和过去甚至将来一样，资本主义将无可争辩地继续展示人的自我对象化、由需要（或贪欲）所主导的社会环境中的有限人类（他们受需要的驱动）及其在政治责任的实践中受制于经济顾虑之间的辩证法。

---

① 哈维阐述了这种观点。参见：David Harvey, *The Enigma of Capital and the Crises of Capitalism*, Oxford University Press, 2010.

② See Richard A. Posner, *A Failure of Capitalism: The Crisis of* 08 *and the Descent into Depression*, Harvard University Press, 2009.

四、马克思与从资本主义向共产主义的转变

理论和实践的关系有两个方面。它表明马克思有助于理解人类实践的多种重要形式。我认为这是正确的。它也指出了马克思对资本主义的把握中存在的潜在困难。如上所述，马克思的目标是表明就长期来看资本主义将通过社会主义走向共产主义。深层次的问题在于对那种可能性的理解。我们的目标当然并不总是等同于实际发生的事情。苏联的特点是在斯大林主义中达到了高峰的马克思—列宁主义专制，而不是《德意志意识形态》中描述的乌托邦。这致使科拉科夫斯基（早期曾是一位非常有趣的马克思主义知识分子）得出这种结论：马克思主义——他没有区分马克思和马克思主义——是 20 世纪最异想天开的奇幻。

马克思的部分回答在于他的危机概念。很显然，危机理论和马克思1840 年代早期的理论更准确地说是《1844 年经济学哲学手稿》（在某些方面这个文本是《资本论》的早期草稿）一样早。马克思甚至在他思想发展的早期就致力于思考资本主义（当前的经济模式）和共产主义（他的替代模式）之间的差别。他的解答在一定程度上以这个不寻常的术语为基础（在经济语境中它当然是不寻常的）：必然性（Notwendigkeit）。必然性常常被理解为一种逻辑概念，而不是经济学概念。在逻辑背景中，常见的表述如果 p 那么 q 断定了这两个项之间的必然关系。这意味着不可能是如果 p 那么并非 q。在这个文本及后来较长系列的一些文本中，马克思坦率地声称资本主义的经济危机是不可避免的，资本主义最终被一场更大的经济危机所摧毁也是不可避免的。

从资本主义向共产主义的转变对实现马克思的理论是必然的。但是

这个转变并不必然通过一场灾难性的经济危机发生。2008 年的大衰退当然也没有使之发生。相反，它为负责金融部门的那些人提供了一个将重大经济损失强加于其他人身上并迫使他们为解决难题而买单的机会。西方近来的口号包含着实情：利润私有化，风险社会化！

马克思关于经济危机的观点正确吗？或者相反，经济危机的概念和理论整体过时了吗？或者甚至被事实反驳了？答案是它取决于我们如何理解马克思的理论。在《历史与阶级意识》中，卢卡奇似乎并不清楚如何理解资本主义的衰亡。对这个问题，他仅仅给出了三个不同的答案：它自身内部自发的经济崩溃、党的作用和对阶级意识的依赖。

第一个答案属于一种由卢森堡提出的自发经济决定论形式。卢森堡认为资本主义将会由于自身的重负而自发崩溃。如果这个论断认为资本主义将会在某个时间点上被一场巨大的危机所破坏，那么似乎这并没有发生，而且西方世界一系列重大的金融危机也没有摧毁资本主义。相反，1929 年世界范围的经济危机以及 2008 年规模虽小但仍严重的危机使资本主义，或者更确切地说，资本主义的一种可认识形式仍然屹立不倒。这表明马克思对资本主义的前景过度悲观了，而对设想的从资本主义到共产主义的转变则过度乐观。

第二个路径是党作为所谓的革命先锋队的理论。它是由列宁创立的，也是马克思—列宁主义的基石。现在我们知道苏联共产党的领导作用既不允许它在一国范围内实现社会主义也不允许它摧毁资本主义。苏联共产党和无产阶级都没有变成资本主义的掘墓人，尽管人们似乎不清楚福山所阐述的相反观点即资本主义破坏了共产主义是否大致更合理。

正如贝桑松所言，更有可能马克思—列宁主义的苏联模式和苏联都陷入了最后没有人或几乎没有人再相信马克思—列宁主义的困难境地。①

我们仍然在期待马克思所理解的共产主义实际上在中国能否在党的领导下实现。这无法从理论上而只有在人类的历史实践中才能获知。有一种简单的但并非不准确的描述这种状况的方式认为，"大跃进"和"文革"之后，邓小平挽救了中国经济，因而以修复资本主义的方式挽救了中国。当今中国存在相当多或者至少很多马克思在 19 世纪中期所描述的问题，用资本主义来解决资本主义的问题看起来似乎有点困难，不顾资本主义而直接实现共产主义也许更困难。

第一种可能性是经济的，第二种是政治的。在描述黑格尔所说的主人和奴隶相互关系的精彩分析中所包含的斗争潜能时，卢卡奇提出的阶级意识的革命作用概念进一步表述了第三种选择。当然，如黑格尔所言，思想有实现自身的方式。在历史中奴隶会转变成主人的主人，而主人则会变成奴隶的奴隶。黑格尔的这一观点是 20 世纪任何社会运动包括革命的一个因素。然而，认为主客统一（卢卡奇称呼无产阶级的术语）表明或将来会表明从资本主义到共产主义的出路则是没有道理的。实际上，较之西方现存的甚或东亚现存的无产阶级，无产阶级概念，就卢卡奇对这个术语的严格意义而言，和康德关于主体的先验演绎或者马克思关于作为革命力量的无产阶级的推论有更多共性。因此，卢卡奇所提出的三个方法似乎没有一种对在实践中实现马克思的理论是充分的。

---

① See Alain Besançon, *The Rise of the Gulag : Intellectual Origins of Leninism*, Continuum, 1981.

五、结论：马克思和全球化

这篇文章考察了马克思与全球化关系的几个方面。我认为马克思的核心关怀在于在社会境况中实现人的自由。我还认为，人的自我实现只能通过人类实践发生，马克思的这种理解促使他形成了一种关于现代工业资本主义的理论。最后我还指出马克思对现代工业资本主义的理解不是正统的，并非意在稳定资本主义，而是要理解资本主义最终转向共产主义的真正可能性。

如果这是正确的，那么马克思的理论在诊断内在于现代工业社会的功能障碍方面是十分有说服力的，但是在提供一种成功的替代方案上则是很无力的。因为理论依赖实践，可以说，理论模型需要考虑事实情形和它的社会现实。自从马克思阐述关于现代工业社会的理论模型之后，许多社会变化表明马克思的理论模型现在需要被调整以更加适应当前的现实。例如，需要发现一种方法以把握和所谓的实体经济日益减小的重要性相比金融部门日益增加的重要性。这个变化了的情况显然影响了马克思的价值理论。然而，我相信只要资本主义仍然是一种零和博弈，一些人获利以另一些人为代价，只要经济框架中的社会剥削仍然是现代社会的核心，马克思的经济学对人类的状况来说就仍然是有重大意义的。

另一点和把握从资本主义经历社会主义到共产主义的转变方式有关。马克思呼吁改变世界而不是解释世界。要在为人们成为人的世界中全面发展的个体创造现实可能性上，改变世界。关键是成为人意味着什么，怎样最能使其得以实现。我的结论是，尽管马克思对解决这

个问题做出了贡献，但是，甚至在马克思之后，这个问题本身仍然是
世界各地人类社会日程中的核心关切。这个问题就是：我们如何实现
自身（humanity）？

（员俊雅 译）

马克思哲学中的共同体*

〔美〕肯尼斯·梅吉尔①

马克思提出真正的共产主义国家消亡的学说是一个令人尴尬的信号，马克思严肃认真地认为这是当今所出现的乌托邦式的幻想。这里不去讨论马克思关于共产主义国家消亡的观点，而是主要讨论他认为将取代国家的共同体的本质。在对马克思著作中使用共同体的几种主要方式做简单的讨论后，本文将会对马克思的共同体理论与民主理论的相关性做出一般的评价。通过这种方式，马克思主义学说的力量可以得到最好的展示，还可以赋予马克思的国家理论一些附加内容。

1875 年，恩格斯在给倍倍尔的一封信中谈到了自己和马克思，信中在描述民主联合形式时，对共同体概念的有用性作了如下阐述：

应当抛弃这一切关于国家的废话，特别是出现了已经不是原来意义上的国家的巴黎公社以后……一到有可能谈论自由的时候，国家本身就不再存在了。因此，我们建议把"国家"一词全部改成"共同体"［Gemeinwesen］，这是一个

---

* 本文选自《马克思主义与现实》2011 年第 1 期。

① 作者 Kenneth A. Megill 曾任美国佛罗里达大学哲学系教师。

很好的古德文词，相当于法文的"公社"commune。①

恩格斯认为 Gemeinwesen 是法语 commune（公社）的对等词，也是德语词汇中能准确表达英语词汇 community（共同体）的最好选择。当马克思自己在《资本论》中引用出现单词 communuty 的英语文章时，他把 community 翻译为 Gemeinwesen，然而，在试图理解代替国家的共同体的本质时，仅仅把 Gemeinwesen 等同于像在英美传统中所使用的 community 一词是不可能的。我们有时候必须寻找另外一些术语来表达 community 的概念，毋庸置疑，community 在英语中仅仅是一个普通词汇，而 Gemeinwesen（即使在马克思的时代）则是一个"古"德文词。Gemeinschaft，一个在日常德文中使用频率更高的词，可能指某种正式或非正式形式的联合体，也经常被马克思用来指非政治的联合体形式。一般来说，Gemeinschaft 和 Gemeinwesen 两词皆可翻译为英语中的 community，尽管 Gemeinwesen 更加准确地表达了在政治意义上所使用的 community 概念。②

---

① 作为一般原则，最好把马克思和恩格斯的文章分开研究。然而，这篇文章对马克思也适用，因为恩格斯明确说明他在为他和马克思辩护，也因为马克思在他的《哥达纲领批判》中做出过类似的声明。《马克思恩格斯选集》第2版第3卷第324页。

② 并不是每个人赞同 Gemeinwesen 是 community 的对等词。例如，Fritz Pappenheim：《现代人的异化》，纽约1959年，清晰地把 Gemeinschaft 与 community 对等起来，但是 community 还包含了组织和结构的概念，这是 Gemeinschaf 所缺乏的。没有在更宽广的意义上使用 community 导致帕彭海姆（Pappenheim）错误地认为滕尼斯（Thönnies）和马克思之间有相似之处。然而，马克思不满足于批判资本主义，因为 Gemeinschaft 已经不为人所知，但却看到了从资本主义中发展起来的新的共同体的形式。

弗里德里希指出，在政治哲学中，"共同体具有时空在物理上的延续性的特性——正是在物理学意义上的时空中，政治事件才得以发生——以及生命在生物学中的特性——所有的政治事件依此进行"①。在与传统的协调中，马克思所谓的民主共同体既不是特定的政府制度，也不是现实必须与之相适应的理想：

> 共产主义对我们说来不是应当确立的状况，不是现实应当与之相适应的理想。我们所称为共产主义的是那种消灭现存状况的现实的运动。②

在另外一部著作中，马克思把共同体描述为正在通过工业体系发展着的人类联合形式，并再次强调它不是一个必须被提前制定的目标：

> 共产主义是最近将来的必然的形式和有效的原则。但是，共产主义本身并不是人的发展的目标，并不是人的社会的形式。③

在下面关于共同体的讨论中，我们必须清楚地牢记共同体是民主联合形式，是政治生活进行的空间，而不是必须"付诸实践"的理念或目标。对马克思来说，创建共同体意味着要发展共同体生活。取代国家的民主联合形式就是共同体。

在马克思的著作里，作为民主联合形式的共同体概念在三种不同的方式中展开：（1）作为原始联合形式的共同体。作为一个有限的、封闭的、有地域限制的联合形式的前资本主义共同体。（2）作为无政府

---

① C. J. 弗里德里希，《NOMOS》第 2 卷，1959 年，第 23 页。这卷《NOMOS》被命名为《共同体》，收集了所有有关共同体概念的文章，这段引语摘自弗里德里希的说明。

② 《马克思恩格斯全集》第 1 版第 3 卷第 40 页。

③ 《马克思恩格斯全集》第 2 版第 3 卷第 311 页。

社会的共同体。作为具体的民主共同体以及未来"形式和动力原则"的普遍共同体。（3）作为存在方式的共同体。人类作为社会性的动物只有通过共同体才能实现全面的存在。当恩格斯和马克思商议用共同体的术语替代更为传统的国家概念时，通过考察马克思使用共同体概念的每一种方式，恩格斯所表达的含义更加清楚。

一、作为一种原始联合形式的共同体

对于马克思来说，人类历史就是人的个体化的历史。个体化的进程通过给普通民主共同体创造条件的工业化社会的发展而获得：

> 我们越往前追溯历史，个体，从而也是进行生产的个人，就越表现为不独立，从属于一个较大的整体……只有到 18 世纪，在"市民社会"中，社会联系的各种形式，对个人说来，才表现为只是达到他私人目的的手段，才表现为外在的必然性……人是最名副其实的政治动物，不仅是一种合群的动物，而且是只有在社会中才能独立的动物。①

对于马克思来说，原始共同体的成长外在于资本主义的社会形式。马克思对在他的那个时代仍旧在一些地方存在的原始共同体进行了认真的研究。② 马克思在逝世之前给《共产党宣言》的俄文版写了简短序言。马克思和恩格斯只是说，现今的俄国土地公有制可以看作是共产主

---

① 《马克思恩格斯全集》第 2 版第 30 卷第 25 页。

② 在《政治经济学批判大纲》中讨论了前资本主义社会形式。对作为原始共同体例证的印度的大多数参考是在《资本论》中做出的。不幸的是，马克思所写的这些文章大部分是分散的，以及完整的论文集的尚未出版让我们很难读到马克思的这些文章。

义发展的起点。每当阅读马克思关于原始共同体的文章时就有一种欲望
得出这样的总结：在原始共同体和无政府社会里没有私有财产、劳动分
工、异化和资本主义，他倡导回归自然，体验早期共同体的简单生活。
马克思在他对许多乌托邦共产主义的批判里拒绝这种解释，因为在资本
主义之后回归到简单的自然状态一不可能，二不合适。然而，更重要的
是这样一种事实：稳固的、自我封闭的原始共同体绝对不是理想的联合
形式，因为作为历史发展产物的个体的人是缺乏的：

> 但是我们不应该忘记，这些田园风味的农村公社不管看起来怎样祥和无害，
> 却始终是东方专制制度的牢固基础，它们使人的头脑局限在极小的范围内，成
> 为迷信的驯服工具，成为传统规则的奴隶，表现不出任何伟大的作为和历史首
> 创精神。①

或者用其他的术语描述它，原始共同体没有历史，人类没有获得自
我控制。马克思对英国人造访之前的印度的描述可以应用于任何一种原
始共同体：

> 印度社会根本没有历史，至少是没有为人所知的历史。我们通常所说的它
> 的历史，不过是一个接着一个的入侵者的历史，他们就在这个一无抵抗、二无
> 变化的社会的消极基础上建立了他们的帝国。②

历史以原始共同体里个体的发展为起点。与那些把个人看作历史起
点的自由主义者不同，马克思把共同体看作是个性从其发展而来的原始
联合形式。典型的原始共同体是自我封闭的（当它与其他共同体相互联

---

① 《马克思恩格斯选集》第 2 版第 1 卷第 765 页。
② 《马克思恩格斯选集》第 2 版第 1 卷第 767 页。

系时不再存在）、稳固的（只要它是孤立的），存在仅仅是再生产（个体仅仅是群体的一员）。

当交换开始时，原始共同体随之衰亡，"一系列经济系统"① 存在于原始共同体与现代资本主义系统之间。《资本论》不但包括了一小段对资本历史的特殊分析，而且指出资本的发展和趋势导致了资本主义体系的毁灭。在其中，自由和个人主义的共同体仅仅在长期的发展阶段的末期才是可能的。在高度工业化的社会里，这个共同体就是一个人们能够找到家的地方，一个真正的自由不是抽象自然权利的问题而是一种生活方式的地方。在原始共同体和真正的共同体之中，人类是一个社会存在……一个共同体。共同体在现代社会里仅仅以真正民主的形式……自由王国而存在。

二、作为无政府社会的共同体

马克思的作为无国家社会的共同体理论首先是对黑格尔国家理论哲学思考的结果。当马克思说在民主联合形式之中共同体代替国家的时候，他是在参考黑格尔的陈述（对他来说也是自由主义政治经济学家的

---

① 马克思在《政治经济学批判》的结尾使用了这个词语，在那里他开始分析共同体分解的过程。一般来说，被认为"马克思主义的"关于原始共同体的讨论都以恩格斯的淳朴的《家庭、私有制和国家的起源》为基础。历史对于马克思来说比恩格斯以及其他的一些马克思主义者所认同的要复杂得多。一个历史"阶段"跟着另一个历史"阶段"的决定论图式在马克思的著作里是找不到的。

声明）。① 对马克思来说，黑格尔的权利哲学描述了当代的国家，他认为：“黑格尔应该受到责难的地方，不在于它按现代国家本质现存的样子描述了它，而在于它用现存的东西冒充国家本质。”② 正如政治经济学家已经将资本主义的法律变成永恒的理性的普遍法律一样，黑格尔也让自由主义状态下的政治结构变成了唯一理性的政治结构。对黑格尔来说（在某种意义上对马克思来说也一样），国家的运动是向绝对的运动并且包含一切。但是黑格尔所谓的绝对理性对马克思来说就是从市民社会分离出来的绝对的政治组织和在市民社会之内通过原则所使用的控制和管理所有生活的绝对权力。国家是通过市民社会的管理原则进行控制和奴役的工具。

马克思指出，黑格尔的政治哲学是建立在对市民社会与国家的区分的基础上的，他发现国家和市民社会的统一将在各等级（或在国会中）中体现出来。③ 黑格尔想要区分市民社会和政治国家——实际上现代社会的秩序就建立在这种区分上，但是二者的统一却在本身是国家之机构的国会中出现了。因此，国家变成了市民社会代表的工具，用以推动市民社会中控制原则的利益。包含在黑格尔政治体系中的基本矛盾是坚持伦理生活的统一同时却保持着政治和私人生活的区别的一种愿望。黑格

---

① 马克思关于国家的观点是在黑格尔《法哲学原理》的批判中提出的，很不幸，这部著作还未翻译过来。在那里他提出了马上将要采用的“现代法国人”的观点。“现代法国人已经懂得政治国家在真正的民主之下进行。就作为政治国家以及宪法的国家来说这是正确的，不再对全体有效。”马克思：《作品集》第1卷，第294页（肯尼斯·梅吉尔翻译）。

② 《马克思恩格斯全集》第2版第3卷第80页。

③ 一个更好理解的词就是国会，我在这次讨论中把黑格尔的各等级作为国会，尽管有着明显的不同。参见《马克思恩格斯全集》第2版第3卷第85页。

尔清楚地观察到市民社会和国家之间的区别，这是他的伟大贡献，但是这种区别不能通过引进一个新概念（各等级）而克服，却能通过改变现实来实现。黑格尔所看到的问题影响了马克思的一生，但是他仅仅为国家和市民社会之间的矛盾提供了一种表面的解决方法。界定了私人利益的国会永远不能克服公共和私人的分裂，反而必须创造一种新的社会联合形式。

要克服国家，就要克服市民社会，要克服市民社会，就必须克服私有财产。国家本身在它的完全的形式里依靠私有因素，且是市民社会中统治阶级的工具。为了一个真正共同体的形成，必须找到一种使那些不在"权力结构"中的市民社会中的成员和阶级取得政治权力的方法。但正是这种可能性破坏了黑格尔主义（和自由）意义上的国家。一旦国家不再代表市民社会，却能改变它（比如说通过社会立法），国家和市民之间的区别就被逐渐削弱了。因此，马克思将他的注意力聚焦于市民社会的权力因素的分析上，而不是对政治权威的考察上。当国家变成市民社会之中最强有力阶级的代表时便是无权力的，它仅仅是政治的，却没有社会力量。

> 现代国家消灭自己的行政管理机构的无能，必须消灭现在的私人生活。而要消灭私人生活，国家必须消灭自身，因为国家只是与私人生活相对立而存在。①

克服国家和市民社会的革命必须在具体事物中发生，不可以仅仅是另外一个哲学或宗教的建议。必要的革命将会克服在市民社会和国家之外的集团产生的国家。对马克思来说，无产阶级就是"一个并非市民社

---

① 《马克思恩格斯全集》第 2 版第 3 卷第 386—387 页。

会阶级的市民社会阶级"。① 在马克思写作的时代，无产阶级是克服市民社会和国家之间分裂的具体方式。无产阶级是具体的，基于经验的现实，资本主义的社会秩序应该消亡。

创造民主共同体就是创建政治和政府活动得以在普通规模上进行的空间。民主对马克思来说不仅仅首先是一种政府形式，而且是一种生活方式，一种政府"本质"的联合形式（使用马克思早期的术语）。人类以此生活的这种方式只有通过克服政治国家和市民社会以及创建一种新的联合形式共同体而改变。

三、作为存在方式的共同体②

马克思关于人的观点产生于一段紧张的哲学活动时期，在 1843—1844 年的一系列手稿的写作中达到了顶峰，其中一些手稿已收录在《1844 年经济学哲学手稿》中。在这时期的笔记中，马克思总结了詹姆斯·密尔的经济学著作，并对人进行了如下描述：

> 人在积极实现自己本质的过程中创造、生产人的社会联系、社会本质，而社会本质不是一种同单个人相对立的抽象的一般的力量，而是每一个单个人的财富，是他自己的活动，他自己的生活，他自己的享受，他自己的财富……不是抽象概念，而是作为现实的、活生生的、特殊的个人——都是这种存在物。③

① 《马克思恩格斯选集》第 2 版第 1 卷第 14—15 页。

② 这个讨论主要归功于杰尔杰·马库斯的优秀论文："Der Begriff des 'menschlichen Wesens' in der Philosophie des jungen Marx," Annali dell' Instituto Giangiacomo Feltrinelli，1964 – 1965，pp. 156 – 194.

③ 《马克思恩格斯全集》第 1 版第 42 卷第 24—25 页。

如前所述，对马克思来说，人的解放和社会问题的解决只有通过建立一种新的联合形式才能达到。作为自由的宣言，市民社会摆脱国家的控制不会使自由得以实现。穷人和工人不是自由社会和政治秩序的一部分。

> 可是工人脱离的那个共同体，无论就其现实性而言，还是就其规模而言，完全不同于政治共同体。工人自己的劳动使工人离开的那个共同体是生活本身，是物质生活和精神生活、人的道德、人的活动、人的享受、人的本质。人的本质是人的真正的共同体。①

在资产阶级秩序之下及其自由民主理论之中，政治生活与市民生活的分离只有通过共同体的发展来克服，这个共同体由作为社会存在的人组成。

马克思在《1844 年经济学哲学手稿》中对异化劳动的著名分析与他对人的社会本质的讨论有着密切的联系。作为经济和社会事实，异化依赖私有财产（被理解为生产方式）和雇佣劳动体系。因此，只有消灭私有财产和工资体系才能克服异化。记住这点是重要的：马克思没有把异化看作是普遍的人类特性，而是看作历史上的暂时现象，它首次出现在 16 世纪，将会随着民主的共同体的创建而灭亡。对马克思早期著作合理的理解似乎是要把它们理解为创造真正共同体的个体类型的努力。

在早期手稿中，马克思分析了三种不同的要求消灭异化的共产主义状态。他批评了庸俗的共产主义和政治的共产主义，因为它们没有包含

---

① 《马克思恩格斯全集》第 2 版第 3 卷第 394 页。

"私有财产的积极的本质"①，并因此没有克服异化。《资本论》则是充分地指出私有财产和资本主义（生产力以及个体的发展）的积极方面，但这些利益仍旧是抽象之物，直到人变成了社会的即真正的人类存在为止。② 马克思看到资本主义社会的发展给人类社会发展方式提供了最好的范例，尽管巨大的个体痛苦和非正义同时存在。生产力的提高——资本主义生产方式的巨大社会价值——让普遍的民主共同体在物质上变成了可能，但是这种社会发展却在社会个体的巨大代价之上进行。当马克思说在资本主义社会秩序之下人从共同体中异化出来、因此从自身异化出来的时候，他所表达的正是社会与个体发展的不同层次。当社会力量的发展与个体的发展不一致时，异化就一直存在。

在自由社会中，马克思看到人的社会属性已经被分为两个层次——他在政治共同体（国家）中的生活和他在市民社会中的私人生活。在市民社会中，基于私有财产，人被作为个人孤立起来，但同时他是表现他的普遍性的政治组织（国家）的成员。自由的实现以及市民社会摆脱国家的干预使社会问题变成了个人问题，而且导致了人的分化。人从共同体中异化出来，他的个性没有得到完全的发展。自由政治的解放不过是"在迄今为止的世界制度内，它是人的解放的最后形式"③。只有通过建立新的社会秩序——共同体，分化为公共和私人领域的人类生活才可得到克服。

只有当现实的个人把抽象的公民复归于自身，并且作为个人，在自己的经验生活、自己的个体劳动、自己的个体关系中间，成为类存在物的时候，只有当

---

① 《马克思恩格斯全集》第 2 版第 3 卷第 297 页。

② 参见《马克思恩格斯全集》第 2 版第 3 卷第 297—298 页。

③ 《马克思恩格斯全集》第 2 版第 3 卷第 174 页。

人认识到自身"固有的力量"是社会力量，并把这种力量组织起来因而不再把社会力量以政治力量的形式同自身分离的时候，只有到了那个时候，人的解放才能完成。①

自由理论预先假定人是个体存在，在历史上一个特定的时刻以及在地球上一个特定的地点被放入大自然。在马克思的后自由理论中，个体被自然放入历史某一点上的这种错误观念被生活在共同体中的历史的人所代替。只有在可以克服异化的真正共同体中，才可以发现真正的个性——作为社会存在的人的真正个性。

只有在集体中，个人才能获得全面发展其才能的手段，也就是说，只有在集体中才可能有个人自由。在过去的种种冒充的集体中，如在国家等等中，个人自由只是对那些在统治阶级范围内发展的个人来说是存在的，他们之所以有个人自由，只是因为他们是这一阶级的个人。从前各个个人所结成的那种虚构的集体，总是作为某种独立的东西而使自己与各个个人对立起来；由于这种集体是一个阶级反对另一个阶级的联合，因此对于被支配的阶级说来，它不仅是完全虚幻的集体，而且是新的桎梏。在真实的集体的条件下，各个个人在自己的联合中并通过这种联合获得自由。②

四、结语

马克思的政治哲学远远不仅仅是政治的，因为他对作为共同体的民主联合形式的分析所展现的民主不是一种市民社会和国家相互关联的特殊方式，相反，它所展现的共同体必须是"无政府的"，我们可以说是

---

① 《马克思恩格斯全集》第 2 版第 3 卷第 189 页。

② 《马克思恩格斯全集》第 1 版第 3 卷第 84 页。

"非市民社会的"。为了理解民主的本质，马克思让我们不要去观察政府形式或者市民社会中特殊利益集团的发展，而是去观察共同体中人们生活的具体方式。马克思认为民主是共同体的本质。

把目光从政治转向社会构成了马克思主义政治理论的基础。马克思不仅仅是强调社会变化甚于政治变化，而且也许他比19世纪的大多数哲学家更加清楚地看到，社会自由和平等要求创建一种新的根本不同的联合形式。就如马克思在《哥达纲领批判》中所描述的一样，公正和法律在民主共同体中出现了一种新的意义，在其中变成了创造性的力量，推动着社会目标及其政治目标。对马克思来说，对于社会利益而不是政治问题的兴趣在作为无政府社会的民主的描述中得到了最清晰的表达。只要国家存在，民主共同体就不可能被创建，因为国家作为阶级统治的工具与民主共同体的本质相矛盾。国家的最完全形式就是自由民主的国家，也是中产阶级利益和私有财产的保护者。传统的自由对平等和自由的要求是建立民主的前提条件，但只要问题仍旧存在于政治王国之内（即，那个阶级将会统治），所需要的基本的社会变革就不会实现。在自由社会之内不可能获得民主，自由政府充其量只会让大量的工人和穷人变得更加容忍一些，但是异化的基本原因即私有财产和雇佣劳动却仍然存在。一种民主所要求的一种政府是这样的：为了解决社会问题，它可以让社会发生必须的、深远的变化。

马克思的大部分活动是与批判和分析当时的形势相关的，不讨论共同体将会采取的形式。的确，马克思反复强调代替国家的"只能被认为是科学的"，对乌托邦社会的构想蓝图只能与批判和科学的民主共同体的本质背道而驰。然而，从以上讨论中，将会得到一些有助于共同体概念的积极肯定的内容：（1）民主共同体是普遍的。不像原始共同体，民主共同体具有开放和交流的特征。它不是向简单生活的回归。（2）民主共同体是无阶级的。由于市民社会以阶级为基础，因此市民社会的毁灭意味着作为社会形式的阶级的毁灭。市民社会的阶级以财产为基础。但是如果马克思确定无产阶级就是消灭阶级的工具，那么民主共同体在阶级冲突的基础上就是不可能稳定的，因为财产作为一个必要的社会范畴在真正的民主共同体中消失了。用马克思的话说："劳动一被解放，大家都会变成工人，于是生产劳动就不再是某一个阶级的属性了。"①
（3）民主共同体是历史的。从结构的观点来说，民主是一个决定着决策的稳定性的联合形式；也就是说，它是一个可以允许在体系之内做出革命变革的联合形式。在民主共同体中，政治革命变成了社会演变。共同体只能是过去的自然结果，只能历史地发展。（4）民主共同体是科学的。根据马克思的观点，建构民主是从来不充分的，但是却一定要意识到共同体的本性。在持久革命状态的社会，任何要求一定是意识到了自己当下的形势和在其中运行的趋势。除非科学不被奢求，而是被用来帮助处理事务并为将来的社会发展做计划，民主才可能存在。除非认识到形势本身和它的发展，民主才在很大程度上是可能的。社会科学的发展（马克思是最早的社会科学家之一）为决定的形成提供了可能性，这个决定是由科学调查的共同体和一个有教养的平民合作做出的。

最后，一个新的民主理论（至少部分是由于马克思的共同体概念所产生的结果）是必要的，对于一个大的社会来说，它比自由民主理论更适合。马克思认为民主共同体是普遍的、历史的、无阶级的和科学的。马克思关于作为科学共同体的民主观点是首次给理解人类在一个大共同体之中如何掌控自然和自己的命运提供可能性的观点之一。马克思指出，具体之物的发展已经远远超出了民主社会中的自由理论，如果民主

① 《马克思恩格斯全集》第 1 版第 17 卷第 362 页。

社会秩序被实现的话，民主理论是建立在共同体而不是市民社会和国家所需要的基础上的。就像杜威在 1930 年所描述的："如人类学者所言，我们的物质文明正在迈向集体化和社团化。另一方面，我们的道德文明，与我们的观念一起，充满了起源于前科学、前技术时代的个人主义的理想和价值。"①

马克思对政治哲学的真正贡献在于他对政治和社会的自由民主理论的超越。他关于国家在真正的民主之下一定会被克服的观点是他的社会和政治哲学的重要组成部分。这也许不是一个对马克思所主张的民主共同体的完整看法，但是马克思给予这个民主联合形式以哲学洞察力，并揭示出民主是共同体的本质。正是在给新的社会秩序和社会理论提供这种洞察力及劝告时，马克思不仅是政治哲学家，而且是社会科学家。

（本文原载 *Philosophy and Phenomenological Research* 30（3）：382—393）

（马俊峰、王志 译）

---

① John Dewey,*Individualism Old and New*,New York,1962,p.74.

马克思对幸福生活概念的论证[*]

〔美〕丹尼尔·布鲁德尼^①

在本文中，我要谈的是在 1844 年马克思的著作中——在《詹姆斯·穆勒〈政治经济学原理〉一书摘要》和《1844 年经济学哲学手稿》中——所涉及的关于幸福生活的问题。这一问题与马克思以真正的共产主义社会作为他所提出的幸福生活概念的基础的能力有关。

要理解马克思的问题的性质，我们有必要先就路德维希·费尔巴哈对基督教和哲学的分析作一概述。使马克思陷入困境的，是他的费尔巴哈式的对概念的论证和对费尔巴哈式的哲学的拒绝，以及与之相联系的他关于幸福生活的观点和按马克思自己的观点来看是资本主义条件下的现实生活——普通人的日常劳动生活——能够展示给我们的事物所受到的限制。在陈述费尔巴哈的观点后，我将叙述 1844 年马克思关于幸福生活的观点，并考察他提出的需要论证的问题的性质；最后，我将强调说明（非常简短地），马克思实际上能够（也应该）接受将哲学作为对幸福生活问题的一个可能的解决方法。

---

* 本文选自《马克思主义与现实》2011 年第 1 期。

① 作者系美国芝加哥大学哲学系副教授，主要研究和讲授马克思主义、法律哲学、政治哲学以及哲学与文学的关系。

一

1. 费尔巴哈的《基督教的本质》首次发表于 1841 年。费尔巴哈的著作对基督教持反对态度，但切入的角度不同。他认为，如果人们将福音故事，实际上也包括整个的基督教义当作要加以解读的信息，他就会在这些故事和这种教义中发现对一定的人类能力的理想化描述和一定的人类愿望的表达。

我们先来谈愿望。费尔巴哈给出的最佳例证是关于个人不死的愿望。基督教的吸引力就在于，它能给我们带来特别需要但又觉得无法得到的东西。

至于能力，如果"人类"被用来指过去、当前和将来的物种，那么基督教义揭示了人类的一定的能力。费尔巴哈的观点是，我们关于上帝的概念是拟人化的。我们塑造上帝时是将我们自己的理想，特别是知识、力量等能力的极端形式投射于上帝身上，而事实上，这些能力正越来越多地被作为整体的人类所拥有。

2. 所以，费尔巴哈对基督教故事和教义与故事的解读，实际上是对这些故事和这种教义的破译。这样，人们就需要一个理由，说明费尔巴哈的破译比其竞争者更有说服力。费尔巴哈的想法是，读者接受了他的解释，就会认识到促使他们去相信正统解释的心理根源，而一旦意识到这一点，他们就不会去肯定正统的解释，而将肯定费尔巴哈的解释。实际上，他这样做就会启发读者自己潜在的无神论思想。

根据我的解读，费尔巴哈是在试图造成一种转变。我理解他是一个与信仰主义者相对立的无神论者，对于他来讲，上帝的存在，或者更确切地说，上帝的不存在的直接经验是至关重要的。

然后，费尔巴哈要求比经过考虑的判断——他设想的也就是在这些问题上一个证明所能够提供的一切——更多的东西。他要求绝对的确信，更确切地说，一种在实践中即在日常生活中打消所有对上帝不存在的怀疑的确信。

这样，费尔巴哈认为，感觉认识包含一种具有这样的实践力量的确信。无论一个人在哲学领域中可能做什么，他在日常生活中是不会怀疑在他眼前存在的事实的。对于真诚的信仰者，费尔巴哈认为，上帝的存在不是推断出来的。它是在这个世界中被感知的。费尔巴哈希望出现的外貌是，每一个事物不是充满神的光辉，而只有单纯的物质世界。他希望上帝不存在就像一个人眼前的事物一样明明白白。

3. 费尔巴哈坚持的立足点是，非信仰者不仅仅要保持特别的确信，而且要生活在一种特别的生活中。

费尔巴哈认为需要超越与感性事物的关系问题，这种关系包含一种信念——物质世界是一个只适合于我们较低级的本质的领域，一个仅仅是对以后的纯粹的精神存在做试验和准备的领域。他似乎是要求我们明白无误地去感觉我们作为实体的人的基本本质、我们的具体体现。我们作为物质存在，在一个纯粹物质的世界中应该有"在家"的感觉。

把自己单纯视为物质世界中的一个物质，看来可能是一种深刻的醒悟（韦伯可能会这样说）。费尔巴哈则认为它具有启发作用，因为在一个人可以看到的事物中有其他人存在，而且在意识上，他们对这个人来说会有一定的共鸣。一个人可以与人类相等同，而且使作为人的类生活场所的物质世界成为他的取向。

费尔巴哈认为，信仰不需要证明，人性宗教应该也不需要证明。基督教徒在物质世界中看到上帝的存在。费尔巴哈的人本主义者也会感知到一些具有重大意义和价值的事物，亦即人。而且物质世界作为我们

（也就是，我们人）生活的地方，由于这一原因，也会被当作——会（在意识上）被感知为——具有意义和价值。在某种意义上说，这个世界仍然是引人入胜的。

4. 费尔巴哈这样提出了一个对基督教的解释。但他凭什么认为他的读者将接受它呢？他的目的是推动一个转变。但他为什么相信他的读者必将会被转变呢？

费尔巴哈的回答是，他的读者实际上已经明显地接受了他的解释，已经几乎完全被转变了。他认为，他在告诉他们的，仅仅是他们已经相信却没有胆量去承认的东西。费尔巴哈在试图促使人们认识到这一事实。

这样，费尔巴哈不担心（事实上似乎是忘记了）在他的观点中可能存在的自然发生的谬误——如果存在一个足够的信仰基础（令人信服的论据，丰富的宗教经历），那么对信仰的心理冲动就是没有意义的。因为他不是在试图去说服没有被说服的人，而是向能动者揭示他们半压抑的和反宗教的信仰。原则上，人们能够感受到费尔巴哈所指出的心理冲动，并且在这种情况下仍然可以是一个基督徒。实际上，他坚信人们不会那样。

5. 因此，对费尔巴哈来讲，基督教并不是这一时代仅有的精神疾病。哲学，在某种意义上同样也是成问题的。所以，在1843年他出版了《关于哲学改造的临时提纲》和《未来哲学原理》，进行这些哲学分析的目的，就是要同对基督教的分析作类比。

这些著作不是严肃的学术论文。实际上，它们读起来更像是宣言。其中很少争辩，重要的论点也是草率作出的。人们会认为费尔巴哈在从事一般的学术格斗，竭力推出一种哲学立场而反对另外一种，但是做得相当不如人意。我不这样解读费尔巴哈。撇开宽容的原则不谈——作为学术著作,《关于哲学改造的临时提纲》和《未来哲学原理》写得是很差的——不这样做有三个理由。

第一,费尔巴哈坚持认为,哲学的分析方法与基督教的分析方法是相同的。第二,我不为费尔巴哈分析的尖锐性辩护,但他在哲学上并非无知。第三,费尔巴哈曾经明确地告诫他的读者,不要仅限于寻章摘句。他提出:"真正的哲学不是创作书而是创作人。"

根据最后一点,我们也要考虑费尔巴哈关于哲学研究主题的叙述。对费尔巴哈来讲,存在物是什么仅仅是物质世界中的物质存在:存在物是什么就是能够被直接地和在表面上看到的、能够被感觉所记录的存在物。不同的是,黑格尔用了大量的篇幅来解释存在物是什么。

当然,如果正确地理解费尔巴哈的观点,那么,他的观点是真正深刻的。而重要的是,他正确地坚持用它抓住存在物是什么的问题,"存在于其真实性和总体性中的真实",包含一些超过单纯智力的事物:一个人必须是一定类型的人,换句话说,是"一个真实的和完整的存在"。

我不否认费尔巴哈有其自己的"哲学"。《关于哲学改造的临时提纲》和《未来哲学原理》两部著作的标题本身就明确体现出是这样的。但是这里的哲学类型与一般的不同。就哲学类型而言,费尔巴哈的《关于哲学改造的临时提纲》和《未来哲学原理》与洛克和休谟之间存在着差别,就像与黑格尔的《逻辑学》或《精神现象学》之间存在着差别一样。

6. 所以,《关于哲学改造的临时提纲》和《未来哲学原理》与为维护一个哲学立场而不顾一切地反对另一个立场的做法是不同的。

下面我们探讨外部世界的存在问题。费尔巴哈根据感觉是哲学的官能的观点,引申出更多的东西。最直接的是,他将感觉看作是自然科学的工具，通过这一工具我们了解了物质世界的真实状况。同时费尔巴哈还引申出更多的思想，特别是他还指出，感觉的表达是可信的。如果是这样，那么外部世界就是存在的。

实际上，费尔巴哈已经消除了外部世界是否存在的问题，或者至少已经把它作为一个需要用抽象理论来回答的抽象问题加以消除。他所反对的是，将与世界中的实际行动相分离的抽象理论著作是掌握关于各种重要事物（例如存在的性质）的真理的途径。

费尔巴哈确实认为存在深刻的真理。我理解的费尔巴哈的观点是，作为一个"唯物主义者"主要的与其说是接受一种理论主张，不如说是考虑一个人如何与世界相联系。如果一个人与感性事物有正确的联系，这个人就将是一个实践中的唯物主义者，并且认识到他自己的实践唯物主义就是"解决"哲学问题。

按照费尔巴哈的观点，现代哲学家说抽象思维是通向真理的途径，正如现代基督教所说的基督教教义是通向真理的途径一样。费尔巴哈认为，在实践中，在日常的实际生活中，能动者既没有将宗教教义也没有将哲学抽象作为他们的行动指南。感觉是哲学的官能——在这里"看见也即思考"，能动者不是在将感觉的表达当作理论主张真实性的凭证这个意义上，而是在下述的意义上：如果能动者将他们在物质世界中的实际生活（通过感觉而过的生活）当做他们真正和基本的生活，那么例如存在的本质这样的哲学问题，就会用感觉的表达来进行明确和彻底地回答，从而预先阻断了进一步的思考。如果是这样，通向哲学抽象的航班就永远不会起飞。

二

《基督教的本质》出版于 1841 年。它立即形成了一种冲击。在这一部分和下一部分中，我将探讨 1844 年马克思关于人的幸福生活的观点（其中隐含着他对资本主义的批判，因为资本主义是和这种生活不能相容的），探讨他对可以用来论证这一观点的手段的费尔巴哈式解释，以及通过这些手段来论证这一观点的问题。

马克思的观点中包含许多成分，我的叙述不能不有所选择。我将集中讨论以下几个论点：

1. 人的幸福生活主要包括从事一定种类的活动，即改造物质世界以体现一个人的个性，并在不断提高的物质水平上维持自己和其他人的存在。这是我们借以实现我们的本质的中心活动，我认为这也就是 1844 年马克思所指的一个人的幸福生活。马克思将这种活动叫做"人的类活动"。

2. 这一活动的正确结构包括生产者和消费者之间的一种特别关系。

3. 对论点 1 和 2 的论证来自于共产主义社会中的能动者的实际生活。在她日常的实际生活中，这样的一个能动者能够"认识到" 1 和 2 的真实。

4a. 在资本主义社会中，能动者的实际生活不能提供充分的理由来相信论点 1 和 2。

4b. 在资本主义社会中，动能者的实际生活不能提供充分的理由相信论点 3。

我比较明确地认为马克思持有 1 到 3 的论点，也存在一些文字证据证明他也持有 4a 的观点；在很大程度上，我认为马克思既承认论点 4a，也承认论点 4b。

在这一部分，我讨论了论点 1 和 2；在第三部分，我将涉及论点 3、4a 和 4b，同时也将研究马克思对哲学的拒绝。我将以这样一种思想作为结论，即归根结底马克思并没有足够的理由（即使是根据他自己假设的前提）反对将哲学作为一种论证他的关于幸福生活观点的方法。

论点 1 认为有一种特定的活动，这种活动是幸福生活的中心。这种特定的活动与那些通常为这一作用而被挑选出来的活动有所不同。马克思的思想是，人是与物质世界互动的最基本的生物。赋予哲学研究或宗教奉献以特权，就是对这一点的否定。而赋予政治权威的行使以特权，就是给予对其他人群进行控制之权。1844 年马克思确实曾经关注过人类的合作，其要点是要控制某些事物，但这些事物是指物质世界。马克思赞赏人类力量之间的合作实践，通过这种合作实践人类的力量采取一种物质形式，在物质世界之中（作为改造物质世界的结果）被客体化。

马克思对改造物质世界的强调引出了一个问题。这种活动是为维护一个人自己和整个人类的生存而改造物质世界，还是一个人在生存获得保障以后所从事的改造活动？

保证生存的劳动是必要劳动，必要劳动有两个相关的含义。第一，它是一个人必须去从事的劳动。第二，这种劳动的内容是受限制的：一个人必须生产食品、衣服和房屋。另一方面，一个人可以从克服自然需要中获得一种特殊的满足。

那么哪种活动是幸福生活的中心呢？什么是人的类活动呢？

1844 年马克思的文章指出了两个方面。一方面，他驳斥了早先的学者，而且马克思还宣称："工业的历史和工业的已经产生的对象性的产业存在，是一本打开了的关于人的本质力量的书"，而且"在通常的、物质的工业中"包括了"人的本质力量"。这种评论看起来像是对必要劳动作为人的类活动的认可。另一方面，当他提出动物"只是在直接的肉体需要的支配下生产，而人甚至不受肉体需要的支配也进行生产，并且只有不受这种需要的支配时才进行真正的生产"时，马克思看起来也认可了非必要劳动。

为什么总的来说应该认为，马克思在 1844 年的文章中是倾向于将必要劳动当作幸福生活的中心活动，我觉得有三个理由。

第一，马克思坚持认为他的解释与传统的解释不同，而传统解释是赞同必要劳动不属于幸福生活的范围的。第二，1844 年马克思的许多著作中都包含了对资本主义社会中劳动的批判。这一批判针对的是工人必须干活以挣得工资的这种劳动，而这种劳动明显是进行基本消费品的生产，是对人类生存所必需的劳动。

论点 2 的意思是，人类的幸福生活不仅要求一个人要从事某种特殊类型的活动，而且在从事某种活动的过程中，这个人与其他人的关系具有一种特殊性质。按照马克思的观点，幸福生活的中心活动是改造物质世界，改造自然，生产物质产品。然而人类的绝大多数已经一直在从事这项活动了，而马克思并不认为这种活动总能导致幸福生活。

所要求的关系包括两个方面，一个是客观的，一个是主观的。客观方面又包含两个部分。第一，能动者在改造物质世界时，也就是说，在生产商品时，必须彼此合作。马克思在其 1844 年的著作中抨击了（在后来的著作中更尖锐地抨击了）分工，但马克思肯定地认为，共产主义将改变分工，使得没有人再被判定去过那种令人窒息的、不断重复的劳苦生活。

那么，适当的人类关系的第一个客观要求是，能动者联合起来生产产品。第二个要求是，能动者是在互相为别人生产，即他们不是仅仅为他们自己的使用而生产。能动者 A 要（与其他人联合起来）生产某种能动者 B 要使用的产品，能动者 B 也要（与其他人联合起来）生产某种能动者 C 要使用的产品。在共产主义条件下，产品将不以利润为目标来进行贸易，但是产品将通过某种途径最终由能动者消费，而不是由产品的初始生产者来消费。

这两个客观要求是通过产业资本主义而得到真正的满足的。然而主观方面的要求并没有得到满足。更具体地说，主观要求包括如下内容：

a. 一般能动者，包括生产者和消费者，相信改造物质世界是人类实现他们本质的途径，即人的类活动。

b. 在生产中，一般生产者把生产将被其他人使用来提高他们的（消费者的）自己的要求的产品当作中心目标；生产者在为别人生产，而不仅仅是挣工资。

c. 一般生产者相信，消费者相信改造物质世界是人实现他们本质的途径，即人的类活动，也就是说，生产者相信（a）由消费者来满足。

d. 一般消费者相信，（b）得到了满足。

e. 一般生产者相信（d）得到了满足。

这些要求等于是认为，一个能动者实现其本质的条件，不仅仅是她要从事人的类活动，并且对人的类活动有正确的信任，而且她还要（正确地）相信其他人也认可并重视她对这种活动的参与，她需要其他人对她的活动（被描述为"人的类活动"）的认可和重视。这样，只有当能动者 B、C 等对人的类活动以及能动者 A 作为生产者的活动有一定的信任，而且 A 相信他们都有这种信任时，能动者 A 才能够实现她的本质。

应该注意到，对于其他人来说，仅仅相信一个人从事生产对其他人确实有用的物品是不够的。资本主义能够满足这一条件：当 A 早晨去工厂时，其他能动者相信她将生产其他人将会使用的物品。然而，此外能动者还必须相信：（i）这种生产活动是人的类活动，而且（ii）A 的生产活动的中心目标是生产为其他人使用的某些物品。实际上，如果她将她自己的活动看作是被认可和重视的，那么，A 就必须相信，必须假设，对于他个人来讲，要求（a）和（b）已得到满足，即要求（a）一般地已由消费者加以满足，而且他必须相信消费者一般相信（b）已得到满足（也就是说，她必须相信（d）已得到满足）。

这样，对一般生产者来说，如果要使他们的活动被认为是被认可的和重视的，那么，不仅仅（a）和（b）必须得到满足，而且生产者必须相信（a）由消费者加以满足（因而（c）必须得到满足）；还有，消费者必须相信（b）已得到满足（因而（d）必须得到满足）；而且生产者必须相信（d）已得到满足（因而（e）必须得到满足）。在第 3 部分中，我指出，根据马克思的解释，在资本主义条件下的能动者多半不可能对满足这些要求持有必要的信任和目标。

然而在共产主义条件下，以上所列的主观的和客观的要求都会得到满足。在这里我想集中讨论"证实"的关系（关于"补充"的关系的一些意见见第 3 部分第 2 节）。请注意下面的内容：第一，这里的证实看起来像是一种最终的证明或认可：可以说它完成了一种特别的活动，认可它已经取得完美的成果。第二，这里的证实是不可比的。第三，这种证实只能是观念上的。第四，在其他人的"爱"中被证实的理念，可能不包括个人喜爱的感情。

最后，对幸福生活的解释还存在相反的观点，那就是个人主义者的解释，他们的根据是，能动者在原则上可以靠自己过上幸福生活。1844年马克思的观点则不是这样。马克思认为，能动者需要其他人，他为这其他人生产，在这其他人身上他可以看到证实他作为生产者的本质。从概念上讲，能动者是不能独自过上幸福生活的。

三

1844 年马克思的观点是，幸福生活就在于从事一定种类的活动，即改造物质世界（论点 1），同时还要与其他人形成一定种类的关系（论点 2）。马克思的这种观点是需要论证的。

马克思自己认为，正确的论证产生于共产主义社会的实际生活中。在这里，他是纯粹的费尔巴哈主义者。马克思与费尔巴哈持相同的观点即对人类本质以及人类幸福生活内容的观点的正确论证产生于实践，即通过过一定种类的生活。在共产主义社会中，一个人实际上将被改造，过一种不同的生活，而在这种不同的生活中，论点 1 和 2 的真实性将是"可以通过感觉直观的"，是不证自明的（正如费尔巴哈认为上帝的不存在也是不证自明的一样）。马克思就是以此作为对论点 1 和 2 的正确论证的。这也就是论点 3 的内容（见第 2 部分第 2 节）。

马克思对论点 1 和 2 所期望的论证来自共产主义，但是，如果马克思能够以此时此地的条件来论证他的观点，那无疑就更好了。马克思所期望论证的来自于能动者的实际生活，所以，从此时此地的情况出发的论证尝试，看起来可能适合于我们此时此地的现实生活，适合于资本主义条件下能动者的现实生活。

遗憾的是，对于马克思来讲，此时此地的实际状况可能与他的观点相左。对于大多数人来讲，拥有幸福生活首先应该拥有闲暇时间。大多数人会反对论点 1（从而使论点 2 也成了问题）。

现在我们讨论论点 1，即必要劳动是幸福生活的中心活动这个观点。在资本主义条件下，能动者的经历与这个观点是大相径庭的。所以能动者的实际生活状况使他们有充分的理由反驳论点 1。

我们假设一个人找到了一个收入很不错的工作，干起活来也感到愉快。假设这个人生产某种产品，他知道其他人将使用这种产品来满足他们的基本需要，还假设生产某种产品供其他人使用是他活动的中心目标。甚至我们还可以假设这个人相信他的工作是幸福生活的中心组成部分。

这个人的经历实际上可以是对论点 1 的某种证明（虽然这在资本主义条件下非常特殊，对接受这一论点提供充分的理由）。但是这对论点 2 将起不到证据的作用。论点 2 引出了马克思的一个独特的观点。论点 2 强调的是共产主义社会生产者和消费者关系中的结构性"友谊"，以及为了实现他们的本质而形成的共产主义的紧密的相互依存。这正是马克思的观点区别于单纯对诚实的劳苦工作进行赞美的地方。

首先从生产者一端开始，生产者和消费者之间关系的适当形式要求人们相信以下内容，即消费者不仅相信一定的活动（物质生产）是幸福生活的中心，是人的类活动，而且还相信在生产中，生产者将生产其他人使用的产品作为中心目标。然而在资本主义社会中，用第 2 部分第 4 节中所列各项要求的用语来说，要求（a）和（b）是不能得到满足的；而且，一般能动者不相信条件（a）和（b）会得到满足。这样，生产者不相信（a）由消费者来满足，即（c）没有得到满足，而且消费者不相信（b）由生产者来满足，也就是说，（d）没有得到满足。再假设（看似合理的），生产者不相信（d）得到满足，所以（e）也没有得到满足。这样，对于能动者来说，所有实现他们本质的主观要求都没有得到满足。

所以，在资本主义社会中，对于任何生产者来讲，对消费者的信任持有必要的信任是荒谬的，特别是对消费者相信生产者本身的信任和目标持必要的信任更是荒谬的。甚至我们幸运的工人这样做（即使他作为个人能够满足（a）和（b）），也是荒谬的。对于我们幸运的工人来讲，相信其他人会通过必要的途径来认可和重视他的活动，是荒谬的。所以，作为一名生产者，如果他认为，他和其他能动者（他所生产产品的潜在消费者）是处于必要关系之中，这也是荒谬的。因此，如果他认为，他的生产经历是支持马克思关于生产者和消费者之间的特别关系对幸福生活至关重要（论点 2）这一观点的一个证据的话，这也是荒谬的。在资本主义条件下，没有一个人的生产经历可以作为支持这个观点的证据。

在消费者一端也存在相似的问题。对于 1844 年的马克思来讲，实现一个人的本质的一部分，是由其他人通过他们为别人的使用而生产物品来"补充"的。马克思强调指出生产某种满足其他人的需要的东西对共产主义社会工人的重要性。然后消费者将（马克思的思想看起来是这样）把生产者看作实际上是特意帮助他达到他个人的目的和完成他个人的计划的，从而在一定意义上（也可能通过某种延伸），是帮助补充了她。

从消费者的观点来看，这里至关重要的条件是，一个人在利用物品时必须带有一定的信任，即这物品的存在既不纯属偶然，也不是看不见的手和自私相结合的产物，而是其他能动者带有一定目标的活动的结果，这种目标就是一个人（无论如何是某个人）利用这种物品来进一步深化一个人自己的（或某人的）目的。但是在资本主义条件下，人们知道（b）是不能得到满足的。这样，在资本主义条件下，一个人也不会（理性地）相信，他已经经历了所希望的生产者和消费者之间关系中属于消费者的这一组成部分。

当然，某个人会赞同论点 1 和 2。在资本主义条件下相关的概念明显是适用的，所以我认为对于证实这些论点来讲，没有概念性的障碍。

但是，如果按照马克思的解释，这样做是不合理的。

现在我们来探讨"感性意识"。马克思坚持认为，目前存在的感性意识并没有准确地告诉我们人的基本特点。他说，实际上，这些特点在当前是"不能理解的"，这是因为它们同"实际生活的一切明摆着的事实"相矛盾。但是在共产主义条件下，实际生活中明摆着的东西将会改变。而这样一来，一个人的感觉将成为哲学的准确的器官，它们将准确地告诉我们人类的本质是什么，而它可能包括显示论点 1 和 2 的真实性。

现在我已经注意到，一个能动者能够在共产主义社会到来之前就接受马克思关于幸福生活的观点（虽然他在资本主义条件下的经历不能够对这样做提供足够的理由）。这一点是否保证他能够在现实中去"理解"马克思观点的实质呢？他能够在现实中向共产主义的感性意识改变吗？

让我们从第二个问题开始。正统的马克思主义者说不可能。正统的马克思主义者所根据的是一个与 1844 年马克思的观点不同的形而上学理论。1844 年马克思关于感性意识的观点与费尔巴哈的"与敏感……事物的关系"十分相似。这代表一种普通的取向，对世界的一个基本立场。而这看起来是不容易改变的。如果要改变它，看来就要在一个人的生活方式中出现深刻的变革。

另一方面，1844 年马克思的共产主义，在许多方面与资本主义之间并不存在很大差别。另外，在关于世界的许多其他信念以及技术方面都应该是十分近似的。从许多方面来看，由资本主义向共产主义的转变将比早先世界历史中的演变更加温和得多。所以，除了一个人将如何着手这样做的问题可能是令人费解的，我们还不清楚，此时此地为什么人们不能获得共产主义的感性意识。

现在让我们假设一个人能够获得共产主义的感性意识。这就把我们带回到第一个问题上了。马克思认为，在资本主义条件下，一个人和物质世界的关系，和自然的关系，就是仅仅把它作为可以从中提取满足需要之物的对象：人与感性事物之间的关系，实际上纯粹是操纵性和工具性的，纯粹是利用的问题。然而在共产主义条件下，虽然能动者也将继续改造自然，来为人类提供需要之物，但他与自然的关系已有很大不同。马克思表达得相当晦涩的思想是，人对世界的利用将是一个和谐关系，而不是一个单纯的工具性的关系。所以，一个人的共产主义的（和谐的）感性意识将与资本主义的（工具性的）感性意识非常不同。

现在，假设能动者还处于资本主义条件下，却在某种程度上改变了他的感性意识。那么，他的感性意识将与他所处的社会的感性意识相矛盾。他对世界的取向将与他的同伴不同。而且，马克思强调，共产主义的感性意识将与能动者目前实际生活的需要相矛盾。

当然，能动者仍然能够相信他已经改变的意识是正确的，虽然它与其他人的不同，只有他的意识是正确的。费尔巴哈和马克思都认为，其他人必须与能动者的感性意识相互证实。但是如果能动者改变了感性意识，那么其他人就不能与它相互证实，因为他们与此不同。所以，马克思认为，能动者没有理由认为他的改变是一个认识上的进步；相反，他却有理由认为这不是一个进步。

在共产主义社会中，一个人会相信他的共产主义的感性意识的表达；而在资本主义社会中，共产主义的感性意识将不是如此。

对于1844年马克思来讲，在资本主义条件下，由资本主义信念和意识向共产主义信念和意识转变的困难，不是形而上学的。一个人相对的信念可以变化，也许一个人的感性意识同样可以变化，虽然引起这种变化肯定是困难的。然而，在这一节和前一节中，我已经说明，按照

1844 年的著作，这样的信念变化不能来源于 1844 年马克思所期望的那种对论点 1 和 2 的论证，而且这样的意识变化也不能提供这种论证。

那么对于马克思自己而言，在资本主义条件下能动者的实际生活（他们必要劳动的经历和他们的感性意识）是不能论证他的关于幸福生活的观点的。根据马克思自己假定的前提，我们就得到论点 4a。假设也没有充分的理由去接受论点 3，即我们的现实生活没有给我们理由去接受一个我们现在并不具有的立场，这一立场表达的是与当前的信念不一致的信念，而这会是认识幸福生活的正确途径。这样我们也会得到论点 4b。

对问题进行论证的困难来自马克思对费尔巴哈观点的坚持，认为能动者的实际生活是获得真理的途径（实际上是倾向于一种广为接受并实际适用的对日常生活的信念），在这方面，还包含了当前实际生活中存在的缺点。哲学家经常撇开实际生活的内容，完全脱离开普通人的信念对有关幸福生活的解释论辩（其内容就在于研究哲学）。难道马克思不能采取类似的方法来维护论点 1 和 2 吗？

如果一个人已经持有关于幸福生活观点的论证标准，以及关于这一标准可以论证的事物的看来合理的假设，他就能够接受观点 1 和 2。当然，这个人需要一个理由来接受这一标准，但在这里问题仍然是，哲学家就不能对此提供帮助吗？如果说能动者只能获得某种高度理想化的和当前非常稀少的甚至是不存在的立场，那么，大家知道，哲学家毕竟会通过旁征博引将能动者只是记录的东西形成为关于幸福生活观点的论证标准。

马克思会拒绝任何此类来自哲学的帮助。为什么？

作为一位哲学家，黑格尔是马克思明确的批驳对象。在这方面，马克思的批判是直言不讳的。他认为，黑格尔把人的本质弄错了。他不能对幸福生活给出正确的解释。

不过，其他哲学家也提出过另外的解释。我们为什么认为马克思对哲学理论的排斥，正像费尔巴哈那样是可以涵盖一切的呢？

原因是马克思相信，寻求抽象理论来回答某些类型的问题，是资本主义社会生活的标志。他认为，这种问题被当作抽象问题提出来，只是因为在我们的生活中，问题的答案并不是直接和清晰的，不能像它们在共产主义社会中那样。

这里的观点就是，哲学问题被当作抽象问题提出，只是因为我们目前的生活是存在问题的。马克思断言在共产主义条件下，"主观主义和客观主义，唯灵主义和唯物主义，活动和受动……［将］失去他们彼此间的对立，并从而失去它们作为这样的对立面的存在"。这样就不需要通过抽象理论来解决这种对立了。

费尔巴哈在"人类的需要"和"哲学的需要"之间进行了区分。费尔巴哈认为，只有很少（如果有的话）的标准哲学问题涉及人类的需要。马克思的观点是，它们之所以这样，只是因为我们的生活的条件被扭曲。一旦条件改变，这些问题也将不再存在。像费尔巴哈一样，马克思从而反对一种探讨某些问题的方法——后退到学习研究——，而不考虑哲学在此问题中的"地位"。

在共产主义条件下，通常的哲学问题将不再不可理解。我认为1844 年马克思不相信（而且他也不需要和不应该相信），人们是不能将这些东西推断为感觉和精神之间的关系的。人们对在改造物质世界过程中感觉和精神（感性活动的和精神活动）相互交织的知觉，似乎就可以称得上是一个足够的解决了。这种知觉具有某种力量，这种力量将防止这一问题的出现（正像费尔巴哈所认为的那样，即如果一个人能够感觉到他对基督教的分析的力量，那么对出现奇迹的可能性的严肃认真的考虑就会被"排除")。人们会看到,人类的需要也将无需去满足。

在结论中,我想提出的问题是,实际上马克思是否必须坚决放弃从哲学上为论点 1 和 2 辩护(暂且不谈论点 3)。也就是说,让我们假设1844 年马克思关于对某些问题的哲学思考,包括关于幸福生活的哲学思考,是一个异化了的社会的标志这个看法是正确的。再假设这样的问题在共产主义条件下是不存在的。这是否会使马克思坚持认为,在此时此地,哲学不能为接受他的幸福生活的观念提供足够的理由呢?假定这种显示——能动者在共产主义社会的实际生活中的直接知觉——是使人们相信论点 1 和 2 的最佳途径,那么理性——哲学——在此时此地是否可以成为可接受的另一种选择呢?费尔巴哈想使人们直接和彻底地确信他的观点是真实的;马克思也希望获得这样的确信。但即使哲学争辩不能保证做到这一点,对于马克思来讲,是否它肯定不仅不是最优的选择,而且实际上是判断错误呢?

我将考察以下四个论点,它们说明为什么用哲学的方法讨论 1844年马克思关于幸福生活的观点是错误的。

i. 研究哲学会使人认为(错误地认为)这种活动是幸福生活的中心。

ii. 哲学是抽象的思维。它不能提供很好的理由使人相信幸福生活的核心是一些非抽象的事物——改造物质世界。

iii. 哲学是抽象的思维。通过这样一种途径得出的与世界联系的观点必然是错误的。

iv. 当前能动者从事哲学研究这一特别活动,只是因为他们持有一个不正确的感性意识。所以,哲学研究这种活动不可能是一条切实可行的通向真理的道路。

所有这些观点都是没有说服力的。关于(i),它肯定不是普遍正确的。关于（ii），可以肯定地说，人们没有必要从一开始就假设所有这样的尝试注定会失败。关于（iii），马克思从来没有反对数学研究，但是深奥的数学研究也是远离实际生活的。现在假设，通过抽象思维可以获得关于命题 P 的真实性，那么（iii）就成为这样一种观点，即哲学不能获得充分理由去相信马克思所说的幸福生活。但事实上这就是（ii），而正确的反应将仍然是尝试通过哲学找出充分理由去接受马克思的观点。

关于（iv），这种观点在某些情况下有说服力。现在假设：（a）具有错误的感性意识 S，就不可避免地从事一项活动 T；（b）从事活动 T，就导致无神论并因而导致对幸福生活持某种别的——即某种错误的——信念。

让我们假设——这显然不是真的——，与（a）类似的情况：具有资本主义的感性意识的能动者，不可避免地从事某项活动，不过，与（b）类似的情况——从事这种活动不可避免地导致对幸福生活持错误的信念——只适用于如果这种形式的抽象思维确实不可避免地导致这样一种错误的信念。在这里，正确的反应将仍然是尝试通过哲学找出充分理由去接受马克思的观点。

因此，尽管哲学被认为并不是理想的论证方法，但是事实表明它不应从本质上受到怀疑。而由于此时此地还不存在更理想的方法，1844年马克思似乎有理由尝试通过哲学来论证他关于幸福生活的观点。

（刘英 编译）

马克思列宁主义理论中的文明概念（摘译）[*]

〔苏〕米哈伊尔·穆切德洛夫^①

如果没有与马克思列宁主义理论相关联的概念和范畴的不断丰富，这种理论的发展是不可想象的。在这些概念和范畴中，现象和过程得到了越来越具体的反映，因为这些概念和范畴包含了对新的社会现实、科学的进步以及人民群众的活动所作的分析的结果。我们富有生机的二十世纪为此提供了源源不断的丰富材料，随着这些材料的出现，马列主义学说的许多基本概念便以新的方式应运而生了。

此外，为了恰如其分地反映和分析社会现实，必须要有新的范畴。

最后，旧的概念可以获得新的内容，因为这些旧的概念作为社会意识的组成部分被群众经验所丰富。同一概念在不同的历史条件下具有不同的意义。这一点可以用"文明"这个概念为例来说明。

---

* 本文选自《马列主义研究资料》1982 年第 5 辑。

① 苏共中央马列主义研究院副院长、博士、教授。——编者注

对文明概念的种种解释

"文明"这个概念在科学著作和日常用语中都是以各种不同的含义来使用的，这就为我们分析这个概念造成了困难。

在马克思、恩格斯和列宁的著作中，这个概念也是在不同的意义上被使用的。在进一步研究这一点以前，我们就会发现，在十九世纪的许多历史研究中，文明概念已经包括了野蛮时代结束以来的社会发展。主要是在这个意义上，它也被使用于马克思主义的著作，特别是恩格斯的《家庭、私有制和国家的起源》一书中。

在这本著作中，恩格斯一再表达了他对摩尔根《古代社会》一书所阐述的思想的赞同。摩尔根把一夫一妻制的出现、氏族制度被政治制度的取代、社会之分裂为对立的阶级视为文明的标志。恩格斯在这部著作中对文明的本质的特征是这样表述的："文明时代乃是社会发展的一个阶段，在这个阶段上，分工，由分工而产生的个人之间的交换，以及把这两个过程结合起来的商品生产，得到了充分的发展，完全改变了先前的整个社会。"① 这就是说，文明是随着阶级社会，随着资产阶级社会中的分工的深化而形成的。

马克思主义的科学使文明概念摆脱了资产阶级思想家的非科学的和辩护性的解释，因为马克思主义的科学从无产阶级的阶级立场出发，把社会经济形态作为世界历史的合乎规律的发展阶段来加以分析。对社会主义以前的一切文明类型的对抗性内容的揭示，以及对这些类型的发展的矛盾性质的披露，是马克思主义的革命理论的一大功绩，这种理论是

---

① 《马克思恩格斯全集》第 1 版第 21 卷第 198 页。

分析这些文明类型的唯一科学的方法①。马克思和恩格斯指出，人类是在一个具体的、文化的、社会的环境中前进的，也就是说，是在不同的历史的文明类型的条件下前进的，这就是社会主义以前一切剥削和阶级对立的情况的特点。在上述著作中，恩格斯指出了所有这一切类型在剥削社会条件下所具有的矛盾性质。古代的奴隶制，中世纪的农奴制和近代的雇佣劳动的剥削，这三大奴役形式是合乎规律地相继发展的三大文明时期的特征。因为在这三个时期，一个阶级对另一个阶级的剥削构成了文明的基础，因此，文明便是在不断的矛盾中发展的，"因为它几乎把一切权利赋予一个阶级，另方面却几乎把一切义务推给另一个阶级"②。恩格斯以确切而形象的语言刻画了剥削社会条件下一切历史上文明类型的不变的特点："卑劣的贪欲是文明时代从它存在的第一日起直至今日的动力"③，而且，文明时代越向前发展，它就更带有虚伪性（这种虚伪性在远古的社会形式中是没有的），它也就更符合恩格斯的说法："它就愈是不得不给它所必然产生的坏事披上爱的外衣，不得不粉饰它们，或者否认它们"④。

凡是有利于统治阶级的事，同时也就有利于与统治阶级相一致的整个社会——这是那种以阶级对立为基础的文明类型的辩护士所奉行的欺骗性的社会的和思想的纲领。

恩格斯在这方面引用了摩尔根的论断，这个论断基本上指出了克服上述意义的文明时代的条件。以个人的致富和利欲为唯一的最终目的的

---

① 《马克思恩格斯选集》第 1 版第 21 卷第 163 页。
② 《马克思恩格斯全集》第 1 版第 21 卷第 202 页。
③ 《马克思恩格斯选集》第 1 版第 21 卷第 201 页。
④ 《马克思恩格斯选集》第 1 版第 21 卷第 202 页。

那个历史发展形式的终结将导致一个更高的阶段，这个阶段的特点是："管理上的民主，社会中的博爱，权利的平等，普及的教育"，并且"经验、理智和科学正在不断向这个阶段努力"①。

因此，这里所用的"文明"概念的内容是非常具体而且带有历史局限性的，消除了这样的文明时代，即消除资产阶级社会的一定的发展阶段，也就基本上为建立一个新的、更高的、为人民带来自由、开化、平等和博爱的社会制度创造了前提。用马克思在《关于费尔巴哈的提纲》中的术语来说："人类社会或社会化了的人类"将摆脱所谓资产阶级社会，在目前就是资本主义社会从前所固有的那些文明时代的特征。

同样，很多空想社会主义者也阐述过文明时代，例如，傅立叶在他的社会哲学中便特别着眼于当时的文明时期，即资产阶级制度。他坚决地批判这种社会制度，揭露了它在社会经济上和道德上的缺陷。

马克思和恩格斯使用了文明的概念。他们把文明概念理解为包括奴隶社会、封建主义和资本主义的对立的社会发展的整个阶段，即从社会的观点看待文明时代的形成，除此之外，马克思主义的科学还始终考虑到文化上的成就：文献著作的产生，当时日益发展的脑力劳动和体力劳动之间的分离，生产力、甚至武器（值得提出来的是恩格斯的思想："弓箭对于蒙昧时代，正如铁剑对于野蛮时代和火器对于文明时代一样，乃是决定性的武器"②）发展方面可以感受到的结果，劳动生产率的提高，工业的形成，文化、科学的成果等等③。

如果没有把通过文献著作和人类文化的物证固定和保存下来的全部

---

① 《马克思恩格斯选集》第 1 版第 21 卷第 203 页。

② 《马克思恩格斯全集》第 1 版第 21 卷第 34 页。

③ 《马克思恩格斯选集》第 1 版第 21 卷第 35 页。

社会经验传给后代，那么今天就不能真正利用从前的财富和知识。同样，如果不能在社会的记忆中把人类普遍的遗产保存下来，就不可能有任何可以使人感受到的进步，文明时代就不可能建立，也不可能得到发展。

在马克思和恩格斯的著作中，文明概念还有其他的含义和差别。因此，文明概念也用于刻画在时间上和空间上有一定局限的社会组织，用于分析生产关系的历史类型的具体特点，分析与这些生产关系相适应的社会和文化共同体（"古代文明"、"资产阶级文明"等等）。他们经常把"文明"这个字用于阐述人类在物质文化和精神文化方面的一切成果。出于这个目的，他们在不同的场合都谈到了文明程度，在这些场合，"文明"，"文明性"的概念同"文化"和"进步"的概念是相近似的。

在资产阶级哲学、社会学、人种志学和人类学的著作中，关于文明概念一直在进行热烈的讨论。针对这个问题，产生了无数的著作。成立国际性团体，出版定期刊物，例如，在布鲁塞尔出版的杂志《文明》就是"不同文明国际研究所"的机关刊物。

1978 年 8 月在瑞典举行了第九届世界社会学大会，在大会的三个分组会上就文明问题进行了讨论。主席团讨论了这样的题目："社会、文化和文明：自主和相互关系"，另一个工作组的题目是"一种或多种文明"，一个专门的研究委员会讨论了很多题目，其中涉及文明理论、文明的接近和矛盾冲突等。

不同流派的社会学者，特别是马克思主义者和非马克思主义者之间的讨论主要是围绕着文明的本质，文明的决定因素，文明同生产方式、社会政治制度的关系以及文明的定义。就非马克思主义的社会学家们提出的种种观点而论，他们都表现出了一些共同的特点，如历史唯心主义，否认文明和物质因素及生产方式之间的关系。

资产阶级观点中的"文明"概念具有不同的含义。只需要指出，它们对文明有着种种解释和定义，但万变不离其宗的是，他们都有意识地忽略资产阶级文明中的阶级对立和剥削的存在，并且千方百计地避不承认资产阶级文明的剥削本质，它以人民为敌的性质以及日暮途穷的前景。

许多资产阶级的社会研究者把"文化"和"文明"的概念割裂开来；在某些情况下甚至把两者对立起来，他们认为，后者只包括物质技术上的价值和物品，只包括文化的物质基础，而文化只涉及精神范围，只涉及富有创造性的过程。

如果分析一下文明概念的历史命运，它在不同的历史制度中的解释，就可以指出，随着时间的推移，它使用的广度以及它的内容都大大扩展了。除了在社会科学的专门部门的应用以外，它已涉及了美学、群众期刊、日常词汇；同时它经常获得新的差异，并积蓄了不同的（在某种程度上可以说是积极的、正面的）性质。人们开始用这个概念去阐述资产阶级民主的政治制度，物质文化上的成就，及至素养、教育、教养、发育的福利。它逐渐取得了——特别是在日常的语言使用上——非常宽广的内容，这内容反映了高度的文化水平，人民在物质和精神成果方面的总财富，并且把整个人（类）的物质财富已经达到的世界范围的进步的阶段确定下来。

在马克思主义的著作中，正如已经指出过的一样，文明概念在不同的历史条件下，以不同的含义被用来解决各种理论问题。

列宁在《论我国革命（评尼·苏汉诺夫的札记）》一文中分析了共产主义的社会经济形态的特点，同时提出了重要的看法，即文明概念的内容会被人们从不同的角度、用新的方式来理解。列宁认为，俄国首先要创造文明的基本条件，在那儿存在着不同于其他欧洲国家的发展文明的可能性，在表述上述观点时，列宁做出了重要论断：这种文明的前提是"驱逐地主，驱逐俄国资本家"，"一旦做到这一点，才有可能开始走向社会主义。列宁的这个关于社会主义改造和新文明的发展之间的关系的思想从多种角度预言了文明概念的观点，这种文明概念后来在马克思列宁主义的科学中都得到了应用。

文明概念在资产阶级科学和马克思主义科学中的内容

关于"文明"这个术语至今还没有一个一致的观点。这种情况给研究文明问题造成了一定的困难。从前和现在，在哲学、人种志学、社会学、人类学、美学以及其他科学领域的国际性著作中都围绕着文明的定义展开了讨论，将来仍然会有这方面的讨论。认为这种讨论将会继续下去的根据在于，许多作者把其他作者认为属于"文明"概念内容的东西归入到了"文化"概念的内容中去了。我们也绝不可以忽略，不同国家的著作中的这些说法其含意也是各不相同的，例如在德语中通常用"文化"这个词来描述法语中"文明"这个词所表达的内容。恩格斯在当时也曾注意到这一点。在《普鲁士"危机"》一文中，恩格斯阐述了两个"伟大民族"之间竞争的本质，他诙谐地问道："现在还能怀疑德国的'文化'比法国的文明优越吗？①

这种差别我们也可以在日常用语中非常清楚地看到。例如，我们用了俄文词汇"有文化的"（有文化的行为，有文化的修养等等），就这个词表达的意义来说，在别的语言，比如在拉丁语系中就用了"文明"一词。

---

① 《马克思恩格斯全集》第 18 卷第 324 页。

即使是不同科学领域的专家们也不能完整地阐明这些概念。

文明概念在功能上的意义更多的是同阐明社会的文化的共同体有关，这些文化的共同体在一定的时刻存在于世界上的一定地方。文明概念反映了这样一个在时间上和在空间上受到局限的共同体的具体发展阶段，以及这个共同体所特有的社会、物质和精神的财富的总数量。同时，这个有关的共同体表现出相当固定的特征（文化传统、语言、居住环境、经济和思想领域的共同作用等等）。这些固定的特点，这些一定文化范围内的特性，当地传统的文化环境都影响着社会机构的一切种类和形式的生命活动，并且因此就决定着该共同体内部的历史近程的普遍规律性的特点。因此，在对社会文化共同体进行分类的时候，既要考虑到社会学的以及有关社会形态的特点，也要考虑到文化的传统特点。根据我们的观点，一种具体的文明形式是在它能创造出不同于其他共同体所创造的价值的阶段上产生和发展的；因此，这个阶段就表现出文明对人类更高发展所做出的贡献，这种贡献是载入史册的。

例如，如果我们阐述苏麦尔人的文明，那么，我们首先就是强调他们的成就—楔形文字、犁、轮子等等的发明和使用。显然这里有理由问一下，为什么文明概念不运用到人类文化的实践刚刚开始得到发展的原始社会。

社会的、涉及社会形态和传统文化因素的统一，其中也考虑到一定的自治，种相对的独立性，一系列传统文化因素的相当长（比一个具体的社会形态持续的久的）时间的存在，—这就是总的文明理论的基本出发点。忽视任何这些组成部分及其特点，就不可能理解文明的本质。埃及社会学家阿卜德尔－马勒示把一个特定地区的传统的文化特征和生态学的特征都看作是当地文明的决定性因素，因此便得出如下结论：尽管在欧洲一系列的制度一个接一个地更换着——奴隶制度、封建主义、资本主义制度——以及今天在东欧甚至出现了社会主义社会,欧洲的文明过去是,现在仍然是欧洲的文明。

正如我们所知道的,在这些思想中包括某些重要的方面(传统文化因素的特定的自主性质,这些因素的长久存在),如果不相应地考虑到这些方面,就不可能理解当地文明形式的特点。同样明显的是,把这些方面绝对化以及忽视社会形态特有的因素,都会使我们不可能去理解和确定任何一种文明形式。因此,本文作者在大会的会议上提醒人们注意,欧洲的文明并非一成不变,它有过演变,现在仍在演变,将来还会演变。它的社会基础在发生变化,在不同的历史时期,它的作为基础的生产方式、文化水平和文化类型就不同。我们大概并不需要特别指出中世纪的欧洲文明与在同一个欧洲所建立的社会主义文明之间的差别。因此,文明是社会的和文化的共同体的体系这个论断,是同它特有的社会经济、文化、思想、心理以及组织等方面的特点的总体相符合的。同时在不同制度的条件下,文明的历史类型也在变化,尽管它的某些特点和表现形式在较长的时间里保持不变。

地区或大陆的特点都可能作为阐述文明时代形式的基础,这可能是最受欢迎的分类标准之一,现代的词汇——科学的以及日常用语的词汇——有着过于丰富的这类术语(古代文明、欧洲文明、东方文明、西方文明、非洲文明等等)。用这些词汇来表达文化政治状况、历史条件以及自然地理环境的总体的实际性质(自然地理环境对古代的文化有着非常重大的作用)。我们当然必须肯定,这种地理的方面不可能促进同一地区的社会文化共同体的不同历史类型和发展阶段的形成,它甚至会掩饰它们。

不同学科的出版物——社会学的也罢,历史科学的也罢——说明了仅从地区来考察在方法论上是不可取的。所以,美国大学的一批科学家也曾做过一次尝试，企图阐述西方文明的历史—从西方文明的起点直到今天。因为"西方文明"这个概念极不清楚，编者没有为不同历史时期的文明组成部分下定义；这一切便都流于写各国形成的年代记。写关于美索不达米亚、埃及、亚述、腓尼基、犹太的古文明，关于古希腊以及关于古罗马、拜占庭、中世纪的欧洲，近代和现代欧洲。其明显特点是，详细描述了美国的历史，把美国说成是欧洲人在美洲大陆建立的"西方文明的独立发展的中心"，但只字不提斯拉夫民族对"西方"文明所做的贡献。这部著作的特点在于一方面有丰富的事实材料，另一方面又犯了方法论上的错误。因此，作者们任意对待文明的组成部分，并且把国家和社会的组织形式、法律机构、科学、哲学、宗教、文学和建筑一概算作文明的组成部分，相反，却没有像共同体的生产力和生产关系这样特别重要的文明组成部分。另外一个缺陷便是该书特别用唯心主义观点看待革命运动的动力；认为十八世纪的美国革命和 1789 年的法国革命是思想斗争的表现形式，而不是社会阶级斗争的表现形式；同样，也未把空想社会主义和科学社会主义的历史同真正的现实的需要联系起来。

人们也常常按宗教的特点来确定文明。几乎全部现代资产阶级的（绝不只是教会的）著作都写基督教文明、伊斯兰教文明、佛教文明等等。当然，宗教对艺术和文学，对心理学和群众思想，对总的社会生活的影响，在一定的时期是很大的（今天在世界个别地区仍然如此）。例如，在中世纪的欧洲，社会生活的每个范围都怀着——恩格斯写道："完全受宗教影响的群众的感情"[①] 为阻碍进步发展的基督教的影响纳贡。

---

① 《马克思恩格斯全集》第 1 版第 21 卷第 349—350 页。

这些实际上是欧洲人民文化几世纪以来所具有的共同特征，需要进行科学的唯物主义的说明，需要确定它们的实际作用和社会功能。资产阶级文明观点特别过分地强调这些特征，利用这些特征对历史过程进行曲解，并且毫无根据地把这些特征当作某些决定性因素甚至是在任何情况下都把它们作为正面积极的东西提出来。不能把这仅仅看作是神学和教会（多数是不同宗教流派的代表人物本人）对文明的固有的解释，而且也应当把它看作是资产阶级的社会研究者进行的唯心主义分析。

例如，基督教教会的思想家竭力从宗教方面对文明进行说明，晋升为红衣主教的著名天主教神学家让·丹尼罗在《文化——被知识分子出卖了》一书中违背历史事实和社会—文化的实际，竭力为基督教在世界文明的发展中的支配作用和决定作用强辩。任何别的思想意识的影响——现在以及将来的——他一概不接受。"有人认为基督教不能对世界文明做出贡献，因而未来的文明不得不期待于另一些别的思想意识，这种看法即便是在今天也是荒谬的。我们甚至要说，基督教给文明的未来带来的是文明所如此需要和要求的人道主义。"

近来阐述和宣传所谓"爱的文明"的观点已成为天主教思想家们的时髦做法。罗马教皇保罗六世大力促进这种活动，他于 1976 年 1 月 21 日在梵蒂冈的一次接见时发表演讲，声称，爱的文明要依仗革新与和解。革新意味着教会的信条、思想和组织要适应于现代，适应于现代的、符合时代的完善。和解则相反，被理解为每个个人的灵魂的平和，在社会的阶层、阶级和各国人民之间关系中的平和。

我们可以在各个不同的国家和直至现在的各个不同时期看到对文明的本质所作的诸如此类的唯心主义解释的变种。例如，一本在法国出版的书《文化和文明》（拉罗卜和纳里斯著）就是这种时兴的解释之一。根据作者的观点，文化和文明基本上是由一些决定他们的特点，表达它们的主要思想和意义的发展的概念来确定的。

作者写道："让我们比较一下西方十六世纪的绘画（拉斐尔、达·芬奇、波蒂赛里）和宋朝（十至十一世纪，中国）的绘画。一方面是现实主义的创作，使用了色彩层次，空间透视，是在某种程度上引起人们的现实感的描绘，画面和形式明朗，没有丝毫的印象主义。另一方面则是模糊不清；在一片朦胧中不见山水，隐隐约约，若隐若现，一方面突出人的主要性，另一方面看不到人的特色。这两种绘画是受到对立的哲学学说的启发的结果，在这里，我们必须研究文明的核心，思想的本质，研究赋予这些绘画以灵魂和指导思想的哲学上或道德上的原则。"

在现代资产阶级的著作中心理状态也确定文明类型。

以上所谈的就是关于在通过过分强调文明的精神上的组成部分来确定文明所作的努力，在现代西方社会学著作中不乏相反性质的尝试，即企图把物质技术的因素，即把根据技术经济的发展水平来确定文明这一点绝对化。

就这方面来说，具有典型意义的是发表在《文明》杂志上的一篇评述西方文明本质的专论。作者马太·梅尔科把技术上的成就，把大量的、尤其是在十八世纪初对以机械动力为基础的技术的使用（后来也相继把水力、风力、矿藏资源以及现代核能和太阳能在技术上的应用；看成是西方文明的独特性、特点和最主要的标志。强调这样一种特点而忘记一切其他方面，特别是忘记社会的特点，这在类似的著作中是一种相当普遍的现象。在这些著作中，无论在人类文化活动的初期（青铜时代的文明，铁器时代的文明），还是在科学技术革命对现代工业迅猛发展的现阶段，都把技术标准看成是决定性的标准。这就是所谓的技术决定论的代表人物的观点。

技术决定论的代表人物的特点在于他们希望科学、技术、工艺和组织自主地发展，他们错误地认为，即便不改变资产阶级生产关系，科学、技术、工艺和组织也能对解决人类始终面临的全部问题做出贡献。他们没有看到，科学技术的革命不仅不能克服资本主义的基本矛盾，反而会继续产生社会的对立。

所有这些作为确定具体文明的基础的特点——正如我们所看到的——是片面的，不能说明该共同体的基本本质，尽管这些特点当然也反映了它的个别的特点和特性，并且阐述了并非局限于国家范围的、有关的社会机构的一定的特色，技术经济的、文化的和地区的特点。比如自然环境的、地区的特点可以影响到某些风俗习惯的形成，影响到食品的结构和服装的式样，人的气质、自由时间的安排，舞蹈和一般娱乐的特点，住房的外表，建筑等等。

这是实在的现象，一个学者都不可能回避这些特点，尽管这些特点不足以揭示任何一种历史上的文明类型的决定性的内容。

为了能广泛而客观地概括每一种文明的本质，这种文明形成、发展和历史命运的原因，就必须揭示文明与物质生产和历史所决定的生产方式的关系，与当时的社会政治的关系以及由此形成的管理制度的关系，换句话说，就是与社会经济形态的关系。这样一种方法使我们可以认识一个社会文化共同体的本质而不仅仅是它的个别的因素，它的技术经济以及思想的个别特点。

唯物主义历史观的这一中心思想在马克思主义经典作家的著作中在阐述唯物主义的基本原则（马克思主义的经典作家把唯物主义运用于人类社会和人类历史）时一再得到发展。我们可以回忆起马克思的著作《政治经济学批判》的著名的导言，他在那里强调说："物质生活的生产方式制约着整个社会生活、政治生活和精神生活的过程。"① 马克思在分析文明时也运用了这一历史唯物主义方法。

列宁进一步发展了关于生产方式在发展社会的、政治的和思想的进程中的决定性作用这一马克思主义的论断。列宁在他的著作《什么是"人民之友"以及他们如何攻击社会民主主义者?》一书中发展和论证了关于文化的物质基础的学说，这学说对于科学地理解文明理论是极其重要的。当然，"文化的物质基础"这一概念的内容是非常具体的，对于不同的时期和地区是各不相同的。

只有坚持这样的历史唯物主义观点，才能理解和说明一种具体文明的上述那些在文化、地区、技术经济、宗教和其他方面的特征（没有这些特征，文明就不可能是现在这个样子）。因为，如果存在着例如奴隶制度的文明类型，——不管它是古希腊的、古罗马的还是任何一个其他的奴隶制度，——那么，我们认为，它们之中的每一种都具有经济活动的内部和外部的特点，都具有不同的神祇，具有自己文明的、社会的以及其他的特征，但这终究不过是建立在奴隶制度基础上的文明类型的各式各样的表现形式。因此，文化的、物质的和精神的活动与一定的社会因素的特殊结合就足以形成固定在一个具体的文明形式内的那样一个共同体。同时，对一种文明类型的不同形式的研究，根本无需注意它们的同时性或在时间上的前后次序。最重要的是，要找出它们同类的或不同类的历史特点。如果不考虑到与社会形态因素——生产方式、经济基础，特有的上层建筑—的有机联系，就不可能了解文明的推动力、内在规律性和矛盾，而它们决定着文明的产生、发展和没落。

---

① 《马克思恩格斯全集》第 1 版第 13 卷第 8 页。

文明和社会形态

也许人们会提出这样的问题：马克思列宁主义非常注重社会经济形态学说，而后者与文明形式有着密不可分的联系，假如说由此而为研究具体的文明形式提供了坚实的科学基础，那么，这二者之间又有什么区别呢？如果有区别，那么这个与社会经济形态概念有所区别的文明概念又有什么特殊的含义呢？这两个概念可不可以彼此互换呢？它们是不是同义词呢？

我们不妨再回忆一下上文老早已经阐明过的一个思想：某个或同一个社会现实可以反映出一系列的概念，但其中的每个概念都是从自己的角度出发来观察某个或同一个客体，形成自己的观点，体现自己职能上的意义的。这些概念无论在外延上还是在内涵上以及在认识职能上都是不尽相同的。

在我们着手研究"文明"和"社会经济形态"这两个概念的相互关系之前，先作一点说明：即这里所作的某种具体分析，只以使用某种意义上的文明概念为前提。重要的是应该考虑到，文明概念虽然在科学文献、报纸杂志和日常生活中都有出现，但它们的含义是各不相同的，人们用文明概念依照不同的社会文化共同体的水准，描绘了一幅教阶制的完整画面。因此，人种社会结构（例如玛雅文化、埃及文化、苏麦尔文化等等），也就是说从人种角度看来相对而言是同一种类型的共同体是可以存在的。但是，也可以有这样一些共同体，它们含有多个人种群体，它们基于自己的社会文化参数，而隶属于某一传统的宗教（希腊、欧洲、拉丁美洲等地的文明）。文明也时常用以描述那些在历史上相类似的社会文化共同体的总和，它们都属于某种社会形态（奴隶制文明、资产阶级文明等）。最后，人们还可以用文明概念来描述一切迄今一直存在于世的历代社会文化成就。在这种情况下使用的文明概念是广义的，因此它包含多种社会经济形态范围内的总成就。

把上述观点汇集在一起，就会形成若干见解，起码对此有必要附带加以说明。

假如人们要把某种特定的社会经济形态同与之相应的、历史上相类似的文明总体加以比较，那么，显然有必要谈一谈"文明"和"社会经济形态"这两种概念在外延上的相互关系。本着这种精神，下面某些章节也要论及这个问题。

假如我们要考察"文明"和"社会经济形态"这两个概念的相互关系，我们想强调指出，文明概念——与其使用一样——始终把社会进步的本质和水平，把当时的社会经济形态所达到的这个物质和精神文化水平，作为基本的东西而提到首位，并且相应地把社会和文化活动的成果固定下来。同时，文明概念又把这些成果通过相互交往变成人类共同的价值，使它们在世界史上统一的、进步的发展中占有自己的地位。即便人们知道下列考虑是可以商榷的，然而还是会碰到这种意见：社会经济形态学说侧重讲的是统一的世界史过程的时断时续的侧面，而文明学说则把重点放在这个过程的连续性上。

鉴于下文还要继续考察共产主义文明概念和这种文明的特征问题，我们不妨先说两句：社会经济形态的变更一旦停止，也就是说，随着共产主义社会在全世界的建立和发展，社会经济形态的发展史就寿终正寝了（意思就是说，不存在社会形态的更迭了），因而会迅速地形成全人类统一的世界文明。

文明概念被再用于社会范围的成就，用于在当时的共同体内部的文化活动，用于这个共同体的持续发展，用于人民群众中社会文化水平的充实和传播的程度以及人民群众参与创造历史的广度和能动性等方面。在这里，相应的共同体所达到的物质和精神生产成果、社会活动成果，会被拿来同人类共同的价值、同这些成果在进步的历史发展中占有的地位相比较。

社会经济形态和文明这两个概念不仅职能不一样，它们涉及的范围也不相同。从某种意义上说，"社会经济形态"概念较之文明概念含义更广泛（这是就相应的社会经济形态和以此为基础的历史文明类型之间相互关系而言）。①

文明的一切因素和表现形式，都应在社会经济形态范围内找到，即使不是社会经济形态学说所研究的、属于文明概念的所有现象。另一方面，"文明"还描述了某些用社会经济形态概念所理解不了的东西。

人们应该记得，马克思主义创始人把"文明"是当成与野蛮相对立的概念来使用的，而法国百科全书派把"文明"当作中世纪蒙昧主义的反义词，我们使用时则把资产阶级文明和社会主义文明相比较。

为了弄清"文明"和"社会经济形态"这两个概念之间的区别，我们有必要指出，在某种社会经济形态时期产生并且存在过若干种文明，它们的基础不同。而根基则是同一类型的。这种情况既同某个地区的文化发展特点有关，也同下述情况有关：某种社会经济形态本身的发展，这种发展在不同的国家和地区的表现形式，都表现出相当大的特点。有一种见解认为，一种社会经济形态会以多种变态形式存在，尽管形式有所不同，但却都是一种生产方式的表现形式。马克思和恩格斯发展了这种思想，他们既联系到了封建主义的，也联系到了资本主义的生产方式。当马克思去分析形形色色的、而本质上又是统一的、资产阶级

---

① 这里没有涉及如下问题，即原始社会时期，文明实际上还没有发展起来。

关系的过程时，他对广泛具体的史料进行研究之后明确指出：资本主义已经产生，它"带有不同的色彩，按不同的顺序、在不同的历史时代通过不同的阶段"。①

在那些文明和社会经济形态地理范围一致的地方，在某种文明存在于某种社会经济形态的基础之上的地方，我们也应当看到某种时间上的不一致。因此，在某个国家或在许多国家建立新的政治制度，并不是同时就创造了一种新的文明。后者是一个旷日持久的过程。

大家都知道，共产主义的社会经济形态在它自己的贯彻实行过程中，要经历一个过渡时期，经历它的初期阶段和高级阶段。撇开意味着把资本主义社会通过革命改造成社会主义社会的那种过渡时期不谈，就是社会主义的早期阶段，我们也应该把它同某种共产主义社会联系起来，"它不是在它自身基础上已经发展了的"②，而是同某种远远没有发挥自己潜力的、甚至还带有某些旧社会痕迹的社会联系在一起的。

当然，社会主义文明的形成决不是始于不发达的社会主义阶段。社会主义革命本身就开辟了形成具有人类共同意义的价值的条件。不过，在这种情况下的问题是，这些潜力在共产主义社会第一阶段的社会高度成熟时期才会广泛显露出来，因而就为开发社会主义文明的本质创造最有利的条件。

综上所述，我们得出的结论如下：

1. 任何一种文明，在其存在的某一具体历史时期，都要依赖于某种特定的社会经济形态。

2. 以某个或同一个社会经济形态为基础的若干同类文明的存在，

---

① 《马克思恩格斯全集》第 1 版第 23 卷第 784 页。
② 《马克思恩格斯选集》第 1 版第 19 卷第 21 页。

是受某种特殊的、独一无二的、无与伦比的文化形式，受人种的、民族的标志，信仰差别，社会政治的、美学的、法学的和伦理学的观念和公共设施的特点制约的。这是当时地球上有人居住的那一部分的社会和文化发展中的一个阶段，它同物质和精神生产中某种特定的社会生产发展水平联系在一起。在我们看来，在这样的时间阶段，即文明能够创造作为它对人类经验、价值和成就的普遍宝库的独特贡献的那些价值时，就会产生和形成文明本身。

3. 社会文化共同体的向前发展，是对人类理性、文化和社会组织潜力持续的一种发挥。任何一种具体的文明，都会为这个人类进步过程做出它们自己独立的、以不能重复的标志为特征的贡献，同时，它又同以前的文明有着渊源上的联系。如果说，新的文明否定了旧的文明，那么，在说这句话的同时可要注意连续性本身，因为新文明保存了以前社会发展已经达到了的人类共同的物质和精神价值，并把这种价值作为自己发展的基础。这笔人类共同的遗产，多亏了人类的社会记忆才得以保存下来，它从过去的历史时代那里把对于未来有意义的一切东西都积累了下来，最后成为产生新事物的前提，因为这笔遗产是作为发展过程的必然侧面出现的。当然，也会发生这样的事情，即人类由于受到征服者的暴力摧残，受到其他社会灾祸的影响，有时也由于遭受自然灾害的袭击而使已经取得的许多东西又丧失了。

文化和文明的相互关系是一个重要的研究领域。我们特别要抓住精神生产的一面。不同的时代和在这些时代里发展着的文明，都以各自的形式表示自己对世界的理解。这是无可争议的事实。但是，艺术、文学和某些作为各民族文化历史实践中最切身和最独特的范围的精神生活领域，也提出了类似人的存在这样的问题，它无时无地不在激励着所有的人，使之为解决这些问题而跃跃欲试。诸如合理组织社会的问题，善与恶的问题，美、爱情和母爱的问题，关怀下一代的问题，生活的意义问题，认识宇宙等事物的力量和规律的问题等。

相互的影响、各种文化的相互补充、国际间的文化交往等因素，过去和现在都有助于分布在不同地域的文明内部精神生产的共同标志的形成（因为它们的内容是人类所共有的），有助于巩固人类历史的统一性。这些交往远在文化发端的古代就已产生了，并且现在还在发展着，冲破对抗性社会制度为它设置的重重障碍，永远向前。从旧石器时代穴居的人发展到今天社会的公民，经历了若干世纪的漫长过程，假如没有各种文化持续的相互影响，没有正常的情报上的互相交流（它们是人类发展的一种非常重要的规律，并且为人在地球上的认识论的和变革的活动做出了贡献），那是不可设想的。

4. 任何一种文明内容，都是人民的创造性劳动凝聚的结果；社会的物质和精神发展范围内所取得的一切成就，都归功于人民；因此，劳动人民、人民群众过去和现在都是文明的主要原动力。我们要特别强调这一点，用以同文明的英雄论相抗衡。这种理论不仅过去有过，而且直到今天仍然存在。

在创造文明价值的时候，社会各阶级及其代表人物的行动，都起了某种作用，但是，社会先进阶级和阶层的行动则具有特殊的意义。

不同的文明类型中，人民群众同社会物质和精神财产的关系，是各不相同的当然，这与价值的创造、分配和消费的具体历史特征有关，而这个特征又是物质生产特有的方式方法所决定的。

在以私有制为基础的社会中，文化和文明财富在许多方面相对来说仅仅给一小撮社会特权人物带来好处；人民群众不仅仍然处于治于人的地位，而且许多文化和文明成就反被拿来对付人民群众。因此，某个社会文化共同体进步性的最重要标志，不仅在于它物质和精神成就的范围，至关重要的在于，全部成就是在怎样影响着每个人；怎样去促进每个人去发挥自己的精神、智慧和肉体的能力；人怎样成为自己的存在和当时社会存在的共同体现者。

列宁在《给美国工人的信》中这样写道："资产阶级的文明带来了它的美好的果实。美国在发展人类联合劳动的生产力方面，在应用机器和一切最新技术奇迹方面，都在自由和文明的国家中间占第一位。同时美国也成了贫富间鸿沟最深的国家之一，在那里一方面是一小撮卑鄙龌龊的沉溺于奢侈生活的亿万富翁，另外一方面是千百万永远在饥饿线上挣扎的劳苦大众"①。

被列宁称之为"文明的野蛮"② 的是以下二者的矛盾：一方面存在着解决涉及人类问题的巨大潜力，另一方面，社会的统治上层却没有社会能力，并且无意让上述潜力发挥作用。

正因为有必要广泛解决人类共同性问题，为了群众利益有必要发展文明，因而克服资产阶级文明的局限性和缺陷就成了前提，并且决定了必须对资产阶级文明来一番彻底的改造。

假如谈起社会主义以前的文明类型尤其是资产阶级文明的缺陷，谈起它们的财产形式、价值在原则上、质量上的局限性，当然，任何马克思主义者都不会马上否认它们取得的那些重要发展成就。关于资产阶级文明为发展社会生产力所做出的贡献，列宁继马克思和恩格斯之后指出："资本主义文化创立了大生产、工厂、铁路、邮政、电话等等"③。马克思列宁主义的经典作家对敌视人民的、反人道的、对抗性的文明特

---

① 《列宁全集》第 1 版第 28 卷第 43—44 页。

② 《列宁全集》第 1 版第 19 卷第 388 页。

③ 《列宁全集》第 1 版第 25 卷第 407 页。

性，进行了彻底的批判，但并没有把这种文明视为某种历史上的倒退。

在人类历史上一切重要转折关头，社会革命都会出来为进一步发展每种文明类型的积极潜力扫清道路。马克思指出，"为了不致丧失已经取得的成果。为了不致失掉文明的果实，人们在他们的交往方式不再适合于既得的生产力时，就不得不改变他们继承下来的一切社会形式"①。如果说，人类为了文明的形成和最初的发展，不得不克服蒙昧和野蛮，不得不建立阶级社会，那么，人类今天则迫切需要克服资产阶级文明的羁绊，即克服那种以阶级对立为特征的文明类型的羁绊。社会主义革命从文明中挣脱了资产阶级的枷锁，从而促使文明得以更加迅速地向前发展，使文明的果实造于人民群众，造福于每一个人。

共产主义文明的形成

在社会主义革命的结果中，在一种原则上是新的文明类型的件下，不仅找到认识历史上已经取得的文明成果的那些可能性发生变化，而且会产生新的、社会主义所固有的、符合个人、人民人类利益的并且原则上是资产阶级文明所望尘莫及的价值。比如，我们来谈一谈上面已经提到过的发挥创造潜力这个问题，谈一谈发挥群众的首创情神和群众直接参与社会和国家各种事务的问题。崭新的经济和政治条件，全新的社会风气，可以使群众变成自己历史的自觉创造者；这些条件使人民的社会和文化行为达到非凡的程度。作为对新社会特征的阐述，列宁在《国家与革命》一书中强调指出，在社会主义制度下，"人民群众在文明社会史上破天荒第一次站起来了，不仅自己来参加投票和选举，而且自己来

---

① 《马克思恩格斯全集》第 1 版第 27 卷第 478 页。

参加日常管理"①。

由于人民成了自己生活的积极创造者，这就为全体地球居民的活动内容和规模开辟了新的可能性，新的前景。

正是历史已取得的、人类共同的、物质和精神的价值，同那些社会的、受阶级存在制约的、与社会形态紧密相连的因素之间的相互关系，决定着今天尤其有必要确定以私有制为基础的资产阶级文明和共产主义文明之间的分野。

共产主义（社会主义）文明概念已经在当前的马克思主义文献中被采用了，这种文明将随着新社会的潜能和优越性的发展而发展，就这种文明概念的范围和对社会现实的表述而言，它是同共产主义社会经济形态有区别的。它具有它自己的特殊意义（正如资产阶级文明和资本主义社会经济形态的关系一样）。社会主义文明把社会进步的本质和程度，把新社会达到的物质和精神文化水平提到了首位，并且相应地把社会和文化活动的成果固定下来，同时，社会主义文明把这些成果与人类普遍价值、与这些成果在统一的和进步世界历史运动中的地位联系起来。它道明了社会主义特有的价值对人类命运、人类成就的总体及发展倾向所处的地位和所起的作用。

随着社会主义世界体系的形成，随着社会主义世界的蓬勃发展，随着与资产阶级价值相对立的社会、精神和文化价值的实现和完善，社会主义文明对资产阶级文明的优越性将会变得日益明显。

这种历史上崭新的文明类型的本质，是通过根本的革命变革取得的，它取代了自发的经济和社会运动，建立了自觉的生产和整个社会生活组织。这种本质，是同实现马克思列宁主义的一贯思想—自由、幸

---

① 《列宁全集》第 1 版第 25 卷第 474—475 页。

福、劳动群众和所有社会成员的全面发展—不可分割的①。相应来说，正在形成当中的共产主义文明的特征，则是通过以下几个方面表现出来的：一方面是对人类全部进步文化财富的占有和广泛传播，另一方面是人在社会存在的不同领域（例如在这种存在的社会关系、生活方式）中生命活动的全新内容，价值和需要的新结构、精神文化的高水平以及真正人道的社会风尚。

当然，社会问题对于理解社会主义文明具有核心的意义。

那些在资产阶级文明中始终是天怒人怨的问题，在新社会中找到了解决的办法。这是新社会对世界文明所作的贡献。这首先指的是劳动和个性的自由，公民、一切社会团体和民族的社会主义平等，文化和那些在思想上（特别是道德上）为一切社会成员的真正平等的、有保障的生命活动做出贡献的原则。在新社会的条件下，社会乐观主义的起因在于有一整套社会保障存在，它们维护着社会自身，如克服现有的不安全感，真正的劳动权、居住权、保健权、受教育权和就业权，利用文化成就的权利，利用科学、技术和艺术成果及许多其他成果的权利。

人们有史以来第一次能够确认社会制度的原则同劳动人民以及任何个人要求全面发展他们个性间的一致性，因而也就破天荒第一次为逐步实现马克思的理想—发展最切合人类本质的"作为目的本身的"② 能力的必然性创造了条件。

实现这些原则，是发展前所未有的、崭新的那种社会前景的保障。实现这些原则，有赖于以前的全部文化，它会带来新的价值，如社会和个人的相互关系的人道原则、需求的增长趋向、纯洁行为动机的趋向、

---

① 参看《列宁全集》第 1 版第 6 卷第 10 页起。
② 《马克思恩格斯全集》第 1 版第 25 卷第 927 页。

为个人有保障的而且内容上丰富多彩的生命活动提供社会保证和物质保证等等。

社会主义社会对形成一种完整的、科学的世界观、社会意识、责任感、共产主义信念和对每一个成员内心成熟的关怀，这是在全新的原则下产生的一种历史现象，这就使人们可以更有目的地、对任何活动和生活领域的前景都自觉地行动，可以发展积极的社会特性，以及在生活中发展某种积极的、受过高尚道德陶冶的举止。

假如要分析这种崭新历史文明的特征，我们就不能无视这种情况：社会主义国家当前现实生活中，这些特征并没有不折不扣地变成现实。我们可以举出不少例子来说明那些与主客观状况相联系的不足之处，举出许多领域存在的悬而未决的问题。马克思列宁主义对处于形成阶段的文明所谋求的与取得的东西的研究，具有现实主义的特色，它尊重下列事实：新兴社会经济体系还很年轻，它的前景尚未充分显示出来，但在它持续发展的过程中却对生活中冒出来的各种问题一再寻求更恰当的解决办法。

假如人们要研究在新文明的发展过程中谋求的东西和取得的东西的关系，那么，除了具体社会条件之外，切不可忽视自然因素。我们的文明是同周围世界紧密相关的，后者在一定程度上给人提供了有利的生活和发展条件，同时也给人的行动以限制和纠正。

然而，新社会的社会潜力，在一切方面都起着强大的作用——这种潜力能够减轻自然灾害造成的影响，甚至会抵消这些影响。

在国际舞台上，新文明是对人类未来的可靠保证。

这就是社会主义文明在人类历史发展中所占有的地位，只有社会主义文明才能解决我们二十世纪所面临的社会和人类共同的问题。伟大的十月革命产生了社会主义文明，它是人类继续进步的必要条件和迫切的要求。世界共产主义的变革表达了人类最广泛的共同利益，而社会主义的现实成就，则是我们时代对人类继续进步的最可靠保证。

为了说明社会主义新文明的特点，有必要强调指出：任何一种社会形态内部都曾产生过许多共同体，它们在自己的社会组织中、在技术的经济的特征方面和在文化发展的水平方面，彼此都是有明显的区别的。因此，新的社会经济形态，用保证一切民族都能了解世界物质、精神文化及其全面进步的办法，去推动自己发展的相似点和共同点。

当然，从这里也可以看出，我们这个时代，在通讯工具、交通、强化科技情报交换等方面，都有了突飞猛进的发展。可以说，它是世界上现代科学、技术、经济和政治发展所创造的有利的前提。列宁对生产能力的国际化趋向，对"各个民族的精神活动的成果"①，变为共同财富的趋向都做过论述，他写道："人类的整个经济、政治和精神生活，在资本主义制度下已经越来越国际化了。社会主义会把它完全国际化"②。

由于社会主义世界突飞猛进的发展，由于那些与资产阶级相对立的社会、精神和文化价值的发展和完善，共产主义文明和以私有制为基础的文明的区别将日趋明显。但是，即便资产阶级文明和社会主义文明之间存在着原则差别，凡是有人类共同价值存在的地方，也就有彼此相似的东西存在，比如，物质文化方面，生产力的技术基础方面，就面临着类似的任务。

---

① 《马克思恩格斯全集》第 1 版第 4 卷第 470 页。
② 《列宁全集》第 1 版第 19 卷第 239 页。

科学技术和文化成就的交流和连续性，对于任何社会来说都是理所当然的。共产主义文明也不例外。

社会主义文明的理论和实践同以前人类整个进步财富之间有着辩证的连续性，马克思列宁主义学说对此作了十分详尽的阐述。在马克思主义看来，问题不在于同意或拒绝接受前人取得的一切积极的东西，而在于重视社会主义制度保存并接受社会存在的不同领域里的人类共同价值的有规律过程的那些特点。这个过程在物质生产和政治上层建筑领域中的演进，与意识形态和生活方式中的演进是有区别的。

如果人类共同的东西就是一切民族一致努力奋斗的结果，那么，当然，他们在各个领域做出的贡献就是有区别的，这首先取决于，他们生活和行动在什么样的文明内部——是在以私有制为基础的（资产阶级的）文明之中还是在共产主义文明之中。例如，总的来说，资产阶级文明是不可能取得社会主义的社会政治成就的。但是，各民族都居住在同一个星球之上，他们都是人类的一部分，因此，他们都会为人类社会的发展，为自己活动范围的扩大和内容的丰富多彩做出一分贡献。列宁在《哲学笔记》中，就对部分和整体的辩证法作过阐述："世界历史是个整体，而各个民族是它的'器官'"①。人类共同财富的全部，习惯上称作"世界文明"概念，它确定和概括了任何一个生活和活动范围内的成就，而这些成就又涉及并保障了全人类的利益，而不以其国家、地区、大陆以及种族、阶级的差别为转移。这是一种对人类共同利益的抽象的表述，是撇开那些历史上固定不变的、与社会发展中各个阶级和社会文化共同体相联系的因素来说的。

---

① 《列宁全集》第 1 版第 38 卷第 348 页。

正因为如此，所以在进行具体分析时，首要的是准确地把握阶级的东西和人类共同的东西，把握社会主义文明和世界文明之间的辩证法。只有工人阶级及其革命政党领导的阶级斗争，人民群众有组织的行动，才能够铲除那些以私有制为基础的文明的非人基础。人们只有通过坚持不懈地发扬无产阶级的原则，实行社会主义原则，巩固新社会，巩固以此为基础的社会主义文明，才能维护世界文明，取得更大的进步。

随着社会主义制度的建立，随着工人阶级对政治权力的掌握，社会的进步有史以来第一次不是以出卖劳动人民为代价而是为了劳动人民的幸福而发挥作用；有史以来第一次不是特权阶级而是全体劳动人民以及所有社会成员都同样有分配生产的物质财富、受教育和享受文化的权利，有史以来第一次统治阶级不去谋求任何私利和任何特权（恩格斯在《家庭、私有制和国家的起源》中谈到对抗性的文明类型时，对后者作了精辟的阐述[①]），而是把相当大一部分新社会建设的艰难困苦担在自己的肩上；破天荒第一次，统治阶级把所有社会阶层、每个公民的福利视为整个社会的福利。这样一些经济的、政治的和思想的因素清楚地表明了工人阶级的历史使命，工人阶级是主要的生产力，是当前最重要的、有群众基础的社会力量，是新兴的、具有集体主义精神的、有利于每个人自由发展的社会关系体现者。

工人阶级本身今后的发展，也具有重要的意义，因为它要继续发展自己的政治制度，要形成一切劳动阶层的历史潜力，它就必然要同生活在未来的、社会统一的共产主义社会的一切人相融合。只有到那个时候，才有可能消除社会经济形态的东西和历史上普遍的东西之间的差

①　参看《马克思恩格斯全集》第 21 卷第 201—202 页。

别。原来的共产主义文明，由于汲取了前代发展的最佳成就，因此，它与世界文明就是一回事了。从这个意义上说，显然有必要弄懂恩格斯在《英国工人阶级状况》一文中在谈到人民关心共产主义时说过的一段话，他说共产主义"不仅仅是工人的事业，而是全人类的事业"①。形成和发展共产主义文明的首要任务，就是保障全人类的全面的经济、社会和精神的进步。

（原载《马克思恩格斯年鉴》1981 年柏林版第 4 卷）

（刘漠云、张念东 摘译）

---

① 《马克思恩格斯全集》第 2 卷第 586 页。

马克思与人类解放[*]

〔匈〕阿格妮丝·赫勒^①

[摘 要] 阿格妮丝·赫勒是东欧新马克思主义的重要代表人物、布达佩斯学派的主要成员之一。由于继承了马克思和卢卡奇的思想遗产，赫勒一生致力于人类解放事业的研究。文章重新审视和分析了马克思的人类解放理论，恢复了马克思人类解放理论的"个体向度"。作者认为，马克思的人类解放是在自由的意义上进行阐述的，由此，作者分析了马克思的自由概念和人类解放的实现条件。她认为，马克思的绝对的自由和人类解放是不可能实现的，人类解放只有在个体的意义上，而且在民主的自由概念的引领下才能实现。

马克思关于"无产阶级只有解放全人类才能解放自身"的伟大的箴言几乎家喻户晓。然而，这个激动人心的真理的断言最近却被彻底地怀疑，甚至遭到拒绝。批评者指出了把特殊阶级等同于普遍性而产生的谬误。他们关注于"只有……才……"的表达和它在马克思的理论中与众不同的意义。他们认为，这种表达方式暗示着全人类的解放或许只

---

* 本文选自《马克思主义与现实》2012 年第 2 期。

① 作者 Agnes Heller 系美国纽约新社会研究学院教授。

是一个客观过程和对它的意识的结果，即使解放人类的意志并没有作为一种包罗万象的动力而显现。然而，批评者们强调，人类的解放除了是清晰地指向解放的各种行动，它不能是任何行动的结果。即使我完全同意这种批评的看法，这里我还是想探讨一个完全不同的问题。我不想改写马克思的阶级理论，也不想讨论革命变革的"主体"。确切地说，我想讨论在马克思的箴言中所暗示的最大可能的问题。即当马克思谈到人类解放的时候，马克思的意思是指什么？他的人类解放的思想对我们的行动和乌托邦的想象可能会产生什么影响？对第二个问题的回答是以第一个问题的回答为先决条件的。

一、马克思的人类解放的实质：绝对的自由

马克思没有说无产阶级要通过解放自身来解放所有的被压迫者和被剥削者，而是说要解放全人类。然而，人类既包括压迫者也包括被压迫者，既包括剥削者也包括被剥削者。因此，人类的解放等同于两者的解放。无产阶级从被压迫中解放被压迫者，从残暴中解放压迫者。如果说压迫者需要被解放的话，那就意味着压迫者在现存状态下也是不自由的。而且，事实上，马克思曾清楚地表述过，一个压迫其他民族的民族不可能是自由的。然而，这个表达并不像听起来那么有道理。古代城市国家的公民谈及自己的时候称为"自由民"，即使他们压迫奴隶而且最终征服其他的城市国家。贵族们坚持他们的自由，以此来衬托农奴们的不自由。如果人们是独立的，并且其他人类群体和共同体对他们的征服从来不被看作是对他们自由的限制，那么他们就把自己理解为是自由的。因此，很明显，当"人类解放"的图景浮现于马克思的脑海中时，他内心有一种对自由的特殊的理解，这种解释不仅是不寻常的，而且在

前人的历史中是闻所未闻的。这与他的整个理论是相一致的，就像他曾经强调的：人类"真正的历史"将与我们人类的"史前史"具有质的不同。这意味着在史前阶段（包括我们的时代）被我们称之为自由（liberation，liberty or freedom）的东西，不是"真正的自由"，而只是自由的"表象"。黑格尔的本质和表象的并置在这里却隐藏着最大的非黑格尔的观点，即自由和必然之间的无法调和的矛盾。按照这个隐藏的概念来解释，那就是：哪里有必然性，哪里就没有真正的（本质的）自由；哪里有真正的（本质的）自由，哪里就没有必然性。未来"自由的王国"与过去和现在的"必然的王国"背道而驰。作为表象的自由甚至不是作为本质的自由的歪曲的表达，而仅仅是一种幻象。

马克思的观点是始终如一的，在《资本论》第 3 卷中，他把生产的国度排除在自由的国度、甚至在未来的共产主义社会之外。对于他而言，谈论一种不能彻底抛弃必然性（限制）的自由将是一种幻象。在马克思那里，量的范畴不适于表达自由的概念。首先，"自由"概念不能有复数形式。无论何时，当我们谈及各种自由（freedoms or liberties）的时候，对马克思来说，我们只是接触到自由的现象，而不是本质。因为现象不是一种本质的表达，而是一种幻象。"复数的自由"（freedoms and liberties）与"自由"（freedom）全然无关，而且在一定程度上，它们与自由的反面（不自由）相关。第二，自由不能是较多或较少地存在着，而必须是：或者绝对地不存在或者绝对地存在。在《巴黎手稿》以及其他文献中，马克思谈到工人和资本家都是异化的。在这种语境中，异化不代表与劳动产品或劳动过程的疏离，因为资本家的异化不能被理解为劳动的异化。它代表着不自由。这就是为什么马克思没有附上工人比资本家更异化这个条件，因为这个条件将把量的范畴（较多或较少的范畴）引入自由和不自由的仅仅质的范畴当中。他清楚地阐释了一个完全不同的条件，也就是说，当工人感觉痛苦的时候，资本家能够处理异化。资本家的意识中包含对自由的幻象，而工人没有、也不能抱有这种幻象。"较多"或"较少"这种条件的缺乏暗示了自由和必然性（或限制）不能混在一起。

这就解释了为什么应该被解放的是全人类，而不仅仅是被压迫者和被剥削者。在人类的史前史阶段，所有的人类活动都是在限制下进行的，因此，他们所有人都是不自由的。人们甚至不能说他们是同等地不自由，正如"同等"这个概念与"较多"或"较少"一样都是一个量的范畴。

因此，对于马克思来说，自由是绝对的，也因而是纯质的。但是，绝对的（纯质的）自由是什么样的？或者能是什么样的呢？

第一，自由不代表"自愿的行动"（voluntaryactions）。马克思特别强调了人类"史前"阶段人们行动的自愿的特征。最早在《关于费尔巴哈的提纲》中，马克思对人类的主体性、对作为历史发展的最重要手段的人类意志做了充分的论证。即使在历史环境的限制下，人们也自己创造自己的历史。但是应该被指出的是：马克思无论何时谈到自愿行动、主体性、人类实践，他都没有把自愿行动等同于自由。对他而言，人类直到马克思的年代，就一直在"自由的片段"（free pieces）（aus-freienStuken）中，不自由地创造他的历史。

第二，在马克思那里，自由不代表政治的自由，主要因为政治行动总是在"主体政治"中，换句话说在国家中发生。但是仅仅国家的存在就使人不自由了，"自由的国家"是不存在的。那时，对马克思来说，"人类解放"（human emancipation），这条通向自由的大道，并不是由政治解放发展而来的。更确切地说，前者是后者的反题。政治解放给人们提供的是多元的"自由"（liberties），而不是"自由"（freedom）。

第三，自由不代表各民族或其他人类共同体的"独立"。这不仅是因为压迫他人的人或压迫其他民族的民族不能是自由的。即使我们设想有那么一个时刻，有那么一个世界，在那里所有的民族都是平等的、独立的，没有任何民族去压迫其他民族，这仍然不是马克思所梦想的"自由王国"。马克思心目中的"人类"不是由不同民族或不同文化组成的。它被设想为作为生产者的全世界自由人的联合体。因此，要实现自由，个人而不是民族（或文化）必须是自由的。

第四，尽管"自由是对必然的认识"这句话被大众广为流传，但自由并不是"对必然的认识"。正是恩格斯而不是马克思，把黑格尔的自由范畴引入了马克思主义的传统。如果必然被认识的话，那么在历史环境限制下所进行的自主活动就是成功的。但是我们知道，自主行动还不是自由的行动，它不是自由人的行为。例如，马克思在《巴黎手稿》和《资本论》有关劳动过程的讨论中，理所当然地认为，无论是目标的制定还是手段的应用都依赖于对原料过程的恰当的知识，这样才能取得要求的结果。然而，对原料过程的恰当认识，提出合适的目标，并付诸现实，并没有使工人成为自由的人。偶尔，马克思也说一些让人困惑的话，如人类从来不会提出一个不能实现的目标。这种话是令人困惑的，因为人类从来没有提出任何目标，即使我们用集体的演员来代替人类，这个陈述不可否认也仍然是不真实的。然而，不管马克思的箴言多么容易受到质疑，它所传递的信息仍然是值得注意的，因为通过它，马克思要表达的是：人类一直以来总是能够认识必然。但是，我们必须加上一句话：人类从来就不是自由的。因此，无产阶级的自我解放是这种"认识必然"的行为，但是恰恰因为这个原因，它还不是一个自由的行为。只有当行为是自由的，结果才能是自由的。

然而，如果马克思的自由概念既不与"自愿行动"等同，也不与政治自由、民族独立、或对必然的认识相一致，那么，这种"自由"又是关于什么的呢？我们已经发现了自由的三个特征：自由完全是质的，并且是绝对的；它指向了个体，并且排除了每一种必然性或限制。但是马克思又加了第四个特征，而且是个包罗万象的自由定义：每一个个体的所有的能力和才能的发展。有趣的是，这个包罗万象的定义并不是被马克思一个人阐述过，约翰·斯图亚特·穆勒，马克思的同时代人，马克思所鄙视的（不是完全没有理由）自由主义的领导人物，曾经也得出过同样的结论。事实上，"个体能力和才能的全面发展"的构想来自于自由主义的传统。在提出何种条件下，人类所有个体的才能和能力能够自由全面地发展的问题时，马克思把自由主义转变成了激进主义。他以下面的方式回答了这个问题：只有在脱离了任何种类的限制和必然的社会（或王国）里，它才是可能的。马克思共产主义的自由是自由主义的自由在每个人身上的充分实现。

二、马克思的人类解放的实现条件：充裕理论

为了这种绝对的自由，人类（所有人类个体）必须解放的限制是什么？

生产力的发展是人类历史的独立的变革因素。生产是发生在社会和自然之间的新陈代谢。生产力决定着人类的关系，在这些关系中，首先是生产关系。因此，人们之间的关系依赖于我们对自然的关系。这是一个三重的依附关系。第一，生产力的发展是一种准自然（quasi-natural）的过程，因为我们不能改变它。第二，这一过程中所创造的财富不能被社会财富的个体创造者占有，因为财富作为一种权力和财产形式（共有的或私人的）被具体化了。第三，生产力相对于要求满足的人类需求来

说，是未充分发展的，其结果是匮乏限制了人类的可能性。众所周知，马克思着力证明了，由于资本主义工业生产，匮乏在他的那个年代能够很容易地被克服，匮乏不再是必然，但是资本主义生产关系仍然被保留。这些关系必须被改变，并且它们必须以一种与先前由于生产力和生产关系的冲突所导致的改变完全不同的方式被改变。因为匮乏一直是突出的限制因素，所以充裕将会消除这种限制，也消除所有其他的限制。在充裕的条件下，生产不再是一种准自然的过程，社会关系获得了控制权，人们将完全控制社会和自然之间的新陈代谢。劳动的解放是对自然的最后的征服，是人类对他的生活过程的条件和前提的最终胜利。正是充裕改变了人类交往活动的关系网：剧本不是提前写给舞台演员的，他们是写剧本的人。

不用说，根据匮乏对比充裕的"人类条件"的界定很像自由主义的传统，强调人类所有能力和才能的发展。沿着这条思路，我们在休谟那里发现了这种思想的经典性阐述。休谟提出了这个问题，并把它作为社会政治思想的中心问题。所有的社会限制，休谟也是这样主张的，都来源于人类发展能力的渴望和社会自然资源的匮乏之间的冲突。在充足的条件下，我们会没有限制地生存。休谟和马克思之间的差别不在于判断的水平不同，而在于提出的建议不同：对于休谟来说，他的视域里是没有补救措施的，而马克思却有。我提出这个问题不是为了讨论马克思的建议的优点和缺点，我只是想指出它的起源。然而，民主的自由理论还不认为匮乏—充裕的二分法有如此的重要性，因为在政治参与或作出决定的过程中是没有"匮乏"的，或者如果有的话，也只是时间的匮乏，它在任何社会历史条件下都是不能克服的。

在人类的史前史阶段，生产力的准自然发展是突出的限制，但却不是仅有的限制。除了经济限制以外，一些限制直到资本主义生产方式出现之前，还一直奴役着人们。马克思提出了两种版本的历史唯物主义概念，一个比较强势（strong）、另一个则显得薄弱（weak），而且为了解释超经济限制，他设计了两种不同的理论方案。在较强势的版本中，"基础—上层建筑"模式适合于各种历史类型，而比较薄弱的版本仅适用于资本主义历史。在随后的讨论中，我将从两个概念共有的因素出发，从较弱的版本特有的因素出发，这部分是因为马克思对后者的阐述要比对前者的阐述更加详尽，部分是因为这种观点更有助于对手头的问题的解决。

马克思的价值选择先于他的理论。最早在关于伊壁鸠鲁的论文中，他许诺了自由的价值，这里自由被解释为权威的对立物。为了获得自由，人们必须摆脱权威的束缚。普罗米修斯，那个宣称憎恨所有神的人，在马克思那里成为自我解放的典范。后来，当马克思成为一名共产主义者时，他试图证明无神论是走向共产主义的第一步，尽管它仍然不是共产主义。普罗米修斯声称他憎恨所有的神，当马克思援引他的时候，在马克思的心目中，神不仅指天上的神，还指涉地上所有的神，它包括政治权威、任何起源于习俗的权威以及个体应该遵守的规范和规则的权威。每一个"必须"、每一个"应该"不断地叠加在个人意志之上。如果人类想真正地自由地生存，就必须抛弃"必须"和"应该"的权威。

在详尽地阐述了历史唯物主义概念后，我们知道，历史唯物主义认为是限制（必然性）而不是权威被认为是自由的对立面。然而，权威一直是马克思主要的批判对象，即使以不同的方式进行。第一，各种权威规则现在由限制和必然性来解释，前者成为后者的表达。第二，这很重要，马克思相信资本主义是"世界历史性"的行为。就像他在《共产党宣言》中所表达的那样，资本主义已经废除了传统权威、规范法规以及在所有"前资本主义生产方式"下奴役人们的信仰体制。人类解放难以克服的障碍已经扫除，限制以赤裸裸的形式显现为经济限制。因此，资本主义不仅在发展工业生产力——这个充裕的绝对前提，而且在破坏传统力量、规范权威上，都为共产主义扫清了道路。家庭和宗教、规范制度等权威如今都处于废墟之中。这两个成就，使得资本主义成为一种反对所有前资本主义（又称为前现代社会）的现代生产方式和现代社会体制。

事实上，马克思是启蒙运动最忠诚的继承者，他分享着启蒙运动的所有价值，即使并不是所有的信条，也带有一种几乎教条式的坚定的信仰。起初，他从奴役人们、他律的权威中去除了科学知识和普遍科学。科学从来不属于意识上层建筑的组成部分，在一定程度上，马克思把它称为"普遍的智力"。这种"普遍的智力"是一种固有的与自律、也就是说自由相连，而不是与异质、限制和不自由相连的"人类能力"。马克思从来没有考虑科学成为意识形态的可能性，更不要说占统治地位的意识形态。因为他相信阻碍个人发展的权威总是非理性的和规范性的，他不能想象理性的、不承认任何规范的知识体系能够作为一种手段服务于一种新权威的建立。马克思清醒地意识到这个事实：现代科学的发展促成了人们对"这个世界的觉醒"，他毫无保留地欢呼这种觉醒。觉醒是自由的条件，是一个成熟的人类到来的前提。

马克思构想现代辩证法的尝试绝不能简化为一种"启蒙辩证法"。在后者那里，在启蒙学说的主要部分存在着矛盾的观点，与此不同，马克思试图在学说和信仰的主体部分与资本主义生产方式的动力学之间展现这种矛盾。更进一步说，他把启蒙运动的主要信条和信仰，以及它的中心价值——自由，看作本质上是反规范的。由此可以得出两个结论。第一，马克思对为数很少的规范性断言缺乏一定的敏感度。尽管马克思认为它们是那个时代的反规范的读物，但事实上，在启蒙运动期间它们已经被详细地阐述，尤其是那些与民主的制度化相关的规范。这就是为什么民主的自国外马克思主义研究马克思与"人类解放"由概念，一个政治概念，甚至没有进入他的理论视野的原因。这只能说明马克思的自由概念接近于自由的（liberal）解释。第二，他必须摒弃和忽视作为解放过程和对资本主义超越过程中决定性的、或者说是次要因素的道德动力。那里，一方面没有规范性的权威需要废除，另一方面，主导性的价值（自由）也没有规范的力量，道德动力不能扮演任何角色。共产主义的必然是科学地建立的，它是以理性为目标行动的结果。当然，所有以理性为目标的行动都需要有动力。马克思在他的激进需要理论中解决了动力的问题。资本主义创造了在资本主义社会不能满足的需要。为了满足需要，无产阶级将打碎资本主义生产关系，建立一个新的社会（共产主义社会），在那里，所有被资本主义创造的需要因此而得到满足。这儿，我们绕了一个圈子，又回到了充裕的问题。共产主义社会将不但会满足那些资本主义创造的需要，而且它还会满足所有单纯而简单的需要——这就是卡尔·马克思故事的结尾。解放的动力和自由的状态通过需要理论交织在一起。这里，我们能够看到马克思以最清楚的形式把自由主义激进化了。传统的自由主义把利益和需要结合起来，这样就能确保自由作为个体利益需要的现实化而被显现。因此，个体自由受到其他个体自由的限制。然而，如果考虑到需要与利益不同，而且需要的满足不受他者需要满足的限制，因为所有的需要都能同时被满足，那么自由就能是绝对的，没有一个人的自由能限制他人的自由。因此，解放以一种极其独特的方式被激进化了，但是，产生的问题比解决的问题要多得多。

马克思综合了两种自由概念，两种自由的起源分别是：脱离所有权威和各种束缚的自由；作为个体所有能力和才能全面发展的自由。然而两种概念的激进化最后只合成一个思路：充裕。马克思为解决充裕问题、为解决如何获得充裕的尚未解决的问题付出了极大的努力。他在《资本论》第 3 卷、在《政治经济学批判》和《哥达纲领批判》中，提供了两种不同的方案，但是没有一个证明是令人满意的。在这篇论文中，我不想介入马克思不同方案的讨论，我只想关注于一些基本问题。充裕相对于需要而言是一个相对的范畴。如果等待满足的需要比满足需要的手段多的话，就会存在匮乏，这与积累的社会财富的数量无关。如果等待满足的需要比满足需要的手段少的话，即使社会财富极其有限，也会出现充足的现象，这仍然与积累的社会财富的数量无关。即使我们忽视这些条件，如所有需要的满足并不仅仅依靠社会、个体的全部能力和才能的全面发展可以实现，也还是存在一个根本性的问题。自然资源不是无限的。同一生产过程一方面能够产生更多的财富，另一方面也能降低财富（例如，通过减少我们的自然资源或对我们的环境产生不可挽回的危害）。需要结构的性质是由价值来决定的。如果说自由，作为绝对的自由是唯一的价值的话，那么需要结构的性质将只能由这种价值来决定。然而，自由作为唯一的和绝对的价值，只能以一种方式来决定我们的需要结构的性质，那就是：使需要结构成为无限的。然而，如果需要结构是无限的，而自然资源必然是有限的，那么将不存在充裕，而只有匮乏。其结果是，如果自由是绝对的，那么这个极端自由的条件一定是不存在的。

为了有一个相对充裕的社会，除了绝对的自由，其他价值必须决定我们的需要体系，它们必须有一种规范性的力量，从而与自由的价值联在一起。如果仍然存在规范的话，需要体系就必须有权威。这种权威可以是自治的表达，在一定程度上，这些规范是被人们一致接受的，但是，权威，道德权威必须保持。如果不认可任何道德的（或伦理的）权威，那么马克思的整个乌托邦的构想就会坍塌。但是如果绝对的自由成为不自由的（恰恰是因为它的绝对性），如果未来的自由意味着较多、或者更多的自由的话，换句话说，如果自由包含有数量的因素，并且如果较多或更多的自由包含有对某种作为权威的规范的认可，那么，在社会主义的未来中，如果不接受这种我们试图普遍化的规范，人类解放的进程，无论它或许意味着什么，都不会实现。总之，一种民主的自由概念应该是与开放的（liberal）自由概念相连的。

三、一种民主的自由概念：个体解放的可能性

让我再一次回到马克思的共产主义的乌托邦社会。当马克思拒绝规范的权威时，他并没有因此国外马克思主义研究马克思与"人类解放"拒绝道德。在一定程度上，他把异化的范畴同样应用于道德。正如我们被告知的，人类所有的能力都与创造它们的人们逐渐疏离，类的发展伴随着个体贫困的增长。类的本质以权威、统治和限制的形式反对着个体的存在。道德规范被看作是类的力量来呈现权威的形式，它们被宗教神圣化，并以此来反对个体，征服和奴役人们。然而，道德规范的废除不是故事的终结，真正的结局将是个体与类在脱离异化的过程中的重新统一。因此，马克思发明了一种人类学的、并且不仅仅是一种社会的方法来解决道德问题。或者，更清楚地表述是，这种社会的方法注定是导致这种人类学方法的过程。马克思从来就没有接受康德把人分成现象界的人和本体界的人的分类方法，更确切地说，他认为这种划分方法恰恰是一种异化的结果。他选择把康德的两种"人"统一成一种人，选择理智的类与自然的类的结合。就像我们所知道的，对于康德来说，"理智

的类"是由以需要和渴望为动机的人组成的。对于马克思而言，脱离异化意味着一种在理论上简单的过程，尽管在现实中让人难以想象。脱离异化被设想为一个过程，在那里，每个单个人的每种需求和渴望用康德的话来说，都是"理智的"：不仅是完全理性的，而且同时也是人类的表达。如果每一个个体都是类，如果他或她的所有需要都表达了这个类，那么事实上就不需要任何规范了，因为所有的规范都命令我们做或不做一些事情，如果人类的声音仅仅来自于内部，那么就没有规范从外部来命令我们做任何事情：一种外部的权威将会是多余的。康德曾经说，道德律不会把绝对命令看成是天使。马克思相信这句话同样适合于未来的人们。

对马克思人类学转向的观点的简短阐述使得问题的情况变得清晰完满了。很明显，马克思保持了未察觉到的"充裕状态"的伦理学内涵，因为很早以前在他着手探讨充裕—匮乏二者对立的思想之前，他已经发现了解决道德两难境地的方法。避开许多马克思的解释者注意的是这样一个显著的事实：在《巴黎手稿》，那个异化理论和脱离异化理论的最重要的核心地方，充裕不是作为共产主义的先决条件而被提及的。同样，个体全部能力和才能的展现的观点也没有像后来在《政治经济学批判》中那样明显地说明。因此，自由的传统只是通过历史唯物主义概念的表达才进入马克思的理论的。尽管马克思浪漫的人类学概念的转向没有被抛弃，只不过是降到了背景当中。然而，这种人类学概念仍然极为强大，足以捍卫充裕理论免受来自怀疑的批评和打击，同时增强对绝对自由的承诺，作为一种纯质的自由来反对诸如复数的自由（liberties）或"较多的"自由等量化的妥协。

一旦人们接受了这个整个人类学转向、彻底脱离异化、类与个体结合的浪漫乌托邦，什么都不需要讨论或考虑了。从不现实性的观点来列举一些论据来反对这个特殊的观点是毫无意义的，因为这样一个乌托邦不仅是不能实现的，而且也是不能渴望的。自我封闭的原子彼此之间相互环绕，就像伊壁鸠鲁宇宙中的自由的神，它们既不是非常仁慈的也不是非常有吸引力的，至少对我不是，最终，马克思的设想甚至都追不上自己理论的暗示。但是如果道德问题不能通过完全脱离异化的乌托邦而得到解决，如果个体与类不能实现统一，如果类并不只从内部来说话，还从外部来说话的话，那么，个体还是应该在某种特定的外在权威的指导下被社会化。即使没有一点顺从的意见，我也坚持这种观点。因为即使接受了几条规范，它的有效性也会被一个人类共同体中的每个成员都认可，这是与强烈的、甚至是极端主义的自由的解释而不是民主的自由的解释相矛盾的。就一个人有平等权和有平等地参与关心和影响他或她的城市、州、民族和社区事务的决定过程的可能性而言，他或她就是自由的。在公众做出决定的过程中，人们必须遵守共同体的规范和规则。这些规范和规则可以被检验或质疑，也可以被新的规范和规则代替。也就是说，它们必须是可被检验、可被质疑和可被替代的。民主的自由概念并不与外在道德权威的存在和接受相矛盾。这里问题的中心是：不是拒绝所有的权威，而是拒绝权威的性质和权威被建立、被遵守和被检验的程序。那样，"人类的解放"就可以在民主的自由概念的引导下被解释。如果自由可以这样被理解，那么"自由的人类"就可以简单地意味着民主的普遍化和激进化。如果每个人都有权利和平等的可能性，在某些普遍的规范指导下来参与影响人类现在和未来的决定过程，那么人类就会是"解放的"。那样，要使这种自由起作用就不将需要"充裕"。人们会很容易想象到：在这样一个社会群体里，并不是所有的需要都能被同时满足，根据他的或她的需要，并不是每个人都会得到酬劳或感到满意。但是，每个人仍然会是自由的，因为满足需要的优先权是可以在所有相关人的理性的讨论中作出决定的，而且理性的讨论是在某种普遍接受的规范的指引下的行为。

我是在对自由绝对化的批评中开始我的讨论的。或许听起来很奇怪，在我重申对民主的自由的解释中，我已经得出结论：那就是，在某种意义上，民主的自由也是绝对的。根据民主的自由概念，没有比平等权和参与决策过程的平等的可能性更多的自由了。但是少得多的自由是可能的。根据民主的自由概念来解释，每个人在每个政策决定的过程中，拥有的权利和参与的可能性越多，他们就越自由。因此，解放可以被设想为一个漫长的过程，在那里每个人都有参与的权利和不断增加的参与的"平等可能性"。这就是关于民主的自由的全部内容。复数的权利和复数的自由仅仅是梯子上众多的横木，它导致民主的自由的实现。然而，对民主的自由概念的接受，并没有使开放的自由概念不相关，或者至少不应该。我认为，马克思的自由概念，开放的自由概念的激进化，仍然传递了一个重要的信息。曾经，马克思在谈到中世纪庄园的时候，提及了"不自由的民主"，并且这里他不只是在玩文字游戏。发展人类全部才能和能力的想法并不属于民主的自由传统。在民主制下，人的能力是否能自由地发展，或者是否被缩减，这依赖于规范本身的质量。这里，"质量"并不仅仅代表实质，规范有多抽象或多具体这都促成了它们的质量。如果说规范是具体的，那么个人对规范的解释就是不被允许的，而且通过这些规范而被社会化的个人就会成为"心胸狭窄的"、"愚昧的"（borniert，用马克思对这个词的理解）。如果说这些规范是比较抽象的，那么人们就可以自由地对它们进行解释，并按照他们的能力和习惯、以不同的方式遵守这些规范。"不自由的民主"是一种原教旨主义的民主，从对自由的开放的解释来看，它确实是不民主的。

因此，在讨论重新引入民主的自由概念作为人类解放的相关的和可行的观点中，我也一直论证把量的术语如"较多"或"较少"（也在开放的意义上）重新引入有关自由的话题。即使民主的自由是"绝对的"，即使每个人都有平等的权利和可能性来参与政策决定的过程，开放的自由（liberal freedom）仍然可能是"较多"或"较少"的。而且，当我们希望民主的自由应该尽可能地保证更多开放的自由的时候，绝对的自由，按照自由的传统来理解，也仍然会是不可能的。

当我强调民主的自由概念并不与接受道德权威相矛盾时，即使我暗示了，但我并没有详细地说明，它也不与限制相矛盾这个事实。如果社会不充裕，如果满足需要的优先权必须由公众讨论来决定的话，就会有各种限制。很明显，有限的自然资源就是这样一种限制。如果自由的男人和女人们知道这些限制，那么他们就仍然是自由的，而且同时他们在那些限制中行动和作出决定。自由并不等同于对必然的认识，但是自由的人仍然能够认识必然性并能相应地采取行动。就自由本身而言，如果每个限制、每个义务都被看作是不自由的，那么人类将永远不会被解放。因此，如果我们认为马克思的精神是正确的话，如果我们仍然相信人类能够被解放，尽管不是以一种决定性的姿态而是以一种连续性的过程，那么，我们就必须放弃马克思有关自由和权威、自由和限制对立的观点。

"人类的解放"不可能意味着从所有种类的限制中解放出来，而仅仅意味着从特定种类的限制中解放出来；它不能意味着从各种异化中解放，而仅仅意味着从某种异化中解放；最后，它也不意味着从各种权威、规范和责任中解放，而只能意味着从某种外在的权威、规范和职责中解放出来。

人类应该解放的那种异化（除了统治之外）是个体对长期的社会劳动分工功能的征服，因为这种征服是剥削的来源，因为它促成了参与决定过程中的不平等的可能性，所以人类应该从这种异化中解放出来。然而，其他种类异化的废除（包括自愿）却不属于"人类解放"的过程。

人类应该解放的外在的权威、规则和责任是那些使得我们把他人仅仅当做手段来使用的东西，是命令我们实践统治、武力和暴力的规则。人类解放并不取决于对任何其他规范、规则或责任的废除，它们或者是宗教的或者是世俗的。对于马克思而言，人类是由单个的个体组成的。但是人类并不是由各种人组成的，它是由不同的文化、不同的历史组成的，所有这些都具有它们规范的传统。人类从这些传统、这些生活方式中解放出来，几乎根本不能叫作解放。自由的人或许根据他们个人的需要、才能、信仰和希望停止一种而加入另一种生活方式。但是只有一种可能性的人类不仅是不令人渴望的，而且甚至是不能想象的。如果没有作为不同文化的生活方式的话，那么各种个体选择应该出现在什么地方？为什么所有的人都应该像普罗米修斯？为什么他们所有的都憎恨诸神？甚至可以说，人们生活在有较多或较少的开放性自由选择的世界里，要比根本不存在选择的世界里更是自由主义的。为什么要因为这方面或那方面的不自由就排除了自由的选择？

马克思，启蒙运动的坚定的子孙，梦想超社会的充分自律的人的存在。那是一个雄心勃勃的、美好的梦想。他相信庄严的科学理性会引导我们进行选择。但是从那个年代起，我们就已经知道庄严的理性是统治的仆人。我们也逐渐明白，人类的尊严必须在量上去寻找，而不是绝对的自治，因为，如果没有规范，每件事情事实上都是允许的，而且自治将不是绝对的，更确切地说，它将永远地消失。我们也逐渐地懂得自由不是解放的大洪水过后的奇迹。我们可以选择我们的自由，尽管不是绝对的，因为我们无论何时总是在某种限制之中。与限制保持距离，无论在哪里遭遇统治，不管它是政治的、经济的或私人的，我们都要谴责它。不要使我们的个性屈从于劳动分工中履行的职责。平等地与每个愿意与我们平等地交谈的人交谈，赋予我们生活的意义，我们已经生活在自由的王国里，尽管被各种必然性所包围。未来或许是，也或许不是自由的王国，但是我们仍然把我们自己托付给它。

（本文译自"Marx and the 'Liberation of Humankind'"，经授权发表）

（王静 译）

图书在版编目（CIP）数据

马克思主义综论 III / 薛晓源主编.
—北京：中央编译出版社，2014.12
（马克思主义研究资料 / 杨金海主编；25）

ISBN　978 - 7 - 5117 - 2455 - 7

Ⅰ.①马…　Ⅱ.①薛…　Ⅲ.①马克思主义 – 文集
Ⅳ.①A81 – 53

中国版本图书馆 CIP 数据核字（2014）第 305941 号

马克思主义综论 III

出　版　人：刘明清
责任编辑：冯　章
责任印制：尹　珺
装帧设计：田晗工作室
排版制作：北京宏章文化发展中心
出版发行：中央编译出版社
地　　　址：北京西城区车公庄大街乙 5 号鸿儒大厦 B 座（100044）
电　　　话：（010）52612345（总编室）　　　（010）52612335（编辑室）
　　　　　　（010）52612316（发行部）　　　（010）52612317（网络销售）
　　　　　　（010）52612346（馆配部）　　　（010）55626985（读者服务部）
传　　　真：（010）66515838
经　　　销：全国新华书店
印　　　刷：山东鸿君杰文化发展有限公司
开　　　本：787 毫米 × 1092 毫米　1/16
字　　　数：413 千字
印　　　张：32.5
版　　　次：2014 年 12 月第 1 版第 1 次印刷
定　　　价：195.00 元

网　　　址：www.cctphome.com　　　邮　　箱：cctp@cctphome.com
新浪微博：@中央编译出版社　　　微　　信：中央编译出版社（ID：cctphome）
淘宝店铺：中央编译出版社直销店（http://shop108367160.taobao.com）
　　　　　　（010）52612349